엑스포지멘터리

전도서
아가

Ecclesiastes
Song of Songs

엑스포지멘터리 전도서·아가

초판 1쇄 발행 2020년 11월 10일
2쇄 발행 2020년 11월 12일

지은이 송병현

펴낸곳 도서출판 이엠
등록번호 제25100-2015-000063
주소 서울시 구로구 공원로 3번지
전화 070-8832-4671
E-mail empublisher@gmail.com

내용 및 세미나 문의 스타선교회: 02-520-0877 / EMail: starofkorea@gmail.com / www.star123.kr

ISBN 979-11-86880-75-3 93230

※ 가격은 표지 뒷면에 있습니다.

「이 도서의 국립중앙도서관 출판시 도서목록(CIP)은 서지정보유통지원시스템 홈페이지(http://seoji.nl.go.kr)와 국가자료공동목록시스템(http://www.nl.go.kr/kolisnet)에서 이용하실 수 있습니다. (CIP제어번호:CIP2015000753)」

엑스포지멘터리

전도서
아가

| 송병현 지음 |

EXPOSItory comMENTARY

EM Exposi Mentary

한국 교회를 위한 하나의 희망

저의 서재에는 성경 본문 연구에 관한 많은 책이 있습니다. 그중에는 주석서들도 있고 강해서들도 있습니다. 그러나 그중에 송병현 교수가 시도한 이런 책은 없습니다. 엑스포지멘터리, 듣기만 해도 가슴이 뛰는 책입니다. 설교자와 진지한 성경 학도 모두에게 꿈의 책이 아닐 수 없습니다. 이런 책이 좀 더 일찍 나올 수 있었다면 한국 교회가 어떠했을까를 생각해 봅니다. 저는 이 책을 꼼꼼히 읽어 보면서 가슴 깊은 곳에서 큰 자긍심을 느꼈습니다.

이 책은 지금까지 복음주의 교회가 쌓아 온 모든 학문적 업적을 망라하고 있을 뿐만 아니라 한국 교회 강단이 목말라하는 모든 실용적 갈망에 해답을 던져 줍니다. 이 책에서는 실제로 활용할 수 있는 충실한 신학적 정보가 일목요연하게 제시됩니다. 그러면서도 또한 위트와 감탄을 자아내는 감동적인 적용들도 제공됩니다. 얼마나 큰 축복이며 얼마나 신나는 일이며 얼마나 큰 은총인지요. 저의 사역에 좀 더 일찍 이런 학문적 효과를 활용하지 못한 것이 아쉽기만 합니다. 진실로 한국 교회의 내일을 위해 너무나 소중한 기여라고 생각합니다.

일찍이 한국 교회 1세대를 위해 박윤선 목사님과 이상근 목사님의 기여가 컸습니다. 그러나 이제 한국 교회는 새 시대의 리더십을 열어야 하는 교차로에 서 있습니다. 저는 송병현 교수가 이런 시점을 위해 준비된 선물이라고 생각합니다. 진지한 강해 설교를 시도하고자 하는 모든 이와 진지한 성경 강의를 준비하고자 하는 모든 성경공부 지도자에게 어떤 대가를 지불하고서라도 우선 이 책을 소장하고 성경을 연구하는 책상 가까운 곳에 두라고 권면하고 싶습니다. 앞으로 계속 출판될 책들이 참으로 기다려집니다.

한국 교회는 다행스럽게 말씀과 더불어 그 기초를 놓을 수 있었습니다. 이제는 그 말씀으로 어떻게 미래의 집을 지을 것인가를 고민하고 있습니다. 이 〈엑스포지멘터리 시리즈〉는 분명한 하나의 해답, 하나의 희망입니다. 이 책과 함께 성숙의 길을 걸어갈 한국 교회의 미래가 벌써 성급하게 기다려집니다. 더 나아가 한국 교회 역사의 성과물 중의 하나인 이 책이 다른 열방에도 나누어졌으면 합니다. 이제 우리는 복음에 빚진 자로서 열방을 학문적으로도 섬겨야 하기 때문입니다. 이 책을 한국 교회에 허락하신 우리 주님께 감사와 찬양을 드립니다.

이동원 | 지구촌교회 원로목사

총체적 변화를 가져다줄 영적 선물

교회사를 돌이켜 볼 때, 교회가 위기에 처해 있었다면 결국 강단에서 하나님의 말씀이 제대로 선포되지 못한 데서 그 근본 원인을 찾을 수 있습니다. 영적 분별력이 있는 사람이라면 모두 이에 대해 동의할 것입니다. 사회가 아무리 암울할지라도 강단에서 선포되는 말씀이 살아 있는 한, 교회는 교회로서의 기능이 약화되지 않고 오히려 사회를 선도하고 국민들의 가슴에 희망을 안겨 주었습니다. 백 년 전 영적 부흥이 일어났던 한국의 초대교회가 그 좋은 예입니다. 이러한 영적 부흥은 살아 있는 하나님의 말씀이 강단에서 영적 권위를 가지고 "하나님께서 이렇게 말씀하셨다"라고 선포되었을 때 나타났던 현상입니다.

오늘날에는 날이 갈수록 강단에서 선포되는 말씀이 약화되거나 축소되고 있습니다. 이런 상황 속에서 출간되는 송병현 교수의 〈엑스포지멘터리 시리즈〉는 한국 교회와 전 세계에 흩어진 7백만 한인 디아스포라에게 주는 커다란 영적 선물이 아닐 수 없습니다. 이 시리즈는 하나님의 말씀을 쉽게 이해할 수 있도록 풀이한 것으로, 목회자와 선교사는 물론이고 평신도들의 경건생활과 사역에도 큰 도움이 될 것입니다. 무엇보다도 저는 이 시리즈가 강단에서 원 저자이신 성령님의 의도대로 하나님 나라 복음이 선포되게 하여 믿는 이들에게 총체적 변화(total transformation)를 다시 경험할 수 있는 계기를 마련해 주리라 확신합니다.

송병현 교수는 지금까지 구약학계에서 토의된 학설 중 본문을 석의하는 데 불필요한 내용들은 걸러내는 한편, 철저하게 원 저자가 전하고자 하는 메시지를 현대인들이 가장 잘 이해할 수 있도록 전하고자 부단히 애를 썼습니다. 이 시리즈를 이용하는 모든 이에게 저자의 이런 수고와 노력에 걸맞은 하나님의 축복과 기쁨과 능력이 함께하실 것을 기대하면서 이 시리즈를 적극 추천합니다.

이태웅 | GMTC 초대 원장, 글로벌리더십포커스 원장

주석과 강해의 적절한 조화를 이뤄낸 시리즈

한국 교회는 성경 전체를 속독하는 '성경통독' 운동과 매일 짧은 본문을 읽는 '말씀 묵상'(QT) 운동이 세계 어느 나라 교회보다 활성화되어 있습니다. 얼마나 감사한 일인지 모릅니다. 그러나 상대적으로 책별 성경연구는 심각하게 결핍되어 있는 것이 사실입니다. 때때로 교회 지도자들 중에도 성경해석의 기본이 제대로 갖춰져 있지 않아 성경 저자가 말하려는 의도와 상관없이 본문을 인용해서 자신이 하고 싶은 말을 하는 분들이 적지 않음을 보고 충격을 받은 일도 있습니다. 앞으로 한국 교회가 풀어야 할 과제가 '진정한 말씀의 회복'이라면 이를 위해 가장 중요한 것은 바른 말씀의 세계로 인도해 줄 좋은 주석서와 강해서를 만나는 일일 것입니다.

좋은 주석서는 지금까지 축적된 다른 성경학자들의 연구 결과가 잘 정돈되어 있을 뿐 아니라 저자의 새로운 영적 • 신학적 통찰이 번뜩이는 책이어야 합니다. 또한 좋은 강해서는 자기 견해를 독자들에게 강요하는(impose) 책이 아니라, 철저한 본문 석의 과정을 거친 후에 추출되는 신학적 • 사회과학적 연구가 배어 있는 책이어야 할 것이며, 글의 표현이 현학적이지 않은, 독자들에게 친절한 저술이어야 할 것입니다.

그러나 솔직히 말씀드리면, 저는 서점에서 한국인 저자의 주석서나 강해서를 만나면 한참을 망설이다가 내려놓게 됩니다. 또 주석서를 시리즈로 사는 것은 어리석은 행동이라는 말을 신학교 교수들에게 들은 뒤로 여간해서 시리즈로 책을 사지 않습니다. 이는 아마도 풍성한 말씀의 보고(寶庫) 가운데로 이끌어 주는 만족스러운 주석서를 아직까지 발견하지 못했기 때문일 것입니다. 그러나 제가 처음으로 시리즈로 산 한국인 저자의 책이 있는데, 바로 송병현 교수의 〈엑스포지멘터리 시리즈〉입니다.

송병현 교수의 〈엑스포지멘터리 시리즈〉야말로 제가 가졌던 좋은 주석서와 강해서에 대한 모든 염원을 실현해 내고 있습니다. 이 주석서는 분명 한국 교회 목회자들과 평신도 성경 교사들의 고민을 해결해 줄 하나님의 값진 선물입니다. 지금까지 없었던, 주석서와 강해서의 적절한 조화를 이뤄낸 신개념의 해설주석이라는 점도 매우 신선하게 다가옵니다. 또한 쉽고 친절한 글이면서도 우물 깊은 곳에서 퍼 올린 생수와 같은 깊이가 느껴집니다. 이 같은 주석 시리즈가 한국에서 나왔다는 사실에 저는 감격하지 않을 수 없습니다. 이 땅에서 말씀으로 세상에 도전하고자 하는 모든 목회자와 평신도에게 이 주석 시리즈를 적극 추천합니다.

이승장 | 예수마을교회 목사, 성서한국 공동대표

시리즈 서문

"너는 50세까지는 좋은 선생이 되려고 노력하고, 그 이후에는 좋은 저자가 되려고 노력해라." 내가 시카고 근교에 위치한 트리니티 신학교(Trinity Evangelical Divinity School) 박사과정을 시작할 즘에 지금은 고인이 되신 스승 맥코미스키(Thomas E. McComiskey)와 아처(Gleason L. Archer) 두 교수님께서 주신 조언이었다. 너무 일찍 책을 쓰면 훗날 아쉬움이 많이 남는다며 하신 말씀이었다. 박사학위를 마치고 1997년에 한국에 들어와 신대원에서 가르치기 시작하면서 나는 이 조언을 마음에 새겼다. 사실 이 조언과 상관없이 내가 당시에 당장 책을 출판한다는 일은 불가능한 일이었다. 중학교를 다니던 70년대 중반에 캐나다로 이민을 갔다가 20여 년 만에 귀국하여 우리말로 강의하는 일 자체가 당시 나에게는 매우 큰 도전이었으며, 책을 출판하는 일은 사치로 느껴졌기 때문이다.

세월이 지나 어느덧 나는 선생님들이 말씀하신 50을 눈앞에 두었다. 1997년에 귀국한 후 지난 10여 년 동안 나는 구약 전체에 대한 강의안을 만드는 일을 목표로 삼았다. 내 자신에게 동기를 부여하기 위하여 내가 몸담고 있는 신대원 학생들에게 매 학기마다 새로운 구약 강해

과목을 개설해 주었다. 감사한 것은 지혜문헌을 제외한 구약 모든 책의 본문관찰을 중심으로 한 강의안을 13년 만에 완성할 수 있었다는 점이다. 앞으로 수 년에 거쳐 이 강의안들을 대폭 수정하여 매년 2-3권씩을 책으로 출판하려 한다. 지혜문헌은 잠시 미루어두었다. 시편 1권(1-41편)에 대하여 강의안을 만든 적이 있었는데, 본문관찰과 주해는 얼마든지 할 수 있었지만, 무언가 아쉬움이 남았다. 삶의 연륜이 가미되지 않은 데서 비롯된 부족함이었다. 그래서 나는 지혜문헌에 대한 주석은 60을 바라볼 때쯤 집필하기로 작정했다. 삶을 조금 더 경험한 후로 미루어 놓은 것이다. 아마도 이 시리즈가 완성될 때쯤이면, 자연스럽게 지혜문헌에 대한 책들을 출판할 때가 되지 않을까 싶다.

이 시리즈는 설교를 하고 성경공부를 인도해야 하는 중견목회자들과 평신도 지도자들을 마음에 두고 집필한 책들이다. 나는 이 시리즈의 성향을 exposimentary('해설주석')라고 부르고 싶다. Exposimentary라는 단어는 내가 만들어낸 용어이다. 해설/설명을 뜻하는 expository라는 단어와 주석을 뜻하는 commentary를 합성하였다. 대체적으로 expository는 본문과 별 연관성이 없는 주제와 묵상으로 치우치기 쉽고, commentary는 필요이상으로 논쟁적이고 기술적일 수 있다는 한계를 의식해서 이러한 상황을 의도적으로 피하고 가르치는 사역에 조금이나마 실용적이고 도움이 되는 교재를 만들기 위하여 만들어낸 개념이다. 나는 본문의 다양한 요소와 이슈들에 대하여 정확하게 석의하면서도 전후 문맥과 책 전체의 문형(文形; literary shape)을 최대한 고려하여 텍스트의 의미를 설명하고 우리의 삶과 연결하려고 노력했다. 또한 히브리어 사용은 최소화했다.

이 시리즈를 내 놓으면서 감사할 사람이 참 많다. 먼저, 지난 25년 동안 나의 인생의 동반자가 되어 아낌없는 후원과 격려를 해주었던 아내 임우민에게 감사한다. 아내를 생각할 때마다 참으로 현숙한 여인을(cf. 잠 31:10-31) 배필로 주신 하나님께 감사할 뿐이다. 아빠의 사역을 기도와 격려로 도와준 지혜, 은혜, 한빛에게도 고마운 마음을 표한다. 평생 기도와 후원을 아끼지 않은 친가와 처가 친척들에게도 감사하다는 말을 전하고 싶다. 항상 옆에서 돕고 격려해 준 평생 친구 장병환·윤인옥 부부에게도 고마움을 표하는 바이며, 시카고 유학 시절에 큰 힘이 되어주셨던 이선구 장로·최화자 권사님 부부에게도 이 자리를 빌려 평생 빚진 마음을 표하고 싶다. 우리 가족이 20여 년 만에 귀국하여 정착할 수 있도록 배려를 아끼지 않으신 백석학원 설립자 장종현 목사님에게도 감사하는 바이다. 우리 부부의 영원한 담임목자이신 이동원 목사님에게도 고마움을 표하고 싶다.

2009년 겨울 방배동에서

감사의 글

스타선교회의 사역에 물심양면으로 헌신하여 오늘도 하나님의 말씀이 온 세상에 선포되는 일에 기쁜 마음으로 동참하시는 백영걸, 정진성, 장병환, 임우민, 정채훈, 강숙희 이사님들께 감사의 마음을 전하고 싶습니다. 이사님들의 헌신이 있기에 세상은 조금 더 살맛 나는 곳이 되고 있습니다.

아가를 마무리할 때가 결혼 35년 기념일이었습니다. 평생 나와 함께 하며 사랑과 격려를 아끼지 않은 '나의 비둘기'(아가에서 남편이 아내를 부르는 애칭) 임우민께 특별히 고맙고 사랑하는 마음을 전합니다.

2020년 여호와 라파께서 투병 중이신 정채훈 이사님과
코로나19를 온전히 치료하실 것을 믿으며
무더위가 찾아온 방배동에서

일러두기

엑스포지멘터리(exposimentary)는 '해설/설명'을 뜻하는 엑스포지토리(expository)라는 단어와 '주석'을 뜻하는 코멘터리(commentary)를 합성한 단어이다. 본문의 뜻과 저자의 의도와는 별 연관성이 없는 주제와 묵상으로 치우치기 쉬운 엑스포지토리(expository)의 한계와 필요 이상으로 논쟁적이고 기술적일 수 있는 코멘터리(commentary)의 한계를 극복하여 목회현장에서 가르치고 선포하는 사역에 실질적으로 도움이 되도록 하는 새로운 장르이다. 본문의 다양한 요소와 이슈들에 대하여 정확하게 석의하면서도 전후 문맥과 책 전체의 문형(文形; literary shape)을 최대한 고려하여 텍스트의 의미를 설명하고 성도의 삶과 연결하려고 노력하는 설명서이다. 엑스포지멘터리는 다음과 같은 원칙을 바탕으로 인용한 정보를 표기한다.

1. 참고문헌을 모두 표기하지 않고 선별된 참고문헌으로 대신한다.
2. 출처를 표기할 때 각주(foot note) 처리는 하지 않는다.
3. 출처 표기는 괄호 안에 하되 페이지는 밝히지 않는다.
4. 여러 학자들이 동일하게 해석할 때 모든 학자들을 표기하지 않고

일부만 표기한다.

5. 한 출처를 인용하여 설명할 때, 설명이 길어지더라도 각 문장마다 출처를 표기하지 않는다.

주석은 목적과 주 대상에 따라 인용하는 정보 출처와 참고문헌 표기가 매우 탄력적으로 제시되는 장르이다. 참고문헌이 없이 출판되는 주석들도 있고, 각주가 전혀 없이 출판되는 주석들도 있다. 또한 각주와 참고문헌이 없이 출판되는 주석들도 있다. 엑스포지멘터리 시리즈는 이 같은 장르의 탄력적인 성향을 고려하여 제작된 주석이다.

선별된 약어표

개역	개역성경
개역개정	개역성경개정판
공동	공동번역
새번역	표준새번역 개정판
현대	현대인의 성경
아가페	아가페 쉬운성경
BHK	Biblica Hebraica Kittel
BHS	Biblica Hebraica Stuttgartensia
ESV	English Standard Version
CSB	Nashville: Broadman & Holman, Christian Standard Bible
KJV	King James Version
LXX	칠십인역(Septuaginta)
MT	마소라 사본
NAB	New American Bible
NAS	New American Standard Bible
NEB	New English Bible

NIV	New International Version
NRS	New Revised Standard Bible
TNK	Jewish Publication Society Tanakh
TNIV	Today's New International Version
AAR	American Academy of Religion
AB	Anchor Bible
ABCPT	A Bible Commentary for Preaching and Teaching
ABD	The Anchor Bible Dictionary
ABR	Australian Biblical Review
ABRL	Anchor Bible Reference Library
ACCS	Ancient Christian Commentary on Scripture
AJSLL	American Journal of Semitic Languages and Literature
AJT	Asia Journal of Theology
ANET	J. B. Pritchard, ed., The Ancient Near Eastern Texts Relating to the Old Testament. 3rd ed Princeton: Princeton University Press, 1969
ANETS	Ancient Near Eastern Texts and Studies
AOTC	Abingdon Old Testament Commentary
ASORDS	American Schools of Oriental Research Dissertation Series
ASTI	Annual of Swedish Theological Institute
BA	Biblical Archaeologist
BAR	Biblical Archaeology Review
BASOR	Bulletin of the American Schools of Oriental Research
BBR	Bulletin for Biblical Research
BCBC	Believers Church Bible Commentary
BCL	Biblical Classics Library
BDB	F. Brown, S. R. Driver & C. A. Briggs, A Hebrew and

	English Lexicon of the Old Testament Oxford: Clarendon Press, 1907
BETL	Bibliotheca Ephemeridum Theoloicarum Lovaniensium
BETS	Bulletin of the Evangelical Theological Society
BibOr	Biblia et Orientalia
BibSac	Bibliotheca Sacra
BibInt	Biblical Interpretation
BJRL	Bulletin of the John Rylands Library
BJS	Brown Judaic Studies
BLS	Bible and Literature Series
BN	Biblische Notizen
BO	Berit Olam: Studies in Hebrew Narrative & Poetry
BR	Bible Review
BRS	The Biblical Relevancy Series
BSC	Bible Student Commentary
BT	The Bible Today
BTCB	Brazos Theological Commentary on the Bible
BV	Biblical Viewpoint
BZAW	Beihefte zur Zeitschrift für die alttestamentliche
CAD	Chicago Assyrian Dictionary
CBC	Cambridge Bible Commentary
CBSC	Cambridge Bible for Schools and Colleges
CBQ	Catholic Biblical Quarterly
CBQMS	Catholic Biblical Quarterly Monograph Series
CB	Communicator's Bible
CHANE	Culture and History of the Ancient Near East
CJ	Concordia Journal

DSB	Daily Study Bible
EBC	Expositor's Bible Commentary
ECC	Eerdmans Critical Commentary
EncJud	Encyclopedia Judaica
EvJ	Evangelical Journal
EvQ	Evangelical Quarterly
ET	Expository Times
ETL	Ephemerides Theologicae Lovanienses
FCB	Feminist Companion to the Bible
FOTL	Forms of Old Testament Literature
GCA	Gratz College Annual of Jewish Studies
GKC	E. Kautszch and A. E. Cowley, Gesenius' Hebrew Grammar. Second English edition. Oxford: Clarendon Press, 1910
GPT	Growing Points in Theology
GTJ	Grace Theological Journal
HALOT	L. Koehler and W. Baumgartner, The Hebrew and Aramaic Lexicon of the Old Testament. Trans. by M. E. J. Richardson. Leiden: E. J. Brill, 1994–2000
HBT	Horizon in Biblical Theology
HMS	Hearing the Message of Scripture: A Commentary on the Old Testament
HSM	Harvard Semitic Monographs
HOTC	Holman Old Testament Commentary
HR	History of Religions
HUCA	Hebrew Union College Annual
IB	Interpreter's Bible

IBC	Interpretation Bible Commentary
IBS	Irish Biblical Studies
ICC	International Critical Commentary
IDB	Interpreter's Dictionary of the Bible
ISBE	G. W. Bromiley (ed.), The International Standard Bible Encyclopedia. 4 vols. Grand Rapids: 1979–88
ITC	International Theological Commentary
J–M	P. Joüon–T. Muraoka, A Grammar of Biblical Hebrew. Part One: Orthography and Phonetics. Part Two: Morphology. Part Three: Syntax. Subsidia Biblica 14/I–II. Rome: Editrice Pontificio Istituto Biblico, 1991
JAAR	Journal of the American Academy of Religion
JANES	Journal of Ancient Near Eastern Society
JNES	Journal of Near Eastern Studies
JBL	Journal of Biblical Literature
JBQ	Jewish Bible Quarterly
JESOT	Journal for the Evangelical Study of the Old Testament
JJS	Journal of Jewish Studies
JSJ	Journal for the Study of Judaism
JNES	Journal of Near Eastern Studies
JSOT	Journal for the Study of the Old Testament
JSOTSup	Journal for the Study of the Old Testament Supplement Series
JPSTC	JPS Torah Commentary
LB	Linguistica Biblica
LCBI	Literary Currents in Biblical Interpretation
LJRC	Listening: Journal of Religion and Culture

MHUC	Monographs of the Hebrew Union College
MJT	Midwestern Journal of Theology
MOT	Mastering the Old Testament
MSG	Mercer Student Guide
MSJ	The Master's Seminary Journal
NAC	New American Commentary
NCB	New Century Bible Commentary
NCBC	New Collegeville Bible Commentary
NEAEHL	E. Stern (ed.), The New Encyclopedia of Archaeological Excavations in the Holy Land. 4 vols. Jerusalem: Israel Exploration Society & Carta, 1993
NIB	New Interpreter's Bible
NIBC	New International Biblical Commentary
NICOT	New International Commentary on the Old Testament
NIDOTTE	W. A. Van Gemeren, ed., The New International Dictionary of Old Testament Theology and Exegesis. Grand Rapids: Zondervan, 1996
NIVAC	New International Version Application Commentary
OBC	Oxford Bible Commentary
Or	Orientalia
OTA	Old Testament Abstracts
OTE	Old Testament Essays
OTEv	Old Testament for Everyone
OTG	Old Testament Guides
OTL	Old Testament Library
OTM	Old Testament Message
OTS	Oudtestamentische Studiën

OTWAS	Ou–Testamentiese Werkgemeenskap in Suid–Afrika
PBC	People's Bible Commentary
PEQ	Palestine Exploration Quarterly
PRR	The Presbyterian and Reformed Review
PSB	Princeton Seminary Bulletin
RevExp	Review and Expositor
RTR	Reformed Theological Review
SBJT	Southern Baptist Journal of Theology
SBLDS	Society of Biblical Literature Dissertation Series
SBLMS	Society of Biblical Literature Monograph Series
SBLSymS	Society of Biblical Literature Symposium Series
SHBC	Smyth & Helwys Bible Commentary
SJOT	Scandinavian Journal of the Old Testament
SJT	Scottish Journal of Theology
SSN	Studia Semitica Neerlandica
TBC	Torch Bible Commentary
TynBul	Tyndale Bulletin
TD	Theology Digest
TDOT	G. J. Botterweck and H. Ringgren (eds.), Theological Dictionary of the Old Testament. Vol. I–. Grand Rapids: Eerdmans, 1974–
TGUOS	Transactions of the Glasgow University Oriental Society
THAT	Theologisches Handwörterbuch zum Alten Testament. 2 vols. Munich: Chr. Kaiser, 1971–1976.
TJ	Trinity Journal
TOTC	Tyndale Old Testament Commentaries
TS	Theological Studies

TWAT	Theologisches Wörterbuch zum Alten Testament. Stuttgart: W. Kohlhammer, 1970–
TWBC	The Westminster Bible Companion
TWOT	R. L. Harris, G. L. Archer, Jr., and B. K. Waltke (eds.), Theological Wordbook of the Old Testament, 2 vols. Chicago: Moody, 1980
TZ	Theologische Zeitschrift
UBT	Understanding Biblical Themes
VE	Vox Evangelica
VT	Vetus Testament
VTSup	Vetus Testament Supplement Series
W–O	B. K. Waltke and M. O'Connor, An Introduction to Biblical Hebrew Syntax. Winona Lake: Eisenbrauns, 1990
WBC	Word Biblical Commentary
WBCom	Westminster Bible Companion
WCS	Welwyn Commentary Series
WEC	Wycliffe Exegetical Commentary
WTJ	The Westminster Theological Journal
ZAW	Zeitschrift für die alttestamentliche Wissenschaft

차례

추천의 글 • 4
시리즈 서문 • 10
감사의 글 • 13
일러두기 • 14
선별된 약어표 • 16

선별된 참고문헌 • 27

전도서

전도서 서론 • 53

I. 프롤로그(1:1–11) • 87
A. 표제(1:1) • 87
B. 주제(1:2) • 89
C. 논제(1:3) • 91
D. 돌고 도는 세상과 삶(1:4–11) • 93

II. 자서전적 회고(1:12–12:7) • 105
A. 지혜와 삶(1:12–2:26) • 106
B. 지혜와 시간(3:1–5:20) • 131
C. 지혜와 운명(6:1–9:10) • 176
D. 지혜와 세상(9:11–12:7) • 233

III. 에필로그(12:8–14) • 269
A. 코헬렛의 가르침 요약(12:8) • 270

B. 코헬렛의 노력 인정(12:9–11) • 271
C. 실용적인 권면(12:12–14) • 276

아가

아가 서론 • 281

I. 포도주보다 향기로운 사랑(1:1–14) • 309
A. 표제(1:1) • 309
B. 포도주보다 달콤한 그대(1:2–4) • 311
C. 머무는 곳을 알 수 없는 그대(1:5–8) • 317
D. 나를 반길 그대의 품(1:9–14) • 323

II. 황홀한 잠자리(1:15–2:7) • 329
A. 우리 함께 푸른 집을 지어요(1:15–17) • 329
B. 그대는 꽃 중의 꽃(2:1–2) • 332
C. 그대는 숲속의 사과나무(2:3–7) • 334

III. 사랑은 봄빛 날개에 실려 오고(2:8–17) • 339
A. 사슴처럼 내게 오세요(2:8–9) • 339
B. 나와 함께 봄을 걸어요(2:10–14) • 341
C. 집 밖이 안전하게 해 주세요(2:14–15) • 345
D. 속히 돌아오세요(2:16–17) • 347

IV. 꿈에도 그리운 그대(3:1–5) • 351

V. 가마 타고 오시는 님(3:6–11) • 355

VI. 신부에게 바치는 노래(4:1–5:1) • 359
A. 가장 아름다운 당신(4:1–7) • 360
B. 나와 함께 떠나요(4:8–11) • 367
C. 함께 동산에서 만나요(4:12–5:1) • 373

VII. 님은 먼 곳에(5:2–6:3) • 381
A. 님은 찾을 수 없고(5:2–8) • 382
B. 그리운 님의 모습(5:9–16) • 389
C. 님은 나리꽃 밭에(6:1–3) • 396

VIII. 사랑스럽고 빛나는 그대(6:4–10) • 401

IX. 한 몸 되게 하소서(6:11–7:13) • 409
A. 내 마음은 당신과 함께(6:11–12) • 410
B. 신부여, 모습을 보이라(6:13) • 412
C. 아름다운 신부여(7:1–5) • 414
D. 그대와 함께하고파(7:6–9a) • 418
E. 우리 함께해요(7:9b–13) • 420

X. 영원히 함께해요(8:1–14) • 423
A. 우리가 남매라면(8:1–4) • 424
B. 죽음처럼 강한 사랑(8:5–7) • 427
C. 어린 신부(8:8–10) • 431
D. 가장 귀한 그대(8:11–14) • 433

선별된 참고문헌

(Select Bibliography)

Albright, W. F. "Archaic Survivals in the Text of Canticles." Pages 1–7 in *Hebrew and Semitic Studies Presented to Godfrey Rolles Driver*. Ed. by D. W. Thomas, W. D. Mc Hardy. Oxford: Clarendon, 1963.

Alden, R. L. "Song of Songs 8:12a: Who Said It?" *JETS* 31 (1988): 271–78.

Alexander, P. S. "The Song of Songs as Historical Allegory: Notes on the Development of an Exegetical Tradition." Pages 14–29 in *Targumic and Cognate Studies: Essays in Honour of Martin McNamara*. Ed. by K. J. Cathcart, M. Maher. Sheffield: Sheffield Academic Press, 1996.

Allender, D. B.; T. Longman. *Bold Purpose: Exchanging Counterfeit Happiness for the Real Meaning of Life*. Wheaton, Ill.: Tyndale, 1998.

______. *Intimate Allies*. Wheaton: Tyndale House, 1995.

Alshich, M. *The Book of Koheleth: in pursuit of perfection*. Trans. by Ravi

Shahar. Jerusalem: Feldheim Publishers, 1992.

Alster, B. "Sumerian Love Songs." *RA* 79 (1985): 127–59.

Alter, R. *The Art of Biblical Poetry*. New York: Basic Books, 1985.

Anderson, G. *A Time to Mourn, A Time to Dance*. University Park, Penn.: University of Pennsylvania, 1991.

Anderson, W. H. U. *Qoheleth and Its Pessimistic Theology: Hermeneutical Struggles in Wisdom Literature*. Lewiston, NY: Mellen Biblical Press, 1997.

______. "The Curse of Work in Qoheleth: An Expose of Genesis 3:17–19 in Ecclesiastes." *EQ* 70.2 (1998): 99–113.

______. "The Poetic Inclusio of Qoheleth in Relation to 1,2 and 12,8." *SJOT* 12.2 (1998): 203–13.

______. "A Critique of the Standard Interpretations of the Joy Statements in Qohelet." *JNSL* 27.2 (2001): 57–75.

______. "The Semantic Implications of lbh and xwr tw[r in the Hebrew Bible and for Qoheleth." *JNSL* 25.2 (1999): 59–73.

______. "A Note on rty for Qoheleth." *JNSL* 26.1 (2000): 133–6.

______. "The Problematics of the Sitz im Leben of Qoheleth." *OTE* 12 (1999): 233–48.

Andrews, S. "Ecclesiastes 7:1–19." *Int* 55 (2001): 299–301.

Archer, G. L. *A Survey of Old Testament Introduction*. Chicago: Moody, 1974.

______. "The Linguistic Evidence for the Date of Ecclesiastes." *JETS* 12 (Summer 1969): 167–81.

Armstrong, J. F. "Ecclesiastes in Old Testament Theology." *Princeton Seminary Bulletin* 4 (1983): 16–25.

Assis, E. *Flashes of Fire: A Literary Analysis of the Song of Songs*. London:

T&T Clark, 2009.

Astell, A. W. *The Song of Songs in the Middle Ages*. Ithaca, NY: Cornell University Press, 1990.

Astour, M. C. "Two Ugaritic Serpent Charms." *JNES* 27.1 (1968): 13–36.

Ayo, N. *Sacred Marriage: The Wisdom of the Song of Songs*. New York: Continuum, 1997.

Azize, J. "Considering the Book of Qohelet Afresh." *ANES* 37 (2000): 183–214.

Bakon, S. "Song of Songs." *JBQ* 22 (1994): 211–20.

Balchin, J. A. "Song of Songs." Pages 579–87 in *The New Bible Commentary*, 3rd ed. Ed. by D. Guthrie et al. Downers Grove, IL: InterVarsity, 1970.

Ballard, H. W.; W. D. Tucker, eds. *An Introduction to Wisdom Literature and the Psalms. Festscrift Marvin E. Tate*. Macon, GA: Mercer University Press, 2010.

Baltzer, K. "Women and War in Qohelet 7:23–8:1a." *HTR* 80 (1987): 127–32.

Bartholomew, C. G. *Reading Ecclesiastes: Old Testament Exegesis and Hermeneutical Theory*. AnBib. Rome: Pontificio Istituto Biblico, 1998.

______. *Ecclesiastes*. BCOTWP. Grand Rapids: Baker Academic, 2009.

Barton, G. A. *A Critical and Exegetical Commentary on the Book of Ecclesiastes*. ICC. New York: Scribner, 1908.

Bergant, D. *Song of Songs: The Love Poetry of Scripture*. Spiritual Commentaries. Hyde Park, NY: New City Press, 1998.

______. *Job, Ecclesiastes*. Wilmington, DE: Michael Glazier, 1982.

Berger, B. "Qoheleth and the Exigencies of the Absurd." *BibInt* 9 (2001): 141–79.

Bernard of Clairvaux. *The Song of Songs: Selections from the Sermons of St. Bernard of Clairvaux*. Ed. by H. C. Backhouse. London: Hodder & Stoughton, 1990.

Berry, D. K. *An Introduction to Wisdom and Poetry of the Old Testament*. Nashville: Broadman & Holman Publishers, 1995.

Bickerman, E. J. *Four Strange Books of the Bible: Jonah, Daniel, Koheleth, Esther*. New York: Schocken, 1967.

Black, F. C. "Beauty or the Beast? The Grotesque Body in the Song of Songs." *Biblical Interpretation* 8 (2000): 302–23.

Blenkinsopp, J. "Ecclesiastes 3:1–15: Another Interpretation." *JSOT* 66 (1995): 55–64.

Bloch, A.; C. Bloch. *Song of Songs: A New Translation*. New York: Random House, 1995.

Boadt, L., ed. *The Song of Solomon: Love Poetry of the Spirit*. *CBS*. New York: St. Martin's, 1999.

Bottoms, L. *Ecclesiastes Speaks to Us Today*. Atlanta: John Knox, 1979.

Boyarin, D. "The Song of Songs: Lock or Key? Intertextuality, Allegory and Midrash." Pages 214–30 in *The Book and the Text: The Bible and Literary Theory*. Ed. by R. Schwartz. Oxford: Blackwell, 1990.

Bream, H. N. "Life Without Resurrection: Two Perspectives from Qoheleth." Pages 49–65 in *A Light Unto My Path (Jacob M. Myers Festschrift)*. Gettysburg Theological Studies, 1974.

Brenner, A. *The Song of Songs*. OTG. Sheffield: JSOT Press, 1989.

_____. "Text Authority in Biblical Love Lyrics: The Case of Qoheleth

3:1–9 and Its Textual Relatives." Pages 133–63 in *On Gendering Texts: Female and Male Voices in the Hebrew Bible. Biblical Interpretation 1*. Ed. by A Brenner and F. van Dijk–Hemmes. Leiden: Brill, 1993.

Brenner, A., ed. *A Feminist Companion to the Song of Songs*. Sheffield: JSOT Press, 1993.

Breton, S. "Qohelet: Recent Studies." *TD* 28 (1980): 147–51.

______. "Qoheleth Studies." *BTB* 3 (1973): 22–50.

Bridges, C. *Ecclesiastes*. Carlisle, PA: Banner of Truth, 1961.

Brindle, W. A. "Righteousness and Wickedness in Ecclesiastes 7:15–18." *AUSS* 23 (1985): 243–57.

Brisson, E. C. "Ecclesiastes 3:1–8." *Int* 55 (2001): 292–95.

Brown, S. G. "The Structure of Ecclesiastes." *ERT* 14 (1990): 195–208.

Brown, W. P. "Whatever Your Hand Finds to Do: Qoheleth's Work Ethic." *Interpretation* 55.3 (2001): 271–84.

Bruns, J. E. "The Imagery of Ecclesiastes 12:6a." *JBL* 84 (1965): 428–30.

Buhlman, A. "The Difficulty of Thinking in Greek and Speaking in Hebrew (Qoheleth 3.18; 4.13–16; 5.8)." *JSOT* 90 (2000): 101–8.

Bullock, H. *An Introduction to the Old Testament Poetic Books*. New ed. Chicago: Moody Press, 2007.

Burkes, S. *Death in Qoheleth and Egyptian Biographies of the Late Period*. SBLDS Atlanta: SBL, 1997.

Burkitt, F. C. "Is Ecclesiastes a Translation?" *JTS* 23 (1921–22): 22–26.

Cainion, I. J. "An Analogy of the Song of Songs and Genesis Chapters Two and Three." *SJOT* 14 (2000): 219–59.

Campbell, I. D. "The Song of David's Son: Interpreting the Song of

Solomon in the Light of the Davidic Covenant." *WTJ* 62 (2000): 17–32.

Caneday, A. B. "Qoheleth: Enigmatic Pessimist or Godly Sage?" *GTJ* 7 (1986): 21–56.

Cantwell, L. "The Allegory of the Canticle of Canticles." *Scripture* 16 (1964): 76–93.

Carasik, M. "Exegetical Implications of the Masoretic Cantillation Marks in Ecclesiastes." *HS* 42 (2001): 145–65.

Carny, P. "Theodicy in the Book of Qohelet." Pages 71–81 in *Justice and Righteousness: Biblical Themes and Their Influence*. Ed. by H. G. Reventlow and Y. Hoffman. JSOTSup. Sheffield: JSOT Press, 1992.

Castellino, G. R. "Qohelet and His Wisdom." *CBQ* 30 (1968): 15–28.

Carr, G. L. *The Song of Solomon*. TOTC. Downers Grove, Ill.: InterVarsity, 1984.

______. "The Old Testament Love Songs and Their Use in the New Testament." *JETS* 24 (1981): 97–105.

______. "Is the Song of Songs a 'sacred marriage' drama?" *JETS* 22 (1979): 101–114.

Childs, B. S. *Introduction to the Old Testament as Scripture*. Minneapolis: Fortress Press, 1979.

Chittister, J.; A. Swanson. *There Is a Season*. Maryknoll, N. Y.: Orbis, 1995.

Christianson, E. S. *A Time to Tell: Narrative Strategies in Ecclesiastes*. JSOTSup. Sheffield: Sheffield Academic Press, 1998.

Collins, J. J. *Proverbs, Ecclesiastes*. KPG. Atlanta: John Knox, 1980.

Cooke, G. A. *A Critical and Exegetical Commentary on the Book of*

Ecclesiastes. ICC. Edinburgh: T. & T. Clark, 1959.

Cooper, J. S. "New Cuneiform Parallels to the Song of Songs." *JBL* 90 (1990): 157–62.

Corney, R. W. "What Does Literal Meaning Mean? Some Commentaries on the Song of Songs." *ATR* 80 (1998): 494–516.

Crenshaw, J. L. *Ecclesiastes: A Commentary*. OTL. Philadelphia: Westminster, 1987.

______. *Old Testament Wisdom: An Introduction*. Louisville, KY: Westminster John Knox Press, 2010.

______. "The Shadow of Death in Qoheleth." Pages 205–16 in *Israelite Wisdom: Theological and Literary Essays in Honor of Samuel Terrien*. Ed by J. G. Gammie, W. A. Brueggemann, W. L. Humphreys, and J. M. Ward. Missoula, MT: Scholars Press, 1978.

______. "The Eternal Gospel (Eccl. 3:11)." Pages 23–55 in *Essays in Old Testament Ethics*. Ed. by J. L. Crenshaw and J. T. Willis. New York: KTAV, 1974.

______. "The Birth of Skepticism in Ancient Israel." Pages 1–19 in *The Divine Helmsman: Studies on God's Control of Human Events*. Ed. by J. L. Crenshaw and S. Sandmel, New York: KTAV, 1980.

______. "Qoheleth in Recent Research." *HAR* 7 (1983): 41–56.

______. "Youth and Old Age in Qohelet." *HAR* 10 (1986): 1–13.

______. "Prohibitions in Proverbs and Qoheleth." Pages 115–24 in *Priests, Proverbs, and Scribes*. Ed. by E. Ulrich. JSOTSup. 149 Sheffield: Sheffield Academic Press, 1992.

Curtis, E. M. *Song of Songs*. Eugene, ORTLUND: Wipf & Stock Publishers, 2000.

Dahood, M. J. "Canaanite–Phoenician Influence in Qoheleth." *Biblica*

33 (1952): 30–52, 191–221.

______. "The Language of Qoheleth." *CBQ* 14 (1952): 227–32.

Davidson, R. M. *Ecclesiastes and the Song of Solomon*. DSBOT. Philadelphia: Westminster, 1986.

Davis, B. C. "Ecclesiastes 12:1–8—Death, An Impetus for Life." *BibSac* 148 (1991): 298–317.

De Moor, R. *God's Backyard: A Fresh Look at Ecclesiastes*. Grand Rapids: CRC Publications, 1993.

De Villiers, D. W.; J. J. Burden. "Function and Translation: A Twosome in the Song of Songs." *OTE* 2 (1998): 1–11.

Dell, K. J. "Ecclesiastes as Wisdom: Consulting Early Interpreters." *VT* 44 (1994): 301–29.

______. "The Use of Animal Imagery in the Psalms and Wisdom Literature of Ancient Israel." *SJT* 53.3 (2000): 275–91.

______. "Does the Song of Songs Have Any Connection to Wisdom?" Pages 8–26 in *Perspectives on the Song of Songs*. Ed. by A. C. Hagedorn. Berlin: de Gruyter, 2005.

Delitzsch, F. *Proverbs, Ecclesiastes, Song of Solomon.* Trans. by M. G. Easton. Grand Rapids: Eerdmans, 1975.

Dijk–Hemmes, F. "The Imagination of Power and the Power of Imagination: An Intertextual Analysis of Two Biblical Love Songs: The Song of Songs and Hosea 2." *JSOT* 44 (1989): 75–88.

Dillow, S. J. *Solomon on Sex*. New York: Thomas Nelson, 1977.

Dobbs–Allsopp, F. W. "Late Linguistic Features in the Song of Songs." Pages 24–77 in *Perspectives on the Song of Songs*. Ed. by A. C. Hagedorn. Berlin: de Gruyter, 2005.

Dorsey, D. A. "Literary Structuring in the Song of Songs." *JSOT* 46

(1990): 81–96.

Driver, S. R. *Introduction to the Literature of the Old Testament*. Edinburgh: T. & T. Clark, 1909.

Dryburgh, B. *Lessons for Lovers in the Song of Solomon*. New Canaan, CT: Keats, 1975.

Dulin, Rachel. "'How Sweet Is the Light' Qoheleth's Age–Centered Teachings." *Int* 55 (2001): 260–70.

Eaton, M. A. *Ecclesiastes: An Introduction and Commentary*. TOTC. Downers Grove, Ill.: InterVarsity Press, 1983.

Eichhorn, D. M. *Musings of the Old Professor: The Meaning of Koheleth*. New York: Jonathan David Publishers, 1963.

Elder, D. *The Song of Songs and Enlightenment: A Metaphysical Interpretation*. Marina del Rey, CA: DeVorss, 1988.

Elliott, M. W. *The Literary Unity of the Canticle*. New York: Peter Lang, 1989.

______. "Ethics and Aesthetics in the Song of Songs." *TynBul* 45 (1994): 137–52.

Ellul, J. *Reason for Being: A Meditation on Ecclesiastes*. Trans. by J. M. Hanks. Grand Rapids: Eerdmans, 1990.

Enns, P. *Ecclesiastes*. THOTC. Grand Rapids: Eerdmans Publisher, 2011.

Exum, J. C. "A Literary and Structural Analysis of the Song of Songs." *ZAW* 85 (1973): 47–79.

Falk, M. *Love Lyrics in the Bible: A Translation and Literary Study of the Song of Songs*. Sheffield: Almond Press, 1982.

Farmer, K. A. *Who Knows What Is Good? A Commentary on the Books of Proverbs and Ecclesiastes*. ITC. Grand Rapids: Eerdmans, 1991.

Fields, W. W. "Early and Medieval Jewish Interpretation of the Song of Songs." *GTJ* 1 (1980): 221–31.

Fishbane, M. *Song of Songs*. JPSBC. Philadelphia: The Jewish Publication Society, 2015.

Fohrer, G.; E. Sellin. *Introduction to the Old Testament*. Trans. by D. E. Green. Nashville: Abingdon Press, 1968.

Forman, C. C. "Koheleth's Use of Genesis." *JSS* 5 (1960): 156–63.

_____. "The Pessimism of Ecclesiastes." *JSS* 3 (1958): 336–43.

Fountain, T. E. "A Parabolic View of the Song of Solomon." *BETS* 9 (1996): 97–101.

Fox, M. V. *The Song of Songs and the Ancient Egyptian Love Songs*. Madison, WI: University of Wisconsin Press, 1985.

_____. *Ecclesiastes*. JPSBC. Philadelphia: The Jewish Publication Society, 2004.

_____. *Qohelet and His Contradictions*. JSOTSup. 71. Sheffield: Sheffield Academic Press, 1989.

_____. *A Time to Tear Down and a Time to Build Up: A Reading of Ecclesiastes*. Grand Rapids: Eerdmans, 1999.

_____. "The Meaning of Hebel for Qoheleth." *JBL* 105 (1986): 409–27.

_____. "Frame-Narrative and Composition in the Book of Qohelet." *HUCA* 48 (1977): 83–106.

_____. "Wisdom in Qoheleth." Pages 115–31 in *In Search of Wisdom: Essays in Memory of John G. Gammie*. Ed. by L. G. Perdue et al. Louisville: Westminster/John Knox, 1993.

Fredericks, D. C. *Coping with Transience: Ecclesiastes on Brevity in Life*. Sheffield: JSOT Press, 1993.

_____. *Qohebeth's Language: Re-evaluating Its Nature and Date*. Lewiston,

NY: Edwin Mellon, 1988.

______. "Life's Storms and Structural Unity in Qoheleth 11:1–12:8." *JSOT* 52 (1991): 95–114.

Fuerst, W. J. *Ruth, Esther, Ecclesiastes, the Song of Songs, Lamentations*. CBC. Cambridge: Cambridge University Press, 1975.

Galling, K. "Der Prediger." In *Die fünf Megilloth*. Ed. by M. Haller and K. Galling. Tubingen: Mohr/Siebeck, 1996.

Garrett, D. A. *Proverbs, Ecclesiastes, Song of Songs*. NAC. Nashville: Broadman, 1993.

George, M. "Death as the Beginning of Life in the Book of Ecclesiastes." Pages 280–93 in *Strange Fire*. Ed. by T. Linaleft. Sheffield: Sheffield Academic Press, 2000.

Gese, H. "The Crisis of Wisdom in Kohelth." Pages 141–53 in *Theodicy in the Old Testament. Issues in Religion and Theology 4*. Ed. by J. L. Crenshaw. Philadelphia/London: Fortress/SPCK, 1983.

Gianto, A. "The Theme of Enjoyment in Qohelet." *Biblica* 73 (1992): 328–33.

Gibson, D. *Living Life Backward: How Ecclesiastes Teaches Us to Live in Light of the End*. Wheaton, IL: Crossway, 2017.

Ginsburg, C. D. *The Song of Songs and Coheleth (Commonly Called the Book of Ecclesiastes)*. Ed. by H. M. Orlinsky. New York: Ktav, 1970.

______. *Studies in Koheleth*. New York: Jewish Theological Seminary of America, 1952.

Glasson, T. F. "'You Never Know': The Message of Ecclesiastes 11:1–6." *EQ* 55 (1983): 43–48.

Gledhill, T. *The Message of the Song of Songs: The Lyrics of Love*. BST. Downers Grove, IL: InterVarsity Press, 1994.

Glickman, S. C. *A Song for Lovers*. Downers Grove, Ill.: InterVarsity Press, 1976.

Goitein, S. D. "The Song of Songs: A Female Composition." Pages 58–66 in *A Feminist Companion to the Song of Songs*. Ed. by A. Brenner. Sheffield: JSOT Press, 1993.

Goldberg, L. *Ecclesiastes*. Bible Study Commentary. Grand Rapids: Zondervan Corp., 1983

Gollwitzer, H. *Song of Love: A Biblical Understanding of Sex*. Philadelphia: Fortress, 1979.

Good, E. M. "Qoheelth: The Limits of Wisdom." Pages 168–95 in *Irony in the Old Testament. 2nd ed*. Sheffield: Almond Press, 1981.

Goppelt, L. *Typos: The Typological Interpretation of the Old Testament in the New*. Grand Rapids: Eerdmans, 1982.

Gordis, R. *The Song of Songs and Lamentations: A Study, Modern Translation, and Commentary*. Rev. and augmented. New York: Ktav, 1974.

______. *Koheleth—The Man and His World: A Study of Ecclesiastes*. 3rd ed. New York: Schocken, 1968.

______. "Ecclesiastes 1:17—Its Text and Interpretation." *JBL* 56 (1937): 323–30.

______. "The Original Language of Qohelet." *JQR* 37 (1946–47): 67–84.

______. "The Translation Theory of Qohelet Re-Examined." *JQR* 40 (1949–50): 103–16.

______. "Was Koheleth a Phoenician?" *JBL* 74 (1955): 103–14.

______. "Qoheleth and Qumran – A Study of Style." *Biblica* 41 (1960): 395–410.

Goulder, M. D. *The Song of Fourteen Songs*. JSOTSup. Sheffield: JSOT Press, 1986.

Gurtner, D. M.; L. T. Stuckenbruck, eds. *Encyclopedia of Second Temple Judaism*. London: T&T Clark, 2020.

Hagedorn, A. C. "Of Foxes and Vineyards: Greek Perspectives on the Song of Songs." *VT* 53 (2003): 337–52.

Hall, J.; E. A. Matter; G. T. Sheppard. *Solomon's Divine Arts*. PCC. Cleveland: Pilgrim, 1991.

Hallo, W. W. "For Love Is Strong as Death." *JANES* 22 (1993): 45–50.

Harrison, R. K. *Introduction to the Old Testament*. Grand Rapids: Eerdmans, 1969.

Hengstenberg, E. W. *Commentary on Ecclesiastes*. Philadelphia: Smith, 1860.

Hess, R. S. *Song of Songs*. BCOTWP. Grand Rapids: Baker Book House, 2005.

Holloway, G. *The Main Thing: A New Look at Ecclesiastes*. Abilene, Tex.: Abilene Christian University Press, 1997.

Horine, S. *Interpretive Images in the Song of Songs: From Wedding Chariots to Bridal Chambers*. Bern, Switzerland: Peter Lang, 2001.

Hostetter, E. C. "Mistranslation in Cant 1:5." *AUSS* 34 (1996): 35–36.

Hubbard, D. A. *Beyond Futility: Messages of Hope from the Book of Ecclesiastes*. Grand Rapids: Eerdmans, 1976.

______. *Ecclesiastes, Song of Solomon*. ComC Dallas: Word, 1991.

Hunt, "Sensory Images in Song of Songs 1:12–2:16." Pages 69–76 in *Dort zeihen Shiffe dahin...: Collected Communications to the XIVth Congress of the International Organization for the Study of the Old Testament, Paris 1992*. Eds. By M. Augustin, K–D. Schunck. Frankfort am Main: Peter Lang, 1996.

Hunter, J. H. "The Song of Protest: Reassessing the Song of Song."

JSOT 90 (2000): 109–24.

Ibn Ezra, A. ben Meir and R. A. Block. *Ibn Ezra's Commentary on the Song of Songs*. Cincinnati: Hebrew Union College–Jewish Institute of Religion, 1982.

Irwin, W. A. "Ecclesiastes 4:13–16." *JNES* 3 (1944): 255–57.

Isaksson, B. *Studies in the Language of Qoheleth*. Studi Semitica Uppsaliensia 10. Uppsala: Uppsala University Press, 1987.

Japhet, S.; R. B. Salters. *Rashbam on Qoheleth*. Leiden: E. J. Brill, 1985.

Johnston, P. S. *Sheades of Sheol: Death and Afterlife in the Old Testament*. Downers Grove, Ill.: InterVarsity Press, 2002.

Jong, S. de. "A Book on Labour: The Structuring Principles and the Main Theme of the Book of Qoheleth." *JSOT* 54 (1992): 107–16.

Kaiser, W. C. *Ecclesiastes: Total Life*. Chicago: Moody, 1979.

Kallas, E. "Martin Luther As Expositor of the Song of Songs." *LQ* 2 (1988): 323–31.

Keddie, G. *Looking for the Good Life: The Search for Fulfillment in The Light of Ecclesiastes*. Phillipsburg, NJ: Presbyterian and Reformed, 1991.

Kidner, D. A. *A Time to Mourn, and a Time to Dance: Ecclesiastes and the Way of the World*. BST. Downers Grove, Ill.: InterVarsity, 1976.

______. *The Wisdom of Proverbs, Job, and Ecclesiastes: An Introduction to Wisdom Literature*. Downers Grove, Ill.: InterVarsity, 1985.

Keel, O. *The Song of Songs*. CC. Trans. by F. J. Gaiser. Minneapolis: Fortress, 1994.

Kinlaw, D. F. "Song of Songs." Pages 1199–1244 in *The Expositor's Bible Commentary*, vol. 5. Grand Rapids: Zondervan, 1991.

Knight, G. A. F.; F. W. Golka. *Revelation of God: A Commentary on the Books of the Song of Songs and Jonah*. ITC. Grand Rapids: Eerdmans, 1988.

Kramer, S. N. *The Sacred Marriage Rite*. Bloomington, IN: Indiana University Press, 1969.

______. "The Biblical 'Song of Songs' and the Sumerian Love Songs." *Expedition* 5 (1962): 25–31.

Kreeft, P. *Three Philosophies of Life: Ecclesiastes—Life As Vanity, Job—Life As Suffering, Song of Song—Life As Love*. San Francisco: Ignatius, 1989.

Krüger, T. *Qoheleth: A Commentary*. Trans. by O. C. Dean, Jr. Hermeneia. Minneapolis: Fortress, 2004.

LaCocquc, A. *Romancc, Shc Wrotc: A Hcrmcncutical Essay on Song of Songs*. Harrisburg, PA: Trinity Press International, 1998.

Landsberger, F. "Poetic Units Within the Song of Songs." *JBL* 73 (1954): 203–16.

Landy, F. *Paradoxes of Paradise: Identity and Difference in the Song of Songs*. Sheffield: Sheffield Academic Press, 1983.

______. "The Song of Songs and the Garden of Eden." *JSOT* 98 (1979): 513–28.

Lavoie, J. "Woman in the Song of Songs." Pages 75–81 in *Woman Also Journeyed With Him: Feminist Perspectives on the Bible*. Ed. by G. Caron. Collegeville: Liturgical.

Leick, G. *Sex and Eroticism in Mesopotamian Literature*. London: Routledge, 1994.

Leupold, H. C. *Exposition of Ecclesiastes*. Grand Rapids: Baker, 1952.

Loader, J. A. *Ecclesiastes: A Practical Commentary, Text and Interpretation.* Trans. by J. Vriend. Grand Rapids: Eerdmans, 1986.

Loewe, R. "Apologetic Motifs in the Targum to the Song of Songs." Pages 163–69 in *Biblical Motifs: Origins and Transformations*. Ed. by A. Altmann. Cambridge, MA: Harvard University Press, 1966.

Lohfink, N. *Qoheleth*. CC. Minneapolis: Fortress, 2002.

Longman, T. *The Book of Ecclesiastes*. NICOT. Grand Rapids: Eerdmans, 1998.

______. *Song of Songs*. NICOT. Grand Rapids: Eerdmans, 2001.

______. *Fictional Akkadian Autobiography*. Winona Lake, IN: Eisenbrauns, 1991.

Loretz, O. "Poetry and Prose in the Book of Qohelet (1:1–3:22; 7:23–8:1; 22 9:6–10; 12:8–14)." Pages 155–89 in *Verse in Ancient Near Eastern Prose*. Ed. by J. C. de Moor and W. G. E. Watson. Neukirchen–Vluyn: Neukirchener: Kevelaer, Butzon and Bercker, 1993.

Maloney, G. A. *Singers of the New Song: A Mystical Interpretation of the Song of Songs*. Notre Dame, Ind.: Ave Maria, 1985.

Maltby, A. "The Book of Ecclesiastes and the After–Life." *EQ* 35 (1963): 39–44.

Mariaselvam, A. *The Song of Songs and Ancient Tamil Love Poems: Poetry and Symbolism*. Rome: Pontificio Istituto Biblico, 1988.

Marsman, H. J. *Women in Ugarit and Israel: Their Social and Religious Position in the Context of Ancient Near East*. Leiden: E. J. Brill, 2003.

Mason, M. *The Mystery of Marriage*. Portland: Multnomah, 1985.

Mazor, Y. "The Song of Songs or the Story of Stories?: The Song of Songs: Between Genre and Unity." *SJOT* 1 (1997): 1–29.

McKenna, J. E. "The Concept of Hebel in the Book of Ecclesiastes." *SJT* 45 (1992): 19–28.

Meek, T. J. "Canticles and the Tammuz Cult." *AJSL* 39 (1922–23): 245–52.

Menn, E. M. "Targum of the Song of Songs and the Dynamics of Historical Allegory." Pages 423–45 in *The Interpretation of Scripture in Early Judaism and Christianity*. Ed. by C. A. Evans. Sheffield: Sheffield Academic Press, 2000.

Meyers, C. "Gender Imagery in the Song of Songs." *HAR* 10 (1986): 209–23.

Miller, D. B. "What the Preacher Forgot: The Rhetoric of Ecclesiastes." *CBQ* 62 (2000): 215–35.

______. "Qoheleth's Symbolic Use of lbh." *JBL* 117 (1998): 437–54.

Miller, P. C. "'Pleasure of the Text, Text of Pleasure': Eros and Language in Origen's Commentary on the Song of Songs." *JAAR* 54 (1986): 241–53.

Munro, J. L. *Spikenard and Saffron: A Study in the Poetic Language of the Song of Songs*. JSOTSup. Sheffield: Sheffield Academic Press, 1995.

Murphy, R. E. *The Song of Songs*. Hermeneia. Minneapolis: Fortress, 1990.

______. *Ecclesiastes*. WBC. Dallas: Word, 1992.

______. *Wisdom Literature: Job, Proverbs, Ruth, Canticles, Ecclesiastes, and Esther*. FOTL. Grand Rapids: Eerdmans, 1981.

Neusner, J. *Israel's Love Affair with God: Song of Songs*. Valley Forge, Pa.: Trinity Press International, 1993.

Nielsen, K. "Song of Songs." Pages 179–85 *in The Hebrew Bible Today*.

Eds. by S. L. McKenzie, M. P. Graham. Louisville: Westminster John Knox, 1998.

O'Connor, K. M. *The Wisdom Literature*. Message of Biblical Spirituality 5. Collegeville, MN: Michael Glazier Books, 1988.

Ogden, G. S. *Qoheleth. Readings—A New Biblical Commentary*. Sheffield: Sheffield Academic Press, 1987.

______. *Qoheleth*. Sheffield: JSOT Press, 1987.

Origen. *The Song of Songs: Commentary and Homilies*. Trans. and annotated by R. P. Lawson. New York: Newman, 1957.

Parsons, G. W. "Guidelines for Understanding and Utilizing the Song of Songs." *BibSac* 156 (1999): 399–422.

Pauw, A. P. *Proverbs and Ecclesiastes*. Belief Commentary. Louisville, KY: Westminster John Knox, 2015.

Perdue, L. G. *Wisdom and Cult*. SBLDS 30. Missoula: Scholars Press, 1977.

Perry, T. A. *Dialogues with Kohelet: The Book of Ecclesiastes: Translation and Commentary*. University Park: Pennsylvania State University Press, 1993.

Perrin, N. "Messianism in the Narrative Frame of Ecclesiastes?" *RB* 108 (2001): 51–57.

Pfeiffer, R. H. *Introduction to the Old Testament*. New York: Harper and Row, 1941.

Phipps, W. E. "The Plight of the Song of Songs." *JAAR* 42 (1974): 82–100.

Polaski, D. C. "What Will Ye See in the fllammite? Women, Power and Panopticism in the Song of Songs." *BI* 5 (1997): 64–81.

Polk, T. "The Wisdom of Irony: A Study of Hebel and Its Relation to

Joy and the Fear of God in Ecclesiastes." *Studia Biblica et Theologica* 6 (1976): 3–17.

Pope, M. H. *Song of Songs*. AB. Garden City, NY: Doubleday, 1977.

Provan, I. *Ecclesiastes and Song of Songs*. NIVAC. Grand Rapids: Zondervan, 2001.

Rabin, C. "The Song of Songs and Tamil Poetry." *SR* 3 (1979): 205–19.

Rashbam (R. Samuel b. Meir). *The Commentary of R. Samuel Ben Meir: Rashbam on Qoheleth*. Trans. & ed. by S. Japhet and R. Salters. Leiden: E. J. Brill, 1985.

Reimer, P. B. *A Time to Keep Silence--and a Time to Build: A Study of Ecclesiastes.* Toronto: Institute for Christian Studies, 1987.

Reitman, James S. "The Structure and Unity of Ecclesiastes." *BibSac* 154 (1997): 297–319.

Richardson, J. P. "Preaching from the Song of Songs: Allegory Revisited." *ERT* 21 (1997): 250–57.

Richer, B.; R. Pitkin. *A Time for Every Purpose*. Nashville: Thomas Nelson Publisher, 1983.

Robertson, D. "The Experience of Reading: Bernard of Clairvaux *Sermons on the Song of Songs*, 1." *Religion and Literature* 19 (1987): 1–20.

Rowley, H. H. "The Interpretation of the Song of Songs." *JTS* 38 (1937): 337–363.

Rudman, D. "Women as Divine Agent in Ecclesiastes." *JBL* 116.3 (1997): 411–27.

______. "A Contextual Reading of Ecclesiastes 4:13–16." *JBL* 116.1 (1997): 57–73.

Sadgrove, M. "The Song of Songs as Wisdom Literature." Pages 245–48 in *Studia Biblica 1978*. Ed. by E. A. Livingstone. Sheffield: JSOT

Press, 1978.

Saebo, M. "On the Canonicity of the Song of Songs." Pages 260–77 in *Texts, Temples, and Traditions*. Ed. by M. V. Fox et al. Winona Lake, IN: Eisenbrauns, 1996.

Sasson, J. M. "Unlocking the Poetry of Love in the Song of Songs." *BR* 1 (1985): 11–19.

Sawyer, J. F. A. "The Ruined House in Ecclesiastes 12: A Reconstruction of the Original Parable." *JBL* 94 (1975): 519–31.

Schoors, A., ed. *Qohelet in the Context of Wisdom*. BETL. Leuven: Leuven University Press, 1998.

_____. *The Preacher Sought to Find Pleasing Words: A Study of the Language of Qoheleth, part 1*. Leuven: Department Orientalistiek/Uitgeverij Peeters, 1992.

_____. "Qoheleth: A Book in a Changing Society." *OTE* 9.1 (1996): 68–87.

Schmidt, W. H. *Introduction to Old Testament*. Trans. by M. J. O'Connell. London: SCM Press, 1979.

Schwab, G. M. *The Song of Songs' Cautionary Message Concerning Human Love*. Studies in Biblical Literature. New York: Peter Lang Publishing Inc., 2002.

_____. "Song of Songs." Pages 367–431 in *The Expositor's Bible Commentary Revised Edition.* Vol. 6. Grand Rapids: Zondervan, 2008.

Scott, R. B. Y. *Proverbs, Ecclesiastes*. AB. Garden City, N. Y.: Doubleday, 1965.

Sefati, Y. "Dumuzi–Inanna Songs." Pages 540–43 in *Canonical Compositions from the Biblical World*. Ed. by W. W. Halo. Leiden:

E. J. Brill.

Segal, M. H. "The Song of Songs." *VT* 12 (1962): 470–90.

Sendrey, A. *Music in Ancient Israel*. New York: Philosophical Library, 1969.

Seow, C. L. *Ecclesiastes: A New Translation with Introduction and Commentary*. AB. New York: Doubleday, 1997.

______. "Beyond Moral Grasp: The Usage of hebel in Ecclesiastes." *AusBR* 48 (2000): 1–16.

______. "Qohelet's Autobiography." Pages 257–82 in *Fortunate the Eyes that See (Fs. D. N. Freedman)*. Ed. by A. Beck et al. Grand Rapids: Eerdmans, 1995.

______. "Linguistic Evidence and the Dating of Qohelet." *JBL* 115 (1996): 643–66.

______. "The epilogue of Qohelet revisited." Pages 125–41 in *Wisdom, You are my Sister (FS R. E. Murphy)*. Ed. by M. L. Barre. CBQMS 29. Washington: Catholic Biblical Association, 1997.

Shea, W. H. "The Chiastic Structure of the Song of Songs." *ZAW* 92(1980): 378–96.

Shead, A. G. "Ecclesiastes from the Outside In." *RTR* 55 (1996): 24–37.

Shepherd J. E. "Ecclesiastes." Pages 253–365 in *The Expositor's Bible Commentary Revised Edition. Vol. 6.* Grand Rapids: Zondervan, 2008.

Sheppard, G. T. "The Epilogue to Qoheleth as Theological Commentary." *CBQ* 39 (1977): 182–89.

Shields, M. A. "Ecclesiastes and the End of Wisdom." *TynBul* 50 (1999): 117–39.

Snaith, J. G. *The Song of Songs*. NCBC. London: Marshall Pickering,

1993.

Sneed, M. R., ed. *Was There a Wisdom Tradition? New Prospects in Israelite Wisdom Studies*. Atlanta: SBL Press, 2015.

Spangenberg, I. J. "Irony in the Book of Qohelet." *JSOT* 72 (1996): 57–69.

Sparks, K. L. *Ancient Texts for the Study of the Hebrew Bible: A Guide to the Background Literature*. Peabody: Hendrickson, 2005.

Stadelmann, L. I. J. *Love and Politics: A New Commentary on the Song of Songs*. New York: Paulist, 1992.

Tamez, E. "Ecclesiastes: A Reading from the Periphery." *Int* 55 (2001): 250–259.

Tanner, J. P. "The History of Interpretation of the Song of Songs." *BibSac* 154 (1997): 142–161.

Taylor, C. *The Dirge of Coheleth: In Ecclesiastes XII, Discussed and Literally Interpreted*. London: Forgotten Books, 2019 rep.

Torrey, C. C. "Question of the Original Language of Qoheleth." *JQR* 39 (1948): 151–60.

Towner, W. S. "The Book of Ecclesiastes: Introduction, Commentary, and Reflections." Pages 265–360 in *The New Interpreter's Bible*. Nashville: Abingdon Press, 1997.

Trible, P. *God and the Rhetoric of Sexuality*. Philadelphia: Fortress Press, 1978.

Tucker, G. M.; D. L. Peterson; R. R. Wilson. *Canon, Theology, and Old Testament Interpretation*. Philadelphia: Fortress Press, 1988.

Turner, D. *Eros and Allegory: Medieval Exegesis of the Song of Songs*. Kalamazoo, Mich.: Cistercian Publications, 1995.

Van Leeuwen, R. C. "On Wealth and Poverty: System and Contradiction in Proverbs." Pages 75–121 in *Hebrew Bible and Its Modern Interpreters*. Ed. by A. Knight, M. Tucker. Chico, CA: Scholars Press, 1985.

Verheij, A. "Paradise Retried: On Qohelet 2:4–6." *JSOT* 50 (1991): 113–115.

Von Rad, G. *Wisdom in Israel*. Harrisburg, Penn.: Trinity Press International, 1993.

Waldman, N. M. "A Note on Canticles 4:9." *JBL* 89 (1970): 215–17.

Walsh, C. E. "A Startling Voice: Woman's Desire in the Song of Songs." *BTB* 28 (1998): 129–34.

Waterman, L. *The Song of Song*. Ann Arbor: University of Michigan Press, 1948.

Watson, W. G. E. "Some Ancient Near East Parallels to the Song of Songs." Pages 253–271 in *Words Remembered, Texts Renewed: Essays in Honour of John F. A. Sawyer*. Ed. by J. Davies, G. Harvey, W. G. E. Watson. JSOTSup. Sheffield: Sheffield Acadmic Press, 1995.

Webb, B. "The Song of Songs: A Love Poem and and Holy Scripture." *RTR* 49 (1990): 91–99.

Webster, E. C. "Patterns in the Song of Songs." *JSOT* 22 (1982): 73–93.

Weeks, S. *Early Israelite Wisdom*. Oxford: Clarendon, 1994.

Weems, R. T. "The Song of Songs: Introduction, Commentary, And Reflections." Pages 361–434 in *The New Interpreter's Bible*. Vol. 5. Nashville: Abingdon Press, 1997.

Westenholz, J. G. "Love Lyrics from the Ancient Near East." Pages 2471–84 in *Civilization of the Ancient Near East*, vol. 4. Ed. by J. M. Sasson. New York: Charles Scribner's Sons, 1995.

White, J. B. *A Study of the Language of Love in the Song of Song and Ancient*

Egyptian Poetry. SBLDS. Missoula, Mont.: Scholars Press, 1978.

Whitley, C. F. *Koheleth: His Language and Thought.* BZAW. Berlin: Walter de Gruyter, 1979.

Whybray, R. N. *Ecclesiastes*. OTG. Sheffield: JSOT Press, 1989.

____. *Ecclesiastes*. NCB. Grand Rapids: Eerdmans, 1989.

Wright, A. G. "The Riddle of the Sphinx: The Structure of the Book of Qoheleth." *CBQ* 30 (1968): 313–34.

____. "Additional Numerical Patterns in Qoheleth." *CBQ* 45 (1983): 32–43.

Wright, J. S. "The Interpretation of Ecclesiastes." *EQ* 18 (1946): 18–34.

____. "Ecclesiastes." Pages 1135–1197 in *The Expositor's Bible Commentary, vol. 5*. Grand Rapids: Zondervan, 1991.

Yamauchi, E. "Cultic Clues in Canticles?" *BETS* 4 (1961): 80–88.

Young, E. J. *An Introduction to the Old Testament*. Grand Rapids: Eerdmans, 1960.

Zimmermann, F. *The Inner World of Qohelet*. New York: Ktav, 1973.

Zuck, R. B. *Reflecting with Solomon: Selected Studies on the Book of Ecclesiastes*. Grand Rapids: Baker Book House, 1994.

엑스포지멘터리

전도서

Ecclesiastes

EXPOSItory comMENTARY

전도서

범사에 기한이 있고 천하 만사가 다 때가 있나니
날 때가 있고 죽을 때가 있으며
심을 때가 있고 심은 것을 뽑을 때가 있으며
죽일 때가 있고 치료할 때가 있으며
헐 때가 있고 세울 때가 있으며
울 때가 있고 웃을 때가 있으며
슬퍼할 때가 있고 춤출 때가 있으며
돌을 던져 버릴 때가 있고 돌을 거둘 때가 있으며
안을 때가 있고 안는 일을 멀리 할 때가 있으며
찾을 때가 있고 잃을 때가 있으며
지킬 때가 있고 버릴 때가 있으며
찢을 때가 있고 꿰맬 때가 있으며
잠잠할 때가 있고 말할 때가 있으며
사랑할 때가 있고 미워할 때가 있으며
전쟁할 때가 있고 평화할 때가 있느니라
(3:1–8)

청년이여 네 어린 때를 즐거워하며
네 청년의 날들을 마음에 기뻐하여
마음에 원하는 길들과 네 눈이 보는 대로 행하라
그러나 하나님이 이 모든 일로 말미암아
너를 심판하실 줄 알라
그런즉 근심이 네 마음에서 떠나게 하며
악이 네 몸에서 물러가게 하라
어릴 때와 검은 머리의 시절이 다 헛되니라
(11:9–10)

소개

전도서는 분명 구약 정경 중 하나지만 내용과 관점에 있어서 구약 전반과 잘 융화되지 못한다 하여 '성경의 이민자'(the Bible's resident alien)로 불리기도 한다(Garrett). 한 주석가는 전도서가 구약 나머지 책들의 메시지와 비교해도 문제가 전혀 없다고 하는 사람은 아직 전도서를 읽어보지 않았기 때문이라고 한다(Hubbard). 내용이 정경 다른 부분과 비교할 때 상당히 독특하기 때문에 전도서를 해석하거나 삶에 적용하기에는 기독교인들뿐만 아니라 유대인들에게도 결코 쉬운 일이 아니다(cf. Provan).

우리가 전도서 저자의 사고 체계에 들어가는 것은 마치 온갖 위험 요소들로 가득 찬 건물의 한 코너에 숨겨진 비밀스러운 방에 들어가는 일과 같다고 하는 사람도 있다(cf. Whybray). 그것은 전도서가 그동안 소중히 여기며 추구했던 모든 가치를 부인하거나 흔드는 느낌을 주지만 그렇다고 분명하게 반박할 수도 없어 조용히 원래 자리로 돌아와야 하기 때문이다. 그래서 초대교회 교부이자 불가타(Vg.)의 번역자였던 제롬(Jerome)은 많은 유대인들이 당시 전도서를 아예 정경에서 제거하거나 제거하지 않으려면, 이 책이 삶의 허무함을 피하기 위해 수도사가 되라고 가르치는 것으로 이해해야 한다고 주장했음을 회고한다(cf. Bartholomew, Murphy). 그러나 전도서가 먹고 마시며 즐김을 삶에서 가장 중요하게 여기라고 권면하는 것으로 보아 책이 지향하는 삶이 수도원의 삶과는 잘 어울리지 않는다(cf. 2:24; 3:13; 8:15).

전도서에 대해 극과 극으로 대립하는 관점은 최근에 출판된 주석들 사이에서도 확연히 드러난다. 어떤 주석가들은 전도서가 모든 삶이 절망적이고 허무하며 하나님이 이런 삶을 살고 있는 인간을 먼 발치에서 바라볼 뿐 어떠한 개입도 하지 않는다는 사실을 강조한다고 한다(Crenshaw, Delitzsch, Scott). 이에 반해 다른 주석가들은 전도서가 삶은 이해하기 힘든 신비(mysterious)이지만 하나님의 지배 아래 있는 한 모두를 누리고 즐길 수 있다는 긍정적인 메시지를 담고 있다고 한다(Ogden, Whybray). 옛적 유대인들은 전도서의 메시지를 상당히 긍정적으로 이해했다. 그래서 유대인들은 매년 기독교의 추수감사절과 비슷한 절기인 초막절/장막절(Feast of Booths)에 전도서를 읽고 묵상했다.

이러한 이유에서 전도서는 독자들을 상당히 당혹스럽게 하지만 그렇다고 해서 우리가 등한시할 수는 없다. 무엇보다도 전도서의 시사성 때문이다. 전도서가 제시하는 질문들은 오늘날 크리스천들을 포함한 세상 모든 사람의 고민과 같다: 인간의 삶에 의미와 목적이 있는가? 의미와 목적이 있다면 무엇인가? 정의가 이 세상을 지배하는가? 세상이 끝날 때 의인이 승리하고 악인이 망하는가?

인류는 지난 수천 년 동안 이런 질문을 해 왔고, 지금도 하고 있으며, 앞으로도 계속 할 것이다. 전도서가 이 같은 질문들을 제기하고 고민한다는 사실은 이 책이 2000년 전에도, 그리고 지금도 매우 중요한 시사성을 갖고 있음을 보여 준다. 종교는 사람들의 끊임없는 실존적 질문들에 대해 솔직하고 현실적인 답을 제시하도록 노력해야 한다(Wright). 이런 차원에서 전도서는 우리의 신앙이 항상 현실을 의식하도록 권면하는 책이라고 할 수 있다.

저자

전도서의 저자를 논하기 전에 우리는 책의 중심 인물인 '전도자'와 이 책을 저작/편집한 사람이 서로 다른 사람이라는 것을 염두에 두어야 한다(이 부분에 대해서는 나중에 자세히 논할 것이다). 전도서는 책에서 가장 중요한 역할을 하는 사람을 '코헬렛'(새번역 각주, TNK) 혹은 '설교자'(preacher)(공동, 새번역, 아가페, 현대인, NAS, ESV, NRS), 혹은 '선생'(teacher)(NIV, NRS, CSB, NIRV)이라고 밝히는데, 이러한 호칭은 히브리어로 '코헬렛'으로 소리 나는 명사(קֹהֶלֶת)를 음역하거나, 이 단어의 어원인 동사 '모으다'(קהל)를 근거로 해석한 것들이다. 어떤 이들은 이 동사를 근거로 그를 '잠언과 지혜에 관한 문장들을 모은 사람'이라고 하기도 한다(Crenshaw).

'코헬렛'은 전도서에서 7차례 사용되었다. 이 명사가 여성형이라는 것 외에는 의미가 확실하지 않아(Towner, cf. HALOT) 대부분 학자들과 일부 영어 번역본은 이 히브리어 단어의 소리에 따라 그를 '코헬렛'(Koheleth)이라고 칭하는 것을 선호한다(cf. TNK). 우리말 번역본들 중 현대어성경은 '솔로몬'을 1:1에 삽입하는데, 마소라 사본에는 솔로몬의 이름이 없다. 코헬렛을 솔로몬으로 간주하는 것은 그가 '다윗의 아들 예루살렘 왕'(1:1)이라는 말과 솔로몬이 이스라엘 백성을 '모아 가르쳤다'(קהל)는 열왕기상 8:55-61을 근거로 한다(Garrett, cf. Longman). 그러나 솔로몬이 저자라는 것은 추측일 뿐 이렇다 할 증거는 없다(cf. Fredericks & Estes, Gordis, Murphy, Provan).

일부 학자들은 '코헬렛'이라는 이름으로 불린 사람에 대한 기록이 성경 안팎 그 어디에도 없고, 이 단어가 뜻하는 바가 사람의 이름이 아니라 역할에 대한 기능적 호칭에 더 적합하다 하여 이 단어를 고유 명사가 아닌 일반 명사로 간주한다(Shepherd). 12:8이 이 단어에 정관사를 붙여 그를 '그 코헬렛'(the Koheleth)(הַקּוֹהֶלֶת)이라고 부르는 것에 근거한 해석이다(cf. 7:27). 사람의 이름 등 고유 명사는 정관사를 함께 사용하지 않는 것이 일상적이므로 이 호칭이 일반 명사일 가능성이 다분하다(Towner, cf. Whybray). 칠십인역(LXX)은 이 단어를 일반 명사 '엑크레시아스테스'('Εκκλησιαστής, '성회/모임의 멤버')로 번역을 했고, 라틴어 번역본(Vg.)도 이 헬라어 단어의 의미와 소리를 그대로 유지하여 책의 이름을 '엑크레시아스테스' (Ecclesiastes)로 했으며, 이 헬라어와 라틴어 호칭이 별 변화 없이 영어권으로 도입되어 전도서의 영어 이름 'Ecclesiastes'가 되었다.

다른 학자들은 코헬렛을 책에 등장하는 주요 인물의 별명으로 간주한다(Bartholomew, Longman). 이미 언급한 것처럼 코헬렛이 여성형 명사이고, 성경에서 여성형 명사가 관료들의 직위나 보직을 표현할 때 사용되기 때문이다(스 2:55; 느 7:57, 59). 이렇게 해석하면 코헬렛이 누구든 상관없이 정해진 역할을 한 사람이 된다. '코헬렛'은 백성들을 가르치는 지혜자를 부르는 호칭이었다(cf. 12:9). 그러나 이렇게 단정하기에는 이슈가 너무 복잡하다.

이 '코헬렛/에크레시아스테스'는 과연 누구였을까? 일부 학자들은 그가 실제 인물이 아니라 가상적인 존재라고 하지만(Fox, Lohfink, Provan, Shepherd), 책은 그가 실제적인 인물이었음을 전제하는 듯하다. 전도서가 그에 대해 제공하는 정보를 살펴보자. 코헬렛은 자신을 다윗의 아들이고 예루살렘에서 통치했던 왕이라고 한다(1:1, 12). 그는 이미 많은 지혜를 지녔지만(1:16), 끊임없이 더 많은 지혜를 추구했다(1:12). 코헬렛은 큰 부를 누렸고(2:4-10), 큰 건축 사업을 했으며(2:4-6), 많은 첩들을 거느렸다(2:8). 이처럼 그는 세상의 모든 부귀영화를 다 누려 본 사람이었다는 사실을 감안할 때, 코헬렛이 솔로몬이라는 추측은 자연스럽고 당연한 것이라 할 수 있다. 특히 코헬렛이 자신의 업적을 회고하고 있는 2:1-10은 솔로몬과 가장 잘 어울린다(cf. 왕상 1-11장; 대하 1-9장). 그래서 예전에는 많은 사람들이 전도서를 솔로몬이 노년에 자신의 죄(cf. 왕상 11:1-13)를 회개하며 집필한 책이라고 했던 것이다.

솔로몬은 분명히 코헬렛이 될만한 능력과 자격을 지닌 왕이었다. 그는 잠언 3,000개와 노래 1,005곡을 지은 사람이다(왕상 4:29-34). 지혜자로서 그의 명성은 온 세상에 자자했으며, 심지어는 시바의 여왕까지 그를 만나고자 찾아왔다(왕상 10:7). 솔로몬은 이스라엘 역사에서 가장 많은 지혜를 소유한 '왕—지혜자'(king-sage)였던 것이다(cf. Shepherd).

그러나 오늘날에는 솔로몬을 코헬렛이라고 하는 학자는 거의 없다(cf. Fox, Murphy, Provan, Shepherd). 대부분 학자들은 솔로몬이 코헬렛이 아니라고 단정하며(Barton, Ginsberg, Torrey), 가장 보수적인 학자들마저도 이미 오래전부터 솔로몬은 코헬렛이 아니라고 했다(Delitzsch, Hengstenberg, Kidner, Young). 설령 책이 솔로몬과 어떠한 연관성이 있었다 하더라도 이 같은 연관성은 처음 2장으로 제한이 되며 3-12장은 솔로몬과의 연관성이 전혀 없다고 한다(Scott, cf. Childs, Towner). 진보와 보수 진영을 막론하여 거의 모든 학자들이 솔로몬이 코헬렛이 아니라고 주장하는 것이다(Harrison, Leupold).

학자들이 전도서가 솔로몬과 무관하다며 제시하는 증거들이 여럿 있지만, 가장 확실한 증거는 전도서에서 사용되는 히브리어다. 이 책의 히브리어가 주전 10세기에 살았던 솔로몬이 사용하기에는 당시 히브리어와 너무나도 다르다는 것이다(Cheyne, Ginsberg). 델리츠(Delitzsch)는 전도서에서 아람어적인 요소를 지닌 히브리어 단어 96개를 발견했다. 그는 이 단어들 대부분이 포로기 이후 시대의 것들이라고 결론 지었다. 일부 학자들은 이 같은 현상은 원래 전도서가 아람어로 저작되었다가 누군가가 히브리어로 번역하면서 빚어진 일이라고 한다(Zimmermann, Ginsberg, Torrey, cf. Burkitt, Whitley).

더 나아가 전도서는 '정원'(פַּרְדֵּס)(2:5)과 '칙령'(פִּתְגָם)(8:11) 두 개의 페

르시아어 단어들을 도입해서 사용하고 있는데(Archer, Fredericks, Seow), 이 같은 현상도 전도서가 매우 늦게 저작되었음을 입증한다고 생각하는 사람들이 있다(Dahood, Eaton). 그러나 최근에 들어서는 전도서가 지닌 '아람어적인 요소'들에 대해 신빙성 문제를 제기하거나 다른 방식으로 설명하는 사람들이 많다(Crenshaw, Fredericks, Gordis, Towner, Whitley, cf. Seow).

대부분 학자들은 전도서에서 사용되는 히브리어가 구약 전반에서 사용된 전통적 히브리어(classical Hebrew)에서 정경이 완성된 후인 주후 2세기쯤에 미쉬나(Mishnah) 등을 제작하는데 사용된 히브리어(post-biblical Hebrew)의 중간/변환기 히브리어라고 단정한다(Schoors). 그러나 이 같은 결론 또한 논란의 소지가 다분하다. 학자들은 전도서의 히브리어가 분명 중간 단계 히브리어이기는 하지만, 미쉬나의 히브리어보다 전통적 히브리어에 더 가깝다고 결론 짓는다(Fredericks, Seow, Shepherd).

전도서에서 쓰여진 히브리어가 언제 사용된 것인가는 어려운 난제로 남아 있고, 책의 양식도 논쟁의 대상이다(cf. Loader). 책을 구성하고 있는 내러티브(narrative)와 시(poetry)의 비율이 번역본마다 현저한 차이를 보이고 있다. NIV는 60%를 시로 분류하지만, NRSV는 75%가 내러티브라고 한다. 전도서에서 유일하게 시 양식을 취하는 곳은 3:2-8이라고 하는 번역본들도 있다(Good News Bible, REB). 이 주석에서는 새번역의 구분을 따를 것이다.

책의 내용을 분석해 보면 자서전적 회고, 수사학적 질문들, 비유들, 축복과 저주 등 다양한 장르를 반영하고 있는 것이 확실하다. 또한 전반적으로는 '지시'(instruction)와 '묵상'(reflection)으로 구성된 것으로 간주하는 것이 무난하다(Murphy).

코헬렛은 자신이 예루살렘에서 통치했던 모든 왕보다 더 많은 지혜를 지녔다고 하는데(1:1, 16; cf. 새번역, 공동, 아가페, 현대인 NIV, TNK), 만일 이 사람이 솔로몬이라면 예루살렘에서 그보다 앞서 통치한 왕은 다윗뿐이다. 그러므로 코헬렛은 솔로몬 이후에도 한참 세월이 지난 다음에 예루살렘에서 통치한 유다 왕이었을 것이다. 그래서 한 학자는 히스기야도 솔로몬만큼이나 코헬렛이 상징하는 인물이라고 한다(Shepherd, cf. 잠 25:1).

만일 솔로몬이 이 책과 연관이 있다면, 전도서는 왜 그 사실을 명확하게 밝히지 않는 것일까? 잠언과 아가서는 솔로몬의 이름을 구체적으로 언급하는데 말이다(잠 1:1; 10:1; 25:1; 아 1:1). 잠언과 아가서가 솔로몬의 이름을 구체적으로 밝히는 것을 감안하면, 전도서는 솔로몬과 상관없는 책이라는 것이 더 확실해진다.

코헬렛은 누구였을까? 책이 제공하는 정보를 종합해 보자.

첫째, 그는 예루살렘에 거주하는 선생 혹은 가르치는 자였다. 그래서 그에게 '코헬렛'(전도자, 선생)(cf. 1:1-2; 12:8)이라는 호칭이 주어졌다. 안타깝게도 우리는 그가 어떤 정황에서 누구를 가르쳤는지에 대해 아는 바가 없다. 외경에 포함되어 있는 집회서의 저자 벤시라(Ben Sira)가 당시 유대인들의 교육 시스템에 대해 간략하게 언급하고 있는 것 외에는 구약 시대 유대인들이 어떤 교육 시스템을 가지고 있었는지에 관해 이렇다 할 정보가 남아 있지 않기 때문이다. 구약 시대에 선생의 역할을 주로 서기관들이 했다는 점을 감안할 때, 코헬렛은 아마도 지혜자(서기관)이었거나, 서기관 제도와 연관된 사람이었을 가능성이 높다. 그가 예루살렘에서 다스리던 왕이었다는 점을 감안하면(1:1), 그는 '왕—지혜자'(king-sage)였을 것이다(cf. Shepherd).

둘째, 그는 지혜자였다. 그는 사람들에게 지혜를 가르치는 사람이었으며(cf. 12:9), 세상을 지배하는 지혜를 연구하는 사람이었다(1:13). 코헬렛은 또한 단순히 지혜를 가르치는 사람이 아니라, 매우 잘 논하는 사람이었다. 그는 많은 사람들에게 존경을 받는 유다 사회의 '정신적 지주'였다.

셋째, 그는 어느 정도 나이가 든 사람이었다. 그가 일부 독자들을 '젊은이들'(בָּחוּר)(11:9)이라고 부르며 권면하는 것과, 삶의 희로애락을 모두 경험해 본 사람이라는 점을 감안하면 이 사실이 더 확실해진다. 코헬렛이 어떤 상황에서 어떤 형태로 젊은이들을 가르쳤는지는 알 수 없지만, 그에게 가르침을 받는 사람들을 '젊은이들'이라고 부르는 것은 그가 젊은 학생들과 어느 정도 나이 차이를 지녔던 것을 암시한다.

넷째, 코헬렛은 그 시대 사람들에게 존경받는 사람이었다. 책이 그에 대한 최종적인 평가를 다음과 같이 하는 것에서 이 사실을 알 수 있다: "설교자는 스스로 지혜를 깨친 사람일 뿐만 아니라 민중에게 인생의 길을 가르치고 또 가르치는 분이었다. 그분은 많은 금언들을 마음 속으로 저울질해 보고 그 뜻을 더듬어 보고 엮어 주었다. 설교자는 사람을 참으로 기쁘게 해 줄 말을 찾아 보았다. 그리고 참되게 사는 길을 가르쳐 주는 말을 찾으면 그것을 솔직하게 기록해 두었다"(12:9-10, 공동).

당대 최고의 지혜를 지녔던 코헬렛은 많은 사람들에게 감동과 위로를 주었을 것이다. 그렇다면 그가 모든 사람에게 인정을 받고 그의 가르침이 모든 사람에게 환영을 받았을까? 그렇지 않았을 것이라는 것이 대부분 학자들의 결론이다. 많은 학자들은 그의 파격적인 가르침에 상당수가 반대하고 반박했다는 사실이 12:12에 암시되어 있다고 생각한다: "내 아들아, 이런 말씀에 더하여 다른 가르침을 주의하라. 책을 쓰는 일은 끝이 없고, 공부는 할수록 사람을 피곤하게 만든다"(아가페성경).

이 같은 사실을 종합해 볼 때, 전도서는 언제, 누구에 의하여 저작된 것일까? 이 두 질문 중 먼저 언제 책이 저작되었는가를 생각해 보자. 학자들 중에는 전도서가 왕정 시대 혹은 포로기 때 저작된 것이라고 하는 이들도 있고(Fredericks), 페르시아 시대 이전에 저작된 것이라는 이들도 있다(Schoors, Seow). 늦게 보는 사람들은 주전 152-145년을 저작 시기로 지목하기도 한다(Whitley).

대부분 학자들은 주전 3세기를 책의 저작 시기로 간주한다(Towner, cf. Whybray). 한 주석가는 더 구체적으로 주전 250-225년을 저작 시기로 제안한다(Crenshaw). 이때쯤이면 구약을 형성하고 있는 전통적 히브리어가 상당한 변화를 겪었으므로 언어적으로 설득력이 있다는 것이다. 반면에 주전 2세기는 책의 저작 시기로 너무 늦다는 것이 대부분 학자들의 공통적인 견해이다. 이들이 이같이 결론을 내리는 데는 크게 세 가지 이유가 있다.

첫째, 외경에 포함되어 있는 집회서가 전도서에 대해 언급하고 있는데, 집회서는 주전 180년경에 저작된 것으로 추정된다(cf. Murphy). 그렇다면 집회서와 전도서의 연관성을 고려하면 전도서는 늦어도 주전 3세기 작품이 확실하다고 말한다. 심지어 일부 학자들은 집회서가 전도서의 잘못된 사고 체계를 바로잡으려 한다고 한다(Barton). 전도서는 집회서 이전에 저작되었음이 확실하다.

둘째, 전도서 그 어디에도 주전 160년대에 시작된 셀리우크스 왕조(Seleucid)의 안티오쿠스 4세 에피파네(Antiochus Ephiphane IV)의 핍박에 대한 암시가 없다. 만일 코헬렛이 이 사건을 목격했다면 어떠한 형태로든지 이 사건이 언급되었을 것이다. 삶의 허무함과 부질없음을 강조하는 전도서의 성향에 에피파네 사건은 더 없이 좋은 예가 되었을 것이기 때문이다. 그러나 그가 이 사건에 대해 완전히 침묵하는 것은 그가 늦어도 3세기 사람임을 암시하는 증거가 될 수 있다.

셋째, 주전 2세기 유물로 밝혀진 쿰란(Qumran) 사본들 중에 전도서 조각이 있는 것은 이때 이미 전도서가 정경으로 자리를 잡았음을 암시한다. 이외에도 여러 가지 정황들이 전도서가 아무리 늦어도 주전 3세기 작품이라는 사실을 거의 확실시한다(cf. Crenshaw, Longman). 또한 구약의 사고체계와 확연히 다른 코헬렛의 관점과 철학이 주전 4세기 말부터 팔레스타인 지역에 많은 영향을 미치기 시작했던 헬라 철학과 어느 정도 상통하는 부분이 있다는 점도 이 같은 사실을 뒷받침하는 듯하다. 심지어 일부 학자들은 코헬렛의 사고 체계가 헬라 철학과 밀접한 연관이 있다고 해서 전도서가 헬라 철학으로 유명했던 이집트의 알

렉산드리아에서 저작된 것으로 추정한다(Humbert, Plumptre, Weiser). 그러나 대부분의 학자들은 이와 같은 결론을 내리기에는 증거가 부족하다고 말한다.

전도서의 히브리어가 전통적인 히브리어와 많이 다르기는 하지만 미쉬나 히브리어보다는 전통적인 히브리어에 더 가까운 것을 근거로, 전통적인 히브리어가 변화하기 시작한 주전 5세기 말, 혹은 4세기 초 페르시아 시대에 책이 저작되었으리라는 주장이 설득력을 얻고 있다(Seow, Shepherd). 또한 예전에 학자들이 전도서에 아람어적인 성향(Aramaism)이 짙다며 증거로 제시하기도 했지만(cf. Delitzsch), 오늘날 학계는 이를 더 이상 아람어적인 성향의 증거로 인정하지 않는 추세이다. 이 같은 학계의 정황을 고려할 때, 전도서의 저작 시기를 굳이 주전 3세기로 내릴 필요는 없다. 이보다 1-200년 더 일찍 지작된 것으로 간주해도 어떠한 문제도 없기 때문이다.

두 번째 질문인 누가 전도서를 저작했는가는 저작 시기를 논하는 첫 번째 문제보다 훨씬 더 복잡하다. 전도서의 저작권을 논하는 것은 마치 판도라의 박스를 여는 것과 같다. 가장 간단한 제안은 구체적인 신분은 알 수 없지만, 코헬렛으로 불리는 사람이 직접 저작한 것으로 간주하는 것이다. 그러나 전도서가 코헬렛에 대해 3인칭으로 언급하는 것이 곳곳에서 포착되는 사실을 감안하면(1:1; 7:27; 12:9-14), 저자/편집자는 다른 사람일 가능성이 매우 높다(cf. Longman, Provan, Shepherd).

'코헬렛'이라는 명칭이 '설교자, 선생'이라는 의미를 지녔다는 사실을 바탕으로 저작권을 논하면, 이 책은 코헬렛이 한 곳에서 한꺼번에, 혹은 여러 곳에서 여러 차례에 걸쳐 구두로 전한 가르침을 다른 사람(예, 그의 제자)이 녹취하여 요약하거나 정리한 것일 수 있다. 이렇게 가정하면 전도서가 코헬렛에 대해 종종 3인칭으로 말하는 현상(cf. 1:1; 7:27; 12:9-14)을 충분히 설명할 수 있다. 반면에 일부 학자들은 저자가 자신에 대해 언급하면서 3인칭을 사용하는 사례가 고대 근동 문헌들에서 종종 발견되기 때문에 전도서가 코헬렛에 대하여 3인칭으로 언급하는 것이 반드시 코헬렛의 저작권을 부인할 수는 없다고 한다(Fox; cf. Garrett). 모세 오경에서 모세가 종종 3인칭으로 묘사되는 것도 이러한 현상 중 하나이다.

오늘날 대부분 학자들은 이러한 현상을 코헬렛이 책의 유일한 기여자가 아님을 시사하는 증거로 간주한다. 일부 학자들은 전도서가 여러 편집자들의 손을 거쳐 오늘날의 형태를 갖추게 되었다고 하기도 한다(cf. Krűger, Murphy, Whybray). 만일 편집자(들)가 있었다면, 그(들)는 코헬렛의 가르침에 새로운 내용이나 자신(들)의 생각을 얼마나 많이 첨부했을까? 그들이 새로 삽입한 것들이 코헬렛의 원래 가르침과 생각에 얼마나 많은 변화를 주었을까?

이와 같이 저작권 논의가 우리를 상당히 당혹스럽게 할 수 있고 결코 답할 수 없는 질문들에 당면하게도 하지만, 오래전부터 유대인들은 코헬렛이 아닌 저자/편집자의 가능성에 대해 어느 정도 열린 마음으로 연구했다. 무엇보다도 책이 지니고 있는 모순들(paradoxes) 때문이다. 예를 들자면, 전도서는 의인과 악인이 같은 운명을 맞이한다고 하는가 하면(8:14; 9:1-2), 하나님은 의인과 악인을 그들의 행실에 따라 대하실 것이라고 하기도 한다(2:26; 3:17; 8:12-13). 또한 8:12-14은 이 같이 서로 대립되는 상황을 연속적으로 열거한다.

대부분의 학자들은 위와 같은 유형의 모순들 때문에 전도서가 코헬렛이 아닌 사람(들)에 의해 편집되었다고 확신한다(cf. Whybray). 그러나 이 주장 역시 어떠한 역사적 증거가 뒷받침하는 것이 아니라 학자들의 추측일 뿐이다. 게다가 같은 책 안에서 서로 모순되는 원리들이 제시되었다 해서 그것이 꼭 여러 편집자들의 손에서 비롯된 것으로 간주할 필요는 없다. 모순된 원리들을 제시하면서 이야기를 진행하는 것은 하나의 좋은 교육 방법이 될 수 있기 때문이다(Longman, cf. Shepherd). 실제로 우리의 삶 자체가 수많은 모순들로 가득 차 있지 않은가? 그리고 우리는 이 모순적인 현상들을 예로 들어가며 사람들을 가르치는 일을 즐긴다. 그러므로 전도서의 모순들이 어떤 면에서는 우리의 삶에 대해 가장 깊은 이해를 보이고 있다고 할 수도 있다.

학자들은 전도서 안에서 최소한 두 명의 기여자들(contributors)을 감지한다(Eaton, Garrett, Provan, Shepherd). 쉐퍼드(Shepherd)와 롱맨(Longman)은 코헬렛의 자서전적인 가르침을 담고 있는 1:12-12:7에 다른 사람이 1:1-11과 12:8-14을 틀로 삽입했다고 한다. 세 명의 저자를 감지하는 사람들도 있다. 첫째는 1:2-12:8까지를 집필한 코헬렛이다. 여기에 두 번째 사람이 1:1과 12:9-11을 책의 틀(frame)로 더했다. 세 번째 사람이 12:12-14을 에필로그로 추가했다. 이러한 주장은 코헬렛을 칭찬하는 12:9-11과 그를 비난하는 12:12-14의 관계를 제대로 이해하지 못해서 비롯된 일이다. 우리는 이 두 섹션을 같은 사람의 펜에서 비롯된 것으로 충분히 설명할 수 있다(cf. 본문 주해). 어찌되었건 책의 틀과 에필로그가 코헬렛과 저자를 구분하는 일에 결정적인 단서가 되고 있는 것은 사실이다.

주석가들이 2-3명의 저자/편집자들을 논하는 가장 큰 이유는 책의 중심 부분(1:12-12:7)에 기록되어 있는 코헬렛의 가르침이 상당히 충격적이며, 구약의 전반적인 가르침과 융합될 수 없다고 생각하기 때문이다(cf. Bartholomew). 또한 학자들은 프레임(1:1-11; 12:8-14)을 첨부한 사람(들)이 프레임을 사용하여 코헬렛의 말을 반박하고 있다고 생각한다. 그러나 책에서 코헬렛의 자서전적인 글을 제외하면 저자가 책에 기여하는 부분은 극히 제한적이다. 그래서 많은 사람들이 전도서 저자의 역할을 최소화하며 그의 주된 기여가 책의 시작과 끝에 틀(frame)을 제공하는 일이라 해서 그를 '틀 내레이터'(frame narrator)라고 부르기도 한다(Bartholomew, Fox, Longman, Shepherd).

전도서 안에서 두 개의 대립되는 관점이 감지되는 것은 사실이지만, 이 두 관점이 모두 같은 사람에서 비롯되었다고 해석하는 학자도 있다

(Fox). 폭스(Fox)는 저자가 코헬렛이라는 가상적 인물을 통해 전적으로 비관주의적인 관점을 지닌 사람을 제시하고는 에필로그(12:9-14)를 통해 자신을 이 코헬렛이라는 가상적 인물에서 스스로 멀리하고 있다고 한다. 그의 주장은 시간이 지날수록 여러 학자들의 지지를 얻고 있다.

동일 인물이 책을 통해 마음에 있는 생각을 모두 표현해 놓고 에필로그에서는 그 가르침에 대해 스스로 반박한다는 주장과 2-3명의 편집자/저자가 있다는 주장의 공통점은 책의 중심 부분인 1:12-12:7이 구약의 다른 부분과 매우 상반된 가르침을 하고 있다는 사실을 인정하는 것이다. 또한 이 사실은 책의 핵심 부분을 어떻게 해석해야 하는가에 대해 매우 중요한 관점을 제시한다. 1:12-12:7에 기록된 코헬렛의 가르침은 어느 정도 문제를 지닌 부분들이 있으므로 정경적인 관점에서 교정이 되어야 한다는 것을 암시한다. 그러므로 중심 부분(1:12-12:7)이 정경의 가르침에 위배된다는 사실을 인정하는 한, 책의 저자가 한 명이든, 두 명이든 별로 중요하지 않다.

코헬렛이 솔로몬과 히스기야를 염두에 둔 가상적 인물이라는 주장도 있다(Shepherd). 유다의 왕들 중 솔로몬뿐 아니라 히스기야도 지혜와 깊이 연관되어 있는 왕이었다(cf. 왕하 18-20장; 대하 29-32장; 사 36-39장). 또한 이 두 왕의 공통점은 하나님이 그들에게 큰 지혜를 주셨음에도 불구하고 어리석은 결정을 했다는 사실이다. 그러므로 지혜의 한계를 지적하는 전도서는 이스라엘에 팽배해져 있는 '사변적이고, 의심하는 지혜'(speculative, doubting wisdom)에 대한 경고이며(Longman), 이같이 비관적이고 절망적인 가르침이 율법(Torah)과 경쟁하게 내버려둔 다윗 왕조를 비난하고 있다는 것이다(Shepherd).

코헬렛이 팔레스타인 지역의 기후와 풍습에 상당히 익숙하고(cf. 1:6; 11:3, 4; 12:2, 5, 6) 성전과 제물을 언급하는 사실을 감안하면(cf. 5:1; 9:2), 그는 주전 5세기에 예루살렘에서 활동했던 지혜자이며, 이름을 알 수는 없지만 나이가 지극하고, 지혜로운 가르침으로 예루살렘에서 유명했던 선생이었을 것이다(cf. Longman). 그렇다면 전도서가 코헬렛이 '다윗의 후손이었으며 예루살렘에서 왕'(1:1, 12)이었다고 회고하는 부분을 어떻게 이해할 것인가?

별문제는 되지 않는다. 이 같은 표현은 전도서의 저자/편집자가 주전 5세기에 책을 집필/편집하면서 솔로몬을 포함한 이스라엘 왕들 중 지혜로운 자들의 가르침의 일부 혹은 상당 부분을 자기 세대 사람들이 친숙한 히브리어로 바꾸어(paraphrase) 활용한 사실을 암시하는 것으로 간주할 수 있기 때문이다. 또한 코헬렛은 자신을 지혜로 유명한 왕들의 전승을 이어받은 당대 사람들 중 하나로 간주했기 때문에 백성을 가르치는 선생이란 차원에서 굳이 이 왕들로부터 자신을 분리시킬 필요를 느끼지 못했다. 게다가 이스라엘뿐만 아니라 고대 근동에서 왕의 역할 중 하나는 자신의 신(들)에게 받은 지혜를 백성들에게 가르치는 일이었다. 민족의 정신적 지주이자 지혜를 가르치는 스승으로서 그는 자신이 하는 일을 왕의 이 같은 역할에 비교해도 손색이 없다고 생각했을 것이다.

이러한 맥락에서 코헬렛이 비록 이스라엘에 왕이 없는 시대를 살고 있지만, 자신을 지혜로운 왕들의 전승을 이어받은 자로 간주하여 이야기를 진행하고 있다. 마치 오경의 최종 편집자/저자가 모세로부터 유래한 자료들을 바탕으로 모세오경을 집필한 것처럼 말이다. 그러므로 이 같은 정보는 원래 저자가 활용한 출처에 명시되었던 것을 편집하지 않고 그대로 인용하여 책에 삽입하다 보니 빚어진 일인 것이다. 또한 그의 가르침을 대하는 백성들도 그를 왕에 버금가는 권위를 지닌 사람으로 대했을 것이다. 코헬렛은 '왕—지혜자'(king-sage)로 불릴 만한 자격을 충분히 갖추었다(Shepherd).

코헬렛이 주전 5세기에 자신이 전수받은 솔로몬 문헌들을 인용하여 1:1-12:8을 저작한 이후 책이 누구에 의해 몇 차례의 편집 과정을 거쳤는지에 대한 모든 학자들의 제안은 결코 확인할 수 없는 추측에 불과하다. 아마도 1:1-12:8이 코헬렛 혹은 그의 가르침을 모아 정리했던 사람에 의해 저작된 다음에 누군가가 12:9-14을 그의 가르침에 대한 평가로 추가한 것으로 생각된다. 이 저자/편집자는 12:9-14을 통해 삶에 대해 매우 비관적인 견해를 가진 코헬렛의 가르침이 삶의 목적과 의미를 묵상하는 데 많은 도움이 되기는 하지만, 너무 깊이 빠져들지는 말 것을 권면하고 있다.

저자는 코헬렛의 생각으로부터 자신을 구분하기를 원한다(Fox, Longman, Shepherd). 코헬렛은 세상에서 가장 지혜로운 사람이었으며, 그의 지혜는 세상의 이치에 대해 예리한 통찰력을 지닌 사람이 가질 수 있는 최고의 지혜이지만, 분명한 문제와 한계를 지녔다는 것이다. 전도서는 지혜의 예찬론이 아니라, 지혜의 한계를 논하고자 하는 책인 것이다(cf. Childs). 그러므로 전도서의 메시지를 논할 때 코헬렛의 주장과 그의 주장을 인용하여 자신이 하고자 하는 말을 하는 저자의 주장을 분리하여 취급해야 한다(cf. Fox, Perry, Longman). 이 주석은 각 섹션에서 코헬렛의 가르침과 주장을 설명한 다음 그 가르침을 성경적인 세계관으로 보완할 것이다. 동의하는 부분도 있을 것이고, 반박하는 부분도 있을 것이다.

신학적 메시지

일부 주석가들은 코헬렛의 메시지가 매우 긍정적이며(cf. 2:24-26; 3:12-14, 22; 5:18-20; 8:15; 9:7-10) 주어진 나날들을 마음껏 즐기라는 의미로 카르페디엠(Carpe Diem)을 권면하는 메시지를 담고 있다고 한다(Whybray, cf. Gianto, Polk). 반면에 대부분 학자들은 코헬렛이 삶에 대한 비관적인 관점을 벗어나지 않는다 하여(Longman, cf. Anderson, Murphy) 그를 쾌락주의(hedonism)를 지향하는 사람으로 간주하기도 한다(cf. Fox). 이 관점에 의하면 책의 메시지를 낙관적으로 보는 것에는 상당한 무리가 있다.

삶에 대해 매우 부정적이고 비관적인 코헬렛과 그의 가르침을 평가하는 저자의 메시지는 반드시 구분되어야 한다(Rashbam, cf. Anderson). 이 둘의 차이를 고려할 때 고대 근동의 지혜에 대한 이해를 참조하면 도움이 된다. 고대 근동에는 '실용적 지혜'(practical wisdom)와 '사색적 지혜'(speculative wisdom) 두 가지 형식의 지혜가 있었다. 실용적 지혜는 슬기로운 삶과 기술과 예술에 당장 적용할 수 있는 것을 뜻한다. 인간이 삶에서 지향해야 할 '올바른 삶' 혹은 '효과적인 삶'에 대한 지혜인 것이다. 그래서 학자들은 이것을 '실용적 지혜'(practical wisdom)라고 하기도 한다(Berry, Crenshaw).

성막과 성막 도구들을 제작한 브살렐과 오홀리압(출 35:30-36:1)과 제사장 이론의 옷을 만든 기술지(출 28:3)와 옷감을 짠 여인들(출 35:25-26)이 이러한 지혜를 지녔다. 더 나아가 금을 다루는 장인(goldsmith)(렘 10:9)과 항해사(시 107:27; 겔 27:8)와 애가를 부르는 곡하는 여인(렘 9:17)과 요술가와 점쟁이들(창 41:8; 사 44:25)과 군사적 전략가들과 관료들(삼하 20:22; 사 10:13; 29:14; 47:10; 렘 49:7; 단 1:4)이 이러한 지혜를 지녔다. 성경은 솔로몬이 수많은 노래와 잠언을 제작할 수 있었고(왕상 4:31-32) 능수능란한 통치력을 발휘할 수 있었던 것(왕상 2:6; 3:28; 5:26; 11:4ff.; 대하 1:20-12)은 바로 이러한 지혜를 가졌기 때문이라고 한다.

실용적 지혜는 인간과 도시와 농업과 가족과 학업과 정부 등 우리가 상상할 수 있는 모든 것을 생명과 번영으로 인도하는 길이라 할 수 있다. 그러므로 이 지혜는 경험을 통해 얻은 여러 가지 실천적 지식(Crenshaw)을 뜻하기도 하지만, 실용적 지혜는 삶의 방식이자(von Rad), 삶의 모든 것이다(van Leeuwen). 성경에서는 잠언이 이와 같은 지혜의 대표작이다. 또한 실용적 지혜는 삶에 대해 매우 긍정적이다. 그러므로 실용적 지혜는 올바른 삶의 방식을 추구하며 열심히 살면 행복하고 형통할 것이라는 메시지를 선포한다.

'사색적 지혜'(speculative wisdom)는 특별한 장르의 문헌들과 연관된 용어이다(Crenshaw, Berry). 사색적 지혜는 사람들이 오랜 세월 동안 자연을 관찰하거나 세상에서 경험한 일들을 통해 얻은 통찰력과 지식을 축척해 놓은 것이다(von Rad). 사색적 지혜의 가장 기본적인 기능은 실용적 지혜가 지나치게 기계적으로 적용되는 것에 대해 문제를 제기한다. 그래서 이 유형의 지혜는 '반성적 지혜'(reflective wisdom), 혹은 '실존적 지혜'(existential wisdom)라고 불리기도 한다(O'Connor, Gurtner & Stuckenbruck). 사색적 지혜는 실용적 지혜에 비해 '고등 지혜'(higher wisdom)로 간주된다(Sneed, Weeks).

사색적인 지혜는 실용적이라기보다는 이론적이므로 세상과 삶에 대해 상당히 회의적인 성향을 보인다. 사색적인 지혜는 의롭게 살아도 고난과 불이익을 당할 수 있고, 악하게 살아도 형통할 수 있는 현실에 대해 많이 묵상하며 고민한다. 그렇다 보니 자연스럽게 정의로운 창조주께서 다스리시는 세상에 왜 악이 번성하는가를 고민하는 신정론(神正論; theodicy)과 깊은 연관이 있다. 성경에서는 욥기와 전도서가 사색적인 지혜에 관한 대표적인 책들로 간주된다.

지혜에 대한 이 같은 이해를 바탕으로 우리는 평생 지혜를 연구한 일명 '지혜학 전문가'인 코헬렛이 '사색적 지혜'(speculative wisdom)를 가르친 사람이었다는 사실을 알 수 있다(cf. Crenshaw, Berry). 반면에 짧게나마 그의 가르침의 한계를 지적하고 비판하는 저자(편집자)는 실용적인 지혜(practical wisdom)를 지향하는 사람이었다. 코헬렛의 말이 나머지 정경의 가르침과 현저한 차이를 두고 있는 것도 이러한 이유 때문이다. 저자는 성경 전반이 지향하는 실용적 지혜와 종교적 지혜(religious wisdom)에 익숙한 사람이다. 그러므로 그는 코헬렛의 사색적 지혜에 대해 어느 정도 문제의식을 지녔다. 우리는 먼저 허무주의에 빠져 있는 코헬렛의 메시지(1:1–12:8)를 살펴보고, 그 다음 저자의 코헬렛의 메시지에 대한 평가와 교정(12:9–14)을 생각해 보고자 한다.

1. 코헬렛의 메시지

한 주석가는 코헬렛의 메시지를 지탱하고 있는 사상적 축으로 다음과 같이 네 가지를 제시했다(Gordis): (1) 사람이 이루고자 하는 업적은 허무한 것이며, 설령 이룬다 할지라도 영원하지 않다; (2) 사람은 누구도 자신의 운명에 대하여 확신할 수 없다; (3) 사람이 세상에 대한 참 지식과 통찰력을 가지는 것은 불가능하다; (4) 하나님은 사람에게 삶에서 즐거움을 추구하고 목표로 삼으라고 명령하셨다. 코헬렛의 이 네 가지 사고의 축을 바탕으로 몇 가지 주제를 생각해 보자.

(a) 지혜와 어리석음

실용적인 지혜를 논하는 책인 잠언에서 명사 '지혜'(חָכְמָה)는 매우 중요한 개념이다. 이 단어는 전도서에서도 26차례 사용되고 있으며, 연관된 '지혜자'(חָכָם)는 22차례, 이 명사들의 어원인 동사 형태로는 4차례 사용된다. 이 단어가 전도서에서 이처럼 많이 사용되는 것은 잠언에서처럼 이 책의 핵심 메시지 중 하나는 지혜와 어리석음을 대조하는 것임을 암시한다. 그러나 코헬렛은 잠언이나 다른 지혜문헌들처럼 지혜에 대한 예찬론을 펼치지 않는다. 오히려 지혜의 한계를 냉정하게 지적한다. 아무리 많은 지혜를 지닌 사람이라 할지라도 죽을 때 보면 어리석은 자와 별반 다르지 않다(2:16). 그러므로 지혜는 사람에게 생명을 주지 못하는 한계를 지녔다(cf. 2:12–16).

지혜로운 사람이라 할지라도 창조주 하나님이 세상에서 하시는 일을 모두 이해할 수는 없다. 삶의 많은 부분이 오직 지혜를 통해서 이해하기에는 매우 어려우며, 베일에 가려진 듯한 신비로움(mystery)도 지녔기 때문이다. 또한 지혜로운 사람이라고 해서 항상 어리석은 자들보다 더 행복한 것도 아니다. 그러므로 지혜가 사람을 행복하게 하는 것은 아니다. 오히려 지혜는 사람들이 삶을 즐기는 것을 방해할 수 있다.

더 나아가 어느 사회에서든 지혜는 포악한 권력가들과 어리석은 자들의 결정으로 인해 위협을 받는다. 그러므로 지혜도 허무하다. 그렇다고 해서 지혜가 사람의 삶에 부정적인 영향을 끼치거나 전혀 의미가 없는 것은 아니다. 지혜를 지닌 사람은 어리석은 자들보다 조금은 더 나은 삶을 산다(cf. 2:13).

(b) 삶과 죽음

죽음은 지혜의 가치를 가장 절하시키는 요인이다. 지혜로운 사람이나 어리석은 자나 모두 죽기는 마찬가지이기 때문이다(9:5). 아무리 지혜가 많은 사람이라 할지라도 죽음을 피할 수 없으며, 심지어는 자신이 언제 죽을지도 모르며 산다(cf. 10:14; 9:5). 게다가 그가 죽고 나면 그의 모든 수고와 평생 이룬 업적은 곧 잊혀질 것이다. 그러므로 만일 지혜가 죽음을 피할 수 없게 한다면, 지혜도 헛된 것이 아니겠는가!

세상 만물들 중 가장 지혜롭다는 사람이나, 별다른 지혜 없이 본능에만 충실한 삶을 사는 짐승들 모두 죽음 앞에서는 똑같다(3:20). 아무리 지혜가 많은 사람이라 할지라도 죽음을 피할 수 없으며, 사람은 죽으면 아무것도 모른다. 또한 죽은 사람은 살아 있는 사람들의 기억 속에서 모두 사라진다(9:5).

코헬렛은 책의 마지막 부분에서 늙고 죽어가는 것을 매우 비관적인 이미지들로 묘사한다: (1) 늙고 죽어가는 것은 마치 폭풍과 비가 몰려와 햇볕이 가득했던 좋은 날을 망치는 것과 같다(12:1-2); (2) 늙고 죽어가는 것은 마치 사람이 살지 않는 집이 조금씩 망가져 가는 것과 같다(12:3-5); (3) 늙고 죽어가는 것은 끊어진 줄, 깨진 그릇, 조각난 물그릇, 망가진 도르래와 같다(12:6).

그렇다면 삶은 덧없는 것인가? 아니다. 삶도 나름 가치가 있다. 삶은 마치 아름다운 은줄과 같다. 다만 죽음이 이 은줄을 끊어버릴 뿐이다(12:6). 삶은 은줄처럼 가치가 있지만, 사람이 어떠한 노력을 해도 이 은줄이 끊어지는 것을 막지 못하는 것처럼 죽음도 막지 못한다는 것이 안타까울 따름이다.

(c) 부(富)와 가난

부는 먹고, 마시고, 즐기는 것처럼 창조주 하나님의 선물이므로 그 선물을 받은 사람이 마음대로 조정할 수 있는 것은 아니다(cf. 3:13; 8:15). 또한 부는 가진 사람에게 먹고, 마시며, 즐기는 것을 보장하지 못한다. 세상에는 참으로 많은 부를 가졌으면서도 먹고, 마시며, 즐기지 못하는 사람들이 허다하다(cf. 4:8; 5:12). 그러므로 부는 헛되다.

이 땅에서 가난은 대체적으로 억압과 착취와 연결되기 때문에 삶을 누리게 하지 못한다. 가난한 사람들은 자신이 처한 어려운 환경에서 해방되는 것을 유일한 꿈이자 낙으로 삼기도 한다. 그러므로 가난은 사람을 어려운 현실에 묶어 놓는 매우 부정적인 것이다.

그렇다면 부와 가난은 모두 부질없는 것인가? 사람이 행복을 느끼려면 풍요는 아니더라도 어느 정도의 재산은 필요하다. 또한 모든 사람은 그가 행복해질 정도의 재산을 가질 권리를 지녔다. 안타까운 사실은 사람이 아무리 많은 것을 소유한다 해도 죽으면 남의 것이 된다는 것이다. 더 원통하고 기가 막힌 일은 그가 남긴 재산이 필요 없고, 고마워하지도 않는 어리석은 자들에게 넘어갈 수도 있다는 사실이다(cf. 2:17-23)! 이러한 관점에서 생각할 때 부도 가난만큼이나 부질없고 허무하다.

(d) 수고와 노동

'수고'(עָמֵל)라는 단어는 구약에서 총 55차례 사용되는데, 이 중 매우 짧은 책이라 할 수 있는 전도서에서 22차례(40%)나 사용된다. 이 단어는 항상 부정적인 의미, 곧 사람이 이 세상에서 감당해야 할 '고생'을 의미하며 사용된다. 그러므로 삶의 허무함을 노래하는 전도서에서 고생이라는 단어가 널리 사용되는 것은 충분히 예측할 만한 일이다.

사람이 성공할 가능성은 그가 일과 노동에 지혜를 더할 때 높아진다. 그러나 삶에는 항상 예기치 못한 불행이 도사리고 있다. 그러므로 지혜를 더한다고 해서 항상 성공할 수 있는 것은 아니다. 일과 노동은 삶의 필연적인 요소들이다. 일을 하지 않으면 [굶어] 죽는다(4:5). 그렇지만, 일이 행복을 보장하지는 못한다. 그러므로 삶에서 일과 노동의 가치는 상대적이다.

노동은 정황에 따라 긍정적일 수 있는가 하면 부정적일 수도 있다. 질투, 욕심, 부에 대한 욕망, 성공 욕심, 혹은 남들보다 더 잘 먹기 위한 의지에서 비롯된다면, 노동은 악하다(4:4). 일과 노동은 즐거움과 누림으로 인한 행복을 창출할 수는 없지만, 즐거움과 누림은 일과 노동의 일부가 될 수 있다. 사람이 지나치게 일을 하는 것, 특히 삶의 다른 요소들까지 희생하며 일하는 것은 불행한 일이다.

코헬렛은 수고와 삶을 동일시한다(Fox). 곧 산다는 것은 고생하는 것을 의미한다. 그러므로 삶에 애환을 더하는 노동도 헛되다. 물론 사람의 노동이 어느 정도 부를 쌓게 할 수 있다. 그러나 사람은 노동의 대가로 얻은 것을 그것을 얻기 위하여 어떠한 수고도 하지 않은 사람들(자녀, 친지 등)에게 남기고 죽어야 한다(2:17-23). 그러므로 사람의 수고도 헛되다.

(e) 즐김과 절제

먹고, 마시며, 즐기고, 일함은 사람이 삶에서 추구할 만한 가장 중요한 것들이다. 그러나 코헬렛은 향락주의적인 생각에서 이를 주장하지 않고, 모든 사람이 누릴 만한 자격과 권리가 있다는 사실을 강조하는 차원에서 전개한다. 이는 하나님이 주신 선물이며, 이를 견줄 정도로 삶에서 중요한 이슈는 없기 때문이다. 사람이 즐기며 사는 것이 얼마나 중요한지 코헬렛은 7차례나 자신의 비관적인 가르침을 '즐기라'는 권면으로 마무리한다. 다음을 참조하라(Whybray). 물론 그가 말하는 즐김은 온 마음을 다해 기뻐하는 향락주의가 아니라, 삶에서 절망하고 좌절하는 대안으로 제시되는 '마지못한 즐김'일 뿐이다(Fox).

본문	문제/이슈	'즐기라'는 권면
1:12–2:26	쾌락은 만족을 주지 못한다.	2:24–26
3:1–15	미래에 대한 무지(無智)	3:12
3:16–22	불의(不義)	3:22
5:9–19	부(富)가 만족을 주지 못한다.	5:17
8:10–15	불의(不義)	8:15
9:1–10	알 수 없는 하나님, 확실한 죽음	9:7–9
11:7–12:7	늙는 것과 죽음	11:9–10; 12:1

(f) 하나님과 사람

코헬렛은 한번도 하나님을 언약적 이름인 '여호와'(יְהוָה)로 부르지 않는다. 그는 하나님을 항상 '엘로힘'(אֱלֹהִים)으로 부른다. 그는 창조주께서 창조하시고 다스리시는 세상 전반에 대한 이야기를 하고 있는 것이지, 주의 백성 이스라엘이 처한 구체적인 상황에서 여호와의 역할을 논하고자 하는 것이 아니기 때문이다. 그러므로 그는 이스라엘과의 언약 관계를 상징하는 성호인 '여호와' 사용을 의도적으로 피한다.

창조주 하나님의 능력은 시간의 지배를 받는 세상에 의해 제한받지 않는다. 창조주는 시간 밖에 계시기 때문이다. 또한 창조주는 창조된 세계와 거리를 유지하신다. 하나님은 하늘에 계시고, 인간은 이 땅에 있는 것처럼 말이다. 그러므로 하나님은 이 땅에서 일어나는 일에 대해 그다지 큰 관심을 가지시는 분이 아니다.

세상에는 새로운 일이 없으며 이미 오래전부터 그래왔듯이 수많은 일이 지속적으로 반복될 뿐이다: 탄생, 성장, 죽음 등. 그러므로 하나님의 창조 사역은 이미 완성된 것이라 할 수 있다. 무수히 반복되는 일들로 가득한 세상 중에 누림과 즐김은 창조주 하나님이 사람에게 주신 선물이다.

반면에 덧없이 흐르는 시간, 운명, 기회 등은 하나님의 심판이다. '운명' 혹은 개역성경이 '[사람이] 당하는 일'로 번역하고 있는 히브리어 단어(מִקְרֶה)(2:14)는 구약 성경에서 10차례 밖에 사용되지 않는 흔치 않은 단어이다. 그런데 이 10회 중 7회가 전도서에서 사용되었다. 코헬렛은 구약의 그 누구보다도 사람의 미래에 대해 비관적인 견해를 제시하고 있다. 그에게는 사람의 모든 일이 운명적이다. 그러므로 하나님은 사람이 누리고 즐기는 것을 기뻐하신다.

사람들의 관점에서 이미 그들의 운명을 결정지어 놓으신 하나님의 사역은 긍정적으로, 혹은 부정적으로 보일 수 있다. 그러므로 하나님의 사역이 사람들에 의해 심판으로, 혹은 축복으로 간주되기도 한다. 인간이 하나님을 대할 때 지닐 수 있는 가장 좋은 자세는 창조주에 대한 경외이다.

(g) 허무함과 덧없음

코헬렛의 가르침을 이해하는데 가장 중요한 역할을 하는 히브리어 단어는 '헤벨'(הֶבֶל)이다. 이 '헤벨'은 일상적으로 부질없음을 뜻하며 구약에서 총 69회 사용되는데, 이 중 다섯 차례는 가인이 죽인 동생 아벨(הֶבֶל)의 이름으로 등장한다. 그렇다면 구약에서 이 단어가 명사로 사용되는 사례는 총 64회가 되는데, 이 중 전도서에서 38차례나 사용된다. 전도서는 구약에서 이 단어가 사용되는 전체 빈도수의 60%를 차지한다. 전도서에서 이 단어는 참으로 중요한 위치를 차지하고 있는 것이다.

'헤벨'을 우리말로 정확하게 정의하는 것은 쉽지 않다. 영어권 학자들은 이 단어를 전통적인 번역인 '헛됨'(vanity, meaningless) 보다는 '불합리'(absurd)라는 단어로 번역하는 것을 선호한다(Fox, Murphy, Longman, Provan). 폭스(Fox)는 이 단어를 "원래 함께 잘 어우러져 화음을 내야 하는 것들이 서로 어울리지 못할 때, 혹은 둘 다 옳은 원리들이 융합되지 못하여 비롯되는 갈등/모순"으로 정의한다. 한 예로 여호와를 경외하는 사람이 가장 지혜로워야 하는데, 그렇지 않은 현실은 '불합리'(absurd)라 할 수 있다.

학자들은 흔히 전도서를 '모순의 책'이라며 코헬렛이 자기 스스로를 모순적으로 몰아간다고 한다. 그러나 책을 잘 살펴보면, 코헬렛은 자신이 세운 논리를 반박하는 방식으로 가르침을 진행하지 않는다. 그는 세상에서 목격한 여러 가지 모순들을 지적하는 방식으로 책을 전개해 나간다(Fox). 코헬렛이 삶은 불합리(absurd)한 것이라고 하는 데는 바로 이러한 이유가 가장 크게 작용한다. 그러므로 우리는 코헬렛의 메시지를 여러 가지 모순들을 제거해야 할 '헤벨'(불합리)로 간주할 것이 아니라, 설명이 필요한 '헤벨'(불합리)로 받아들여야 한다.

삶은 허무함과, 무한히 흐르는 덧없음(fleetingness/transitoriness)의 연속이다. 사람은 태어날 때부터 끊임없이 수고하고 고생하다가 결국에는 허무한 죽음을 맞이한다. 또한 사람이 죽을 때 비로소 그의 삶의 허무함과 덧없음이 끝난다. 이 같은 삶의 허무함과 덧없음을 깨닫지 못하면 세상의 모든 것이 헛되고 무의미하다.

코헬렛이 가치를 판단하는 기준과 원리는 죽음과 운명 두 가지다. 사람이 아무리 좋은 것을 추구한다고 할지라도, 그것이 죽음을 피하지 못하게 하면 불합리(absurd)하다. 또한 사람이 아무리 노력하고 수고해도 자기의 운명을 스스로 결정할 수 없고, 알 수도 없다(8:7; 10:14). 사람의 운명이 창조주가 이미 결정하신 대로 진행된다는 것은 삶이 불합리하다는 것을 의미한다(Longman).

(h) 때(시간)와 기회

사람은 자신의 삶에서 앞으로 어떤 일이 일어날 것인가에 대해 전혀 아는 바가 없다. 그러므로 그의 삶은 '때와 기회'에 의해 결정된다고 할 수 있다(9:11). 사람은 심지어 자신이 언제 죽을지도 모르며 산다(9:12). 다만 사람이 아는 것은 그는 언젠가는 죽는다는 사실이다(9:5).

시간은 여러 가지 면에서 사람을 제한한다. 사람의 성공과 실패는 때(정황)에 따라 결정이 된다. 또한 사람은 미래를 알 수 없기 때문에 시간은 그들에게 기회(chance)와 운명(fate)으로 여겨진다. 시간이 사람의 행동과 삶에서의 즐김을 제한한다는 것은 곧 우리가 삶에서 경험하는 모든 것이 하나님의 선물과 심판이 될 수 있다는 것을 암시한다.

(i) 권력과 지배

왕이 가난을 없애 주기를 바라는 것은 어리석은 일이다. 왕이 사회적 정의를 확립해 주기를 기대하는 것도 덧없는 일이다(cf. 4:13-16). 권력자들은 모두 자기 이익과 행복을 추구하는 자들이기 때문이다. 그렇다

보니 지배자들은 자신들이 돌봐야 할 사람들의 고통을 오히려 가중 시킨다(5:8-9).

왕이 때로는 가난한 지혜자의 조언을 구한다. 그러나 대부분의 경우 왕은 주변에 있는 어리석은 자들의 조언에 따라 잘못된 결정을 내리기 일쑤다. 권력자들은 자신들의 능력과 가치를 과대평가하는 성향이 있다. 그러므로 권력가들을 상대할 때에는 지혜롭고 신중해야 한다. 창조주께서 모든 인간을 동일하게 창조하신 세상에서 사람이 사람을 지배하는 것은 옳지 않다. 모든 사람은 각자 자기 자신을 다스리는 자가 되어야 한다.

2. 저자의 평가

이미 언급한 것처럼 코헬렛의 가르침에 대한 저자의 평가와 관점은 12:9-14에 간략하게 기록되어 있다. 사색적 지혜의 한계를 보여 주기 위해 당시 세상에서 가장 존경받던 지혜자 코헬렛의 가르침을 상당히 상세하게 기록한 저자는 매우 간략하게 그의 가르침에 대한 자신의 평가를 제시한다. 그의 코헬렛의 가르침에 대한 평가가 모두 부정적인 것은 아니다.

먼저 그는 코헬렛이 이후에도 많은 사람을 가르쳤고, 평생 진솔한 마음으로 지혜를 추구했으며 결과적으로 많은 업적을 남겼다는 사실을 인정한다(12:9-10). 사람들은 코헬렛의 가르침에서 많은 도움을 받았으며 마치 이스라엘의 목자이신 하나님이 자기 백성에게 주신 말씀처럼 그의 가르침을 받아들였다(12:11). 코헬렛은 진정한 지혜자였으며 그는 평생을 지혜를 연구하고 논하고 가르치는 일에 바쳤다. 참으로 지성인의 모습을 보인 것이다.

그럼에도 불구하고 코헬렛의 가르침은 사람을 지치게 하고 절망의 늪에 빠트리기에 충분했다. 저자는 과유불급(過猶不及)이라고, 사람이 코헬렛을 포함한 지혜자들의 책(지혜)을 가까이하는 것은 좋지만, 지나치게 집착하면 오히려 해롭다고 경고한다(12:12). 또한 율법에 근거하지 않아 하나님을 제외시키거나 최소화시킨(marginalize) 지혜는 그다지 큰 의미가 없다. 그러므로 저자는 코헬렛처럼 삶에 대해 비관적인 입장을 취하는 지혜를 갖지 않으려면 하나님을 경외하고 그의 계명을 준수하라고 한다(12:13). 코헬렛이 제시하는 사색적인 지혜는 분명 한계를 지니고 있기 때문에 하나님을 향한 종교적 지혜와 하나님이 주신 율법(실용적인 지혜의 근원)의 가르침으로 보완하지 않으면 사람을 허무주의로 빠트릴 수 있을 정도로 위험하다.

저자는 코헬렛의 지혜가 세상 사람들에게는 설득력이 있을 수도 있겠지만, 주의 자녀들에게는 반드시 하나님의 말씀으로 보완되어야 한다고 주장한다. 창조주 하나님을 경외하는 것이 모든 사람에게 필요한 참 지혜의 시작이기 때문이다(cf. 잠 1:7). 그도 코헬렛처럼 이 세상에서 마음껏 누리고 즐기며 살되, 하나님의 심판을 받게 될 일은 하지 말라고 한다. 우리의 삶이 부질없고 허무한 것처럼 보여도 언젠가는 우리 모두가 창조주 하나님 앞에서 각자 이 땅에서 한 모든 일에 대해 심판을 받을 날이 오고 있기 때문이다(12:14).

한없이 부질없고 허무하게 보이는 듯한 삶에도 분명 의미가 있다. 창조주께서 창조하신 삶이기 때문이다. 또한 창조주는 즐김과 누림을 사람들에게 선물로 주셨다. 그러므로 우리는 최선을 다해 삶을 누리며 선을 추구하며 건전한 방식으로 살아야 한다는 것이 저자의 권고이다. 또한 그는 사색적 지혜는 반드시 실용적 지혜와 종교적 지혜로 보완되어야 한다고 한다.

통일성

전도서는 정경 순서에서 바로 앞에 있는 잠언과는 매우 다른 성향의 책이다. 잠언은 매우 다양한 주제에 대해 짧고 간략한 문장들을 모아 놓은 것에 반해, 전도서는 몇 가지 주제에 대해 심도 있게 논하는 성향을 지녔다. 그러나 전도서가 체계적인 구조와 논리적인 전개를 지닌 책인가에 대해서는 학자들 사이에 많은 논란이 있다.

일부 학자들은 고대 근동 문학 작품에서는 논리적이고 체계적인 구조와 흐름이 존재하지 않는다며 전도서에도 이런 것들이 없다고 단언한다(Delitzsch, cf. Whybray). 이들은 전도서의 핵심 부분이 코헬렛 스스로 혹은 추종자가 그가 평생을 거쳐 가르친 내용을 선별하여 책을 저작했기 때문에 선집적인 성향을 띠고 있으며, 선집에서는 구조를 파악하는 것이 현실적으로 불가능하다는 논리를 덧붙였다(cf. Gordis, Towner). 이러한 상황에서는 전도서도 잠언처럼 말씀을 어느 정도 주제적으로 구분하여 함께 해석하는 것이 바람지하다. 다음 도표를 잠조하라(Towner).

주제	구절
삶의 덧없음과 허무함	1:1
지혜와 부의 장점	6:1–12
죽음	3:16–4:8; 7:1–14; 9:1–12; 11:7–12:8
부러움	3:16–4:8
명성	1:3–11
감정/느낌	7:1–14
어리석음	9:13–10:7
행동할 수 있는 자유	10:8–11:6
행복	1:1; 2:1–11; 24–26; 9:1–12; 11:7–12:8
삶을 미워함	2:12–23; 3:16–4:8
절망	9:1–12
도덕적 완벽주의	7:15–8:1
새로움	1:3–11
질서	3:1–15
하나님이 정하신 운명	3:1–15; 5:8–20; 6:1–12; 7:1–14

부활, 영생, 스올	3:16–4:8; 9:1–12
인간과 짐승들의 결속	3:16–4:8
권면	4:9–5:7
우주적 운명	2:12–23
직업	3:16–4:8; 8:10–17
지혜	1:12–18; 7:15–8:1; 12:9–14
일	1:3–11

위 학자들과는 달리 전도서에서 뚜렷한 흐름과 구조를 감지하는 이들도 많다. 다음 사항들을 생각해 보자.

첫째, 전도서는 뚜렷한 프롤로그(시작하는 말)와 에필로그(끝내는 말)가 있다. 책의 도입 부분인 1:1–3과 마지막 부분인 12:4–8이 한 쌍이 되어 책을 지탱해 주는 '받침대' 역할을 하고 있는 것이다. 이 같은 현상은 우연히 빚어진 일이 아니라 분명 의도적이다(cf. Krüger, Shepherd). 저자/편집자가 자신의 책의 시작과 끝을 알리기 위하여 이런 구조를 준 것이다.

둘째, 프롤로그(1:1–3)와 에필로그(12:4–8)가 지탱하고 있는 본문(1:4–12:7)은 분명한 시작(1:4–11)과 끝(12:1–7)이 있다. 책의 시작과 끝을 알리는 '프롤로그—에필로그' 쌍과는 달리 이 '시작—끝' 쌍은 코헬렛의 사고와 사상에 대해 소개하고 결론을 짓는다. 비록 이 두 쌍이 책의 전개에서 앞뒤로 등장하며 연결되어 있기는 하지만, 주제와 스타일에 있어서는 분명 현저한 차이를 보이기 때문에 따로 취급되어야 한다. 그러므로 전도서는 두 쌍의 '책받침대'로 지탱되고 있다고 할 수 있다. 이 받침대들이 지탱하고 있는 책의 나머지 부분의 구조에 대해서는 학자들 사이에 많은 이견이 있다. 그 중 몇 가지를 생각해 보자.

긴스버그(Ginsburg)는 내용을 중심으로 책을 분석했는데, 그 결과 받침대들을 포함하여 두 개의 반복되는 평행적인 구조로 전도서를 구분했다. 그는 책이 같은 주제를 두 번 반복하며 진행된다고 생각한 것이다. 그렇다고 해서 이 두 섹션의 주제와 논리 전개에 발전이 없는 것은 아니다.

예를 들자면, 3:9은 “일하는 자가 그 수고로 말미암아 무슨 이익이 있으랴”(מַה־יִּתְרוֹן הָעוֹשֶׂה בַּאֲשֶׁר הוּא עָמֵל)라며 “사람이 해 아래서 수고하는 모든 수고가 자기에게 무엇이 유익한고”(מַה־יִּתְרוֹן לָאָדָם בְּכָל־עֲמָלוֹ שֶׁיַּעֲמֹל תַּחַת הַשָּׁמֶשׁ)라는 1:3의 질문을 다른 말로 바꾸어 말한다. 그러나 1:3의 질문은 답을 받지 못하는 것에 반해 3:10–13은 3:9이 제시한 질문에 대해 답하고 있다: “인간은 아무것도 얻지 못한다. 하나님께서 모든 일을 미리 계획하셨기 때문이다.” 긴스버그의 제안은 그의 논리에 잘 어울리지 않는 텍스트의 상당 부분을 끼어 맞추었다는 이유로 많은 지지를 받지는 못했다(cf. 5:1–9; 9:17–10:19). 다음 구조를 참조하라.

A. 모든 것이 헛되다(1:2–2:26)

  B. 세상의 모든 일이 계획된 것이지만, 예측은 불허한다(3:1–4:3)

A′. A의 펜던트(Pendant, 핵심)(4:4–6:9)

  B′. B의 펜던트(Pendant, 핵심)(6:10–12:8)

전도서의 내용을 바탕으로 책을 분석한 긴스버그와는 달리 책의 문학적 형태(사용하는 용어의 반복 등)를 바탕으로 전도서를 분석한 라이트(Wright)는 책에서 반복적으로 사용되고 있는 ‘바람을 쫓는 것과 같다’는 문구에 주목했다. 이 표현은 1:12–6:9에서는 반복적으로 등장하지만, 나머지 섹션에서는 전혀 사용되지 않는다는 것이다. 그래서 그는 1:12–6:9과 7:1–12:7 두 파트로 구분했다. 물론 이 두 파트는 더 작은 섹션들로 세분화된다. 라이트의 제안 역시 지나치게 주관적이고 비논리적이라는 이유로 학자들의 지지를 받지 못했다(cf. Murphy).

르소(Rousseau)도 책에서 반복적으로 사용되고 있는 언어를 바탕으로 전도서를 분석했다. 그는 1:4–11:10에서 후렴처럼 반복되는 ‘삶을 즐기라’라는 권면(2:24–26; 3:12–13; 3:22; 5:17–19; 8:15; 9:7–10; 11:7–10)을 바탕으로 책을 섹션화했다. 그는 이 권면을 바탕으로 책을 7섹션으로 구분했다. 그러나 분량과 주제에 있어서 현저한 차이를 보이는 그의 제안 역시 많은 지지자를 얻지는 못했다.

갈링(Galling)은 전도서를 서로 연관성이 없는 독립적인 섹션 27개로 나누었다(cf. Crenshaw는 25섹션으로 나눔). 이 외에도 수많은 주석가들이 전도서를 여러 섹션으로 나누었는데, 중요한 것은 각자 다르게 책을 나눌 뿐 서로 동의하는 점이 거의 없다는 사실이다. 그러므로 전도서의 저자/편집자를 몇 명으로 보는가와 상관없이 책의 통일성 파악이 매우 어려운 것이 현실이다.

그럼에도 불구하고 최근 들어서 통일성 있는 구조들을 제시하는 학자들이 늘고 있다. 다음은 로핑크(Lohfink)가 제안하는 구조이다. 그러나 로핑크의 구조를 보면 상당 부분 억지로 꿰어 맞추었다는 생각이 든다(cf. 3:16-6:10). 게다가 대칭을 이루고 있는 섹션들의 통일성이 상당 부분 결여되어 있다. 마지막으로, 그가 각 섹션에 붙인 이름들이 지나치게 추상적인 면모가 있다.

A. 태(frame)(1:2-3)
  B. 우주론(cosmology)(1:4-11)
    C. 인류학(anthropology)(1:12-3:15)
      D. 사회적 비판 1(social critique I)(3:16-4:16)
        E. 종교적 비판(religious critique)(4:17-5:6)
      D'. 사회적 비판 2(social critique II)(5:7-6:10)
    C'. 해체론(deconstruction)(6:11-9:6)
  B'. 윤리(시로 마무리됨)(9:7-12:7)
A'. 태(frame)(12:8)

고대 바빌론 사람들의 일부였던 커태인들(Chuthaeans)이 사용했던 '가상적 자서전'(fictional autobiography)이라는 문학양식이 있다. 롱맨(Longman)은 전도서가 이 문학과 비슷하다고 하여 전도서를 '틀이 있는 지혜 자서전'(framed wisdom autobiography)이라고 부른다. 그는 이 양식이 취하는 구조에 따라 전도서의 구조를 다음과 같이 제안한다. 안타깝게도 전체적인 메시지를 파악하는 데는 별로 도움이 되지 않는 매우 단순한 구조이다.

A. 틀(frame)—프롤로그(1:1-11)
　B. 코헬렛의 자서전적 스피치(autobiographical speech)(1:12-12:7)
　　a. 자서전적 서론(1:12)
　　b. 자서전적 이야기(1:13-6:9)
　　c. 지혜 권면(6:10-12:7)
A′. 틀(frame)—에필로그(12:8-14)

개요

I. 프롤로그(1:1-11)
II. 자서전적 회고(1:12-12:7)
II. 에필로그(12:8-14)

I. 프롤로그
(1:1-11)

코헬렛의 가르침이 본격적으로 시작되기 전에 저자는 코헬렛과 그의 가르침의 핵심을 소개한다. 사람이 상상할 수 있는 부귀영화를 모두 누려 본 코헬렛은 자신의 경험을 바탕으로 이 세상에서 일어나는 모든 일이 허무하고 덧없다고 한다. 그에게 세상은 끝이 없는 지루한 반복의 연속이기 때문이다. 이 섹션은 다음과 같이 네 파트로 세분화될 수 있다.

A. 표제(1:1)
B. 주제(1:2)
C. 논제(1:3)
D. 돌고 도는 세상과 삶(1:4-11)

A. 표제(1:1)

1 다윗의 아들 예루살렘 왕 전도자의 말씀이라

전도서가 반영할 가르침을 준 지혜자가 소개되고 있다. 이미 서론에서 언급한 것처럼 전도서에는 최소한 두 음성(관점)이 반영되어 있다. '코헬렛'이라는 민족의 정신적 지주와 그의 음성(관점)이 있고, 그의 가르침을 요약하여 제시하고 평가하는 저자/편집자의 음성(관점)이 있다. 이러한 해석은 이미 오래전부터 존재했으며, 주후 12세기 유대인 해석자인 라쉬밤(Rashbam)은 12:8과 12:9-14에서 편집자의 음성이 다시 등장한다고 했다. 전도서 편집자가 코헬렛의 가르침에 전적으로 동의하지 않고 있음을 암시한다(cf. Provan).

기자는 그에 대하여 세 가지 정보를 제공한다.

첫째, 그는 다윗의 아들이었다. 구약 뿐만 아니라 신약에서도 '아무개의 아들'(בֵּן)이라는 표현이 반드시 '아버지—아들' 관계를 의미하는 것은 아니다. 나귀를 타고 예루살렘에 입성하시던 예수님도 '다윗의 아들'(τῷ υἱῷ Δαυίδ)로 불리셨다(마 21:9). 그러므로 '다윗의 아들'(בֶּן־דָּוִד)이라는 말은 그가 이름이 밝혀지지 않은 다윗의 후손이라는 뜻이며 반드시 솔로몬이라고 단정하기는 어렵다.

둘째, 그는 예루살렘에서 다스린 왕이었다. '예루살렘 왕'(בִּירוּשָׁלָם מֶלֶךְ)은 예루살렘에 거주한/살았던 왕이라는 뜻이다. 그러므로 코헬렛이 실제 인물이라면 다윗의 여러 후손들 중 예루살렘에서 통치한 왕들 중 하나로 제한된다. 열왕기에 의하면 다윗의 후손들 중 왕위에 오른 사람은 솔로몬을 포함하여 단지 20명에 불과했다. 예루살렘은 다윗이 수도로 삼은 이후 다윗 왕조의 통치 상징이 되었다. 예루살렘이 주전 586년에 바빌론에 의해 함락될 때까지 다윗 왕조는 이 도성에서 유다를 다스렸다. 책이 코헬렛의 정체에 대해 구체적으로 언급하지 않는 것을 바탕으로 그를 온 다윗 왕조를 상징하는 가상 인물로 해석하는 학자들도 있다(Shepherd).

셋째, 그는 전도자이다. 개역개정이 '전도자'(cf. 현대어)로 번역한 '코헬렛'(קֹהֶלֶת)은 '모으다/부르다'라는 의미를 지닌 동사(קהל)에서 파생한 명사이다. 정관사(ה)를 취하는 것으로 보아(12:8) 고유 명사(사람 이름)는 아니며 어떤 직위/위치를 의미하는 일반 명사인 것이 확실하다(cf. Fox). 이 명사는 사람들을 '모으는 지도자, 혹은 모인 자들에게 말하는 자'라는 의미를 지녔다(HALOT). 그러므로 일부 영어 번역본들의 '설교자'(Preacher)(NAS, ESV, KJV, cf. 공동, 아가페) 혹은 '선생'(Teacher)(NIV, NIRV, cf. Fox, 잠 1:20-21; 8:1-3)도 좋은 번역이다. 그러나 이 단어가 모으는 일을, 혹은 가르치는 일을 강조하는지 확실하지 않기 때문에 히브리어 단어의 소리에 따라 '코헬렛'으로 남겨 두는 것도 괜찮은 대안이다(cf. TNK). 한 가지 확실한 것은 이 단어가 공동체의 리더십과 연관이 있다는 점이다. 이 주석에서도 그를 코헬렛으로 칭할 것이다(cf. Provan, Shepherd).

B. 주제(1:2)

2 전도자가 이르되 헛되고 헛되며
헛되고 헛되니 모든 것이 헛되도다

앞으로 책에서 전개될 코헬렛의 가르침이 요약적으로 소개되고 있다. 이 말씀은 12:8에서 거의 그대로 반복되고 본문과 함께 일종의 괄호를 형성하며, 코헬렛의 가르침을 시작하고 마무리하는 역할을 한다. 그에 의하면 세상에서 우리가 경험하고 접할 수 있는 모든 것이 헛되다. 이 점을 강조하기 위해 그는 이 구절에서 '헛되다'를 다섯 차례나 사용한다. 성경에서 숫자 5는 강인함의 상징이며, 이러한 사실을 근거로 미국은 국방부 건물을 5각형(Pentagon)으로 건설했다. 이곳에서 코헬렛이 '헛되다'를 다섯 차례 사용함도 헛되다는 사실이 결코 변하지 않을 것이며, 어떠한 예외도 없다는 점을 강조하기 위해서이다.

'헛됨/헛되다'(הֶבֶל)는 전도서에서 가장 중요한 개념이다. 단어 '헤벨'은 일상적으로 부질없음을 뜻하며 구약에서 총 69회 사용되는데, 이 중 다섯 차례는 형 가인에게 허무하게 살해 당한 동생 아벨(הֶבֶל)의 이름으로 등장한다(cf. 창 4장). 아벨의 이름을 제외하면 구약에서 이 단어가 명사로 사용되는 사례는 총 64회에 달하며, 이 중 전도서에서 38차례나 사용된다(Shepherd). 이 단어가 사용되는 사례의 60%가 전도서에 집중되어 있는 것이다. 이 단어는 원래 '숨, 증기'(breath, vapor)를 뜻하며 순식간에 흔적도 남기지 않고 사라지는 덧없음을 상징하는 것으로 풀이되지만(cf. HALOT, NIDOTTE, TDOT, TWOT), 구체적이고 정확한 의미 파악은 쉽지 않다.

영어권 학자들은 이 단어(הֶבֶל)를 한 단어로 해석하는 일은 불가능하다며(cf. Seow) 매우 다양하게 해석해 왔다(cf. Bartholomew, Fredericks & Estes, Lohfink, Shepherd). 최근에 와서는 여러 학자들이 전통적인 번역인 '헛됨'(vanity, futility)이나 '무의미'(meaningless)보다는 '불합리'(absurd)라는 단어로 번역하는 것을 선호한다(Fox, Murphy, Longman, Provan). 폭스(Fox)는 이 단어를 "원래 함께 잘 어우러져 화음을 내야 하는 것들이 서로 어울리지 못할 때, 혹은 둘 다 옳은 원리들이 융합되지 못하여 비롯되는 갈등/모순"으로 정의한다. 한 예로 여호와를 경외하는 사람이 가장 지혜로워야 하는데(cf. 잠 1:8), 그렇지 못하는 현실은 '불합리'(absurd)라 할 수 있다. 그렇다면 이 단어는 세상은 헛된 것으로 가득하다고 하는 것이 아니라 불합리한 것들(서로 융합되지 못하는 이치들과 원리들)로 가득하다고 하는 것이다. 코헬렛이 세상은 불합리하다고 하는 부분이 전도서 곳곳에 배어 있는 것이 사실이지만, 책이 묘사하는 코헬렛의 가르침의 전반적인 분위기는 세상과 삶에 대한 허무와 허탈감이다. 그러므로 이 주석에서는 '헛됨/헛되다'를 유지할 것이다(cf. Bartholomew, Seow).

이 구절에서 두 차례 반복되는 '헛되고 헛되다'(הֲבֵל הֲבָלִים)를 직역하면 '숨 중 숨들/증기 중 증기들'이 되며 최고의 비교급(superlative)이다. 이 표현의 강조점은 '짧음'(brevity)에 있다(Fredericks & Estes). 사람이 들이마시는 숨(공기)이 내뱉으면 바로 사라지는 것처럼 세상의 모든 것이 순식간에 사라진다. '참으로[최고로] 헛되다'는 뜻이다. 코헬렛은 무엇을 두고 두 차례나 참으로 헛되다고 하는가? 코헬렛은 '모든 것이 헛되다'(הַכֹּל הָבֶל)며 세상에 있는 모든 것과 세상에서 일어나는 모든 일 중 하나도 예외 없이 모두 다 참으로 헛되다고 한다. 세상의 모든 것이 왜 참으로 헛된가? 당대 민족의 정신적 지주이자 최고의 지혜자가 하기에는 참으로 비관적이고 절망적인 말이다. 코헬렛은 앞으로 전도서에서 무엇이 그를 이처럼 절망적이고 비관적인 입장을 취하게 했는가에 대해 설명해 나갈 것이다. 우리는 그의 가르침을 모으고 정리하여 이 책에 수록한 편집자(저자)의 편에 서서 그의 가르침이 지니고 있는 신앙적인 문제점에 대하여 생각해 보아야 한다(cf. 서론의 '신학적 메시지').

I. 프롤로그(1:1-11)

C. 논제(1:3)

3 해 아래서 수고하는 모든 수고가
사람에게 무엇이 유익한가

코헬렛의 주장대로 만일 세상의 모든 것이 헛되고 헛되다면(2절), 인간이 하는 모든 수고도 별 의미가 없다는 결론에 치닫게 된다. 그러므로 그는 사람의 모든 수고와 노력이 무익하다며, 만일 동의하지 않는다면 자기와 대화를 해 보자고 제안한다. 평생 지혜를 추구한 코헬렛은 언제든 더 깊은 깨달음(지혜)에 마음이 열려 있다. 그러므로 자신은 사람의 모든 수고가 유익하지 않다고 생각하는데, 만일 누군가가 인간의 노동이 유익하다고 생각한다면 깨우침을 달라는 취지에서 질문형 대명사(מַה)로 노동의 유익함에 대하여 묻는다(cf. Ogden). '유익함'(יִתְרוֹן)은 '가치, 보상, 이익'을 뜻하며(NIDOTTE), 전도서에서만 사용되는 단어이다(Provan). 사람이 노동하여 얻는 것들이 그에게 어떤 장점(advantage)을 주는가에 대한 질문이다(cf. Seow).

동사 '수고하다'(עמל)와 파생어 '수고'(עָמָל)는 삶의 덧없음을 논하는 전도서에서 매우 중요한 단어이다. 이 단어는 구약에서 총 55차례 사용되는데, 이 중 매우 짧은 책이라 할 수 있는 전도서에서 22차례(40%)나 등장한다(TDOT). 전도서에서 수고는 항상 부정적인 의미, 곧 사람이 이 세상에서 감당해야 할 '고생'을 의미하며 사용된다(Shepherd, cf. HALOT, TWOT). 그러므로 삶의 허무함을 노래하는 전도서에서 수고(고생)라는 단어가 널리 사용되는 것은 충분히 예측할 만한 일이다. 코헬렛이 수고와 삶을 동일시하기 때문이다(Fox). 그는 산다는 것은 곧 고생하는 것이라 한다.

코헬렛은 사람이 해 아래서(살면서) 하는 수고는 모두 무익하다고 한다. '사람'(אָדָם)은 전도서에서 49차례 사용되며 2:8과 7:28을 제외하고는 항상 '인류'(humankind)를 뜻한다(Bartholomew). 그러므로 이 같은 의미로 이 단어가 사용되는 것은 코헬렛이 세상에 대해 보편적이고 일반적인 가르침을 주고 있음을 암시한다.

'해 아래'(תַּחַת הַשָּׁמֶשׁ)는 전도서에서 29차례 사용되는 표현이지만, 이 책을 벗어나서는 한 차례도 등장하지 않는다(Towner). 코헬렛이 저자권(copyright)을 가진 표현이다. '해 아래'는 사람이 사는 세상을 상징하며, 하늘은 포함하지 않는다. 사람은 이 땅에서의 삶을 모두 끝내고 나서야 하나님이 계시는 하늘로 갈 수 있다(5:1-2).

오래전부터 랍비들도 코헬렛의 주장에 문제가 있다고 생각했다. 그래서 그들은 모든 수고가 무익하다는 코헬렛의 주장에 중요한 예외가 있다고 했다. 바로 하나님의 말씀인 율법(Torah)을 배우는 수고로움이다(cf. Fox). 그들은 사람이 율법을 배우고 행하는 일은 분명 의미가 있고 가치 있는 수고라고 했다. 이 랍비들도 코헬렛의 말을 하나님의 말씀으로 받아들이지 않고 문제가 있는 발언이라 생각하여 예외를 둔 것이다.

크리스천들은 더 열심히 수고하여 예수님을 더 알아가야 한다. 평생 예수 그리스도를 전파하다가 몇 번의 죽을 고비를 넘기다가 드디어 감옥에 갇혀 순교를 기다리던 바울 사도는 마지막 순간까지 그의 소원은 예수님을 더 깊이 알고자 하는 것이라고 했다(빌 3:10). 우리도 주님을 더 깊이 알아가는 수고만은 포기해서는 안 된다. 예수님을 알아가는 일에는 끝이 없으며, 그를 알아가는 수고는 분명 의미와 가치가 있기 때문이다.

I. 프롤로그(1:1-11)

D. 돌고 도는 세상과 삶(1:4-11)

4 한 세대는 가고 한 세대는 오되
땅은 영원히 있도다
5 해는 뜨고 해는 지되
그 떴던 곳으로 빨리 돌아가고
6 바람은 남으로 불다가 북으로 돌아가며
이리 돌며 저리 돌아
바람은 그 불던 곳으로 돌아가고
7 모든 강물은 다 바다로 흐르되
바다를 채우지 못하며
강물은 어느 곳으로 흐르든지
그리로 연하여 흐르느니라

[8] 모든 만물이 피곤하다는 것을
사람이 말로 다 말할 수는 없나니
눈은 보아도 족함이 없고
귀는 들어도 가득 차지 아니하도다
[9] 이미 있던 것이 후에 다시 있겠고
이미 한 일을 후에 다시 할지라
해 아래에는 새 것이 없나니
[10] 무엇을 가리켜 이르기를
보라 이것이 새 것이라 할 것이 있으랴
우리가 있기 오래 전 세대들에도 이미 있었느니라
[11] 이전 세대들이 기억됨이 없으니
장래 세대도 그 후 세대들과 함께 기억됨이 없으리라

어떻게 해서 코헬렛은 세상과 삶에 대해 참으로 비관적인 관점(cf. 2-3절)을 가지게 되었을까? 하나님이 창조하신 세상에서 일어나는 여러 가지 현상들을 관찰하던 중 그는 이와 같이 생각하게 되었다. 세상에 있는 모든 것은 반복적으로 되풀이되며, 이 같은 반복에도 불구하고 완성과 만족은 없는 것으로 보이기 때문이다. 그는 다음과 같은 세상의 이치를 관찰했다.

첫째, 인류의 역사는 끊임없이 반복되며 각 사람의 삶은 참으로 짧다(4절). '땅은 영원히 있다'(הָאָרֶץ לְעוֹלָם עֹמָדֶת)는 땅은 영원히 변함없이 자기 자리를 지키고 있다는 뜻이다. 그러나 그 땅 위에 사는 사람은 참으로 짧은 생을 산다. 인간은 땅의 영원함에 비하면 마치 없는 것과 마찬가지인 짧은 삶을 산다(cf. Loader, Murphy). 이러한 한계를 극복하고자 세대들은 끊임없이 바통을 넘겨 가면서 인류의 맥을 이어 가고 있다. 땅의 영원함에 비하면 사람의 삶은 참으로 덧없다. 또한 덧없는 세대들의 반복도 허무하다. 그러므로 이 구절은 '모든 것이 헛되다'고 선언한 2절을 설명하고 있다(Rashbam). 한 세대가 아무리 큰 업적을 남겨도 대를 잇는 세대들은 기억조차 못할 것이기 때문이다.

둘째, 해와 바람도 같은 일을 끊임없이 반복한다(5-6절). 해는 매일 아침에 뜨고 저녁에 진다(5절). 저녁에 진 해는 다음 날 아침에 다시 뜨기 위해 떴던 곳으로 빨리 돌아간다. '빨리 돌아가다'(שׁאף)는 '숨을 헐떡이다'는 뜻이다(HALOT, TWOT). 서쪽으로 진 해는 느긋하게 걸어서 동쪽으로 돌아가는 것이 아니라, 매우 급히 달려 돌아가는 이미지를 구성한다. 기계적으로 반복되는 세상에 느긋함이나 여유로움은 없다(cf. Fox, Fredericks & Estes). 해는 마치 쉬지 않고 달려 피곤한 러너(runner)처럼 매일 똑같은 일을 영원히 반복한다(Garrett).

해는 동—서로 움직이는 것에 반해, 바람은 남—북으로 움직인다(6절). 일정하게 반복하는 것은 바람도 마찬가지다. 때로는 남으로 불고 북으로 돌아가며, 이리저리 마음대로 부는 것 같지만 끝에 가서는 처음 불던 곳으로 돌아간다(6절). 사이클을 반복하기 위해서다. 해는 매일 같은 일을 반복하는 것에 반해, 바람은 매 시즌마다 같은 일을 반복한다. 스케일 면에서 더 크다 보니 바람의 이동 경로는 사람의 눈에 잘 보이지 않는다. 그러나 여름에 부는 바람과 겨울에 부는 바람이 서로 다르다. 매년 같은 일이 반복되는 것을 보며 코헬렛은 심지어는 사람이 눈으로 볼 수 없는 바람 마저도 지루한 반복을 이어 가고 있는 곳이 세상이라며, 세상에서 일어나는 모든 일은 주기적으로 반복된다고 생각한다. 그러므로 반복의 틀에 갇혀서 허덕이며 짧게 살다가 죽는 우리의 삶도 허무하다.

셋째, 세상에 완성이나 만족은 존재하지 않는다(7절). 세상 모든 강물은 다 바다로 흐른다. 그러나 강물은 영원히 바다를 채우지 못한다. 바다를 채우지 못한 강물은 처음 흐르던 곳으로 돌아간다. 절대 채울 수 없는 바다를 채우려고 다시 바다를 향해 흐르기 위해서다. 코헬렛은 바다로 흘러든 강물이 어떻게 구름이 되어 다시 산과 계곡에 내리는 비가 되는가에 관심이 없다. 그는 단지 영원히 채워지지 않는 바다와 그런 바다를 향해 영원히 흐르는 강을 보며 이런 결론에 도달했다(cf. Fox). 그러므로 사람의 어떠한 노력도 별 의미가 없다. 결코 채워지지 않는 세상의 이치의 일부이기 때문이다.

넷째, 세상은 피곤하고 사람은 만족을 모른다(8절). 창조 때부터 이 때까지 이 같은 반복을 지속해온 만물이 피곤하다. '만물'(כָּל־הַדְּבָרִים)은 '모든 말'로도 번역될 수 있으며, 본문에서 이렇게 번역할 것을 제안하는 학자가 있다(Fox, cf. 현대어). 자연이 지치게 하는 것이 아니라 사람의 말이 지치게 한다는 논리를 근거로 한 제안이다. 그러나 거의 모든 번역본들처럼 '만물'로 번역하는 것이 바람직하다(새번역, 공동, 아가페, NAS, NIV, NRS, TNK, ESV). 서쪽에 지는 해는 다음 날 동쪽에서 다시 뜨기 위하여 숨가쁘게 뛰어가야 한다(5절). 그러므로 지속되는 반복으로 자연도 지쳐 있다는 것이 코헬렛의 논리이다.

힘이 들더라도 새로운 일이나 도전이 있으면 해 볼 만하고 견딜 만할 텐데, 지루한 반복만이 지속되는 세상은 사람을 참으로 피곤케 한다. 사람이 지루한 반복이 지속되는 세상을 아무리 관찰해 봤자 만족함이 없고, 아무리 들어 봤자 만족할 만한 말을 듣지 못한다. 세상의 이치를 이해하려고 아무리 노력해도 깨달음을 얻지 못한다는 절망감의 표현이다. 그러므로 세상도 피곤하고, 피곤한 세상에서 사는 사람도 피곤하다. 오래전부터 일부 유대인들은 이 말씀을 사람은 자신이 범접할 수 없는 지혜를 추구하지 말라는 경고로 이해했다(cf. Fox). 결코 얻지 못할 것이기 때문이다.

다섯째, 해 아래에는 새 것이 없다(9-11절). 만일 세상에서 일어나는 모든 일이 반복의 연속이라면 이미 있었던 것은 후에 다시 있을 것이며 이미 한 일은 후에 다시 하게 될 것이다(9절). 한 예를 들자면 예전에도 숲이 있었고, 그 안에는 짐승이 살았다. 오늘날에도 그 숲이 있고, 그 안에는 짐승이 산다. 앞으로 몇백 년 후에도 그 숲은 존재할 것이며, 그 안에는 짐승이 살 것이다.

인류의 역사도 마찬가지이다. 자연이 반복의 연속인 것처럼 인간의 삶도 반복의 연속이다. 아무리 획기적이고 혁명적인 일이 일어난다 할지라도, 역사를 살펴보면 분명 비슷한 일들이 있었고, 먼 훗날에도 비슷한 일들이 반복될 것이다. 그러므로 해 아래에는(이 세상에는) 새 것이 없다(9c절).

이러한 관점에서 생각해 보면 세상에 '새 것'이라고 할 것은 없다(10a-b절). 새 것처럼 보이는 것은 과거에 대한 철저한 망각과 기억력 상실에서 비롯되는 착각에 불과하다(cf. Crenshaw). 과거를 더듬어 보면 예전에도 같은/비슷한 것이 수없이 많이 있었기 때문이다(10c절). 그러므로 현세대는 이미 전세대들이 겪었던 일들과 경험했던 것들을 반복하고 있을 뿐 진정한 의미에서 처음이라 할 수 있는 것은 없다.

태초 때부터 이때까지 이처럼 지루한 반복이 지속되다 보니 세대 간 기억됨도 없다(11절). 현세대는 이전 세대들을 기억할 필요를 느끼지 못한다. 그들이 경험한 모든 일은 현세대에서 반복될 것이기 때문이다. 또한 장래 세대들도 현세대를 기억하지 않을 것이다. 그들의 시대에도 태초부터 이때까지 있었던 세대들이 경험한 것들과 현세대가 경험하고 있는 모든 일이 반복될 것이기 때문이다. 그러므로 후세대는 전세대의 일을 기억할 필요성을 느끼지 못한다.

코헬렛은 사람이 아무리 성실하게 삶에 임하더라도, 그가 죽은 후 다음 세대가 그를 기억하지 않는다면, 그는 진정한 의미에서 살았다고 할 수 없다고 한다(cf. Shepherd). 잊혀지는 것은 죽는 사람들이 가장 억울하게 느끼는 이슈 중 하나이다. 신학교 다닐 때 여름방학 4개월 동안 토론토 근처에 있는 한 종합병원에서 원목으로 일한 적이 있다. 이때 죽음을 앞둔 환자들을 여럿 상담해 준 적이 있다. 그들 중 상당 수는 임박한 죽음을 받아들이는 것이 너무나도 억울하다고 했다. 무엇이 가장 억울하냐고 묻자, 그들은 자신들이 죽어도 세상은 마치 아무 일도 없었던 것처럼 그들을 기억하지 않을 것이고, 가족들만 잠시 그들의 죽음을 슬퍼하다가 그들 마저도 잊을 것이라는 사실이 너무나도 억울하고 원통하다고 했다.

죽음을 앞둔 사람들이 세상과 가족들에게 잊혀지는 것이 왜 억울하고 원통한 일이라고 생각하는가? 그들은 평생 자신들이 사는 세상과 가족들을 위해 열심히 일했다. 그러나 세상은 그들의 죽음을 개의치 않으며, 심지어 많은 추억을 함께 나누고 어느 정도의 유산까지 남겨 준 가족들마저도 곧 그들을 잊을 것이라는 사실이 너무나도 원통하다고 했다. 어떤 사람들에게 잊혀진다는 것은 이처럼 아프고 억울하게 느껴지는 일이다. 그러므로 다음 세대에 기억되지 않을 우리의 삶은 허무하다는 것이 코헬렛의 결론이다.

코헬렛은 당대에 가장 존경받는 '지혜학자'였으며 사색적 지혜(speculative wisdom)의 최고봉이었다. 그의 가르침을 요약하고 있는 이 섹션은 그 시대 지혜와 철학이 제시하는 최고의 가르침을 반영하고 있으며, 아직도 동서양을 막론하고 여러 사고 체계와 철학이 동감하는 내용을 반영하고 있다. 그러나 그의 가르침은 성경의 세계관과 우리가 지향하는 신앙과 융합하기에 문제가 될 만한 요소들을 다분히 지니고 있다.

첫째, 그가 말하는 대로 땅의 영원함에 비하면 그 땅에서 잠시 살다가 죽는 우리의 삶이 참으로 짧다. 우리도 때로는 인생을 일장춘몽(一場春夢)이라고 하지 않는가! 그렇다고 해서 삶이 무의미하고 허무한 것은 아니다. 우리의 짧은 삶은 창조주 하나님이 창조하셨다는 사실 하나만으로도 의미가 있다. 하나님은 무의미하고 허무한 것을 창조하지 않으시기 때문이다.

또한 우리의 삶이 짧기는 하지만, 하나님이 창조하신 피조물들 중에는 사람보다 수명이 짧은 것들이 훨씬 더 많다. 수명은 상대적인 것이다. 사람보다 더 빨리 생을 마감하는 모든 피조물들에게 수명이 짧다는 단 한 가지 이유로 그들의 삶은 의미 없다고 할 것인가? 그렇게 결론짓는 것은 옳지 않다. 한 순간을 사는 생명체라 할지라도 창조된 세상에서 감당해야 할 역할이 있다. 세상은 창조주께서 직접 디자인하신 '조각 그림 맞추기'(jigsaw puzzle)와 같다. 바울도 비슷한 차원에서 교회를 여러 지체로 구성된 사람의 몸에 비교하지 않았는가(cf. 고전 12장). 창조주께서 그리신 위대한 세상 그림에서 우리는 각자의 몫을 감당해야 할 조각들이다. 한 조각만 빠져도 그림은 완성되지 못한다. 그러므로 하나님이 창조하신 목적을 이루어 가는 삶은 아무리 짧을지라도 분명 의미가 있다.

둘째, 코헬렛이 관찰한 것처럼 세상은 끊임없이 반복하는 것들로 가득하다(5-6절). 해는 동쪽에서 서쪽으로 오가는 일을 매일 반복하고(5절), 바람은 시즌마다 정해진 쪽으로 불다가 제자리로 돌아온다(6절). 지구도 매년 365일이면 제자리로 돌아오지 않는가? 인류도 각 세대마다 '태어남—삶—죽음'의 똑같은 사이클을 반복한다.

코헬렛의 가르침과 비슷한 맥락에서 로마 제국의 황제이자 금욕주의 철학자였던 아우렐리우스(Marcus Aurelius, 주후 121-180년)는 세상은 40년 주기로 제자리로 돌아온다는 순환론적 역사관을 주장했다. 이러한 역사관은 세상에 대해 참으로 비관적이다. 사람이 변화와 개혁을 꾀하며 아무리 노력해도 40년 후면 모든 것이 다시 원점으로 돌아갈 것이기 때문이다. 그렇다면 아우렐리우스는 왜 매 40년이면 세상이 제자리로 돌아온다고 했는가? 어떤 심오한 진리를 깨달아서가 아니라, 당시 사람들의 평균 수명이 40년이었기 때문이다. 그러므로 만일 아우렐리우스가 현세대 사람이라면 아마도 '100년마다 세상은 제자리로 돌아온다'고 했을 것이다. 사람의 평균 수명이 40년이었던 시대에 그는 40년이면 세상이 시작된 날부터 끝나는 날까지 이 땅에 있을 모든 일을 경험해보았다고 했다.

코헬렛이 주장하는 것처럼 세상은 끊임없는 반복으로 가득 차 있기 때문에 우리의 삶은 허무하고 헛된 것일까? 그렇지 않다. 계절의 순환과 매일 반복되는 낮과 밤의 순환은 창조주께서 인류에게 주신 약속의 증표이다(창 8:21-22). 하나님의 보호와 축복 아래 세상은 지속되어야 한다는 창조주의 신뢰의 표현인 것이다. 종말까지 이러한 반복은 지속될 것이다. 그렇다면 사람은 계절이 바뀔 때마다, 또한 매일 아침 새날이 시작될 때마다 삶의 덧없음을 안타까워할 것이 아니라, 창조주께 감사하며 주님의 은혜를 기념해야 한다.

코헬렛이 관찰한 것처럼 인류는 앞으로도 세대와 세대를 지속적으로 이어갈 것이다. 그렇다고 해서 영원한 것은 아니다(cf. 4절). 하나님이 창조하신 세상은 분명 시작(태초)이 있고 끝(종말)이 있다. 그러므로 성경은 세상 이후 시대를 말하면서 이 세상과 다른 '새 하늘과 새 땅'을 언급한다(계 21장). 이 세상과는 질적으로 다른 세상이다. 이 둘 사이를 이어 가고 있는 것이 인류의 역사이다. 그러므로 그때까지 세대가 반복되는 것도 의미가 있다. 종말을 향해 가고 있기 때문이다.

코헬렛이 간과하는 한 가지가 있다. 의도한 바는 아니겠지만, 그는 마치 같은 사람이 태초 때부터 종말 때까지 반복적으로 '탄생—삶—죽음'을 반복하는 것처럼 말한다. 같은 사람이 같은 삶을 영원히 반복한다면, 그의 말대로 삶이 별 의미가 없을 수 있다. 그러나 이러한 생각은 불교의 윤회(輪廻)에서는 가능할지 몰라도, 성경적인 사고는 아니다. 성경은 삶이 각 사람에게 주어진 단 한 번의 기회라고 한다. 또한 하나님은 온 인류에게도 관심이 있으시지만, 각 개인에게도 지대한 관심을 가진 분이시다. 각 사람이 이 땅에 사는 동안 어떤 삶을 사는가는 그의 영생을 결정할 만큼 중요하다. 그러므로 우리는 성경을 주의 자녀들이 지켜야 할 삶의 지침, 혹은 가이드라고 하지 않는가! 예수 그리스도를 구주로 고백하는 신앙과 주님의 말씀이 제시하는 삶의 방식대로 살려고 노력하는 삶은 분명히 의미가 있으며, 창조주와 함께할 영원한 삶에 영향을 미친다. 그러므로 각자의 삶은 분명 의미가 있다. 우리는 한 번밖에 없는 기회를 잘 살려야 한다. "오늘은 어제 죽어간 사람이 그처럼 간절히 바랬던 내일이다"라는 말이 있다. 오늘 하루를 잘 사는 것만으로도 우리의 삶은 가치가 있다.

셋째, 코헬렛은 세상은 반복적인 일로 가득하지만 정작 만족이나 완성은 없다고 좌절한다. 그는 모든 강이 바다로 흐르지만, 결코 바다를 채우지 못하는 것을 관찰했다(7절). 이와 같이 인간의 반복적이고 지치는 삶에도 완성과 만족은 없다고 한다(8a-b절). 더 나아가 아무리 많은 것을 보고 들어도 사람은 결코 만족스러운 지혜를 얻을 수 없다고 절망한다(8c-d절). 성경의 가르침과는 잘 어울리지 않는 논리이다.

성경은 창조주께서 각자에게 주신 역할을 이루어 가는 삶이 복되다고 한다. 우리는 여호와를 경외하는 지혜를 통해 이 역할(사명)을 깨달을 수 있다. 인간은 단 한 가지 지혜, 곧 창조주 여호와를 알고, 구세주 예수를 통해 죄 사함을 받고, 성령의 인도하심에 따라 이 땅에서 하나님의 자녀로 살다가 죽어서 영생을 받는 지혜를 얻으면, 충분히 만족스럽고 성취감 있는 삶을 살 수 있다. 우리는 하나님 한 분만으로 충분히 만족할 수 있는 것이다.

더 나아가 사람이 무엇을 완벽하게 완성해야만 만족할 수 있는 것에 대한 본질적인 질문을 해 봐야 한다. 창조주 하나님은 세상을 완벽하게 창조하시고 매우 흡족해하셨다(창 1장). 그러나 주님의 창조 사역은 그 이후에도 계속되었고, 지금도 계속되고 있다. 그러므로 문제는 만족하지 못하는 인간에게 있는 것이지, 어떤 일이나 현상의 완성도에 있는 것이 아니다.

넷째, 코헬렛은 해 아래에는 새 것이 없다고 한다(9-11절). 그는 세상은 지루한 반복이 지속되는 곳이라 한다. 이미 있었던 것이 지금도 있고, 앞으로도 있을 것이다(9a절). 사람이 이미 한 일을 후에도 다시 할 것이다(9b절). 이러한 사실을 인정하기에 '역사는 반복된다'는 말이 있다. 그러므로 코헬렛은 결론짓기를 해 아래에는 새 것이 없다고 한다

(9c−10절).

한 가지 생각해 볼 것은 어떤 현상이 반복된다고 해서 새롭지 않다고 하는 논리가 옳은 가이다. 무생물(inanimate matter)에 적용될 때 이 논리는 분명 어느 정도 설득력이 있다. 낮과 밤이 매일 반복되는 것, 심지어는 생명체들도 끊임없이 태어나고 죽는 현상을 생각해 보면 해 아래 새로운 것이 없다는 논리가 맞는 듯하다. 그러나 지루해 보이는 반복에도 분명 새로움이 있다. 그러므로 우리는 "같은 강물에 발을 두 번 담글 수 없다"고 하지 않는가!

태초 이후로 인류는 태어남과 죽음으로 이때까지 맥을 이어 왔지만, 그 맥을 이어 온 사람들은 각자 고유하고 독특한 인격을 지닌 개인들이었다. 그 사람들에게 삶은 지루한 반복이 아니라, 완전히 새롭고 단 한 번 주어진 기회였다. 또한 사람이 회심하고 그리스도 안에 있으면 '새로운 피조물'이라고 하는 것이 성경의 가르침이다(고후 5:17). 하나님의 새 창조는 지금도 계속되고 있는 것이다.

코헬렛은 해 아래 새로운 것이 없기 때문에 모든 것이 허무하고 부질없을 뿐만 아니라, 후세대가 전세대를 기억할 필요조차 없다고 했다(11절). 그러면서도 전세대가 후세대에게 잊혀지는 것을 참으로 아쉬워했다. 또한 전세대들이 후세대들에게 잊혀지는 일이 삶을 허무하게 한다고 했다. 이러한 논리를 신앙적 관점에서 생각해 보면 별로 건강한 자세는 아닌 듯하다. 주의 자녀들의 가장 간절한 바램은 하나님께 인정받는 것이고, 주님께 기억되는 일이다. 세상 사람들(현세대와 다음 세대 포함)이 기억해 주는 것은 감사한 일이지만, 반드시 필요하거나 미련을 가질 만한 일은 아니다. 우리는 하나님 한 분으로 충분히 만족할 수 있어야 한다.

코헬렛의 주장이 지닌 가장 큰 한계는 전반적인 현상에 초점을 맞추어 논하다 보니 그 현상을 구성하고 있는 요소들의 고유적 특성을 간과하는 것이다. 그의 말대로 태초 이후 인류는 세대를 거듭하면서 '탄생—삶—죽음' 사이클을 반복해 왔다. 그러나 우리가 기억해야 할 것은 같은 사람들이 이 사이클을 반복해 온 것이 아니라, 각 개인이 이 사이클의 일원이 되어서 이때까지 왔다는 사실이다. 하나님은 각 개인에게도 지대한 관심을 보이신다. 각 개인이 있어야 공동체(인류)도 존재할 수 있기 때문이다. 그러므로 성경은 주의 백성 공동체 전반에게 주는 지침을 담고 있는가 하면, 각 개인에게 주는 권면도 담고 있다. 각 개인은 공동체보다 혹은 공동체만큼 소중하며, 삶은 모든 개인에게 단 한 번의 기회를 제공한다. 그러므로 개인적인 관점에서 볼 때 수없이 반복되는 '해 아래'(세상)에서의 모든 일은 늘 새롭다.

II. 자서전적 회고
(1:12–12:7)

책의 저자(편집자)는 이때까지(1:1–11) 코헬렛을 소개하고, 그의 가르침의 핵심을 요약적으로 제시했다. 이제부터는 코헬렛이 직접 회고하는 방식으로 그의 가르침을 전개해 나간다. 왕이 자신의 지혜를 백성들에게 가르치는 일은 고대 근동에서 흔히 있었던 일이며, 대체적으로 현실에 대한 비관적인 관점으로 마무리된다(Seow, cf. Shepherd).

전도서를 해석하면서 지속적으로 마음에 두어야 하는 것은 저자(편집자)와 코헬렛의 관점이 같지 않다는 점이다(Bartholomew). 저자의 신앙적—정경적 관점은 코헬렛의 가르침을 평가해야 한다. 전도서 대부분을 차지하며 사색적 지혜의 세상과 삶에 대한 통찰력을 잘 보여 주는 이 섹션은 다음과 같이 구분될 수 있다.

A. 지혜와 삶(1:12–2:26)
B. 지혜와 시간(3:1–5:20)
C. 지혜와 운명(6:1–9:10)
D. 지혜와 세상(9:11–12:7)

II. 자서전적 회고(1:12–12:7)

A. 지혜와 삶(1:12–2:26)

코헬렛은 자신이 평생 지혜를 추구한 일과, 그 지혜로 삶을 조명하고 생각해 본 것을 회고한다. 그는 삶의 기쁨에 대해 생각해 보고, 지혜와 어리석음이 삶에 어떤 영향을 미치는가도 생각해 보았다. 또한 인간의 수고와 노동의 가치도 생각해 보았다. 그는 인간의 삶의 의미는 창조주께서 주신 즐거움을 마음껏 누리는 일에 있다고 한다. 본 텍스트는 다음과 같이 구분될 수 있다.

A. 전도자가 추구한 것(1:12–18)
B. 누림과 즐김(2:1–11)
C. 지혜와 어리석음(2:12–16)
D. 노동과 수고(2:17–23)
E. 하나님이 주신 즐거움(2:24–26)

II. 자서전적 회고(1:12–12:7)
A. 지혜와 삶(1:12–2:26)

1. 코헬렛이 추구한 것(1:12–18)

12 나 전도자는 예루살렘에서 이스라엘 왕이 되어 13 마음을 다하며 지혜를
써서 하늘 아래에서 행하는 모든 일을 연구하며 살핀즉 이는 괴로운 것이니
하나님이 인생들에게 주사 수고하게 하신 것이라 14 내가 해 아래에서 행하
는 모든 일을 보았노라 보라 모두 다 헛되어 바람을 잡으려는 것이로다

15 구부러진 것도 곧게 할 수 없고
모자란 것도 셀 수 없도다

16 내가 내 마음 속으로 말하여 이르기를 보라 내가 크게 되고 지혜를 더 많
이 얻었으므로 나보다 먼저 예루살렘에 있던 모든 사람들보다 낫다 하였나

니 내 마음이 지혜와 지식을 많이 만나 보았음이로다 [17] 내가 다시 지혜를 알고자 하며 미친 것들과 미련한 것들을 알고자 하여 마음을 썼으나 이것도 바람을 잡으려는 것인 줄을 깨달았도다

[18] 지혜가 많으면 번뇌도 많으니
지식을 더하는 자는 근심을 더하느니라

코헬렛의 자서전적 회고는 1:1의 내용을 반복하며 시작한다(12절). 그러므로 오래전부터 학자들은 1-11절은 코헬렛과 그의 가르침을 소개하는 서문이고, 12절이 책이 시작하는 곳이라고 했다. 이 섹션은 스피커인 코헬렛의 신분(12절)과 그가 달성하고자 했던 목표(13-18절)를 회고한다. 두 번째 섹션인 13-18절은 전도서에서 총 9차례 사용되는(Towner) '바람을 잡으려는 것이다'라는 말이 후렴구처럼 반복되면서 두 섹션으로 나뉜다(Murphy, cf. 14, 17절). 그는 지혜로 세상의 이치와 삶을 지배하는 원리를 파악하려고 했지만(13절), 그의 모든 노력이 허무하고 부질없다는 사실을 깨달았다(14-15절). 그는 많은 지혜를 가지고 세상을 관찰하고 연구했지만(16-17a절), 얻은 것은 번뇌와 근심뿐이었다(17b-18절).

코헬렛은 자신을 예루살렘에서 왕으로 군림한 사람이라고 한다(12절, cf. 1절). 여러 번역본들이 그가 과거형 동사(הָיִיתִי)를 사용하고 있다하여 '[왕]이었다'(was)로 번역한다(아가페, NIV, NIRV, TNK, KJV). 이렇게 번역하면, 코헬렛이 예전에는 왕이었지만, 이 회고록을 집필할 때는 더 이상 왕이 아니었음을 의미한다. 그러나 이 동사(הָיִיתִי)는 '[이때까지] 이다'(have been) 혹은 '되었다'(became)로도 번역될 수 있다(Fredericks & Estes, Fox, Isaksson). 굳이 그를 은퇴한 왕으로 간주할 필요는 없다.

예루살렘은 항상 다윗 왕조와 연결된 도성이었다. 이스라엘의 초대 왕 사울은 기브아를 자기 통치 수도로 삼았으며, 솔로몬이 죽은 후 여로보암이 세운 북 왕국 이스라엘은 왕조와 왕에 따라 수도를 몇 차례 바꾸다가 오므리 왕 시대에 이르러 사마리아를 수도로 삼았다(왕상 16장). 그러므로 코헬렛이 예루살렘에 거주하는 왕이었다고 하는 것은 그가 다윗 왕조에 속한 한 왕이었든지(Whybray), 혹은 다윗 왕조를 상징하고 있음을 뜻한다(Shepherd, cf. Bartholomew).

그는 세상에서 일어나는 모든 일을 살폈다(13절). '연구하다'(דרש)와 '살피다'(תור)는 쌍을 이루며 코헬렛이 얼마나 진지하게 이 일에 임했는가를 묘사한다(Crenshaw, Eaton). 또한 그는 막연히 혹은 아무런 준비 없이 이 일에 임한 것이 아니다. 코헬렛은 '지혜로'(בַּחָכְמָה) 연구하고 살폈다. 자신의 모든 지적 능력뿐 아니라 온몸도 동원했다는 뜻이다(Bartholomew, Fredericks & Estes).

안타깝게도 그가 얻은 결과는 실망스러웠다. 인간의 삶은 하나님이 인생들에게 주셔서 수고하게 하신 괴로운 것들로 가득했다(13절). 그런데 '괴로운 것'(עִנְיַן רָע)은 무엇인가? 일부 학자들은 '세상에서 일어나는 모든 일들'로 해석하지만(Provan, Towner), 이 모든 일 중 인간에 관한 일들로 제한되는 것은 분명하며(Fredericks & Estes), 더 나아가 사람이 심혈을 기울이고 지혜를 동원하여 세상에서 일어나는 '모든 일을 살피는 것'을 뜻한다(Fox). 하나님은 세상에서 벌어지는 모든 일을 '괴로운 것, 수고하게 하신 것'으로 만들지 않으셨기 때문이다.

'괴로운 것'(עִנְיַן רָע)은 '악한/나쁜 일'이라는 뜻이다. '수고하다'(ענה)는 '나쁜 일'에서 사용된 '일'(עִנְיַן)이 파생된 단어이며 고생을 전제하는 부정적인 뉘앙스를 지닌 동사이다(NIDOTTE, TWOT). 그러므로 본문은 세상에서 일어나는 일을 연구하고 살피는 일은 하나님이 지혜를 가진 사람에게 하라고 주신 일이지만, 그 일은 좋지[즐겁지] 않은 일이라는 사실을 세 차례 강조한다: '나쁜((רָע), 고생(עִנְיַן), 수고(עֱנוֹת).'

이 책에서 '하나님'(אֱלֹהִים)이 언급되는 것은 13절이 처음이다. 코헬렛은 이스라엘과 맺으신 언약을 상징하는 성호 '여호와'(יְהוָה)는 사용하지 않고 오직 하나님(אֱלֹהִים)만을 사용한다. 이 책이 특별히 언약 백성 이스라엘에 대한 것이 아니라, 창조된 세상 전반에 관한 것이기 때문이다. 이러한 사실도 코헬렛의 지혜를 성경적 지혜로 평가하고 비판해 주어야 할 필요를 암시한다. 사람이 지혜를 동원하여 세상에서 일어나는 일을 살피고 연구하는 것이 왜 좋지 않은가? 창조주 하나님이 사람이 세상의 이치를 모두 파악할 만한 충분한 지혜를 주시지 않기 때문이다(Fox, cf. 7:23). 세상에서 일어나는 일의 일부는 창조주의 고유 영역인 '신비'(mystery)로 남겨 두어야 한다.

그러므로 코헬렛은 사람이 세상에서 일어나는 모든 일을 이해하려고 노력하는 것은 헛되다며 바람을 잡으려는 것에 비교한다(14절, cf. 6절). '헛됨'(הֶבֶל)은 사람이 들이마시는 숨(breath)으로 아무런 흔적을 남기지 않고 사라지는 덧없음을 강조한다. 또한 누구든 바람을 잡으려고 하는 사람은 없다. 바람은 사람이 잡을 수 있는 것이 아니기 때문이다. 바람은 실령 잡는다 해도 아무것도 남는 것이 없다(Garrett). 우리가 삶에서 경험하는 모든 일을 살피고 연구하는 일은 마치 바람을 잡으려고 하는 것처럼 허무하고 덧없다는 것을 강조한다.

코헬렛이 이처럼 절망하는 것에는 인간의 무능함도 한몫한다(15절). 15절과 18절은 당시 사용되던 격언일 수 있다(Gordis). 인간은 세상 일을 살펴보다가 설령 잘못된 것을 발견한다 할지라도 손을 쓸 수가 없다. 인간은 하나님이 하신 일을 바꿀 수 없기 때문이다(cf. 7:13). 구부러진 것을 곧게 할 수 없고, 모자란 부분을 보아도 채울 수 없다. '굽다'(עות)는 비뚤어졌다는 뜻이다. '세다'(מנה)는 '채우다'라는 뜻으로 해석될 수 있다(NIDOTTE). 코헬렛은 인간은 세상 일에 어떠한 영향력도 행사할 수 없다며 매우 비관적인 운명론을 제시한다. 사람이 아무리 노력하고 발버둥을 쳐도 세상에서 일어나는 일을 바꿀 수 없다면, 그의 삶은 허무하고 덧없다. 이 말씀은 구약에 전제되어 있는 따뜻하고 신뢰할 만한 하나님과의 관계를 의심케 하기에 충분하다(Crenshaw).

코헬렛이 부(副)와 지혜가 부족해서 삶이 헛되다고 하는 것은 아니다(16절). 그는 자신이 누구보다도 '크다'(הִגְדַּלְתִּי)고 하는데, 많은 재산을 가졌다는 말이다(HALOT, TWOT). 또한 그보다 '먼저 예루살렘에 있던 모든 사람들보다'(כָּל־אֲשֶׁר־הָיָה לְפָנַי עַל־יְרוּשָׁלִָם) 더 지혜롭다고 자부한다. 주석가들은 이 문구를 '코헬렛보다 먼저 예루살렘에서 다스린 왕들'로 해석한다. 그러므로 이 구절이 전도서의 저자가 솔로몬이 될 수 없다는 증거로 동원되기도 한다(Shepherd, cf. Fredericks & Estes, Longman). 솔로몬보다 앞서 예루살렘에서 다스린 왕은 여럿이 아니라 한 사람, 다윗뿐이었기 때문이다.

코헬렛은 세상 그 누구보다도 큰 지혜를 지녔으며, 그보다 앞서 예루살렘에서 살았던 모든 사람들, 혹은 '이 세상을 살았던 모든 사람들'(Gordis)보다 더 큰 지혜를 소유했다. 또한 이미 가진 것에 만족하지 않고 더 많은 것을 추구했다. 그에게 지혜는 더 큰 지혜를 얻기 위한 방법이며 더 큰 지혜를 얻는 것이 목표였다(Fox). 그는 큰 지혜를 얻으면 세상 만사를 모두 알고 이해할 수 있을 것이라고 생각했기 때문이다.

코헬렛은 더 큰 지혜를 얻기 위해 지혜로운 것들뿐만 아니라 미친 것들과 미련한 것들도 알고자 하여 마음을 썼다(17a절). '미친 것들'(הוֹלֵלוֹת)의 더 정확한 의미는 '어리석음'이다(HALOT, TWOT). 그러므로 번역본들은 이 단어를 '얼빠짐'(새번역), '어리석음'(공동), '미친 짓'(아가페) 등으로 번역했다. '미련한 것들'(שִׂכְלוּת)도 '어리석음'을 뜻한다(HALOT). 두 단어 모두 지혜와 대조되는 의미를 지녔다. 이 문구를 정확하게 번역하기가 어렵다 보니 다양한 해석이 존재한다(cf. NIV, NAS, NIRV, TNK, ESV). 가장 설득력 있는 해석은 이 문구를 '지혜와 지식을 아는 것은 미친 짓이며 어리석은 짓이다'(to know that wisdom and knowledge are madness and folly)로 번역하는 것이다(Gordis, Towner). 그러나 마소라 텍스트의 의미는 코헬렛이 지혜만 얻으려고 노력한 것이 아니라, 지혜와 상반된 것들에 대하여도 깨달음을 얻었다는 사실을 회고한다. 세상 모든 것에 대한 통찰력과 분별력을 얻기 위함이었다.

이러한 노력에도 불구하고 그는 다시 한번 좌절한다. 더 큰 지혜를 얻기 위해 지혜를 사용하여 세상을 살폈지만, 결과가 만족스럽지(지혜롭지) 않다는 것이 다소 아이러니(irony)하다. 또한 지성(intellectuality)만으로는 삶을 모두 이해할 수 없다는 사실을 드러낸다(Garrett). 그러므로 지혜와 어리석음에 대해 알려고 했던 그의 모든 노력 또한 바람을 잡으려는 것인 줄을 깨달았다(17b절). 앞에서는 세상에서 일어나는 모든 일이 바람을 잡으려는 것처럼 헛되다고 했는데(14절), 이번에는 지혜를 추구하는 일 자체가 바람을 잡으려는 것처럼 헛되다고 한다.

지혜를 추구하는 일이 왜 바람을 잡으려는 것처럼 헛된가? 지혜가 많아질수록 번뇌가 많아지고, 지식을 더할수록 근심이 늘어나기 때문이다(18절). 한 학자는 '번뇌와 근심'을 지혜를 얻기 위한 훈련(교육) 과정에서 사용된 체벌과 연관시켜 해석한다(Crenshaw). 지혜를 얻으려면 많은 징계와 연단이 필요하다는 것이다. 그러나 별로 설득력이 있어 보이는 해석은 아니다.

이론적으로 지혜는 많을수록 사람을 기쁘고 행복하게 할 것 같은데, 실질적으로는 오히려 사람을 슬프고 아프게 한다는 것이다. '번뇌'(כַּעַס)는 '슬픔, 괴로운 일'을 뜻하며(HALOT, cf. 공동, 아가페, NAS, NIV, NIRV) '근심'(מַכְאֹב)은 '아픔, 고통'을 의미한다(HALOT, cf. 아가페, NAS, TNK). 만일 지혜가 많을수록 더 많은 고통과 슬픔을 안겨 준다면, 지혜를 얻으려 하는 일도 헛되며 바람을 잡으려는 것처럼 허무하다.

코헬렛의 주장에 대해 몇 가지 생각해 볼 수 있다.

첫째, 코헷렛은 사람이 상상할 수 있는 모든 부귀영화를 자신이 누렸다고 하며 마치 많은 재산과 명예를 가져야, 곧 세상에서 누릴 만한 것을 다 누려 보아야 지혜에 대해 논할 수 있는 것처럼 말한다(12, 16절). 정말 그런가? 성경은 인간의 삶에서 가장 중요하고 고귀한 지혜, 곧 하나님을 아는 지식은 지적인 수준이나, 경제적인 여건에 상관없이 모든 사람이 믿음으로 얻을 수 있다는 사실을 전제한다. 주님이 부자들과 지성인들뿐 아니라, 가난하고 배우지 못한 사람들에게도 같은 기회를 허락하시기 때문이다. 솔로몬은 참으로 큰 지혜와 명예와 부를 지닌 왕이었다. 그러나 그의 말년을 보면 사람이 추구해야 할 가장 중요한 지혜, 곧 하나님을 아는 지혜는 없었다(cf. 왕상 11장).

둘째, 코헬렛은 이 땅에서 일어나는 모든 일이 헛되고 헛되다고 한다(14, 17절). 반면에 성경은 하나님의 모양과 형상대로 창조된 사실 하나만으로도 인간의 삶은 아름답다고 한다(cf. 시 139편). 심지어는 노동도 신성하고 좋은 것이라 한다. 이러한 사실은 노동이 아담과 하와가 죄를 짓고 난 후 인간에게 벌로 주어진 것이 아니라, 하나님이 인간을 창조하시고 곧바로 주신 축복이기 때문이다(창 2장). 아담은 창조되자마자 에덴 동산을 가꾸는 임무를 맡았다. 사람은 살아 있는 한 이 땅에서 참으로 많은 수고를 한다. 이 모든 수고 중 하나님을 더 깊이 알아가는 지식을 추구하고 얻는 수고는 가장 값진 것이다. 그러므로 해 아래 모든 일이 헛된 것은 아니다.

셋째, 코헬렛은 인간의 한계를 생각하며 좌절한다(16절). 구부러진 것을 보아도 곧게 할 수 없고, 모자란 것도 셀 수 없는 것이 인간이라는 것이다. 세상에서 일어나는 일을 바꾸기 위하여 사람이 할 수 있는 일이 별로 없다는 그의 주장은 옳다. 그렇기 때문에 성경은 모든 사람들에게 하나님 앞에서 겸손할 것을 주문한다. 자신들은 아무것도 할 수 없지만, 하나님은 모든 일을 하실 수 있기 때문이다. 또한 주님의 자녀들인 우리도 예수 그리스도 안에서 모든 일을 할 수 있다(빌 4:13). 그러므로 인간의 무력함은 좌절할 이유가 아니라, 창조주 하나님께 나아가는 기회를 제공할 수 있기 때문에 좋은 것이다.

넷째, 코헬렛은 지식과 지혜가 많을수록 번뇌와 근심이 커진다고 한다(18절). 어느 정도 맞는 말이다. 무엇을 안다는 것은 책임을 요구하기 때문이다. 그러나 세상에는 우리를 더욱더 행복하고 기쁘게 하는 지식과 지혜도 많다. 잠언은 우리의 삶을 행복하고 풍족하게 할 수 있는 여러 가지 지혜와 지식을 전달하기 위해 쓰여진 책이다. 더욱이 하나님을 아는 지식은 이 세상 그 무엇으로 대처할 수 없는 가장 아름답고 고귀한 지혜이다.

II. 자서전적 회고(1:12–12:7)
A. 지혜와 삶(1:12–2:26)

2. 누림과 즐김(2:1–11)

1 나는 내 마음에 이르기를 자, 내가 시험삼아 너를 즐겁게 하리니 너는 낙을
누리라 하였으나 보라 이것도 헛되도다 2 내가 웃음에 관하여 말하여 이르기
를 그것은 미친 것이라 하였고 희락에 대하여 이르기를 이것이 무슨 소용이
있는가 하였노라 3 내가 내 마음으로 깊이 생각하기를 내가 어떻게 하여야
내 마음을 지혜로 다스리면서 술로 내 육신을 즐겁게 할까 또 내가 어떻게
하여야 천하의 인생들이 그들의 인생을 살아가는 동안 어떤 것이 선한 일인
지를 알아볼 때까지 내 어리석음을 꼭 붙잡아 둘까 하여

4 나의 사업을 크게 하였노라
내가 나를 위하여 집들을 짓고
포도원을 일구며
5 여러 동산과 과원을 만들고
그 가운데에 각종 과목을 심었으며
6 나를 위하여 수목을 기르는 삼림에
물을 주기 위하여 못들을 팠으며
7 남녀 노비들을 사기도 하였고
나를 위하여 집에서 종들을 낳기도 하였으며
나보다 먼저 예루살렘에 있던 모든 자들보다도
내가 소와 양 떼의 소유를 더 많이 가졌으며
8 은 금과 왕들이 소유한 보배와

여러 지방의 보배를 나를 위하여 쌓고
또 노래하는 남녀들과
인생들이 기뻐하는 처첩들을 많이 두었노라
9 내가 이같이 창성하여
나보다 먼저 예루살렘에 있던 모든 자들보다
더 창성하니 내 지혜도 내게 여전하도다
10 무엇이든지 내 눈이 원하는 것을 내가 금하지 아니하며
무엇이든지 내 마음이 즐거워하는 것을 내가 막지 아니하였으니
이는 나의 모든 수고를 내 마음이 기뻐하였음이라
이것이 나의 모든 수고로 말미암아 얻은 몫이로다
11 그 후에 내가 생각해 본즉
내 손으로 한 모든 일과
내가 수고한 모든 것이
다 헛되어 바람을 잡는 것이며
해 아래에서 무익한 것이로다

코헬렛은 지혜와 지식이 사람에게 번뇌와 걱정만 안겨 주는 허무한 것이라는 사실을 깨닫고(cf. 1:17-18) 다른 것에서 의미를 찾으려 했다. 그는 자신을 즐겁게 해 보았고, 스스로 낙을 누리려고 노력해 보았다(1절). 그는 전도서에서 '즐거움'(שִׂמְחָה)은 '좋은 것'(טוֹב)이라 하고(2:24; 3:13, 22; 5:17; 6:6), 유익하다고 하기도 한지만(2:10, 26; 3:12, 22; 5:18; 11:8-10), '허무한 것'(הֶבֶל)이라고 하기도 한다(1-2, 11절). 즐거움은 상황에 따라 사람에게 발휘하는 효과가 다르다.

'낙을 누리라'(רְאֵה בְטוֹב)는 '좋게 보다, 좋은 것을 보다'(NIV, NIRV)이며 자신을 즐긴다는 뜻이다(cf. 새번역, NAS, ESV, KJV, TNK). 그는 자신이 유쾌하게 웃을 만한 여건을 스스로 마련하기도 한 것이다(cf. TNK). 공동번역은 이 구절을 코헬렛이 "향락에 몸을 담가 행복이 무엇인지

알아보았다"고 번역한다(cf. 아가페, 현대어). 그는 향락을 추구하는 사람들처럼 향락에 흠뻑 젖기 위해서 이런 일을 하고 있는 것이 아니라, 삶의 낙을 찾기 위해 실험을 하고 있다(Murphy). 그러나 별 효과는 없었다. 그러므로 그는 사람이 향락을 통해 삶의 낙을 찾으려는 것도 '헛되다'(הָבֶל)고 한다.

삶을 즐긴답시고 향락에 흠뻑 빠져 본 코헬렛은 이렇게 해서 얻는 웃음은 미친 것이며, 향락을 통해 얻는 희락은 아무런 소용이 없다고 한다(2절, cf. 11절). '웃음'(שְׂחוֹק)은 기쁨과 즐거움(pleasure)을, '희락'(שִׂמְחָה)은 1절에서 '즐거움'으로 번역된 단어이다. '미친 것'(מְהוֹלָל)은 '미련한 짓'이라는 의미다(TWOT). '무슨 소용이 있는가'(מַה־זֹּה עֹשָׂה)를 직역하면 '그것은 무엇을/어떤 일을 하는가?'이다. 향락을 통한 즐거움은 사람의 마음을 잠시 기쁘게 할 수는 있지만, 정작 이루는 것은 아무것도 없다. 또한 삶에 어떠한 의미도 부여하지 못한다. 코헬렛은 삶에 실질적인 의미를 부여하는 것을 찾고 있다(Fox).

삶의 낙을 향락에서 찾을 수 없다면, 어디서 찾을 수 있을까? 코헬렛은 지혜로운 마음을 유지하면서 술로 육신을 즐겁게 해 보려고 했다(3a절). 이 구절은 번역과 해석이 참으로 어렵다(cf. Krűger, Murphy). '마음을 지혜로 다스리다'(לִבִּי נֹהֵג בַּחָכְמָה)는 논리적이고 이성적인 마음을 유지한다는 뜻인데, 이런 상황에서 술을 마시면 그런 마음이 계속 유지가 될까에 대해 의구심이 생긴다. 그러므로 일부 학자들은 코헬렛의 논리에서 아이러니 혹은 모순을 감지한다(Bartholomew). 지혜로운 사람은 술에 취하지 않는다는 것이 성경의 가르침이기 때문이다(cf. 잠 23:19–21; 29–35). 아마도 마음이 술의 지배를 받지 않는 선에서(술에 취하지 않는 범위에서) 술을 마셔 마음을 즐겁게 했다고 하는 듯하다(cf. 10:17, 19). 코헬렛은 자기 절제가 분명한 사람이었던 것이다.

그는 세상 사람들이 살아가는 동안 어떤 것이 선한 일인지를 알아볼 때까지 자신의 어리석음을 꼭 붙잡아 두려 했다(3b절). 삶에 선한 것들

(의미 있는 것들)이 있다면 반드시 찾아내겠다는 의지의 표현이었다. 그가 붙잡아 둔 '어리석음'(סִכְלוּת)은 무엇을 의미하는가? 정확히 알 수는 없지만, 아마도 향락(웃음과 희락, cf. 2절)을 통해 삶의 의미를 추구하려는 노력일 것이다(Fox).

그래서 그는 큰 사업도 해 보았고 보통 사람들이 이루고자 하는 일들을 모두 해 보았다(4–10절). '내가 큰 사업을 했다'(הִגְדַּלְתִּי מַעֲשָׂי)는 일반인들이 할 수 있는 일이 아니라, 오직 최상류층 혹은 권력가들이나 할 수 있는 위대한 일을 했다는 뜻이다. 코헬렛은 엄청난 부와 권력을 가진 사람임을 암시한다. 고대 사회에서는 왕의 업적이 도시 건설 등 건축 사업으로 자주 표현되었다.

코헬렛은 큰 일을 할 뿐만 아니라 보통 사람들처럼 집도 짓고 포도원도 일궜다(4b–c절). 동산과 과수원을 만들고 온갖 과목도 심었다(5절). 수목을 기르는 숲을 조성하고, 숲 곳곳에 물이 고이도록 못들도 팠다. 수목 관리를 위해 필수적인 물을 모으기 위해서였다.

'심다'(נטע, 4절, cf. 창 2:8), '정원'(גַּנָּה, 5절, cf. 창 2:8, 9, 10, 15, 16), '각종 과목'(עֵץ כָּל־פֶּרִי, 5절, cf. 창 1:11, 12, 29; 2:9, 16, 17), '물주기 위하여'(לְהַשְׁקוֹת, 6절, cf. 창 2:5, 9), '기르다'(6절, cf. 창 1:7, 16, 25, 26), '하다'(עשה, 5, 6절, cf. 창 1:7, 16, 25, 26, 31; 2:2, 3, 4, 18)는 모두 창세기 1–2장에서 사용된 단어들이다. 이 단어 하나 하나가 이곳에서 개별적으로 사용되는 것은 별 의미가 없겠지만, 합하면 코헬렛이 마치 창조주처럼 창조하는 일도 해 보았다는 의미가 된다(Verheij, cf. Provan). 그는 에덴 동산을 재창조하려고 시도했던 것이다(Bartholomew).

그는 여러 종류의 노예들을 참으로 두었으며(cf. 출 21:2–11), 그 누구보다 많은 소와 양 떼도 두었다(7절). 그는 오늘날로 말하자면 재벌 정도의 부를 누렸다. 그러나 만족은 없었다.

그래서 그는 왕들이 누리는 모든 것들도 누려 보았다(8절). 언제든 연회에 동원할 수 있는 음악가들을 두었으며, 처첩들도 많이 두었다(8

절). 어떤 사람들이 술과 여자와 향락에서 의미를 찾는 것을 보고 자기도 따라서 흥청망청해 본 것이다. 코헬렛은 이런 자신을 돌아보며 이전에 예루살렘에서 살았던 그 어떤 사람들(왕들)보다 더 많은 부귀영화를 자신이 누리고 있다는 사실을 깨달았다.

코헬렛은 이전 사람들이 가지지 못한 지혜도 가지고 있었다(9절). "내 지혜도 내게 여전했다"(חָכְמָה)를 직역하면 '내 지혜도 나와 함께 서 있었다'이다. 지혜는 그를 돕는 자(helper)이자 지지자(supporter)였다(Fox). 지혜는 그와 함께하면서 부를 쌓도록 도와주었으며, 상식의 범위를 벗어나지 않도록 그와 함께 서 있었다.

그는 마음이 원하는 것이라면 무엇이든 해 보았다(10절). 눈이 원하는 것과 마음이 즐거워하는 것을 막지 않았다. 절제하지 않고 마음이 움직이는 대로, 눈이 원하는 대로 행했다는 의미이다. 그는 스스로 생각하기를 이 모든 즐거움이 그의 노동과 노력의 열매이니 당연하다고 생각했다. 이렇게 하면 그는 삶의 의미를 찾을 수 있을 것이라고 생각했다.

그러나 생각해 보니 이 모든 것이 허무하고 허탈했다. 일반인들이 삶의 의미를 찾는 모든 노동과 노동의 열매와 향락을 추구하는 일 등이 그에게는 모두 헛되며 바람을 잡는 것이었다. 그러므로 그는 다시 한 번 결론을 내린다: 이 모든 것이 해 아래에서 무익하다(11절). 사람의 노동과 노동의 열매는 잠시 기쁨을 줄 수 있지만, 계속 기쁘게 할 수는 없기 때문이다(Longman).

코헬렛은 향락을 통해 삶의 의미를 찾으려고 했다가 실패하고는 향락도 헛되다는 결론에 도달했다(1절). 큰 소리로 웃게 하는 일을 하고 마음을 즐겁게 하는 일도 해 보았지만, 그 순간 뿐이었으며 다시 마음은 공허했다. 그러므로 이런 것들은 아무런 소용이 없다고 한다(2절). 당연한 일이다. 인간은 육체를 지녔지만 또한 영을 가진 존재이기 때문에 아무리 육체적인 즐거움을 누린다 해도 영적인 필요가 채워지지 않는 한 지속되는 행복을 누릴 수는 없다. 하나님이 인간을 만드실 때 육체적—영적 존재로 만드셨기 때문이다. 영적이든 육체적이든 한쪽의 필요만 충족해서는 행복할 수 없다. 그러므로 웨스트민스터 신앙고백 소요리문답 제1항의 답은 사람의 제일 되는 목적은 '하나님께 영광을 돌리고 그를 영원토록 즐거워하는 것'이라 한다(cf. 롬 11:36; 고전 10:31; 시 73:25-28; 요 17:22-24). 인간은 창조주와의 교류를 통해 영적인 필요가 채워지지 않는 한 행복하지 않다.

코헬렛은 사람들이 하는 온갖 노동과 일에서 선한 일들을 찾으려고 했다(3절). 그는 이 모든 일을 세상 그 누구보다도 지혜롭고 성실하게 해서 많은 열매를 거두었다(4-8절). 그는 참으로 성공했으며(9절), 무엇이든 마음먹은 대로 할 수 있었다(10a-b절). 심지어는 노동과 수고와 노동의 열매도 기뻐했다(10c-d절). 그러나 시간이 지나니 이런 것도 부질없다는 생각을 떨칠 수가 없었다(11절). 코헬렛은 노동과 수고의 열매가 잠시 동안은 기쁨을 줄 수 있지만, 이 기쁨은 오래 가지 않는다고 한다. 그는 노동의 가치를 조금은 인정하고 있다. 그러나 전체적으로는 노동과 수고의 열매도 모두 헛되며 무익하다(11절).

만일 노동이 인간이 창조된 궁극적인 목적이라면 코헬렛의 말이 옳다. 실제적으로 고대 근동 신화들은 신들이 자신들이 하기 싫은 일을 시키기 위해 인간을 창조했다고 했다(cf. ANET). 노동은 분명 신성한 것이며, 하나님이 인간을 창조하자마자 주신 축복이다. 그러나 성경은 노동이 하나님께 나아가는 수단에 불과하며 인간 창조의 궁극적인 목적이 아니라 한다.

창세기 1:1-2:3에 기록된 창조 이야기로 돌아가 보자. 하나님은 세상이 모두 완성된 다음인 6일째가 되어서야 비로소 인간을 창조하셨다. 신학자들은 이 사실을 매우 중요시 여긴다. 만일 하나님이 인간에게 일을 시키기 위해 그를 창조하셨다면, 분명 할 일이 가장 많았던 첫째 날쯤에 창조하셨을 것이다. 그런데 성경은 인간이 6일째 창조되었고, 창조되자마자 바로 다음 날인 7일째 되는 날 하나님과 안식했다고 한다. 하나님은 인간과 교재하시기 위해 그를 창조하신 것이다. 그러므로 인간이 하나님과 영적인 소통과 교제를 하지 않는 한 절대 영원한 기쁨을 누릴 수 없다. 코헬렛이 하나님과의 영적인 소통과 교제를 배제하고 의미를 찾으려 했으니 당연히 실패할 수밖에 없다.

II. 자서전적 회고(1:12–12:7)
A. 지혜와 삶(1:12–2:26)

3. 지혜와 어리석음(2:12–16)

12 내가 돌이켜 지혜와 망령됨과 어리석음을 보았나니
왕 뒤에 오는 자는 무슨 일을 행할까
이미 행한 지 오래 전의 일일 뿐이리라
13 내가 보니 지혜가 우매보다 뛰어남이
빛이 어둠보다 뛰어남 같도다
14 지혜자는 그의 눈이 그의 머리 속에 있고
우매자는 어둠 속에 다니지만
그들 모두가 당하는 일이
모두 같으리라는 것을 나도 깨달아 알았도다
15 내가 내 마음속으로 이르기를 우매자가 당한 것을 나도 당하리니 내게 지혜가 있었다 한들 내게 무슨 유익이 있으리요 하였도다 이에 내가 내 마음속으로 이르기를 이것도 헛되도다 하였도다 16 지혜자도 우매자와 함께 영원하도록 기억함을 얻지 못하나니 후일에는 모두 다 잊어버린 지 오랠 것임이라 오호라 지혜자의 죽음이 우매자의 죽음과 일반이로다

12절은 번역과 해석이 매우 어렵다(cf. Garrett, Gordis, Murphy, Seow). 서로 연관되지 않는 독립적인 아이디어 두 개가 같은 절에서 하나로 이어져 있기 때문이다: (1) 지혜와 망령됨과 어리석음을 보았다(a절); (2) 왕들은 대를 이어 선왕들이 하던 일을 되풀이할 뿐이다(b-c절). 흐름을 조금 더 매끈하게 하기 위하여 TNK는 두 문장의 순서를 바꿨다. 새번역은 두 문장의 순서를 바꿀 뿐 아니라, 12절을 중간에서 이 두 문장을 서로 다른 두 섹션으로 구분해 버린다.

노동과 노동의 수고도 허무하다고 했던 코헬렛이 다시 마음을 가다듬고 지혜와 망령됨과 어리석음에 대해 생각해 보았다(12a절). 한 주석가는 이 문장을 '내가 돌이켜 지혜가 망령되고 어리석다는 것을 보았다'(I turned to see that wisdom was madness and folly)로 번역할 것을 제안하지만(Gordis), 바람직한 해석이 아니다. 마소라 사본의 의미가 지혜가 어리석음과 차이가 없다고 하는 것이 아니기 때문이다(cf. 13절).

'보다'(ראה)는 '[깊이] 생각하다'라는 의미로 해석될 수 있다(NAS, NIV, ESV, TNK, cf. 새번역의 '알려고 애를 썼다', 공동의 '알려고 했다'). '망령됨'(הוֹלֵלוֹת)은 지혜와 반대되는 말로 '미련함, 어리석음'을 뜻한다(cf. HALOT, NIDOTTE). '망령됨과 어리석음'(הוֹלֵלוֹת וְסִכְלוּת)은 이사일의(二詞一意, hendiadys)이며 '어리석은 광기'(foolish madness)로 번역하는 것이 좋다(Bartholomew, Fox). 코헬렛은 무엇이 지혜이고 어리석은 것인지에 대해 다시 한 번 깊이 묵상해 보았다. 그가 찾고자 한 답(선하고 의미 있는 일)을 찾지 못했기 때문이다.

마음을 가다듬고 세상의 일을 생각해 보니, 역시 절망적이다. 세상의 가장 높은 위치에 앉아 백성들을 호령하는 왕들을 생각해 보았다. 그는 세상에 지혜로운 사람들이 있다면 분명 왕들일 것이라고 생각했기 때문이다. 고대 근동에서 지혜는 신들이 선택한 소수에게만 주는 것이라는 정서가 팽배했다. 왕은 신들에게 받은 지혜로 자기 백성들을 가르치는 역할도 맡았다. 솔로몬이 세상에서 가장 지혜로운 자가 된 것도 이러한 정서를 배경으로 하고 있다(cf. 왕상 10장).

세상에서 가장 지혜로운 사람들이라 할 수 있는 왕들은 무슨 일을 해도 분명 무언가 다르게 할 것이라는 기대를 가지고 그들을 살폈다(cf. LXX). 결과는 실망스러웠다. 왕들이 대를 이어 하는 일들을 보니 선왕들이 한 일을 반복할 뿐(12절), 그들이 하는 일들 중 '해 아래 새로운 것'은 하나도 없었다(cf. 1:9). 한 주석가는 본문의 '왕'(מֶלֶךְ)이 최초 인류인 아담을 두고 하는 말이며, 아담 이후 끊임없이 태어나는 인간도 첫 번째 인류인 아담보다 나을 게 없다는 뜻으로 해석한다(Garrett). 그러나 자연스러운 의미는 '왕'을 왕으로 해석하는 것이다. 코헬렛이 이렇게 말할 수 있는 것은 그는 왕이자 당대 가장 위대한 지혜자였기 때문이다(cf. Provan). 그의 주장이 설득력이 더 있는 것은 그는 왕으로서 왕이 누릴 것을 모두 누려 본 위치에서 이런 말을 하기 때문이다.

신들과 교통하며 지혜를 공급받기 때문에 세상에서 가장 큰 지혜를 가진 자들로 알려진 왕들도 새로운 일을 할 수 없다면, 지혜는 정말 어리석음보다 더 낫기는 한 것일까? 코헬렛은 그렇다고 한다. 지혜와 우매함의 차이는 마치 빛과 어두움의 차이와 같다(13절). 인간이 상상할 수 있는 최고의 대조이다. 지혜와 어리석음은 '천차만별'이라는 것이다. 빛이 어두움보다 뛰어난 것처럼(יִתְרוֹן), 지혜는 분명 우매함보다 뛰어나다(יִתְרוֹן). '뛰어남'(יִתְרוֹן)은 '장점/이익'을 뜻한다. 지혜는 분명 사람의 삶에 유익을 끼친다는 뜻이다. 지혜는 어떻게 사람에게 유익하단 말인가? 그는 그 부분에 대해 구체적인 언급을 하지 않는다.

13절이 14-16절의 내용과 상반된다 하여 일부 학자들은 13절을 코헬렛의 말이 아니고, 그가 당대 유행했던 격언을 인용하는 것으로 해석한다(Bartholomew, Provan, cf. Murphy, Seow). 그러나 남의 말을 인용하는 것으로 보기보다는 코헬렛의 말로 해석하는 것이 바람직하다. 설령 그가 남의 말을 인용하고 있다 할지라도 내용에 대해 전혀 반박하지 않는 것을 보면 그도 이러한 상황에 전적으로 동의한다는 것을 암시한다(Fox). 코헬렛은 지혜가 우매보다 낫다는 것을 인정한다. 다만 현실에서 이러한 원리가 적용되는 사례를 목격하지 못할 뿐이다.

지혜가 우매함보다 훨씬 낫다고 한 코헬렛은 다시 암담한 현실로 돌아온다. 지혜를 품고 사는 사람이나, 어두움을 헤매고 다니는 우매한 사람이나 삶에서 겪는 일은 모두 같다(14절). 지혜롭다 해서 인간이 운명적으로 겪어야 할 일들 중 피할 수 있는 것은 없다. 지혜롭거나 어리석거나 사람은 모두 죽음을 맞이한다. 지혜롭다고 해서 죽음을 피할 수는 없다. 지혜가 있고 없고가 사람의 삶과 죽음에 큰 영향을 주지 않는다면 지혜도 헛되다(15절).

지혜자나 우매자나 죽고 나면 미래 세대가 그들을 기억하지 못하는 것도 마찬가지다(16절). 세상에 영향을 끼친 사람이나, 아무런 흔적을 남기지 않고 죽은 사람이나 잊혀지기는 마찬가지라는 뜻이다. 물론 지대한 영향력을 행사한 사람들은 한동안 잊혀지지 않겠지만, 대부분 사람들은 순식간에 잊혀진다. 그러므로 지혜자의 죽음과 우매자의 죽음이 같다(16절). 사람의 운명을 바꿀 수 없다는 점에서 지혜는 허무하다. 그럼에도 불구하고 지혜는 빛이 어두움보다 나은 것처럼 우매보다 낫다(13절).

코헬렛이 빛이 어둠보다 나은 것처럼 지혜는 망령됨과 어리석음보다 낫지만 별 의미는 없는 헛된 것이라고 결론 짓는 이유는 죽음 때문이다. 지혜로운 사람이나 어리석은 사람이나 죽기는 마찬가지라는 것이다. 우리는 그의 주장을 두 가지로 보완해야 한다.

첫째, 사람이 죽기는 마찬가지이겠지만, 지혜로운 사람은 어리석은 사람보다 어느 정도 죽음을 보류할 수 있다. 지혜로운 사람은 자신을 해하는 일을 멀리하며, 여호와의 축복을 누려 장수한다는 것이 잠언의 지속적인 가르침이다. 또한 지혜는 삶을 행복과 누림으로 어느 정도 채울 수 있다. 그러므로 이 땅에서의 삶이 중요하다고 생각하는 사람에게 지혜는 허무한 것이 아니다. 분명 의미가 있고, 사람에게 유익하다.

둘째, 이 땅에서의 삶이 내세와 직접적으로 연관된다는 것이 성경의 가르침이다. 코헬렛이 죽는 것에 대해 이처럼 좌절하는 것은 그가 죽음을 끝이라고 생각하기 때문이다. 반면에 성경은 죽음이 새로운 삶의 시작이라고 한다. 어리석은 자들이나 지혜로운 자들이나 죽기는 마찬가지이지만, 둘 다 죽으면서 새로운 삶을 시작한다. 신약뿐만 아니라 구약도 지혜로워서 하나님을 경외하는 삶을 산 사람은 주님과 영원히 행복하게 누릴 부활을 맞이할 것이라 한다(cf. 사 25장; 단 12장). 반면에 어리석어서 주님을 경외하지 않는 삶을 산 사람은 영원한 수치와 징벌을 위한 부활을 맞이할 것이다(단 12장). 그러므로 지혜는 분명 죽음에도 영향을 미치며, 죽음은 끝이 아니다.

II. 자서전적 회고(1:12-12:7)
A. 지혜와 삶(1:12-2:26)

4. 노동과 수고(2:17-23)

**17 이러므로 내가 사는 것을 미워하였노니 이는 해 아래에서 하는 일이 내게
괴로움이요 모두 다 헛되어 바람을 잡으려는 것이기 때문이로다 18 내가 해
아래에서 내가 한 모든 수고를 미워하였노니 이는 내 뒤를 이을 이에게 남
겨 주게 됨이라 19 그 사람이 지혜자일지, 우매자일지야 누가 알랴마는 내가
해 아래에서 내 지혜를 다하여 수고한 모든 결과를 그가 다 관리하리니 이
것도 헛되도다 20 이러므로 내가 해 아래에서 한 모든 수고에 대하여 내가
내 마음에 실망하였도다 21 어떤 사람은 그 지혜와 지식과 재주를 다하여 수
고하였어도 그가 얻은 것을 수고하지 아니한 자에게 그의 몫으로 넘겨 주리
니 이것도 헛된 것이며 큰 악이로다 22 사람이 해 아래에서 행하는 모든 수
고와 마음에 애쓰는 것이 무슨 소득이 있으랴 23 일평생에 근심하며 수고하
는 것이 슬픔뿐이라 그의 마음이 밤에도 쉬지 못하나니 이것도 헛되도다**

우리는 종종 '죽음은 모든 사람에게 공평하다'는 말을 하는데, 코헬렛은 공평한 죽음이 못마땅하다. 죽음이 지혜로운 사람과 어리석은 자

들을 구분하지 않기 때문에 지혜는 허무하고 무익하다고 했던 코헬렛은 한 걸음 더 나아간다. 그는 지혜가 사람의 운명에 어떠한 영향을 끼치지 못하는 것을 보고 자신의 삶까지 미워했다(17a절). 삶이 죽음에 영향을 미치고, 죽음이 삶에 영향을 미쳐야 하는데, 오직 죽음만이 삶에 영향을 미치는 것이다.

코헬렛은 자신이 하는 모든 수고(일, 노동)는 괴로움이라고 생각했고, 모든 일이 헛되며 바람을 잡는 것처럼 허무하다고 생각했다(17b–c절). 그는 자신의 삶을 미워했다고 하지만, 의도적으로 1인칭 대명사를 사용하지 않음으로써 '모든 사람의 삶은 미워할 만하다'(Everybody's life is worth hating)고 선언하고 있다(Longman).

'괴로움'(רַע)은 악하다는 뜻이다. 그가 삶에서 추구하는 '선'(טוֹב)의 반대말이다. 선을 추구했던 그에게 삶의 모든 것이 악하게 느껴졌다는 실망감을 표현하는 감정적인 단어이다. 그는 아마도 삶에서 가장 낮은 곳을 헤맬 때 이런 말을 했을 것이다(Fox, cf. 4:3). 나중에 가서는 삶을 즐거운 일이라고 하기 때문이다(11:7).

코헬렛이 자기가 한 모든 수고를 미워한 것은 그 수고의 열매를 자신이 누리지 못하고 그의 대를 잇는 이에게 남겨 주기 때문이다(18절, cf. 20절). 그는 노동과 일을 '수고, 골칫거리'(עָמָל)라며 부정적으로 부르기는 하지만, 미워하지는 않는다. 그는 자기가 한 수고의 결과가 남에게 넘어가는 것에 분노한다. 그가 한 노동이 그에게 별 이득이 되지 않고 무의미해지기 때문이다.

그의 대를 잇는 사람이 후손일 수도 있고, 상황에 따라서는 전혀 다른 사람일 수도 있다(cf. Fredericks & Estes). 또한 대를 잇는 사람이 지혜로운 사람일 수도 있고, 우매한 자일 수도 있다(19절). 만일 솔로몬이나 히스기야가 전도서와 연관이 있다면, 솔로몬의 아들 르호보암(왕상 12장), 혹은 히스기야의 아들 므낫세(왕하 21:1–23:4)와 잘 어울리는 말이다(cf. Shepherd).

코헬렛은 이러한 세부 사항에 관심이 없다. 그의 유일한 관심은 그의 수고의 열매가 수고하지 않은 다음 세대에게 넘어간다는 것이다. 그의 노동의 대가가 그것을 얻기 위해 일하지도 않은 다음 세대로 넘어간다면, 그의 모든 수고는 헛되고 덧없다. 더욱이 우매한 자가 그가 남긴 것을 가져간다면 더욱더 헛되다. 그러므로 그는 자신의 수고에 대해 크게 실망했다(20절). '실망하다'(יאשׁ)는 무엇에 대한 환상이나 기대가 깨진다는 뜻이다(Fox). 그는 삶의 수고와 노동이 어떤 의미를 지녔을 것이라는 기대가 산산조각이 나는 일을 경험했다.

코헬렛은 이러한 현실에 대해 하나의 예를 든다(21절, cf. Towner). 어떤 사람은 지혜와 재능을 활용하여 열심히 일했다. 그러나 그가 얻은 노동의 대가는 수고하지 않은 사람의 몫이 된다. 이러한 일은 헛되며 또한 매우 악한 일이다(21절). 그러므로 사람이 해 아래에서 행하는 모든 수고와 노력이 무익하다(22절). 사람이 자신이 수고해서 얻은 수익이 남에게 넘어간다고 생각하면, 그가 평생 근심하며 수고해도 남는 것은 슬픔뿐이다. 또한 그는 이 슬픔으로 인해 잠자리에 누워서도 편안히 쉬지 못하니 이것도 헛되다(23절).

우리는 종종 허탈한 마음으로 "버는 사람 따로 있고 쓰는 사람 따로 있다"는 말을 하는데, 코헬렛도 세상은 '버는 사람 따로 있고 쓰는 사람 따로 있는 곳'이기 때문에 허무하며 악하다고 한다(cf. 21절). 그는 사람이 모든 노동의 열매를 다 누리지 못하고 죽으면 그 열매가 남의 손으로 넘어가기 때문에 삶의 모든 수고를 미워한다고 한다(18절). 참으로 이기적이고 자기중심적인 사고이다. 성경은 우리에게 축복의 통로가 되라고 한다(창 12:1-3). 그러므로 남을 위해 수고하는 것은 억울한 일이 아니다! 더욱이 우리의 후손들을 위해 일하는 것은 보람이 있고, 의미가 있다.

코헬렛은 분명 조상, 특히 그의 아버지에게 물려받은 유산이 참으로 많은 사람이다. 그는 왕의 자리도 물려받았고, 엄청난 부도 받았다. 요즈음 말로 하면 '금수저'를 물고 태어난 것이다. 그런 그가 조상에게서 받은 '금수저'를 더 크게 하여 다음 세대에게 넘기기를 미워한다! 가난한 집에 태어나 자수성가한 사람들이 기쁨으로 삼는 것은 자식들이 그들처럼 '맨땅에 헤딩하는 삶'을 살지 않아도 된다는 점이다. 성경은 우리가 누리는 풍요로움이 하나님의 축복이라 하며 어려운 이웃들과 나누라고 권면한다. 우리가 재산 모두를 자녀에게 주고자 한다면 이는 문제라 할 수 있지만 어느 정도 유산으로 넘겨주는 것은 좋은 일이다. 이러한 관점에서 볼 때 코헬렛은 어처구니없는 '배부른 푸념'이라 할 수 있다.

예수님을 생각해 보자. 주님은 "한 알의 밀알이 땅에 떨어져 죽지 아니하면 한 알 그대로 있고, 죽으면 많은 열매를 맺느니라"(요 12:24)라고 하시고 십자가에서 이 원리를 직접 실천하셨다. 주님은 죽으심을 통해 우리에게 죄 사함과 구원을 주셨다. 또한 주님은 자신의 죽음을 통해 우리에게 생명 주신 일을 기뻐하셨다. 주님은 우리가 어떻게 살아야 하는가를 생각하게 하는 롤모델이 되셨다. 또한 성경은 일이 저주나 죄에 대한 심판이 아니라, 축복이라 한다. 이러한 관점에서 생각해 보면 코헬렛은 한없이 이기적이다.

우리는 태초에 시작되어 종말에 끝날 인류 역사의 맥을 이어 가고 있다. 우리는 전세대에게서 전수받은 것이 있고, 다음 세대에게 물려줄 것이 있다. 이러한 세대 간의 반복이 나쁘다고 할 수 있을까? 우리가 죽기 전에 모두를 탕진해야 하는가? 그렇지 않다. 성경은 주의 백성은 미래지향적으로 살아야 한다고 한다. 세상은 종말을 향해 가고 있고, 종말에 도달하면 부활과 새로운 시작이 있을 것이다. 그러므로 코헬렛의 생각은 이러한 미래를 염두에 두지 않은 편협한 사고 체계이다.

5. 하나님이 주신 즐거움(2:24–26)

24 사람이 먹고 마시며 수고하는 것보다
그의 마음을 더 기쁘게 하는 것은 없나니
내가 이것도 본즉 하나님의 손에서 나오는 것이로다
25 아, 먹고 즐기는 일을 누가 나보다 더 해 보았으랴
26 하나님은 그가 기뻐하시는 자에게는 지혜와 지식과 희락을 주시나 죄인
에게는 노고를 주시고 그가 모아 쌓게 하사 하나님을 기뻐하는 자에게 그가
주게 하시지만 이것도 헛되어 바람을 잡는 것이로다

사람이 하는 일이 모두 무의미하고 허탈한 것이라면, 인간이 삶에서 누릴 만한 것은 아무것도 없다는 말인가? 코헬렛은 사람이 즐길 만한 것이 있기는 있다고 한다. 바로 먹고, 마시며, 자기가 한 일에 대해 스스로 만족해하는 것이다(24절, cf. 3:13; 5:18; 8:15; 9:7). 이때까지 삶에서 의미 있는 일이 아무것도 없으며, 모든 일이 헛되다고 했던 코헬렛이 갑자기 삶에 의미 있는 것들이 있다며 이렇게 말하는 것이 잘 이해가 되지 않는다. 그러므로 많은 학자들이 이 섹션과 이때까지 전개된 가르침의 연결성에 대해 혼란스러워한다(cf. Fredericks & Estes, Gordis, Longman, Murphy). 전반적인 것을 논하다가 예외적인 것들을 말하는 것이 코헬렛의 특징이라는 점을 감안하면 별로 어려운 문제는 아니다. 전반적으로 말할 때 삶은 별 의미가 없지만, 그럼에도 불구하고 조금은 의미와 가치를 지닌 것들이 있다고 한다(cf. 3:12, 22; 5:17; 8:15).

삶에서 먹고 마시는 즐거움은 참으로 중요하다. 먹고 마시는 즐거움을 빼면 삶에서 낙이라고 할 수 있는 일은 그다지 많지 않기 때문이다. 그러므로 일부 학자들은 이 말씀을 '주어진 하루를 최대한 즐기라'는 의미를 지닌 카르페디엠(Carpe Diem, 'Cease the day')과 동일한 의미로 해석한다(Ogden, Whybray). 이 학자들은 전도서 안에 카르페디엠 텍스트가 본문과 3:12–14, 3:22, 5:18–20, 8:15, 9:7–10, 11:7–10 등 여러 개 있다고 생각한다(cf. Shepherd).

"수고하는 것보다 그의 마음을 더 기쁘게 하는 것은 없다"(טוֹב בַּעֲמָלוֹ וְהֶרְאָה אֶת־נַפְשׁוֹ)(24b절)를 직역하면 '자기 스스로에게 자신이 한 노동은 좋다고 하는 것이다'(to tell himself that his labor is good)가 된다. 마치 스스로에게 체면을 거는 듯한 느낌을 준다(cf. 새번역, NAS, KJV, cf. NIV, TNK). 전도자는 마음이 내키지 않을지라도 기쁜 마음으로 먹고, 즐거움으로 마시며, 노동을 즐기려고 노력해야 한다고 말하는 듯하다(cf. Gordis). 인간의 덧없는 삶에서 아무리 생각해 보아도 이보다 더 좋은 것들은 없기 때문이다.

세상에 있는 모든 것이 헛되다고 했던 코헬렛이 먹고 마시며 노동을 기뻐하라고 말한 이유는 노동이 하나님의 손에서 나왔음을 인정하기 때문이다(24c절). 먹고 마시며 일을 즐기는 것은 하나님이 인간에게 주신 축복이다. 창조주께서는 인간을 만드실 때 그가 행복하고 즐겁게 살기를 바라셨다. 사람은 어떻게 행복할 수 있을까? 사람의 기쁨은 상당 부분 먹고 마시며 노동함에서 비롯된다. 하나님이 그렇게 만드셨기 때문이다. 삶의 기쁨은 하나님이 주시는 것이지 우리가 스스로 만들어 내는 것이 아니다(Fox).

25절은 해석하기가 쉽지 않다. 이 문장(כִּי מִי יֹאכַל וּמִי יָחוּשׁ חוּץ מִמֶּנִּי)을 직역하면 '나 외에 누가 먹고 즐기는가?'이다. 개역개정은 이 번역에 따라 코헬렛이 자신의 삶을 돌아보며 먹고 즐기는 일에 있어서 그는 참으로 세상의 으뜸이라고 하는 것으로 해석했다(25절, cf. 아가페, KJV, TNK). 그러나 이러한 해석은 바로 앞(24절)에서 삶의 즐거움은 하나님이 주시는 것이라고 한 말과 잘 어울리지 않는다. 그러므로 대부분 번역본들은 마소라 사본(MT)의 '나 외에'(חוּץ מִמֶּנִּי)를 따르지 않고 칠십인역(LXX)의 '그분[하나님] 외에'(πάρεξ αὐτοῦ)를 따른다: "그분께서 주시지 않고서야 누가 먹을 수 있으며, 누가 즐길 수 있겠는가?"(새번역, cf. 현대어, NAS, NIV, ESV, NIRV, NRS). 하나님이 허락하시고 축복하지 않으시면, 이 세상 그 누구도 삶을 즐기고 누릴 수 없다는 뜻이다. 이렇게 해석하면 사람이 삶의 낙으로 즐기는 일—먹고 마시며 노동을 즐기는 일—모두 하나님이 내리신 축복이라는 사실(24절)이 더 확실해진다. 이 해석이 문맥과 훨씬 더 잘 어울린다(Fox, Whybray).

하나님은 사람을 차별하기도 하신다(26절). 자신이 기뻐하시는 자들에게는 지혜와 지식과 희락을 주시고, 죄인들에게는 노고를 주신다. '지혜'(חָכְמָה)와 '지식'(דַּעַת)과 '희락'(שִׂמְחָה) 세 가지가 함께 하나님의 축복으로 언급되기는 이곳이 처음이다. '죄인'(חוֹטֶא)은 종교적으로 불손한 자나 부도덕한 사람이라기보다는 어떠한 이유로 인해서든 하나님을 불쾌하게 한 자로 해석되기도 한다(Crenshaw, Murphy, Longman, Krüger, Seow, Towner, cf. 9:1). 그러므로 일부 주석가들은 이 말씀이 하나님은 일정한 기준이 없이 자기 마음에 안 드는 사람에게 빼앗아서 마음에 드는 사람에게 주는 변덕스러운(capricious) 분이라는 점을 강조한다고 한다(Loader). 그러나 죄인에게서 빼앗는 것이 아니라, 의인들에게 주는 것을 강조하면 하나님이 은혜를 베푸시는 수단이 된다(Garrett).

'노고'(עִנְיָן)는 단순히 일(노동)을 뜻하며 부정적인 뉘앙스를 지니지 않았다. 단순히 일상에서 일어나는 일들을 뜻한다(HALOT). 때로는 창조주께서 자신이 기뻐하시는 자들에게는 삶의 기쁨 등 선한 것들을 주시고, 죄인들에게는 일만 하도록 하신다는 뜻이다.

죄인들은 수고하여 모은 것들을 누리지도 못한다. 하나님이 그들이 모은 것을 모두 자신이 기뻐하시는 자들에게 넘겨주게 하시기 때문이다. 세상 말에 따르자면 '모으는 사람 따로 있고, 쓰는 사람 따로 있다'는 것이다. 코헬렛은 이러한 일이 하나님이 악인들에게 취하셔서 의인들에게 주시는 심판을 통해 실현된다고 한다. 세상은 하나님의 심판이 이루어지는 곳이라는 뜻이다. 죄인들은 아무리 열심히 일해서 모아도 모은 것을 즐기지 못하고 죽는다. 반면에 하나님이 기뻐하시는 자들은 자신이 수고하지 않은 것을 얻어 누리게 된다. 하나님이 사람들을 이렇게 심판하시는 것은 좋은 일인가? 코헬렛은 이것도 헛되고 바람을 잡는 것이라고 한다. 별로 좋은 일은 아니라는 뜻이다.

코헬렛은 하나님이 악인들에게서 취하셔서 의인들에게 주시는 것을 왜 헛되고 바람을 잡는 일이라고 하는가? 그는 이미 열심히 일해 모은 것을 어떠한 노력도 하지 않은 다른 사람(자손 등)에게 넘겨주고 죽게 되는 사건을 헛되고 허무하다고 했다(cf. 2:18–23). 한 사람이 수고해서 얻은 것을 수고하지 않는 자가 가져가는 것이 헛되다면 하나님이 악인들에게서 빼앗아 의인들에게 주는 것도 헛된 일이다. 하나님의 심판으로 인해 이런 일이 생겼다 할지라도 좋은 일은 아니라는 것이다.

삶에 어떠한 의미도 없다고 했던 코헬렛이 이 섹션에서는 먹고 마시며 일을 즐기는 것은 하나님에게서 오는 것, 곧 하나님이 허락하신 자들만 이러한 누림을 즐길 수 있으니 기쁨으로 하라고 한다(24–25절). 그러나 그는 마지 못해 이렇게 말하는 것이지 온 마음으로 권장하는 말은 아니다. 사람은 누구나 죽을 것이고, 죽으면 모든 것이 끝나고 잊혀지는 허무한 세상에서는 이러한 향락주의(hedonism)적 논리가 어느 정도 설득력이 있다.

그러나 오직 즐기기 위해 사는 삶은 참으로 비참하다. 우리에게는 부활의 소망이 있다. 이 소망은 우리가 어떻게 이 세상에서 살아야 하는지에 큰 영향을 미친다. 일명 '부활장'으로 불리는 고린도전서 15장은 부활에 대해 한참 설명한 다음에 다음과 같은 말을 덧붙인다: "죽은 자가 다시 살지 못할 것이면 내일 죽을터이니 먹고 마시자 하리라"(고전 15:32). 만일 부활을 믿지 않는다면 향락주의자로 전락해도 괜찮다는 뜻이다. 우리가 이 땅에서의 누림과 즐김에만 치중하지 않고 희생할 수 있는 이유는 다음 세상에 소망이 있기 때문이다. 우리는 미래에 대한 소망과 이 땅에서의 즐김 사이에 적절한 균형을 추구해야 한다.

코헬렛은 심판을 통해 하나님이 죄인들의 소유를 빼앗아 기뻐하시는 자들에게 주시는 것을 부정적으로 본다: "헛되어 바람을 잡는 것이로다." 그러나 하나님이 이렇게 하시는 것은 좋은 일이다. 두 가지가 동시에 이루어지고 있기 때문이다: 하나님의 심판, 의인에 대한 축복. 이 땅에서 하나님의 심판이 실현될 때마다 악인들은 심판하시는 하나님을 두려워하여 죄를 지을 때 한 번 더 생각할 것이고, 경건한 사람들은 더욱더 경건하게 살려고 다짐할 것이다. 이러한 현상이 세상에서 죄가 하나라도 줄어들게 함으로 좋은 일이다.

축복은 상대적이다. 그러므로 심판하시는 하나님이 악인들의 소유를 빼앗아 의인들에게 주시는 것도 좋은 일이다. 코헬렛처럼 이 세상 그 누구보다도 많이 가진 자들은 하나님의 축복이 별 의미가 없는 것으로 느껴질 수 있다. 그러나 평범한 의인들에게는 참으로 좋은 일이 될 수 있다.

II. 자서전적 회고(1:12-12:7)

B. 지혜와 시간(3:1-5:20)

이 섹션은 여러 가지 다양한 주제에 대한 코헬렛의 가르침으로 구성되어 있다. 그럼에도 불구하고 시간(때)이 전체를 아우르는 주제이다. 이 섹션도 앞 섹션(1:12-2:26)처럼 먹고 마시는 일로 인생을 즐기라는 권면으로 끝이 난다(5:18-20). 본문은 다음과 같이 세분화될 수 있다.

A. 때(3:1-8)

B. 결코 알 수 없는 때(3:9-15)

C. 의인과 악인(3:16-17)

D 짐승과 사람(3:18-22)

E 억압(4:1-3)

F. 부지런함과 게으름(4:4-8)
G. 더불어 사는 삶(4:9-12)
H. 직업과 지위(4:13-16)
I. 예배(5:1-7)
J. 통치(5:8-9)
K. 부(5:10-17)
L. 하나님이 주신 즐거움(5:18-20)

II. 자서전적 회고(1:12-12:7)
B. 지혜와 시간(3:1-5:20)

1. 때(3:1-8)

1 범사에 기한이 있고 천하 만사가 다 때가 있나니
2 날 때가 있고 죽을 때가 있으며
심을 때가 있고 심은 것을 뽑을 때가 있으며
3 죽일 때가 있고 치료할 때가 있으며
헐 때가 있고 세울 때가 있으며
4 울 때가 있고 웃을 때가 있으며
슬퍼할 때가 있고 춤출 때가 있으며
5 돌을 던져 버릴 때가 있고 돌을 거둘 때가 있으며
안을 때가 있고 안는 일을 멀리 할 때가 있으며
6 찾을 때가 있고 잃을 때가 있으며
지킬 때가 있고 버릴 때가 있으며
7 찢을 때가 있고 꿰맬 때가 있으며
잠잠할 때가 있고 말할 때가 있으며
8 사랑할 때가 있고 미워할 때가 있으며
전쟁할 때가 있고 평화할 때가 있느니라

이 본문은 전도서에서 가장 유명하고 자주 인용되는 말씀이다. 핵심 메시지는 모든 것에는 때가 있으므로 매사에 때를 분별하여 지혜롭게 살아가라는 권면이다. “범사에 기한이 있다”(לַכֹּל זְמָן)(1절)를 직역하면 ‘모든 것에는 때(appointed time)가 있다’가 된다(cf. HALOT). ‘때’(זְמָן)는 시간을 의미하기도 하지만, 목적/용도를 의미하기도 한다. 코헬렛이 2-8절에서 ‘때’를 뜻하는 다른 단어(עֵת)를 사용하지만, 의미는 같다(Shepherd).

이 말씀은 창조주께서 적절한 때에 적절하게 사용하기 위해 모든 것을 만드셨음을 의미한다. 우연한 일들로 가득 찬 세상 같지만, 세상에 있는 모든 것이 하나님의 계획과 섭리에 따라 창조되었다. 그러므로 세상에는 창조주의 실수로 빚어졌다거나, 하나님의 주권을 벗어나 우연히 되는 일은 없다. 이러한 세상에서 우리는 ‘창조주의 때’를 분별해야 한다. 그러나 때를 분별함은 결코 쉽지 않다.

코헬렛이 이렇게 말하는 이유는 세상에 절대적인 선(善)이 존재하지 않는다는 사실을 강조하기 위해서이다. 상황에 따라 태어나는 것이 좋은 일이 되는가 하면, 죽는 것이 좋은 일일 수 있다(2절). 결국 코헬렛의 논리는 무엇이 좋고 좋지 않고는 때가 결정하는 것이지 그 일 자체가 지닌 본질적인 성향이 아니라는 점이다.

이어 2-8절은 1절이 제시한 ‘때의 중요성’을 강조하기 위해 서로 대조되는 쌍 14가지를 언급한다. 이 중 몇 개는 서로 중첩된다(cf. Loader). 이런 경우 하나로 취급하여 주해할 것이다.

첫째, 모든 생명은 날 때가 있고, 죽을 때가 있다(2a절). 한 학자는 ‘죽을 때’(עֵת לָמוּת)를 ‘자살할 때’로 해석하여 코헬렛이 자살을 매우 긍정적으로 간주한 스토아(Stoic) 철학자였다고 한다(Blenkinsopp). 그다지 설득력이 있는 해석은 아니다(cf. Bartholomew). 삶은 이 두 때를 잇는 선(line)이다. 그러므로 아이가 태어나면 부모와 함께 기뻐하고, 노인이 죽으면 유가족과 함께 슬퍼해야 한다. 그러나 지나친 감정몰입은 바람직하지 않다. 사람이 태어나고 죽는 것은 하나님이 결정하신 일이며, 죽음은 모든 생명이 지나가는 과정이기 때문이다. 사람은 언제 태어나는가? 성경은 잉태와 태어남을 구분한다. 부모의 정자와 난자가 수정이 되어 모태에서 자라기 시작하는 것이 잉태(cf. 시 139편; 렘 1장)이고, 9개월 후 이 세상에 모습을 드러낼 때가 태어남이다(cf. 욥 39:1-2; 렘 20:17). 시편 90:10은 사람의 수명을 70-80세로 말하지만, 의술이 발달한 오늘날에는 100세가 사람의 수명이 되어가고 있다. 어떻게 생각하면 참으로 긴 세월이다. 그렇다면 죽기 전에 어떻게 사는 것이 가장 잘 사는 것인가? 코헬렛은 살아 있는 동안 먹고 마시며 즐기는 것이 가장 잘 사는 것이라 했다.

둘째, 심을 때가 있고, 심은 것을 뽑을 때가 있다(2b절). 농부가 열매와 과일을 얻기 위해서 나무를 심고 가꾸는 때가 있다. 세월이 지나 늙은 나무가 더 이상 좋은 과일을 맺지 못하면 뽑아 버리고 그 자리에 새 나무를 심어야 한다. '뽑다'(עקר)는 추수를 위해 곡식 등을 뽑는 것을 의미하는 것이 아니라, 파괴하기 위해 일부러 뿌리째 뽑아내는 것을 뜻한다(TWOT). 우리의 삶에서도 나이에 따라 새롭게 심고, 오래 된 것을 뽑아내는 일이 끊임없이 이루어진다. 우리의 옛적 '때'에 필요하고 좋은 것이어서 추구했던 가치나 삶의 방식이 있지만, 그것이 우리가 맞이한 '새로운 때'에 더 이상 도움이 되지 않고 오히려 해가 될 때에는 과감하게 정리하고 버려야 할 때가 있다.

셋째, 죽일 때가 있고 치료할 때가 있다(3a절). 같거나 비슷한 상황을 접할 때라도 어떤 때는 죽도록 내버려두거나 죽여야 하는가 하면, 최선을 다해 치료해야 할 때가 있다. 한 예를 생각해 보자. 예전에는 말이 전쟁에 동원되고는 했다. 한 전쟁에서 두 말이 적들의 총에 맞아 쓰러졌다. 가까이 가서 보니 한 말은 발이 심하게 손상되어 더 이상 걸을 수 없다. 다른 말은 치료하면 몇 달 후에 정상적으로 살 수 있다. 이런 경우 군인들은 발을 다친 말은 안락사시켰다고 한다. 말은 걷고 뛰는 동물인데 치료를 해도 이런 일을 할 수 없기 때문이다. 우리의 삶에서도 반드시 치료해 살려야 할 때가 있는가 하면 환자가 존엄성을 지니고 죽을 수 있도록 배려해야 할 때가 있다. 회복이 불가능한 환자가 원하는 것이 소극적 안락사(passive euthanasia)를 통해 편안히 죽는 것이라면, 목회자들은 많은 기도와 묵상을 통해 하나님의 인도하심을 받아야 한다. 반면에 치료하면 나을 수 있는 사람들은 적극적으로 치료를 받도록 해야 한다.

넷째, 헐 때가 있고 세울 때가 있다(3b절). 이 말씀은 심을 때가 있고 뽑을 때가 있다는 말과 비슷하다. 우리는 죽을 때까지 습관이나 버릇 중 더 이상 적절하지 않은 것이나 해가 되는 것은 과감하게 헐어 버리고, 경건하고 거룩한 습관과 버릇은 새로이 시작하는(세워 나가는) 일을 계속 해야 한다.

나섯째, 울며 슬퍼할 때가 있고, 춤을 추며 기뻐할 때가 있다(4절). '울 때'(עֵת לִבְכּוֹת)는 장례식에서 망자를 위해 슬퍼하는 일을 뜻한다(NIDOTTE, TWOT). 목회자들은 장례식에 가서 유가족들과 함께 슬퍼하며, 돌잔치에서는 아이의 부모와 함께 기뻐한다. 이럴 때도 미리 점검하여 실수를 하지 않도록 해야 한다. 내가 아는 한 목회자가 이런 실수를 해서 곤욕을 치른 적이 있다. 핸드폰이 처음 나오기 시작할 무렵 전화벨소리를 자기가 정하는 컬러링이 유행한 적이 있다. 이 목회자는 '날 좀 보소, 날 좀 보소…'로 시작하는 밀양 아리랑을 자기 벨소리로 정했다.

한번은 교통사고로 죽은 안수집사의 장례 예배를 인도하는 중 이 벨소리가 우렁차게 울려 퍼졌다! 전화기를 끄거나 무음으로 돌리는 것을 깜빡한 것이다. 이 안수집사는 바로 한 달 전에 30년 다닌 직장에서 퇴직을 했고 앞으로 어떻게 살아야 하는가에 대해 하나님의 인도하심을 구하러 기도원에 올라가 2주 동안 기도하고 내려오는 길에 사고를 당해 즉사한 상황이었다. 그는 가족들에게 너무나도 죄송하여 몇 차례 사죄하고, 그 이후로 장례식에 갈 때 전화기는 반드시 차 안에 두고 간다고 한다. 슬퍼할 때는 마음을 다할 뿐 아니라, 준비도 완벽하게 하여 함께 슬퍼해야 한다.

여섯째, 돌을 던져 버릴 때가 있고, 돌을 거둘 때가 있다(5a절). 이 말씀의 의미를 파악하는 일이 쉽지 않다(Murphy). 전통적으로 일부 유대인들은 이 말씀을 여자들의 월경과 연결해서 해석했다. 돌을 던질 때는 월경이 끝나 정결한 때를, 돌을 거둘 때는 월경 중이어서 부정한 때를 상징한다는 것이다(cf. Gordis). 그러나 그렇게 해석하기에는 돌 이미지가 잘 어울리지 않는 듯하다.

'돌'을 남자의 정자로 해석하여 이 말씀이 부부가 성관계를 할 때가 있는가 하면, 하지 않을 때가 있다는 의미로 해석하는 이들도 있다(cf. Towner). 그러나 돌을 성관계와 연결시키는 것 역시 상당히 부자연스럽다. 성경은 원수의 밭을 망가뜨리기 위하여 돌을 던지는 일(왕하 3:19, 25)과 무엇을 심기 위해 밭에서 돌을 제거하는 일을 언급한다(사 5:2). 그러므로 이 말씀은 밭을 훼손할 때가 있는가 하면, 밭을 일굴 때가 있다는 것을 의미하는 듯하다(cf. Whybray). 혹은 원수에게 돌을 던질 때가 있는가 하면, 그와 함께 돌을 쌓으며 평화 협정을 맺을 때가 있다는 해석도 가능하다(Shepherd, cf. 창 31:46).

일곱째, 안을 때가 있고, 안는 일을 멀리할 때가 있다(5b절). 이 말씀이 5a절보다 부부 관계에 더 잘 어울린다(cf. Targum). 부부가 함께 살다 보면 서로 껴안고 사랑할 때가 있는가 하면, 서로에게서 일정한 거리를 유지할 때도 있다는 것이다(Bartholomew). 아내가 월경 중이거나, 집 안에 상이 있을 때는 서로를 멀리 하라는 것이 구약의 가르침이다. 한 유대인 전승은 의로운 사람들은 껴안고, 악한 사람은 멀리 하라는 말씀으로 해석하기도 한다(cf. Fox).

여덟째, 찾아 지킬 때가 있고, 잃거나 버릴 때가 있다(6절). 삶에서 소중한 것들은 얻으려고 열심히 노력해야 하며, 얻고 나면 지켜야 한다. 가정이 하나의 좋은 예이다. 반면에 어떤 것들은 잃어도 아쉬워하지 않으며, 심지어 과감하게 버려야 할 때가 있다. 요나를 태우고 다시스로 가던 배가 풍랑을 만나 생존을 위해 배에 실은 모든 물건을 버린 적이 있다(욘 1장). 우리의 삶에서 하나님과의 관계에 해가 되는 대인관계나 버릇을 과감하게 버리는 좋은 예이다.

때로는 무엇을 잃는 일이 새로운 시작과 도약의 빌미를 제공하기도 한다. 사울은 잃어버린 나귀를 찾아 나섰다가 이스라엘의 초대 왕이 되었다(cf. 삼상 9장). 하나님은 아브라함이 아들 이삭을 죽이려 했을 때(버렸을 때) 그를 믿음의 조상이 되도록 축복하셨다(cf. 창 12장). 그러므로 하나님의 섭리 안에서는 무엇을 잃거나 버리는 것이 나쁜 일만은 아니다. 만일 우리가 그것을 가지는 것이 하나님의 뜻이라면, 주님은 반드시 돌려주실 것이다.

아홉째, 찢을 때가 있고, 꿰맬 때가 있다(7a절). 이 말씀도 이 섹션에서 이미 언급된 여러 가지 원리와 맥을 같이 한다. 특히 '죽일 때가 있고 치료할 때가 있다'(3a절)는 말씀과 매우 흡사하다. 탈굼(Tg.)은 이 말씀을 장례식과 연결하여 해석했다. '찢을 때'는 슬픔을 표현하기 위해 옷을 찢는 풍습을(cf. 창 37:29; 삼하 13:31), '꿰맬 때'는 장례식이 끝난 후 찢어진 옷을 수선하는 것을 상징한다는 것이다. 찢을 때를 전쟁으로, 꿰맬 때를 평화로 해석하는 이들도 있다(cf. 8절).

열째, 잠잠할 때가 있고, 말할 때가 있다(7b절). 잠언은 지혜로운 사람과 어리석은 사람을 구분하는 가장 기본적인 기능이 말할 때와 잠잠할 때를 분별할 줄 아는 능력이라 한다. 주변에서 종종 꼴불견(어리석은) 목회자들을 본다. 결혼식 주례를 오래 하는 사람, 장례식 설교를 길게 하는 사람 등은 그 행사의 주인공이 누구인가에 대해 착각하는 자들이다. 결혼식의 주인공은 신랑신부이다. 그러므로 그들이 하객들의 중심에 서 있도록 최대한 배려해야 한다. 긴 주례사를 통해 주인공이 되고자 하는 자들은 어리석다. 목회자는 언제 침묵하고(혹은 짧게 말하고), 언제 말해야 하는가를 구분할 줄 알아야 한다.

열한째, 사랑할 때가 있고, 미워할 때가 있다(8a절). 또한 미워서 전쟁할 때가 있고, 사랑해서 평화를 유지할 때도 있다(8b절). 이 말씀은 이때까지 제시된 여러 대조를 요약적으로 정리하고 있다. 심을 때와 뽑을 때가 있고(2b절), 죽일 때와 치료할 때가 있고(3a절), 헐 때와 세울 때가 있고(3b절), 찢을 때와 꿰맬 때가 있다(7a절) 등이 모두 이 말씀에 반영되어 있다고 할 수 있다. 삶에는 이처럼 참으로 다양한 때(정황)가 있으므로, 적절한 때를 분별할 줄 아는 것은 참으로 중요하다.

코헬렛의 다양한 가르침 중에 이 섹션이 가장 설득력이 있고 우리에게 큰 울림을 준다. 모든 일에는 때가 있기 때문에 우리가 꾸준히 기도하며 구해야 하는 지혜는 바로 때를 구별할 줄 아는 판단력이다. 우리의 삶은 수많은 선택으로 구성되어 있는데, 우리가 하는 선택의 상당 부분이 때에 관한 것이기 때문이다. 심지어 사람이 살고 죽는 문제가 '때'로 결정될 수도 있다. 그러므로 사색적인 지혜의 최고봉에 관한 책인 전도서도 이 '때'에 대하여 여러 차례 말한다.

그러나 코헬렛의 가르침이 지나치게 강조되어서는 안 된다. 그의 가르침이 지나치게 강조되면 하나님이 이미 모든 것의 때를 정하셨기 때문에 인간인 우리가 할 수 있는 유일한 일은 어떠한 일이 일어나든 저항하지 않고 그것을 숙명적으로 받아들여야 한다는 운명론적 논리에 도달하게 된다(cf. 9-15절). 그러나 이것은 성경적인 사고 체계가 아니다.

성경은 하나님이 세상 모든 일의 때를 정하신다고 하지만, 상당한 유동성이 공존한다고 한다. 사람이 의롭게 살면 하나님이 정하신 수명을 다 채우지만, 악을 행하며 살면 하나님이 정하신 때보다 일찍 죽는다고 한다(Fox, cf. 욥 22:16). 더 나아가 히스기야 왕은 하나님이 정하신 때보다 15년을 더 살았다(cf. 사 38장). 만일 모든 것이 무조건 하나님이 정하신 때에 이루어진다면, 정작 기도는 어떤 의미가 있는가? 기도는 하나님의 계획을 어느 정도 수정할 수 있는 능력을 지녔다. 이러한 해석은 전지전능하시고 모든 것의 때를 정하시는 하나님의 속성에 문제를 제기하는 것이 아니다. 하나님은 이미 오래전에 정하신 일이라도 주의 백성들이 기도하면 어느 정도 수정하시는 은혜를 주신다.

II. 자서전적 회고(1:12–12:7)
B. 지혜와 시간(3:1–5:20)

2. 결코 알 수 없는 때(3:9–15)

9 일하는 자가 그의 수고로 말미암아 무슨 이익이 있으랴 10 하나님이 인생들
에게 노고를 주사 애쓰게 하신 것을 내가 보았노라 11 하나님이 모든 것을 지
으시되 때를 따라 아름답게 하셨고 또 사람들에게는 영원을 사모하는 마음
을 주셨느니라 그러나 하나님이 하시는 일의 시종을 사람으로 측량할 수 없
게 하셨도다

12 사람들이 사는 동안에
기뻐하며 선을 행하는 것보다
더 나은 것이 없는 줄을 내가 알았고

13 사람마다 먹고 마시는 것과 수고함으로 낙을 누리는 그것이 하나님의 선
물인 줄도 또한 알았도다 14 하나님께서 행하시는 모든 것은 영원히 있을 것
이라 그 위에 더 할 수도 없고 그것에서 덜 할 수도 없나니 하나님이 이같이
행하심은 사람들이 그의 앞에서 경외하게 하려 하심인 줄을 내가 알았도다

15 이제 있는 것이 옛적에 있었고
장래에 있을 것도 옛적에 있었나니
하나님은 이미 지난 것을 다시 찾으시느니라

코헬렛은 앞 섹션(3:1–8)에서 세상 모든 것에는 때가 있으며, 이때는 하나님이 정하시는 것이라 했다. 그렇다면 인간은 이미 모든 것이 결

정된 세상에서 어떻게 살아야 하는가? 본문은 이 이슈에 대해 논한다.

만일 세상에서 일어나는 모든 일이 하나님이 결정하신 때에 따라 진행된다면, 사람이 이 세상에서 하는 모든 수고는 별 의미가 없다(9절). '수고'(עָמָל)는 힘든 노동으로, 성실함과 열심으로 필요 이상의 일을 하는 것이다(TWOT). 코헬렛은 사람이 살기 위해 '필요한 일'(עוֹשֶׂה)과 필요 이상의 '지나친 일'(עָמָל)을 구분한다(Fox). 사람이 고생하며 필요 이상으로 일해 봤자 별 의미가 없다. 그는 '무슨 이익이 있으랴?'(מַה־יִּתְרוֹן)라는 수사학적 질문으로 이러한 사실을 강조한다. 인간이 아무리 열심히 일해도 별 이익을 얻지 못한다는 것은 자기 이익을 위해 하나님이 이미 정하신 것을 하나도 바꿀 수 없다는 뜻이다.

그렇다면 사람은 무익하다는 이유로 수고(과한 노동)를 거부할 수 있는가? 그렇지는 않다. 인간이 하는 일은 모두 하나님이 그에게 주어 애쓰게 하신 노고이기 때문이다(10절). '애쓰게 하신 것'(לַעֲנוֹת)은 '고통을 받게 하는 것'(be troubled with)을 뜻하는 부정적인 뉘앙스를 지녔다(HALOT). 코헬렛이 인간이 감당하기 어려운 노동을 하나님이 일부러 그에게 지어 주셨다고 하는 것은 아니다. 그는 단지 하나님의 인간에 대한 무관심(indifference)를 탄식한다(Fox). 하나님은 인간이 얼마나 심하게 일하는지에 대해 전혀 관심을 갖지 않으신다는 것이다.

앞에서는 자신이 하는 일에 보람을 느끼라고 했던(2:24) 코헬렛이 왜 이처럼 비관적인 말을 하는가? 인간은 절대 하나님이 하시는 일의 시종을 측량할 수 없기 때문이다(11b절). '시종'(מֵרֹאשׁ וְעַד־סוֹף)은 '시작에서 끝까지'이며 인간은 하나님이 하시는 모든 일에 대해 전혀 아는 바가 없다는 점을 강조한다. 코헬렛은 하나님이 세상에 있는 모든 것을 지으실 때, 때에 따라 아름답게 하셨다는 사실을 인정한다(11a절). '때에 따라 아름답게 하셨다'(יָפֶה בְעִתּוֹ)는 모든 일이 적절한 때(정황)에 적합하게 일어나도록 하셨다는 뜻이다(Fox, Garrett, Longman, Seow). 하나님은 죽음과 전쟁을 포함한 모든 일이 한 치의 오차도 없이 제 역할을 하도록 하신다는 고백이다.

하나님은 사람들에게 영원을 사모하는 마음도 주셨다(11b절). 이 말씀의 정확한 의미를 파악하는 일이 쉽지 않다. '영원'(הָעֹלָם)에 대한 다양한 의미가 제시되었다: '세상'(LXX, Ginsberg, Gordis), '과거와 미래에 대한 감각'(NRS), '무지'(Whitley, Whybray), '먼 미래'(Krűger), '시간에 대한 감각'(Murphy), '영생에 대한 의식'(Ogden), '수수께끼'(Scott). 또한 '영원을 사모하는 마음을 주셨다'(אֶת־הָעֹלָם נָתַן בְּלִבָּם)는 '사람의 마음이 미래[종말]에 있을 일들에 대하여 지대한 관심을 갖도록 하셨다'로도 해석할 수 있다(cf. TNK).

코헬렛은 인간이 알 수 있는 것은 하나도 없고, 사람이 아무리 수고해도 유익한 것이 없다며 삶을 비관하고 있다. 그러므로 학자들은 '영원'(עוֹלָם)의 마지막 두 글자의 위치를 바꿔 '수고'(עָמָל)로 고칠 것을 제안한다(Fox, Ginsberg). 사람이 아무리 열심히 수고해도 별 이익은 없지만, 그 수고를 멈출 수 없는 것은 하나님이 그의 마음에 수고를 사모하는 마음을 주셨기 때문이라는 의미가 된다. 이렇게 수정할 경우 본문은 '수고'(עָמֵל)에 대해 언급하는 9, 13절과 잘 어울려 문맥이 더 매끈하다.

그러나 마소라 사본을 그대로 유지해도 별 문제는 없다. 태초부터 인간은 별 도움이 되지 않는다는 사실을 알면서도 항상 종말(내세)에 있을 일을 사모했기(알려고 했기) 때문이다(cf. Krűger, Ogden). 이러한 인간의 호기심도 하나님이 '때에 따라 아름답게 하신 일' 중 하나이다.

문제는 하나님이 인간에게 '하나님의 때'를 측량할 수 없도록 하셨다는 사실이다(11c절). '측량하다'(מצא)는 '알아내다'(find out)는 뜻이다(NIDOTTE). 사람은 아무리 노력해도 하나님이 하시는 일을 가늠할 수 없다. 만일 사람이 하나님이 하시는 일을 전혀 알 수 없다면, 주님이 하시는 일이 아무리 적기 적소에 펼쳐지는 놀라운 일이라 할지라도 우리 인간에게는 별 의미가 없다는 것이 코헬렛의 주장이다. 그러므로 사람의 모든 수고는 무익하다(9절).

그렇다면 어떻게 사는 것이 잘 사는 삶인가? 코헬렛은 기뻐하며 선을 행하며 살라고 한다(12a절). 삶에서 기뻐하며 선을 행하는 것보다 더 나은 것은 없기 때문이다(12b-c절). 기쁨은 하나님이 인간에게 주신 위대한 명령이다(Gordis). 그렇다면 인간이 행해야 할 '선'(טוֹב)은 무엇인가? 그는 이미 '먹는 것과 마시는 것과 자기가 하는 수고에서 보람을 느끼는 것'이라 했다(2:24).

먹고, 마시는 것과 수고함으로 낙을 누리는 것은 하나님이 인간들에게 주신 선물이다(13절, cf. 2:25). '선물'(מַתַּת)은 축복으로 해석될 수 있다. 하나님이 사람들 중에 누가 먹고 마시고 즐길 것인가를 결정하신 후 이러한 특권을 그들에게 선물로 주신다(cf. Fox). 그러므로 우리가 삶에서 어떤 것을 누리고 즐길 때마다 하나님의 선물로 생각하여 주님께 감사해야 한다.

하나님이 하시는 모든 것은 영원히 있을 것이다(14a절). TNK는 '영원히 있을 것이다'(לְעוֹלָם)를 '반복을 거듭할 것이다'(recur evermore)로 번역하여 세상이 영원히 반복된다는 의미로 오해하게 한다. 이렇게 해석할 경우 세상은 다시 제자리로 돌아온다는 1:1-11과 맥을 같이하며 세상을 바꾸려는 사람의 노력은 별 의미가 없다는 뜻이 된다.

그러나 본문의 의미는 하나님이 정하신 일은 주님이 정하신 때에 그대로 된다는 뜻이다(Fox). 한 치의 오차나 변화도 없이 그대로 될 것이다(cf. 11절). 그러므로 인간은 하나님이 결정하시고 진행하시는 일에 더할 수도 없고, 덜할 수도 없다(14b절).

하나님이 정하신 일들이 정하신 때에 이루어지는 것에 인간이 어떠한 변화를 초래할 수 없다는 사실을 깨달으면 사람은 하나님을 경외하며, 주님 앞에서 겸손해진다(14c절). 코헬렛은 하나님이 이러한 목적을 달성하기 위해 이미 정하신 세상 일에 인간의 개입을 통한 변화를 허락하지 않으신다고 한다.

세상은 이미 있었던 일을 앞으로도 계속 반복할 것이라는 1:9의 가르침이 15절에서 다시 반복되고 있다. 지금 우리가 경험하는 모든 것은 이미 옛적에 있었고, 미래에 있을 일도 이미 옛적에 있었다. 하나님이 지난 것을 다시 찾으시기(반복하시기) 때문이다.

코헬렛은 사람들이 혹독하게 일하는 것은 하나님이 그들이 그렇게 하도록 만드셨기 때문이라 한다(9-10절). 그러나 이러한 주장은 옳지 않다. 하나님은 태초에 인간을 창조하시고 노동을 축복으로 주셨다(cf. 2장). 그러나 하나님이 인간에게 주신 일거리는 혹독한 노동이 아니었다. 혹독한 노동은 죄의 결과이다(cf. 창 3-4장). 사람이 일하는 것은 좋은 일이다. 그러나 지나치게 일하는 것(일 중독)은 좋지 않다. 노동은 사람이 하나님을 예배하기 위해 하는 것이지 삶의 최종 목표가 아니기 때문이다.

코헬렛은 하나님이 하시는 일들에 대해 인간들이 알지 못하도록 하신 것을 매우 안타깝게 생각한다(11절). 그러나 하나님이 하시는 일을 인간이 모두 알아야 하는가? 성경은 절대 그렇지 않다고 한다. 욥기의 가장 핵심적인 메시지 중 하는 하나님이 하시는 일의 상당 부분을 삶의 신비(mystery)로 남겨두라는 권면이다. 인간은 하나님이 하시는 일을 모두 알 수 없을 뿐만 아니라, 알 필요도 없기 때문이다. 지식은 책임을 요구한다. 그러므로 우리가 하나님이 하시는 일에 대해 모두 알게 되면 결코 감당할 수 없는 책임도 동반하게 될 것이다. 어떠한 지식은 고통도 동반한다. 이런 상황에서는 차라리 모르는 것이 낫다. 우리도 때로는 주변 사람들에게 '너는 알 필요 없다'라는 말을 하지 않는가! 인간과 하나님의 가장 기본적인 차이가 지식의 범위이다.

코헬렛은 하나님이 정하신 일은 그가 정하신 때에 실현되며, 인간은 이 일에 어떠한 변화도 줄 수 없다고 한다(14절). 그러나 하나님의 계획은 코헬렛이 주장하는 것처럼 융통성이 없는 것이 아니다. 하나님은 사람들에게 은혜를 베푸시기 위해서 계획을 바꾸시기도 하는 분이시다. 그렇다면 인간은 이 은혜로운 '하나님의 계획 수정'을 어떻게 얻을 수 있는가? 유일한 방법은 기도를 통해서이다.

II. 자서전적 회고(1:12–12:7) B. 지혜와 시간(3:1–5:20)

3. 의인과 악인(3:16–17)

16 또 내가 해 아래에서 보건대
재판하는 곳 거기에도 악이 있고
정의를 행하는 곳 거기에도 악이 있도다
17 내가 내 마음속으로 이르기를 의인과 악인을 하나님이 심판하시리니 이는 모든 소망하는 일과 모든 행사에 때가 있음이라 하였으며

코헬렛은 세상에 악이 만연하다고 한다(16절). "재판하는 곳 거기에도 악이 있고"(מְקוֹם הַמִּשְׁפָּט שָׁמָּה הָרֶשַׁע)를 더 정확하게 번역하면 '정의가 있어야 할 곳에 악이 있다'이다. 또한 "정의를 행하는 곳 거기에도 악이 있다"(מְקוֹם הַצֶּדֶק שָׁמָּה הָרָשַׁע)도 '의가 있어야 할 곳에 악이 있다'라는 의미이다(cf. NAS, NRS, ESV). 세상은 제자리를 지키지 못하는 온갖 정의와 악으로 가득하다는 것이다.

코헬렛은 모든 것에는 하나님이 정하신 때가 있다고 확신한다(cf. 1–8절). 그러므로 그는 하나님이 악으로 가득한 세상을 반드시 심판하실 것을 안다(17절, cf. 11절). 의로우신 하나님이 이러한 상황을 방관하지 않으실 것이기 때문이다. 다만 코헬렛을 안타깝게 하는 것은 하나님의 심판이 너무 늦게 올 것이라는 사실이다(Fox). 하나님의 심판이 매일, 불의가 행해지는 순간 진행된다면 얼마나 좋을까! 하나님이 정하신 심판의 때가 경우에 따라서는 불의의 희생양이 죽고 난 다음에, 혹은 많은 시간이 흘러 더 이상 별 의미가 없을 때일 수도 있다는 것이 그를 안타깝게 한다. 코헬렛은 일종의 신정론(theodicy)에 관한 문제를 제기하고 있다(Towner).

코헬렛이 주장하는 것처럼 세상을 살펴보면 공의와 정의가 있어야 할 곳에 온갖 악이 둥지를 틀고 있다. 하나님은 정하신 때에 세상 모든 악을 반드시 심판하실 것이다. 그러나 코헬렛처럼 우리가 바라고 기대하는 시간에 심판이 임하지 않는다고 해서 조급해 할 필요는 없다. 인간인 우리가 적합하다고 생각하는 때와 하나님이 적절하다고 생각하시는 때가 다를 수 있기 때문이다. 이럴 때일수록 하나님을 믿고 주님의 때를 기다려야 한다.

코헬렛은 내세에 대해 아는 바가 별로 없다. 그러므로 그는 하나님의 심판이 속히 임해야 한다고 생각한다. 그러나 우리는 내세에 대해 코헬렛보다 더 많은 것을 안다. 심지어는 이 세상이 끝나는 순간 부활이 있을 것도 안다. 그러므로 하나님의 심판이 '우리 때'에 임하지 않는다고 해서 실망할 필요는 없다. '하나님의 때'는 영원을 포함할 수도 있기 때문이다.

II. 자서전적 회고(1:12-12:7)
B. 지혜와 시간(3:1-5:20)

4 짐승과 사람(3:18-22)

**18 내가 내 마음속으로 이르기를 인생들의 일에 대하여 하나님이 그들을 시험하시리니 그들이 자기가 짐승과 다름이 없는 줄을 깨닫게 하려 하심이라
하였노라 19 인생이 당하는 일을 짐승도 당하나니 그들이 당하는 일이 일반이라 다 동일한 호흡이 있어서 짐승이 죽음 같이 사람도 죽으니 사람이 짐승보다 뛰어남이 없음은 모든 것이 헛됨이로다
20 다 흙으로 말미암았으므로 다 흙으로 돌아가나니 다 한 곳으로 가거니와
21 인생들의 혼은 위로 올라가고 짐승의 혼은 아래 곧 땅으로 내려가는 줄을 누가 알랴
22 그러므로 나는 사람이 자기 일에 즐거워하는 것보다 더 나은 것이 없음을 보았나니 이**

는 그것이 그의 몫이기 때문이라 아, 그의 뒤에 일어날 일이 무엇인지를 보게 하려고 그를 도로 데리고 올 자가 누구이랴

18절의 마소라 텍스트가 매우 모호하여 정확하게 번역하고 해석하는 것이 매우 어려운 일이다. 우리가 접하는 모든 번역은 추측에 불과하다(Fox). 그러나 전반적인 의미는 별 문제 없이 파악할 수 있다. 코헬렛이 하고자 하는 말은 사람과 짐승은 별 차이가 없다는 것이다. 하나님은 사람이 이러한 사실을 깨닫게 하기 위해 그들을 시험하신다. '시험하다'(ברר)는 정결하게 하기 위해 불순물을 축출하는 것을 뜻한다(HALOT, NIDOTTE). 사람들의 마음에서 자신들이 짐승보다 우월하다는 교만과 불순물 같은 생각을 제거하신다는 뜻으로 풀이된다.

코헬렛이 사람과 짐승이 별반 다르지 않다고 하는 것에는 여러 가지 이유가 있다. 먼저 사람들이 겪는 일을 짐승들도 겪는다(19a절). 사람이 먹는 것처럼 짐승도 먹고, 사람이 자는 것처럼 짐승들도 자야 한다. 더 나아가 사람이나 짐승이나 숨을 쉬기는 마찬가지며, 짐승이 죽는 것처럼 사람도 죽는다(19b절). 인간과 짐승의 수명이 참으로 짧다는 것을 강조하는 말씀이다(Krűger, Whybray). 결국 사람이 짐승에 비해 더 낫다고 할 만한 것은 없다(19c절). 그러므로 모든 것이 헛되다(הֶבֶל). 이 말씀에서 헛됨은 가치(meaningless)보다는 '덧없음'(fleeting, ephemeral, trainstory)을 뜻한다(Whybray).

사람이나 짐승이나 육체는 흙에서 왔으므로 죽으면 모두 흙으로 돌아간다(20절, cf. 창 3:19; 욥 10:9; 시 104:29). 흔히 사람이 죽으면 그의 혼이 위로 올라가고, 짐승이 죽으면 혼이 땅으로 내려간다고 한다(21절). '혼'(רוּחַ)은 주로 '영'으로 해석되는 단어이다(cf. 창 1:2). 이곳에서는 짐승이나 사람이나 살아 있음을 상징하는 '숨결'(breath)을 뜻한다(Bartholomew, Fox, cf. 창 2:7; 시 104:27–30). 죽은 사람의 혼은 하늘로 올라가고 짐승들의 혼은 스올이 있는 땅으로 내려간다는 것도 하나의 소문일 뿐, 확인된 사실은 아니다. 이런 현상을 실제로 목격한 사람은 없기 때문이다: '누가 알랴?'(21절).

우리는 코헬렛이 왜 하나님의 심판이 지연되는 세상에서는 의인이나 악인이나 별반 다를 바가 없다고 했는지 이 말씀을 통해 알 수 있다. 그는 내세에 대해 별로 아는 바가 없고 확신도 없다. 그러므로 그는 이 세상에서 일어나는 일만 가지고 모든 것을 판단한다. 이렇게 생각할 경우 불의로 만연한 세상에서는 악인과 의인이 별로 다르지 않다.

사람과 짐승이 별반 다를 바 없는 일들을 경험하며 살다가 죽은 후에 이 둘의 혼이 가는 곳에 대하여도 불확실성만 존재한다면, 사람의 삶이 짐승의 것보다 낫다고 할 수 있을까? 코헬렛은 그렇지 않다고 생각한다. 그러므로 사람이 살아 있는 동안 할 수 있는 최선은 자신에게 주어진 일을 즐거워하는 것이다(22a-b절). 주어진 날을 최선을 다해 즐기라는 가르페디엠(Carpe Diem) 사상이 다시 등장하고 있다(Shepherd).

'일'(מַעֲשֶׂה)은 각자가 삶에서 이룬 업적, 수고의 열매 등을 뜻하며(HALOT), 하나님이 각자에게 정해 주신 소명이라 할 수 있다(Bartholomew). 앞에서도 그는 '먹고, 마시고, 하는 일을 즐기는 것'을 하나님이 각자에게 주신 일이라고 했다(2:24). 코헬렛은 사람이 가까운 미래에 겪게 될 일, 혹은 죽은 후에 있을 일에 대해 보여 줄 수 있는 자는 아무도 없다며 좌절한다(22c절).

코헬렛이 삶과 미래에 대해 비관하는 가장 큰 이유는 죽음이다. 사람이나 짐승이나, 지혜로운 사람이나 어리석은 사람이나 죽기는 마찬가지이기 때문이다. 그는 또한 사람이 이 땅에서 잠시 살다가 죽어야 하는 것도 참으로 안타까운 일이라 생각한다. 그에게 죽음은 삶에서 가장 두려운 것이고 삶의 모두를 판단하는 기준이다.

그러나 생이 짧고 죽음 이후에 있을 일을 알 수 없다고 해서 인간의 삶이 의미가 없는가? 그렇지 않다. 하나님은 인간을 자기의 모양과 형상에 따라 창조하셨다(cf. 창 1-2장). 이 사실 하나만으로도 우리의 삶은 의미가 있다. 하나님은 의미 없는 일은 하지 않으신다. 하나님은 사람들을 천사들 옆에 서게 하려고 창조하셨고(cf. 시 8:5), 천상 어전회의에 참여시키려고 우리를 지으셨다(cf. 왕상 22:19-23).

모든 생명이 창조주 하나님의 돌봄을 받는다는 사실도 삶을 의미 있게 하기에 충분하다. 예수님은 하늘을 나는 참새도 하나님의 돌봄을 받는다 하시며(마 10:29-31) 하물며 주님의 모양과 형상에 따라 창조된 사람은 얼마나 더 자상한 돌봄을 받겠냐고 하셨다.

코헬렛은 내세에 대해 뚜렷한 계시를 받지 못한 사람이다. 그러므로 그는 사람이 죽은 후에 어떻게 되는가에 대해 불안해한다. 세상 사람들은 인간의 혼은 하늘로, 짐승의 혼은 땅으로 내려간다고 하는데, 확실하지 않다고 한다. 이러한 생각은 당시 유행했던 헬라 사상이지 성경적인 생각은 아니다(Fox). 구약은 사람이 죽으면 모두 '스올로 내려간다'고 한다. 또한 사람이 죽으면 그의 영은 하나님께 돌아간다고 하기도 한다(12:7, cf. 욥 34:14-15; 시 104:29-30).

신약 시대를 사는 우리는 확실히 안다. 하나님이 성경을 통해 가르쳐 주셨기 때문이다(cf. 22절). 우리의 죽음 이후에 부활이 있다. 이 땅에서 어떻게 살았느냐에 따라 하나님과 영원히 함께 복된 삶을 살 부활일 수도 있고, 영원한 수치를 당하는 부활일 수도 있다. 확실한 것은 모든 사람이 부활할 것이라는 사실이다. 이러한 가르침이 확실하지 않았던 시대에 살았던 그가 미래에 대하여 불안해하는 것은 당연한 일이다. 코헬렛보다 미래에 대해 더 많이, 확실히 아는 우리는 불안해할 필요가 없다.

II. 자서전적 회고(1:12-12:7)
B. 지혜와 시간(3:1-5:20)

5 억압(4:1-3)

1 내가 다시 해 아래에서 행하는
모든 학대를 살펴 보았도다
보라 학대 받는 자들의 눈물이로다
그들에게 위로자가 없도다
그들을 학대하는 자들의 손에는 권세가 있으나
그들에게는 위로자가 없도다

2 그러므로 나는 아직 살아 있는 산 자들보다 죽은 지 오랜 죽은 자들을 더
복되다 하였으며 3 이 둘보다도 아직 출생하지 아니하여 해 아래에서 행하는
악한 일을 보지 못한 자가 더 복되다 하였노라

4장은 여러 가지 다양한 주제를 언급하고 있지만, 공통점이 하나 있다. '세 번째 옵션이 처음 두 옵션보다 낫다'는 것이다(Ogden). 1-3절에서는 산 자와 죽은 자보다 세 번째 그룹인 태어나지 않은 자들이 더 낫다고 한다. 4-6절은 열심히 일하는 사람이나 게으른 사람보다 적게 가지고 편안한 사람이 낫다며 세 번째 부류를 지목한다. 7-12절은 혼자, 혹은 둘이 일하는 것보다 셋이 일하는 것이 낫다며 역시 세 번째 옵션을 지목한다. 13-16절은 처음 어리석어 신하의 직언을 듣지 않는 왕이나 왕의 자리에 오르게 된 가난한 사람보다 별 노력이나 어려움 없이 왕의 보좌를 이어받은 세 번째 왕이 더 낫다고 한다(cf. Shepherd).

코헬렛은 의와 공의가 있어야 할 곳에 온갖 악이 성행한다는 3:16-17 말씀을 이곳에서 다른 말로 반복한다. 세상에는 억울하게 학대를 당하는 사람들이 참으로 많다(1a-c절). '학대/학대받는 자들'(עֲשׁוּקִים)은 어떠한 잘못을 행하지 않았기 때문에 받지 않아야 할 억압과 징벌을 받는 상황을 뜻한다(NIDOTTE). 학대는 이웃에 대해 어떠한 배려도 하

지 않고 자기 욕심만 채우기 위해 축적하는 것이다(Provan). 더 슬픈 것은 온갖 억압과 폭력에 희생되는 사람들을 위로하며 그들의 눈물을 닦아 줄 자가 없다는 사실이다(1d, f절). '위로자'(מְנַחֵם)는 함께 슬퍼해 주는 사람을 뜻한다(TWOT).

학대하는 자는 많지만, 위로자는 하나도 없다는 아픈 현실을 강조하기 위해 코헬렛은 '학대자들' (עֲשׁוּקִים)은 복수를, '위로자'(מְנַחֵם)는 단수를 사용하고 있다. 위로하고 눈물을 닦아 줄 힘이 있는 사람들이 바로 그들을 학대하는 권세자들이 되어 있기 때문이다(1e절). 그는 부조리와 불의가 만연한 권력 체계를 탄식하고 있다.

전도서가 주전 3세기에 저작된 것으로 보는 학자들 중 일부는 이러한 탄식이 당시 유다의 상황을 잘 반영하고 있다고 생각한다. 유다는 시리아의 주(州)였는데, 시리아를 다스리던 셀리우크스 왕조는 온갖 부정과 불의로 유다를 괴롭혔다. 유다의 상류층 사람들 대부분은 셀리우크스 왕조의 억압에 동조하여 서민들을 짓밟았다(Lohfink). 본문이 이러한 상황을 반영하고 있다는 것이다.

그러나 굳이 주전 3세기 유다로 이 말씀을 한정하여 해석할 필요는 없다. 시간과 장소를 초월하여 권력자들의 억압과 착취는 범세계적인 문제이기 때문이다(cf. Longman). 세상에 가장 만연해 있는 악이 바로 이런 것이다. 힘없는 사람들, 곧 저항할 수 없는 사람들을 한없이 짓밟는 비겁한 권력이다.

이러한 세상을 보면서 코헬렛은 상당히 당혹스러운 결론을 내린다. 억압이 만연한 세상이기 때문에 차라리 죽은 지 오래된 사람이 산 사람들보다 복되다는 것이다(2절). 또한 억압이 만연한 세상에서 사는 사람들과 그런 세상에서 살다가 오래전에 죽은 사람들보다 아예 태어나지 않은 사람이 복되다고 한다(3절). 태어나지 않았더라면 악한 일을 경험하거나 보지 않았을 것이기 때문이다.

코헬렛은 세상에 만연한 억압과 부조리를 보면서 살아서 이런 일을 겪는 사람들보다 차라리 오래전에 죽은 사람들이 더 낫고, 아예 태어나지 않은 자들이 이 둘보다 낫다고 한다. '지혜는 무엇인가', '지혜는 인간의 삶에 도움이 되는가'에 대해 답을 구하려는 개인적인 여정에서 그가 세상의 악을 보면서 절망하며 이런 말을 한다 할지라도 (Bartholomew), 지나치다는 생각밖에 들지 않는다. 관점을 바꿔서 생각해 보면 과거에 죽은 사람들 중에는 부조리에 고생해도 좋으니 더 살았더면 좋았을 것이라는 사람들이 있을 것이다. 또한 아무리 삶이 힘들다 할지라도 일단은 살아 볼 기회가 생겼으면 좋겠다고 생각할 태어나지 못한 사람들, 혹은 태어나자마자 죽은 사람들이 참으로 많을 것이다. 그러므로 코헬렛의 이러한 결론은 세상 말로 '배부른 자의 푸념'에 불과하다.

그는 악이 성행하는 세상에서 무엇을 했는가? 성경은 주의 자녀들은 경건하고 의로운 삶을 통해 세상의 악을 조금씩 무력화시키며 살아야 한다고 한다. 우리는 이 땅에 하나님의 나라가 도래하도록 노력해야 한다. 코헬렛은 자신이 예루살렘에서 살았던 왕이라며 참으로 큰 영향력을 행사할 수 있는 위치에 있음을 암시한다. 그런데 왜 세상에 만연한 악에 대해 어떠한 일도 하지 않고 불만만 토로하는 것일까?

율법과 선지자들은 우리에게 악을 향해 무언가 행동할 것을 요구한다(레 19:13; 신 24:14–15; 슥 7:10; 잠 14:31 등). 단지 불만만 토로하면 세상을 변화시킬 수 없기 때문이다. 가장 큰 문제는 아마도 그가 지닌 순환론적 세계관이다. 그가 말하는 대로 세상이 일정한 주기로 제자리에 돌아온다면 각 사람이 세상을 조금이라도 변화시키려고 아무리 노력해도 별 의미가 없다. 다시 제자리로 돌아올 것이기 때문이다. 그러나 성경은 분명 세상은 시작이 있고 끝을 향해 가고 있다고 한다.

코헬렛은 억압하는 악인들은 많아도 위로자는 하나도 없다며 탄식한다. 감사하게 우리는 그의 시대를 살지 않는다. 오늘을 사는 우리에게는 참 위로자가 계신다. 오순절 때 강림하신 성령은 바로 보혜사(위로

자)로 우리에게 오셨다. 우리는 주님 안에서 세상 그 어떤 위로자에게서도 얻을 수 없는 위로를 얻으며 살 수 있다. 또한 우리가 이 땅에서 공동체를 형성하며 사는 것은 서로 위로하라는 하나님의 권면을 실현하기 위해서이다.

II. 자서전적 회고(1:12-12:7) B. 지혜와 시간(3:1-5:20)

6. 부지런함과 게으름(4:4-8)

4 내가 또 본즉 사람이 모든 수고와 모든 재주로 말미암아 이웃에게 시기를 받으니 이것도 헛되어 바람을 잡는 것이로다

5 우매자는 팔짱을 끼고 있으면서
자기의 몸만 축내는도다
6 두 손에 가득하고 수고하며 바람을 잡는 것보다
한 손에만 가득하고 평온함이 더 나으니라
7 내가 또 다시 해 아래에서
헛된 것을 보았도다
8 어떤 사람은 아들도 없고 형제도 없이 홀로 있으나
그의 모든 수고에는 끝이 없도다
또 비록 그의 눈은 부요를 족하게 여기지 아니하면서 이르기를
내가 누구를 위하여는 이같이 수고하고
나를 위하여는 행복을 누리지 못하게 하는가 하여도
이것도 헛되어 불행한 노고로다

개역개정의 4절 번역이 정확하지 않다. 4절을 더 정확하게 번역하면 '내가 보니 모든 노동과 모든 일의 기술은 그 사람의 이웃에 대한 시기에서 비롯된다. 그러므로 이 또한 허무하며 바람을 잡는 것이다'

이다(cf. NAS, NIV, NRS, TNK). '시기'(קִנְאָה)는 열정과 질투를 뜻하며, 본문에서는 부정적인 뉘앙스를 지닌 질투이다. 코헬렛은 사람의 노동력과 기술력은 온전히 이웃에 대한 질투와 시기에서 비롯된 것이라며 평가절하한다. 질투는 때로 긍정적인 힘을 발휘한다(Ogden, cf. Fredericks & Estes). 그러므로 여호와께서는 자신을 질투하는 하나님이라고 소개하기도 하신다(출 20:5). 그러나 열심히 일하고 기술을 습득하는 유일한 이유가 이웃보다 더 열심히, 더 잘하려는 경쟁심과 질투에서 비롯되는 것은 바람직한 태도가 아니다. 잠언 14:30은 질투가 사람의 뼈를 썩게 한다고 한다.

세상 모든 수고와 기술이 시기와 질투에서 비롯되었다면 어떻게 사는 것이 지혜로운가? 그는 세 가지 유형의 사람을 말하면서 세 번째 사람이 지혜로운 자라고 한다(5-6절). 이 말씀(5-6절)은 당시 널리 사용되었넌 격언일 가능성이 높다(Murphy, cf. Garrett).

첫 번째 유형은 팔짱만 끼고 있는 미련한 자다(5a절). 팔짱만 끼고 있다는 것은 게으른 사람이어서 일을 하지 않는다는 뜻이다(cf. 잠 6:10-11; 24:33). 이런 사람은 자기 몸만 축낸다(5b절). '자기의 몸만 축내다'(אֹכֵל אֶת־בְּשָׂרוֹ)를 직역하면 '자기 살을 먹다'이다. 굶어 죽는다는 뜻이다(Rashbam, Provan, cf. 아가페, 공동).

두 번째 유형은 많은 것을 가지려고 열심히 일하는 사람이다(6a절). 열심히 일했기 때문에 두 손이 가득하지만, 이 또한 바람을 잡는 것과 같다. 두 손으로 잡은 것을 놓을 수도 없고, 즐기지도 못하여 결국 남에게 남기고 죽을 것이기 때문이다(cf. 2:18-21). 하나님이 출애굽한 이스라엘에게 광야에서 만나와 메추라기를 주신 일을 생각나게 한다. 하나님의 말씀에 따라 필요한 만큼만 취한 사람은 주님이 주신 양식을 즐길 수 있었지만, 욕심을 부려 필요 이상을 탐한 사람은 그것을 즐길 수 없었으며, 심지어는 메추라기를 먹다가 죽기까지 했다.

세 번째 유형은 자기가 누릴 수 있을 만큼만 얻기 위해 일하는 사람이다(6b절). 이 사람은 두 손 중 한 손만 가득하므로 두 손이 가득한 사람보다 많이 가지지는 않았다. 스스로 절제하여 과하게 노동하지 않기 때문이다. 대신 평온함을 누린다. 코헬렛은 이 세 유형 중 세 번째 사람, 곧 적당히 일하며 삶을 즐기는 사람이 지혜로운 사람이라 한다. 잠언 15:16은 종교적인 색깔을 입혀 이와 비슷한 말을 한다: "재산이 적어도 주님을 경외하며 사는 것이 재산이 많아서 다투며 사는 것보다 낫다"(새번역).

코헬렛은 세상에서 참으로 헛된 것을 보았다(7절). 그는 자신이 본 헛된 광경을 8절에서 설명한다. 한 사람이 있는데 아들도 없고 형제도 없이 홀로 사는 사람이다. 그는 매우 열심히 노동했다. 많은 부를 축척했지만, 만족하지 못한다. 그러면서도 그는 자기가 누구를 위해 이 같은 수고를 하는지, 심지어는 누림과 행복을 해치면서까지 무엇을 위해 이렇게 모으는지에 대해 질문하지 않는다. 마소라 사본이 혼란을 빚고 있기 때문에 번역본들이 둘로 나누어져 있다: (1) 그가 질문했다(새번역, 공동, 아가페, NIV, NRS), 그가 질문하지 않았다(NAS, ESV, cf. TNK). 문맥을 고려하면 질문하지 않았다가 더 잘 어울린다. 이런 질문을 스스로 할 만한 사람이라면 그렇게 미친 듯이 일하지 않았을 것이기 때문이다.

코헬렛이 8절에서 묘사하는 사람은 그가 이미 6절이 묘사한 사람과 비슷하다. 두 손을 가득 채우려고 열심히 일하여 많은 것을 얻지만, 정작 그것이 누구를 위한 것인가를 생각해 보지 않은 사람이다. 또한 그는 자신이 하는 일이나 축적하는 부에서도 만족을 느끼지 못한다(Bartholomew). 이 사람은 외로운 구두쇠이다(Longman). 이런 사람은 자신이 죽도록 일한 결과를 남에게 넘겨주고 생을 마감한다(cf. 2:18-21). 그러므로 이러한 수고는 불행하고 헛되다.

코헬렛이 이 섹션에서 말하는 것은 대부분 우리가 공감할 수 있는 내용이다. 삶에서 게으른 것도 문제지만(5절), 일하고 부를 모으기만 할 뿐 즐기지 못하는 것도 문제다(6a절). 부를 나누거나 물려줄 가족도 없는데 죽도록 일하여 부를 축적하는 것은 더 큰 문제다(8절). 사람에게 있어 자신이 누리고 즐길 수 있을 만큼 얻기 위해 일하는 것이 바람직하고 건강한 삶이다(6b절). 몇 년 전에 광고 카피로 사용되었던 로고가 생각난다: "아버지는 말하셨지, 인생을 즐겨라!" 우리의 하늘 아버지도 분명 같은 권면을 하고 계신다.

다만 한 가지 보충 설명이 필요한 것은 세상 모든 사람이 질투와 시기심 때문에 노동하고 기술을 습득한다는 주장이다(4절). 세상에는 다른 이유와 목적을 이루기 위해 일하고 기술을 습득하는 사람들이 많다. 특히 하나님의 자녀들은 하나님 나라가 이 땅에 임하는 데 조금이나마 보탬이 되기 위해 열심히 일한다. 또한 노동은 하나님이 축복으로 주신 것이라는 사명감으로 기쁘게 일하는 사람들도 있다. 게다가 시기와 질투가 선의의 경쟁을 유발하는 것은 그리 나쁘지 않다.

II. 자서전적 회고(1:12–12:7)
B. 지혜와 시간(3:1–5:20)

7. 더불어 사는 삶(4:9–12)

9 두 사람이 한 사람보다 나음은
그들이 수고함으로 좋은 상을 얻을 것임이라
10 혹시 그들이 넘어지면
하나가 그 동무를 붙들어 일으키려니와
홀로 있어 넘어지고 붙들어 일으킬 자가 없는 자에게는
화가 있으리라
11 또 두 사람이 함께 누우면 따뜻하거니와
한 사람이면 어찌 따뜻하랴
12 한 사람이면 패하겠거니와

두 사람이면 맞설 수 있나니
세 겹 줄은 쉽게 끊어지지 아니하느니라

앞 섹션(7-8절)은 아무도 없이 홀로 일에 중독된 삶을 사는 어리석은 사람에 관한 가르침이었다. 이 섹션에서 코헬렛은 세상이 누구와 더불어 살 때 더욱더 행복하고 살 만한 곳이라고 한다. 그는 공동체의 중요성에 대하여 가르치고 있다(Ogden). 코헬렛은 우리가 공동체를 형성하면 다섯 가지 좋은 점이 있다고 한다.

첫째, 두 사람이 힘을 합해 일을 하는 것이 한 사람이 홀로 하는 것보다 더 좋은 결과를 낳는다(9절). 이 말씀은 하나님이 아담을 창조하시고 "사람이 홀로 있는 것이 좋지 않다"고 하신 창세기 2:18을 배경으로 하는 듯하다(Bartholomew). 두 사람이 함께 일하면 각자 홀로 일하는 것보다 능률이 더 오르고 더 많은 일을 할 수 있다. 두 사람이 함께 일을 하면 시너지 효과가 나와 여러 사람의 몫을 해낼 수도 있기 때문이다. 우리 말에도 "백지장도 맞들면 낫다"는 말이 있지 않은가!

둘째, 둘이 함께 일하거나 길을 가다가 하나가 넘어지면 다른 사람이 그를 붙들어 일으켜 준다(10절). 그러나 홀로 길을 가다가 넘어지면 붙들어 일으켜 줄 자가 없다. 넘어져 스스로 일어날 수 없는 사람에게 도울 자가 없다면 그에게 화가 있을 것이다. 이 말씀은 뉴스에서 홀로 살다가 고독사를 당한 사람의 이야기를 들을 때면 떠오를 만한 말씀이다. 사람이 함께 살면 서로 도움을 기대할 수 있고, 보호도 받을 수 있어 삶을 더 쉽게 살 수 있도록 한다(Henstenberg). 반면에 홀로 살면 도움을 청할 사람이 없다.

셋째, 두 사람이 함께 누우면 서로의 온기로 따뜻하지만, 홀로 누우면 춥다(11절). 이 말씀을 일부 유대인 랍비들의 주장처럼 굳이 부부간의 성관계로만 제한할 필요는 없지만(cf. Bartholomew, Crenshaw, Whybray), 부부가 함께 사는 것과 가장 밀접한 관계가 있는 말씀이다. 외로운 인생길 서로 의지하며 살 수 있는 사람이 곁을 지켜 준다면, 일상이 행복할 뿐만 아니라 잠자리도 편하고 춥지 않다. 서로 정신적—신체적으로 힘이 되기 때문이다(Fredericks & Estes). 결혼을 꺼려하는 젊은이들에게 그들이 아플 때와 노년기를 생각해서라도 결혼을 하라고 권면해야 한다.

넷째, 누구와 맞서 싸울 때 홀로 싸우면 패하기 쉽지만, 두 사람이 힘을 합하면 맞설 수 있다(12a-b절). 이 말씀은 둘이 함께 길을 가다가 원수를 만났을 때에 관한 것이다(Longman, Shepherd). 당시 홀로 길을 가는 것은 참으로 위험했다(Shepherd). 여정 중 어떤 위험이 도사리고 있을지 가늠하기 힘든 시대였기 때문이다. 가장 흔한 위험은 강도였다. 이런 상황에서 둘이 함께 길을 가는 것은 홀로 가는 것보다 몇 배나 더 안전했다. 사람이 홀로 헤쳐 나가기 어려운 문제도 힘을 보탤 만한 한 사람이 있으면 훨씬 더 쉽다.

다섯째, 세 겹 줄은 쉽게 끊어지지 않는다(12c절). 고대 수메리아에도 이러한 격언이 있었다고 한다(Shaffer, cf. Bartholomew, Fox, Seow). 한 겹줄이나 두 겹줄보다 세 겹줄이 훨씬 더 강하다는 뜻이다. 서로 의지할 수 있는 동료는 많을수록 좋다. 우리 말에도 "뭉치면 살고, 흩어지면 죽는다"는 말이 있다. 코헬렛은 서로 힘을 합하여 일하고 사는 것이 얼마나 서로에게 도움이 되는 지혜인가를 지적하고 있다.

오래전부터 유대인 해석가들은 두 겹줄을 스스로 율법(Torah)을 배우는 두 친구들로, 세 번째 줄을 그들에게 율법의 의미를 설명해 줄 수 있는 선생으로 해석했다. 또한 두 겹줄을 부부로, 세 번째 줄을 이 부부에게 자녀들을 주실 수 있는 하나님으로 해석하기도 했다(Fox).

코헬렛의 공동체의 중요성에 대한 본문의 가르침은 우리가 전적으로 동의할 수 있는 부분이다. 오늘날처럼 개인화된 사회에서 각자 홀로 살아가는 현대인들의 삶을 생각해 보면 더욱더 그렇다. 아무도 혼자인 사람은 없다(No man is an island). 창조주께서는 태초부터 인간 공동체를 형성하며 살도록 창조하셨다. 그러므로 하나님은 인간을 만드실 때에 남자와 여자로 만드셨고, 그들에게 가정을 시작하도록 하셨다. 교회는 하나님이 이 땅에 세우신 주님의 공동체이다. 우리는 이러한 사실을 깨달아 예수님의 몸이 되신 교회를 더욱더 경건하고 거룩한 공동체로 세워 나가야 한다.

II. 자서전적 회고(1:12–12:7)
B. 지혜와 시간(3:1–5:20)

8. 직업과 지위(4:13–16)

13 가난하여도 지혜로운 젊은이가
늙고 둔하여 경고를 더 받을 줄 모르는 왕보다 나으니
14 그는 자기의 나라에서 가난하게 태어났을지라도
감옥에서 나와 왕이 되었음이니라
15 내가 본즉 해 아래에서 다니는 인생들이
왕의 다음 자리에 있다가
왕을 대신하여 일어난 젊은이와 함께 있고
16 그의 치리를 받는 모든 백성들이 무수하였을지라도
후에 오는 자들은 그를 기뻐하지 아니하리니
이것도 헛되어 바람을 잡는 것이로다

이 섹션을 구성하고 있는 히브리어 텍스트가 매우 혼란스럽다. 한 학자는 '최악의 히브리어 사례'(Hebrew usage at its worst)라고 한다(Irvin, cf. Shepherd, Wright). 그러므로 세부적인 디테일을 추구하는 것은 소모적이며 뚜렷한 답이 없다. 그보다는 코헬렛이 하고자 하는 이야기의 핵심에 치중하여 해석해야 한다.

이 이야기의 배경이 되고 있는 상황은 늙고 분별력이 떨어지는 왕이 젊고 가난하지만 지혜로운 부하를 감옥에 가둔 일이다(cf. Fox). 실제로 있었던 일인지, 혹은 그가 꾸며낸 이야기인지는 중요하지 않다. 그는 단지 이런 상황을 하나의 예로 들어 자신의 통찰력을 펼쳐 나가기 때문이다. 이 섹션의 핵심 메시지는 지혜로운 통치자들에게 '듣는 귀'(listening car)가 얼마나 중요한가를 일깨워 준다(Bartholomew, Murphy). 이웃이 주는 조언을 경청하는 지혜는 나이나 지위가 보장하지 못한다(Garrett).

코헬렛은 가난해도 지혜로운 젊은이가 늙고 둔하여 경고를 받을 줄 모르는 왕보다 낫다고 한다(13절). 늙어 일명 '싫은 소리'를 꺼려하는 왕이 충신들로부터 조언과 충고를 용납하지 못하는 상황을 묘사한다. 성경은 사람이 나이가 들수록 지혜와 연륜을 겸비하기 때문에 노년기를 상당히 긍정적으로 본다. 안타깝게도 늙은(경험과 연륜과 삶이 지혜를 겸비한) 왕은 일명 '바른 소리, 직언'을 받아들이지 못해 스스로 멸망의 길을 자처한다. 이런 경우 왕은 경험이 없고 집안 배경이 없지만 지혜로운 젊은이보다 못하다. 세상을 호령하는 권위자가 자신이 다스리는 나라에 사는 천한 젊은이보다 못한 상황이다.

이 젊은이는 가난하게 태어났고, 늙은 왕의 노여움을 사 감옥에 갇혔다. 당시 감옥은 정치범과 경제사범의 수용소였으며, 일반적인 범죄자들은 곧바로 처벌을 받았다(Seow). 세월이 지나 젊은이는 감옥에서 풀려났을 뿐 아니라 왕의 자리에 앉았다(14절). 일부 학자들은 요셉 이야기의 흔적을 보기도 한다. 그들은 창세기 37:41-57이 이 말씀의 배경이 된다고 한다(Miller, Ogden, cf. Crenshaw, Rudman, Towner). 코헬렛은 그가 어떻게 왕이 되었는가에 대한 세밀한 이야기를 제공하지는 않지만, 아마도 나라에 내란(혁명)이 일어난 상황을 전제한다. 늙은 왕의 자리를 그의 자손 중 하나가 계승해야 하는데, 왕이 미워해 감옥에 가둔 자가 왕이 되었기 때문이다.

백성들은 새롭게 왕이 된 젊은이를 환호하며 그의 통치를 지지했다

(15절). 그러나 백성들의 지지도 잠시, 역사는 다시 반복된다! 본문이 한 젊은이를 언급하는지, 두 젊은이를 언급하는 지에 대해서는 어느 정도 논란이 있다. 전통적인 관점은 한 젊은이며 아직도 이러한 해석을 지향하는 학자들이 있다(Eaton, Garrett, Gordis, Provan). 그러나 대부분 주석가들은 두 젊은이가 있다고 한다(Lohfink, Longman, Krűger, Murphy, Seow, Whybray). 두 젊은이 관점이 이야기를 훨씬 더 매끈하게 해석할 수 있게 한다. 또한 '하나보다는 둘이, 둘보다는 셋이 낫다'는 4장의 통일성과도 더 잘 어울린다(Shepherd). 한때 젊었던 왕이 늙고 둔하여 통치를 잘하지 못하자 그의 왕권을 탐하는 새로운 젊은이가 일어났으며, 백성들의 마음은 그에게 쏠린 것이다(15b-c절)!

한때는 이 늙은 왕의 통치를 기뻐하고 지지하는 사람이 매우 많았지만, 새로운 왕이 오니 더 이상 늙은 왕을 기뻐하지 않는다(16a-b절). 그들은 새로운 왕을 기뻐한다. 그러므로 사람이 혁명 등을 통해 새로운 정권을 세워 봤자 별 의미가 없다. 모든 것이 다시 제자리로 돌아와 반복될 것이기 때문이다. 사람들은 한때 훌륭한 통치를 했던 왕을 잊는다. 전도자에게 잊혀지는 것은 죽음 다음으로 치명적이다. 그러므로 이것도 헛되어 바람을 잡는 것이다(16c절). 허무하고 부질없는 일이라는 뜻이다.

4장에서 이때까지 참으로 좋은 가르침을 이어 가던 코헬렛이 이 섹션에서는 다시 삶의 헛됨과 허무함을 탄식한다. 그는 사람이 아무리 권력과 위상을 동반하는 직업과 지위에서 열심히 일한다 할지라도 별 의미가 없으며 그의 업적은 다음 세대에 의해 기억도 되지 않을 것이라 한다. 그는 왕권을 예로 삼아 가르침을 제시하는데, 지속적으로 백성들의 지지를 받는 왕권은 없다는 것이다. 뒤를 이어 젊고 지혜로운 사람이 왕이 되어도 잠시뿐이다. 시간이 지나면 사람들은 그의 대를 잇는 새로운 왕을 따를 것이라 한다.

만일 우리가 세상에서 인정받는 것을 최우선이자 유일한 목표로 삼는다면 코헬렛의 말이 옳다. 그러나 우리는 하나님의 인정을 더 중요시 여기기 때문에, 만일 하나님이 인정하신다면 세상이 인정하지 않아도 큰 문제가 되지 않는다. 그리고 하나님이 우리를 기억하시기 때문에 세상이 우리를 잊는다고 해도 큰 문제가 되지 않는다.

더 나아가 하나님은 각자에게 사명과 할 일을 주시며 우리를 이 땅에 보내셨다. 우리는 그 일에 충실하면 된다. 우리의 사명이 세상에 영원한 영향력을 남겨 후세대에도 기억되면 좋겠지만, 그렇지 않다고 해서 우리의 삶이 헛되다고 할 수는 없다. 하나님이 계획하시고 창조하신 모든 삶은 의미가 있기 때문이다.

II. 자서전적 회고(1:12–12:7)
B. 지혜와 시간(3:1–5:20)

9. 예배(5:1–7)

1 너는 하나님의 집에 들어갈 때에 네 발을 삼갈지어다
가까이 하여 말씀을 듣는 것이
우매한 자들이 제물 드리는 것보다 나으니
그들은 악을 행하면서도 깨닫지 못함이니라
2 너는 하나님 앞에서 함부로 입을 열지 말며
급한 마음으로 말을 내지 말라
하나님은 하늘에 계시고 너는 땅에 있음이니라
그런즉 마땅히 말을 적게 할 것이라
3 걱정이 많으면 꿈이 생기고
말이 많으면 우매한 자의 소리가 나타나느니라
4 네가 하나님께 서원하였거든
갚기를 더디게 하지 말라
하나님은 우매한 자들을 기뻐하지 아니하시나니

서원한 것을 갚으라

5 서원하고 갚지 아니하는 것보다
서원하지 아니하는 것이 더 나으니
6 네 입으로 네 육체가 범죄하게 하지 말라
천사 앞에서 내가 서원한 것이 실수라고 말하지 말라
어찌 하나님께서 네 목소리로 말미암아
진노하사 네 손으로 한 것을 멸하시게 하랴
7 꿈이 많으면 헛된 일들이 많아지고
말이 많아도 그러하니 오직 너는 하나님을 경외할지니라

히브리어 성경은 5:1을 4:17로 구분하여 뒤 섹션(5:2-7)이 아니라 앞 섹션(4:13-16)과 연결 짓는다. 그러나 이러한 구분은 부자연스럽다. 5:1의 내용이 5:2-7과 맥을 같이하기 때문이다. 이 섹션의 주제는 사람이 성전에 가면 어떠한 자세로 예배에 임할 것인가이다. 핵심 메시지는 되도록이면 자기 말은 줄이고, 하나님의 말씀에 귀를 기울이라는 것이다. 이렇게 해야 어리석거나 지킬 수 없는 서원을 줄일 수 있다고 한다.

사람이 하나님의 집을 찾아 주님께 예배를 드리는 것은 좋은 일이다(1절, cf. 9:2). '하나님의 집'(בֵּית הָאֱלֹהִים)은 성전 등 예배 처소를 뜻한다. '네 발을 삼가하라'(שְׁמֹר רַגְלְךָ)를 직역하면 '네 발을 지키라'이며 신중을 기하라는 의미다. 성전을 찾지 말라는 것이 아니라, 찾을 때마다 몸과 마음가짐을 바르게 하라는 권면이다. 사람이 성전을 찾는 일 자체가 항상 올바른 발걸음이라는 착각은 하지 말라는 뜻이다(Seow). 성전에서 '실족할' 수도 있기 때문이다(cf. 렘 7:1-4). 더 구체적으로 풀이하면 서원을 할 때 신중히 하라는 경고이다.

성전에서는 하나님의 말씀을 듣는 것이 우매한 자들이 제물을 드리는 것보다 낫다(1b-c절). '듣다'(שמע)는 '순종하다'라는 의미를 포함한다

(Fox). ‘우매한 자들’(כְּסִילִים)은 미련한 자들을 뜻하는데(HALOT), 본문에서는 필요 없는 말이다. 성경이 순종은 우매한 자들이 드리는 제물뿐 아니라 그 어떠한 제물보다 낫다고 하기 때문이다: “여호와께서 번제와 다른 제사를 그 목소리 순종하는 것을 좋아하심 같이 좋아하시겠나이까 순종이 제사보다 낫고 듣는 것이 수양의 기름보다 나으니”(삼상 15:22).

우매한 자들은 악을 행하면서도 자신들이 악을 행한다는 사실을 깨닫지 못한다(1d절). 이 문장(כִּי־אֵינָם יוֹדְעִים לַעֲשׂוֹת רָע)을 직역하면 ‘그들[우매한자들]은 악을 행하는 것에 대해 아무것도 모른다’이며 의미 전달이 잘되지 않는 문장이다(cf. Shepherd). 그러므로 대부분 번역본들은 개역개정처럼 ‘악을 행하면서도 깨닫지 못한다’라는 의미로 해석한다(NAS, NIV, NRS, ESV, TNK).

우매한 자들은 자각이 없는 사람들이다. 그러므로 하나님이 이런 사람들이 드리는 제물을 기뻐하실 리 없다. 우매한 사람들이 경건하고 거룩한 제물을 드릴 리 없으며, 하나님이 기뻐하시는 것은 순종이지 제물이 아니라는 사실을 인지하지 못하기 때문이다.

코헬렛은 예배를 드릴 때 입을 함부로 열지 말고, 성급한 마음으로 말하지 말라고 한다(2a–b절). 최대한 말을 아끼라는 것이다. 두 가지 이유에서다. 첫째, 예배는 하나님의 말씀을 듣는 것이다(cf. 1절). 둘째, 말이 많고 급하면 범죄하기 쉽다(6절). 사람은 땅에서 말하지만, 하나님은 하늘에서 들으신다(2c절). 높은 곳에 계신 하나님은 우리가 이 땅에 엎드려 하는 말을 한 마디도 놓치지 않으시고 모두 들으신다는 뜻이다. 그러므로 말을 적게 하라고 당부한다(2d절). 유대인 해석자들은 이 말씀을 기도에도 적용했다(cf. Fox). 라쉬밤(Rashbam)은 하나님께 기도할 때 많은 말을 하지 말 것을 권면했다. 말을 많이 할수록 실수가 많을 것이기 때문이다.

코헬렛은 사람이 생각을 많이 하면 꿈을 꾸게 된다고 한다(3a절). ‘걱정'(עִנְיָן)은 당면한 일들에 대해 염려하는 것이다(cf. NIV, NRS, TNK, cf. NIDOTTE). 그러므로 이 말씀은 사람의 생각이 많아지면, 그 생각이 꿈에도 나타나 괴롭힌다는 뜻이다. 2:23은 사람이 하루 종일 일하며 밤에도 편히 쉬지 못한다고 했는데, 이처럼 일에 대해 꿈을 꾸기 때문이다. 꿈을 꾸는 것이 생각이 많은 사람의 표징인 것처럼, 말이 많은 것은 어리석은 자의 증표이다(3b절). 그러므로 말을 줄이는 것이 어리석은 자가 되지 않는 지름길이다.

서원에 대하여 말하는 4-5절은 신명기 23:22-23과 내용이 흡사하다: "네가 서원하지 아니하였으면 무죄하리라 그러나 네 입으로 말한 것은 그대로 실행하도록 유의하라. 무릇 자원한 예물은 네 하나님 여호와께 네가 서원하여 입으로 언약한 대로 행할지니라." 차이점은 신명기는 서원을 어기는 죄에 초점을 맞추고 있는 것에 반해 본문은 어리석은 서원이 서원한 자에게 초래할 수 있는 피해에 대해 강조한다. 코헬렛은 어리석은 서원은 사람이 성전에 가서 성급하게 말하다가, 혹은 말을 많이 하다가 저지르는 죄의 한 사례로 정의하고 있다.

서원은 신속하게 갚아야 한다(4절). 또한 서원은 하지 않는 것이 하고 나서 갚지 않는 것보다 낫다(5절). 서원을 실수로 했다는 말도 변명이 되지 않는다(6a-b절). 개역개정이 '천사'로 번역하고 있는 단어(מַלְאָךְ)는 '사자'(messenger)라는 뜻을 지녔다. 그러므로 일부 번역본들은 천사가 아니라 서원한 것을 받기 위해 성전이 보낸 사자로 해석한다(NIV, NIRV). 성경에는 서원한 것을 받기 위해 성전에서 보내는 사자에 대한 언급이 없다. 그러므로 대부분 번역본들은 단순히 '[하나님의] 사자'로 번역한다(NAS, NRS, ESV, TNK). 이 사자는 천사일 수도 있고, 어떤 인간 대리인일 수도 있다. 하나님은 서원하고 지키지 않는 자들에게 반드시 벌을 내리실 것이다(6c-d절).

여러 번역본들이 서로 다르게 번역하는 것에서 드러나는 것처럼 7절의 번역과 해석이 매우 어렵다(cf. Fredericks & Estes, Hengstenberg, Lohfink,

Murphy). 한 주석가는 히브리어 본문을 조금 수정하여 '말이 많은 것은 많은 꿈을 꾸는 것처럼 허무하다'로 번역하기를 제안한다. 생각이 많으면 잠 잘 때에도 '영양가 없는' 꿈을 꾸게 된다는 것(cf. 3절)과, 코헬렛이 이때까지 말을 아끼라고 한 점을 고려하면 상당히 설득력 있는 제안이다. 그는 오직 하나님을 경외하며 살라는 권면으로 이 섹션을 마무리한다(7c절). 본문에서 '경외하다'(ירא)는 '존경하다'라는 의미를 초월한 '두려워하다'라는 뜻이다. 코헬렛은 하나님이 서원을 지키지 않는 자를 벌하시는 두려운 하나님이라며 말을 아끼라고 한다.

코헬렛의 예배에 대한 가르침은 참으로 성경적이다. 사람들은 종종 예배를 인간이 떠들어 대는 것으로 착각한다. 찬양과 기도와 간증과 헌금과 설교 등 모두 인간이 하나님 앞에서 하는 행위이다. 그러나 우리가 함께 모여 하나님을 예배하는 것은 주님의 음성을 듣기 위해서이다(1절). 그러므로 인간이 작성한 '큐시트'(cue sheet)에 얽매이지 않고 하나님의 음성을 듣는 일에 충분한 시간을 할애하는 것도 좋은 일이다. 하나님의 말씀에 귀를 기울이려고 할수록 인간의 말수는 줄어들게 된다. 하나님의 말씀을 경청하는 것은 제물을 드리는 것보다 더 나은 예물이다(1절). 제물은 주님의 말씀을 귀담아듣는 삶의 연장선에서 드리는 것이지, 귀담아듣는 삶을 대신해서 드리는 것이 아니다.

코헬렛은 사람이 예배 중 하나님의 말씀을 듣는 것은 무엇보다도 들은 말씀에 순종하는 것이라고 한다. 즉, 예배는 실천을 요구한다는 것이다. 그러므로 그는 하나님의 말씀을 듣는 것을 하나님 앞에서 말을 자제하는 것과 지킬 수 없는 서원을 하지 않는 것을 예로 든다(2-7절). 사람이 말을 적게 할수록 죄를 덜 짓는다는 것은 잠언에서도 자주 반복되는 가르침이다. 또한 율법은 사람이 서원을 하면 반드시 지키는 것이 바람직하다고 한다. 그러므로 그는 서원하고 갚지 않는 것보다 아예 서원하지 않는 것이 더 낫다고 한다(5절).

서원에 대해 한 가지 보충 설명이 필요하다. 코헬렛은 어리석은 서원도 반드시 지켜야 한다는 식으로 말하는데, 성경의 서원에 대한 가르침에 비교하면 상당히 가혹하다. 성경은 잘못된 서원은 지키려 하지 말고 물리라고 한다(cf. 민 30장). 딸이 한 서원을 아버지가 물릴 수 있고, 아내가 한 서원을 남편이 물릴 수 있다. 원리는 아랫사람이 한 서원이 잘못된 경우, 윗사람이 물릴 수 있다는 것이다. 또한 서원을 지킨답시고 딸을 번제로 바친 입다 이야기를 생각해 보면, 율법에서 인간 번제를 금하시는 하나님이 그의 딸을 제물로 받으셨을 리 없다(cf. 삿 11장). 그러므로 성경은 잘못된 서원은 지키려 하지 말고 무조건 물리라고 한다.

그렇다면 반드시 지켜야 할 서원과 잘못된 서원을 어떻게 구별하는가? 코헬렛이 제시하는 원리를 따르면 된다: "심판하시는 여호와를 두려워하라"(7절). 하나님의 율법과 묵상 등을 통해 서원이 하나님을 경외하는지, 오히려 하나님을 욕되게 하는지를 생각해 보면 된다. 또한 서원을 지키면 벌을 받을 것인지, 혹은 서원을 지키지 않으면 벌을 받을 것인지를 생각해 보면 된다. 하나님이 주신 율법은 코헬렛이 생각하는 것처럼 굳어져 있지 않고, 상당히 유연하다. 물론 그가 본문에서 예외를 언급하지 않는 것은 '입으로 범죄하는 일'의 심각성을 강조하기 위해서라고 생각할 수도 있다.

II. 자서전적 회고(1:12–12:7)
B. 지혜와 시간(3:1–5:20)

10. 통치(5:8–9)

8 너는 어느 지방에서든지
빈민을 학대하는 것과
정의와 공의를 짓밟는 것을 볼지라도
그것을 이상히 여기지 말라

높은 자는 더 높은 자가 감찰하고
또 그들보다 더 높은 자들도 있음이니라
9 땅의 소산물은 모든 사람을 위하여 있나니
왕도 밭의 소산을 받느니라

코헬렛은 홀로 존재하는 권력은 세상에 존재하지 않는다고 한다. 모든 권력은 그 위에 있는 권력의 제재를 받게 되어 있다(8절). 그러므로 권력의 피라미드에서 가장 위에 있는 "절대적인 권력은 절대적으로 썩는다"(Absolute power corrupts absolutely)는 말이 나온 것이다.

그는 지방 관료들이 빈민을 학대하거나 공의와 정의를 짓밟더라도 이상하게 생각하지 말라고 한다(8절). 지방 관료들이 악하게 군림하는 것은 권력의 피라미드에서 이 낮은 관료들을 통제하는 높은 권력들도 썩었으며 낮은 관료들의 행위를 묵인하거나 동조하기 때문에 가능한 일이다(cf. Bartholomew, Fox, Garrett, Seow). 그러므로 이런 일을 겪게 되면 저항하지 말고 그냥 '그러겠거니'하고 받아들이라 한다. 권력 구조가 총체적으로 썩었을 때에는 별다른 방법이 없다. 모든 것이 헛된 세상에서 원통해 하거나 분노해 봤자 자신만 힘들다.

번역본들이 매우 다양하게 9절을 해석하는 것에서 볼 수 있듯이, 9절을 번역하고 해석하는 것은 거의 불가능하다(cf. Delitzsch, Gordis, Longman, Leupold): (1) "한 나라에서 가장 소중한 것은 왕이다. 왕이 있으므로 백성은 마음 놓고 농사를 짓는다"(새번역), (2) "땅의 산물은 모두를 위한 것이다. 왕도 들판에서 나는 곡식을 먹는다"(아가페), (3) "그러나 모든 관리들의 맨 위에는 왕이 있다. 과연 왕은 나라를 위하여 몸을 바친 사람이다. 모든 혼란을 바로잡아 나라를 건질 수 있는 자는 왕뿐이다"(현대어), (4) "결국에는 농사를 짓는 왕은 땅의 장점이다"(NAS), (5) "모든 사람이 땅의 생산을 얻는다; 왕 자신도 들에서 이익을 얻는다"(NIV), (6) "그러나 모든 것을 고려할 때, 농사 짓는 땅을 가진 왕이 땅의 장점이다"(NRS), (7) "땅의 가장 큰 유익함은 그의(왕의) 것이다. 그가 농사짓는 땅을 통제한다"(TNK). 번역은 이처럼 다양하지만, 대부분 명쾌하지 않고 상당히 의미를 얼버무리는 느낌을 준다. 번역자들도 어떻게 번역해야 할지 갈팡질팡하고 있음을 암시한다(cf. Bartholomew, Fox, Fredericks & Estes, Garrett, Murphy, Seow, Whybray).

코헬렛은 8절에서 불의한 세상의 행태를 지적했다. 권력자들이 정의와 공의를 짓밟으며 빈민들(힘없고 가난한 자들)을 학대하고 있다는 것이다. 이러한 상황에서 권력자들이 이런 짓을 할 수 있는 것은 창조주께서 그들을 특별히 대하시기 때문이라고 생각할 수도 있다. 이러한 오해를 막기 위해 9절에서 코헬렛은 세상의 가장 큰 권력자인 왕도 그가 짓밟는 서민들처럼 밭에서 나는 것을 먹고 산다고 한다(cf. Fox). 창조주 앞에서는 최고 권력자나 가장 낮은 사람이나 모두 별반 차이 없다는 것이다. 그렇다면 아가페(#2)의 번역이 문맥에 가장 가깝다: "땅의 산물은 모두를 위한 것이다. 왕도 들판에서 나는 곡식을 먹는다."

이 말씀은 권력을 남용하고 오용하는 자들에게 주는 권면이다. 그들이나 그들이 짓밟는 자들이나 창조주께서 주시는 것으로 먹고 살기는 마찬가지이니 권력을 휘둘러 백성들의 눈에서 피눈물 나게 하지 말라는 것이다.

코헬렛은 세상의 권력체계는 썩었기 때문에 공의와 정의를 기대하지 말고, 살다가 부정과 불의의 희생양이 되더라도 너무 슬퍼하지 말라고 한다. 세상은 불합리한 곳이기 때문이다. 그러나 우리가 기억해야 할 점은 세상의 모든 권세는 하나님이 세우신 것이며(cf. 롬 13장), 때가 되면 하나님이 세우신 모든 권세를 심판하신다는 사실이다. 코헬렛도 모든 것에는 때가 있다며 하나님의 심판이 악한 권력에 임할 때가 있다는 것을 암시했다(cf. 3:1-8).

그러므로 세상에서 불의한 일을 당한다고 해서 좌절하고 절망할 필요는 없다. 하나님이 우리가 경험하는 모든 불의를 심판하실 것이라는 소망을 가지고 살아야 한다. 세상 말로 '게임은 아직 끝나지 않았기 때문이다.' 정의로우신 하나님이 분명히 불의와 악을 바로잡으실 날이 오고 있다. 그날이 되면 세상의 모든 권세는 절대적인 권력자이신 하나님 앞에서 자기가 한 일에 대하여 책임져야(accountable) 한다.

II. 자서전적 회고(1:12–12:7)
B. 지혜와 시간(3:1–5:20)

11. 부(5:10–17)

10 은을 사랑하는 자는 은으로 만족하지 못하고
풍요를 사랑하는 자는 소득으로 만족하지 아니하나니
이것도 헛되도다
11 재산이 많아지면 먹는 자들도 많아지나니
그 소유주들은 눈으로 보는 것 외에 무엇이 유익하랴
12 노동자는 먹는 것이 많든지 적든지 잠을 달게 자거니와
부자는 그 부요함 때문에 자지 못하느니라
13 내가 해 아래에서 큰 폐단 되는 일이 있는 것을 보았나니
곧 소유주가 재물을 자기에게 해가 되도록 소유하는 것이라
14 그 재물이 재난을 당할 때 없어지나니
비록 아들은 낳았으나 그 손에 아무것도 없느니라
15 그가 모태에서 벌거벗고 나왔은즉 그가 나온 대로 돌아가고
수고하여 얻은 것을 아무것도 자기 손에 가지고 가지 못하리니
16 이것도 큰 불행이라
어떻게 왔든지 그대로 가리니
바람을 잡는 수고가 그에게 무엇이 유익하랴
17 일평생을 어두운 데에서 먹으며
많은 근심과 질병과 분노가 그에게 있느니라

코헬렛은 사람의 욕심은 끝이 없다는 사실을 지적하며 이 섹션을 시작한다. 은(돈)을 사랑하는 자는 아무리 많은 은을 모아도 만족하지 못하고, 풍요를 사랑하는 자는 아무리 많은 소득을 올려도 더 많은 소득을 원한다(10절). 사람의 욕심은 뒤집어진 피라미드와 같다. 처음에는 조금만 가져도 행복할 것 같지만, 정작 그것을 가지게 되면 더 큰 것을 원하며, 이러한 욕망에는 끝이 없다. 그러므로 열심히 돈을 벌고 계속 소득을 올리는 것도 헛되다(10c절). 결코 끝이 없기 때문이다.

재산이 많아지면 지출도 많아진다. 먹는 자들이 많아지기 때문이다(11a절). 부를 쌓을수록 먹여 살려야 할 식솔들이 늘어난다는 뜻이다. 전도자는 자신의 경험을 통해 이미 이런 일을 경험해 보았다: "노비는 사기도 하였고 집에서 나게도 하였으며 나보다 먼저 예루살렘에 있던 모든 자보다도 소와 양떼의 소유를 많게 하였으며 은금과 왕들의 보배와 여러 도의 보배를 쌓고 또 노래하는 남녀와 인생들의 기뻐하는 처와 첩들을 많이 두었노라"(2:7–8).

재산이 늘어날수록 그것을 보존하고 관리하기 위해 살림 규모가 커지는 것은 당연한 일이다. 그러나 부를 쌓은 자가 먹고 마시는 것은 그가 거느린 식솔들이 먹는 것과 별반 다를 바가 없다. 그러므로 갑부들에게 재산은 눈으로 보는 것 외에 다른 유익이 없다(11b절). 그들의 욕심에는 끝이 없으니 가지고 있는 부로 만족하지 않을 것이고(10절), 재산이 많아질수록 식솔들도 많아져 지출도 많아질 것이며(11a절), 먹고 마시는 것은 다른 사람들과 별반 다를 바 없으니, 자신이 쌓은 재산을 눈으로 보고 즐기는 것 외에는 별 유익이 없다는 논리이다. 코헬렛은 "버는 사람 따로 있고, 쓰는 사람 따로 있다"고 사람이 열심히 노동해서 쌓은 부는 결국 딴 사람에게 넘어가는 '남 좋은 일'이라고 한탄한 적이 있다(2:18–21).

밤이 되면 하루 종일 일한 노동자는 먹는 것이 많든지 적든지 단잠을 잔다(12a절). 칠십인역(LXX)은 '노동자'(עֹבֵד)를 '종, 노예'(δοῦλος)로 번역하여 코헬렛이 밤마다 잠을 잘 자는 종과 잠을 이루지 못하는 주인을 대조하는 것으로 해석했다. 매력적인 해석이다. 본문이 대조하는 것은 '가진 자'(주인)와 '가지지 못한 자'(노예)이지, '노동'과 '여가'가 아니기 때문이다(Fox, cf. Bartholomew, Seow).

단잠을 자는 종과 달리 주인은 그 부요함 때문에 자지 못한다(12b절). '부요함'(שָׂבָע)은 '배부르게 먹음'으로 해석될 수도 있다(새번역, NAS, ESV). 가진 것이 없고, 하루 종일 고되게 일한 종은 저녁 식사로 무엇을, 얼마나 먹든 상관없이 단잠을 잔다. 반면에 가진 것이 많고, 하루 종일 집에 머문 주인은 성대한 저녁 식사를 하고도 잠을 이루지 못한다. 밤새 재산을 더 늘릴 방법과 쌓은 재산을 남에게 빼앗기지 않는 비법을 고심하기 때문이다. 코헬렛이 4:6에서 했던 말씀이 생각난다: "적게 가지고 편안한 것이 많이 가지려고 수고하며 바람을 잡는 것보다 낫다"(새번역). 부를 쌓는 것은 걱정을 쌓는 일이다. 이 둘 중 누가 더 행복한 사람, 혹은 더 보람된 삶을 사는 사람이라 할 수 있을까? 부는 행복과 만족을 보장하지 못한다.

코헬렛은 가난한 노동자는 잘 자지만, 부자는 잠을 이루지 못하는 폐단보다 더 큰 폐단을 보았다고 한다(13a절, cf. 잠 17:1). '큰 폐단'(חוֹלָה רָעָה)을 직역하면 '통탄할 악'(grievous evil)이다(cf. NAS, NIV, NRS, ESV, TNK). 참으로 어이없는 일을 보았다는 뜻이다. 어떤 일인가? 사람이 자신에게 득이 아니라 해가 되도록 재산을 모으는 것이다(13b절). 그는 해가 되도록 재산을 쌓은 것으로 두 가지 예를 든다.

첫째, 모은 재산을 지키지 못하는 폐단이다(14a절). 그가 모은 재물이 재난을 당할 때 없어진다. 한 유대인 주석가는 '재난'을 누가 재산을 빼앗으려고 그를 살해한 것이라고 풀이한다(Rashbam). 그러나 그렇게 해석하기에는 본문이 제시하는 정보가 부족하다. '재난'(עִנְיַן רָע)은 '나쁜 일, 사업'을 뜻한다. 코헬렛은 누가 그의 재산을 강제로 빼앗은 일이 아니라, 잘못된 투자로 인해 스스로 탕진한 상황에 대해 말하고 있다

(아가페, NAS, NRS, ESV, TNK, NIRV). 세상에는 부자들의 재산을 탐하는 자들이 참으로 많다. 그들은 수단과 방법을 가리지 않고 어떻게든 빼앗으려고 한다. 코헬렛이 언급하는 부자는 이런 사람들의 농간에 놀아나 한 번 실수를 했고, 이 실수로 인해 모든 재산을 날렸다. 누구를 탓할 수도 없다. 스스로 내린 결정으로 이런 일이 벌어졌기 때문이다. 결국 그는 한 번의 실수로 모든 것을 탕진했기 때문에 자식에게 물려줄 유산도 없다(14b절). 평생 모아 온 재산을 한순간에 날렸기 때문이다. 우리는 공든 탑이 무너지는 것은 한순간이라는 것을 기억해야 한다. 한 번의 실수가 돌이킬 수 없는 결과를 초래하는 것이 인생이다.

둘째, 그는 죽을 때 아무것도 가져 갈 수 없다(15절, cf. 욥 1:21). 만일 자식들에게 유산으로 남겨줄 수 없다면 죽을 때 가져갈 수라도 있어야 노력한 보람이 있다. 그러나 그럴 수 없는 것이 현실이다. 우리 모두는 벌거벗은 채 태어났고, 아무것도 지니지 못한 채 죽어야 한다. 살면서 얼마나 많은 부를 축적했던 간에 죽을 때 아무것도 가지고 가지 못하는 것도 큰 불행이다(16a절). 히브리어로 '큰 불행'(רָעָה חוֹלָה)은 13절이 언급한 '큰 폐단' (רָעָה חוֹלָה)과 같은 표현이다. 코헬렛은 같은 표현을 사용하여 13-16절을 한 섹션으로 묶고 있다.

만일 열심히 일하여 쌓은 부를 한 순간에 잃어 자식에게 물려줄 수도 없고, 설령 잘 보존했다 할지라도 죽을 때 가져갈 수 없다면, 재산도 부질없는 것 아닌가? 그렇다면 그 부를 쌓기 위하여 열심히 일하는 것도 무익하고, 바람을 잡으려는 일처럼 허무하다(16c절).

그러므로 부를 쌓으려고 집착하는 사람은 평생 어두운 데에서 먹으며 많은 근심과 질병과 분노로 가득 찬 삶을 산다(17절). 아끼느라고 등잔을 켜지 않고 밥을 먹는 모습일 수도 있다(Fox). 또한 '먹다'(אכל)를 '살아가다'(earning a living)에 대한 비유(metaphor)로 해석하면 그는 평생 즐김이 없는 '어두움'에서 산다는 뜻이다(Seow, cf. 2:13-14).

아무리 많은 부를 쌓아도 종들과 별반 다르지 않게 먹으며, 재산을 늘리고 지키려고 밤에 잠도 제대로 못 자지만, 자식에게 물려줄 수도 없고, 죽을 때 가져갈 수도 없으니 화가 치밀 수밖에 없다. 부자들이 앓는 질병은 '인색함'(stinginess)이다: 그들은 부자로 죽기 위해 가난하게 산다(Fox, cf. Towner). 이러한 사람의 영혼은 꺼진 등불처럼 어둡다.

코헬렛의 가르침은 재물욕에 사로잡힌 사람들에게 경종을 울리는 경고이다. 잠언은 재물은 가치 중립적이므로 나쁘다고 하지 않는다. 어떻게 사용되느냐에 따라 선한 것일 수도 있고, 악한 것이 될 수도 있다. 코헬렛도 다음 섹션에서 재물을 누리고 즐기는 것은 좋은 일이며 하나님의 선물이라고 한다(19절). 그러므로 돈은 버는 것보다 어떻게 쓰는가가 더 중요하다. 코헬렛은 부의 사용처에는 별 관심이 없고 오직 재산을 모으는 일에 급급한 사람들에 대해 말한다.

예수님은 재물을 이 세상에 쌓지 말고 하늘에 쌓으라고 하셨다(마 6:19–21). 하늘에 쌓는 일은 하나님 나라를 위해 부를 사용하는 것을 뜻한다. 그러므로 이 세상에 축적하는 한 하늘 나라에는 쌓을 수 없다. 또한 이 세상에 재물을 쌓는 것은 맘몬을 숭배하는 일이며, 하나님과 맘몬을 함께 섬길 수는 없다(마 6:24).

코헬렛은 사람이 부를 쌓는 이유를 잘 먹고 행복하게 살기 위해서라 하지만, 정작 그런 것인지에 대하여 질문을 하게 한다. 세상에는 재산은 많지만 불행하고 잘 먹지도 못하는 사람들이 많기 때문이다. 재물의 노예가 된 사람들의 삶이 이렇다. 반면에 예수님은 무엇을 먹을까, 입을까에 대하여 걱정하지 말라고 하셨다. 공중의 새도 먹이시는 하나님이 하물며 자기 자녀들을 먹이지 않으시겠냐고 하셨다(마 6:26).

크리스천들은 돈을 사랑하면 안 된다(히 13:5). 부를 쌓기 위해 수단과 방법을 가리지 않고 일하는 것은 옳지 않다는 뜻이다. 재물은 주의 자녀들이 이 땅에서 하나님의 영광을 드러내는 수단일 뿐, 부를 쌓는 것이 삶의 목표가 되어서는 안 된다. 필요한 만큼 벌어서 즐기고 누리는 것이 바람직하다(4:6).

또한 우리는 이미 가진 것에 감사해야 한다. 이미 가진 것에 만족하고 감사하는 것은 영성에도 도움이 된다(딤전 6:6-9). 어떻게 하면 이미 가진 것에 만족하고 감사하며 살 수 있는가? 모으는 것에 급급하지 않고, 주시는 이를 바라볼 때 가능하다.

II. 자서전적 회고(1:12-12:7)
B. 지혜와 시간(3:1-5:20)

12. 하나님이 주신 즐거움(5:18-20)

18 사람이 하나님께서 그에게 주신 바 그 일평생에 먹고 마시며 해 아래에서
하는 모든 수고 중에서 낙을 보는 것이 선하고 아름다움을 내가 보았나니
그것이 그의 몫이로다 19 또한 어떤 사람에게든지 하나님이 재물과 부요를
그에게 주사 능히 누리게 하시며 제 몫을 받아 수고함으로 즐거워하게 하신
것은 하나님의 선물이라 20 그는 자기의 생명의 날을 깊이 생각하지 아니하
리니 이는 하나님이 그의 마음에 기뻐하는 것으로 응답하심이니라

삶에서 부를 쌓는 일에 집착하는 것이 폐단이라면, 어떻게 사는 것이 좋은가? 코헬렛은 본문에서 답을 제시한다(cf. Ogden, Whybray). 그는 2:24-25에서 했던 말을 거의 그대로 반복한다(18절). 이 말씀은 또 하나의 카르페디엠(Carpe Diem)에 관한 것이다(Bartholomew, Ogden). 그는 먹고 마시며 자기가 하는 일을 즐기는 것이 선하고 아름다운 일이라 한다(18a-b절). '아름다운 것'(יָפֶה)은 '적절한 것'(appropriate, fitting)이라는 뜻이다(TWOT, cf. NAS, NIV, NRS, ESV). 먹고 마시며 하는 일을 즐기는 것은 삶과 참 잘 어울린다는 의미이다. 이러한 누림과 즐김은 하나님이 사람들에게 정해 주신 몫이기 때문이다(18c절).

또한 각 사람이 쌓은 재물은 하나님이 누리고 즐기라고 주신 것이다(19a절). 노동을 즐기는 것도 하나님의 선물이다(19b절). 하나님이 허락하지 않으시면 사람은 부를 누릴 수도, 노동을 즐길 수도 없다. 삶에 대한 긍정적이고 낙천적인 자세는 하나님이 주셔야 가능하다.

하나님이 사람에게 삶에 대한 긍정적이고 낙천적인 자세까지 주시면, 그는 삶에 대해 깊이 생각하지 않을 것이다(20a절). '깊이 생각하다'(הַרְבֵּה יִזְכֹּר)를 직역하면 '많이 기억하다'이며, 인생에 대해 지나치고 소모적인 고민을 하지 않고, 삶을 즐길 것이라는 뜻이다.

코헬렛은 이 말씀을 통해 사람이 행복하게 사는 비결을 가르치고 있다. 사람이 행복하려면 삶에 대해 너무 많은(깊은) 생각과 묵상은 피하는 것이 좋다(cf. Garrett, Gordis, Seow, Shepherd, Towner). 사람이 생각하며 사는 것은 좋은 일이지만, 지나치면 오히려 해가 된다는 것이다.

또한 그의 제안은 그가 하고 있는 일—삶의 허무함과 덧없음에 대하여 깊이 생각하는 일—이 삶을 누리고 즐기는 일에 별로 도움이 되지 않는다는 사실을 스스로 인정한다. 그는 지혜를 학문으로 연구하는 사람으로서 사색적인 지혜의 최고봉을 찾아 나섰지만, 사색적인 지혜가 보통사람들에게는 골칫거리가 될 수 있으며, 너무나 많고 복잡한 생각으로 삶을 불행하게 하는 결과를 초래할 수 있다는 것이다. 그러므로 그는 사람들에게 자기처럼 삶과 지혜에 대해 깊이 연구하거나 지나치게 고민하지 말라고 한다(cf. Fox). 그렇게 하면 하나님이 그의 마음을 기쁨으로 채우실 것이다(20b절).

코헬렛은 먹고 마시며 하는 일을 즐기는 것은 하나님이 각자에게 주신 몫이라고 한다(18절). 또한 하나님은 사람들이 이렇게 삶을 즐길 수 있도록 재물과 부요도 선물로 주신다(19절). 창조주께서는 우리가 삶을 즐기고 누리는 것을 기뻐하신다는 뜻이다. 다만 한 가지 주의해야 할 것은 삶(지나온 나날들과 앞으로 닥칠 일 등)에 대하여 너무 깊이 생각하지 않는 것이다(20절).

우리는 사람이 삶에 대해 생각하고 묵상하는 것은 좋은 일이지만, 과유불급이라고 지나치면 해가 될 수 있다는 사실에 전적으로 동의한다. 주변에서 종종 자신의 과거에서 헤어나지 못하고, 과거의 노예가 되어 사는 사람들을 본다. 혹은 앞으로 있을 일에 대하여 지나친 두려움에 사로잡혀 사는 사람들도 있다. 이런 사람들은 너무 많은 생각을 하다가 이렇게 되었다고 할 수 있다. 사람은 오늘 이 순간을 어떻게 성실하게 살아낼 것인가를 생각하는 것이 가장 지혜롭다. 사람이 너무 깊은 생각에 빠지는 것은 하나님의 뜻이 아니므로 하나님이 그에게 누림과 즐김을 주시지 않을 것이다. 하루 하루를 복되고 행복하게 사는 것이 하나님의 뜻이다.

II. 자서전적 회고(1:12-12:7)

C. 지혜와 운명(6:1-9:10)

코헬렛은 앞 섹션에서처럼 이 섹션에서도 다양한 주제들에 대한 가르침을 이어 간다. 앞 섹션이 그랬던 것처럼 그의 가르침의 일부는 우리가 전적으로 동의할 수 있는 것이지만, 어떤 가르침은 추가 설명이 필요하거나 보완되어야 한다. 본문은 다음과 같이 구분될 수 있다.

A. 부와 명예(6:1-9)
B. 무능함과 미련함(6:10-12)
C. 모순적인 통찰(7:1-10)
D. 지혜와 죽음(7:11-12)
E. 균형(7:13-18)
F. 지혜와 성찰(7:19-22)
G. 깨달음(7:23-29)
H. 권력과 복종(8:1-9)
I. 지체된 심판(8:10-14)
J. 누림과 즐김(8:15-17)

K. 운명적인 죽음(9:1–3)
L. 죽음보다 나은 삶(9:4–6)
M. 누림과 즐김(9:7–10)

II. 자서전적 회고(1:12–12:7)
C. 지혜와 운명(6:1–9:10)

1. 부와 명예(6:1–9)

[1] 내가 해 아래에서 한 가지 불행한 일이 있는 것을 보았나니 이는 사람의
마음을 무겁게 하는 것이라 [2] 어떤 사람은 그의 영혼이 바라는 모든 소원에
부족함이 없어 재물과 부요와 존귀를 하나님께 받았으나 하나님께서 그가
그것을 누리도록 허락하지 아니하셨으므로 다른 사람이 누리나니 이것도 헛
되어 악한 병이로다

[3] 사람이 비록 백 명의 자녀를 낳고
또 장수하여 사는 날이 많을지라도
그의 영혼은 그러한 행복으로 만족하지 못하고
또 그가 안장되지 못하면
나는 이르기를 낙태된 자가 그보다는 낫다 하나니
[4] 낙태된 자는 헛되이 왔다가
어두운 중에 가매
그의 이름이 어둠에 덮이니
[5] 햇빛도 보지 못하고
또 그것을 알지도 못하나
이가 그보다 더 평안함이라
[6] 그가 비록 천 년의 갑절을 산다 할지라도
행복을 보지 못하면
마침내 다 한 곳으로 돌아가는 것뿐이 아니냐

[7] 사람의 수고는 다 자기의 입을 위함이나
그 식욕은 채울 수 없느니라
[8] 지혜자가 우매자보다 나은 것이 무엇이냐
살아 있는 자들 앞에서 행할 줄을 아는
가난한 자에게는 무슨 유익이 있는가
[9] 눈으로 보는 것이 마음으로 공상하는 것보다 나으나
이것도 헛되어 바람을 잡는 것이로다

코헬렛은 5장 후반부에서 부와 연결한 두 가지 사례를 통해 삶의 허무함에 대해 말했다. 첫째는 재산이 많아질수록 온갖 고민과 걱정도 많아져 밤이면 편안히 잘 수 없는 폐단이다(5:12). 둘째는 설령 재산을 지킨다 해도 누리지 못하고 온갖 울분과 고생과 분노에 시달리며 살다가 죽을 때는 빈손으로 떠나는 폐단이다(5:15-17). 이제 그는 셋째 폐단에 대해 말하고자 한다. 그는 사람의 마음을 참으로 무겁게 하는 불행한 일을 보았다는 말로 이야기를 시작한다(1절). '불행한 일'(רָעָה)은 '악, 악한 일'이며 일어나서는 안 되는 이치에 맞지 않는 나쁜 일을 뜻한다. '사람의 마음을 무겁게 하는 일'(רַבָּה הִיא עַל־הָאָדָם)을 직역하면 '사람들에게 흔히 있는 일'이다(아가페, 현대어, NAS, cf. LXX). 코헬렛이 말하고자 하는 것은 이런 일이 삶에서 너무나 자주 일어난다는 것이다.

어떤 폐단인가? 사람이 바라고 희망하는 온갖 재물과 부요와 존귀를 갖고도 누리지 못하는 일이다(2절). '재물'(עֹשֶׁר)과 '부요'(נְכָסִים)는 비슷한 말이지만, 재물은 집과 땅 등을, 부요는 가축들을 의미한다(NIDOTTE). 오늘날로 말하면 사람이 욕심을 부린 만큼 부동산과 동산을 소유한다는 뜻이다. '존귀'(כָּבוֹד)는 존귀함과 존경 등을 뜻한다. 이 부자는 사람이 삶에서 추구하는 모든 것을 가졌다.

문제는 그가 모든 것을 가졌지만, 결코 누리지 못한다는 것이다. 더기가 막힌 것은 그가 가진 모든 것이 하나님이 그에게 주신 축복인데,

정작 하나님이 그가 그 축복을 누리지 못하도록 누림은 허락하지 않으셨다는 사실이다(2b절). '누리다'(אכל)는 '먹다'라는 뜻이다. 사람이 일해서 수확한 곡식을 먹는 것은 당연한 일이다. 그러므로 코헬렛은 이 단어를 사용하여 이 부자는 쌓은 부에 대한 권리를 거부당했다는 점을 강조한다. 다른 사람이 그가 축적한 부를 누린다(2c절, cf. 2:18-19). '다른 사람'(אִישׁ נָכְרִי)을 직역하면 '이방인'이다. 그가 쌓은 부를 누릴만한 위치에 있지 않은, 전혀 상관없는 사람들이다. 코헬렛에게는 가족들과 친지들도 '이방인들'이다(Gordis). 그들이 그가 평생 축적해 놓은 부를 '먹는다'(אכל). 코헬렛은 세상말로 '버는 사람 따로 있고, 쓰는 사람 따로 있다'면서 탄식하고 있다.

어떤 상황일까? 정확하게 알 수는 없지만, 부자가 건강상의 이유 등으로 하나님께 받은 축복을 마음껏 누릴 수 없는 상황일 것이다. 그러므로 하나님께 축복으로 받은 부를 누리지 못하는 것도 헛되며(הֶבֶל), 악한 병이다(2d절). '병'(חֳלִי)은 그가 어떤 지병을 앓고 있다는 것을 암시하는 것이 아니라, 가지고도 쓰지 못하는 폐단을 두고 하는 말이다.

고대 사람들은 자녀를 많이 낳는 것(cf. 창 24:60; 신 11:21; 28:4)과 오래 사는 것(출 23:26; 신 30:20; 시 91:16; 사 65:20)을 사람이 누릴 수 있는 가장 큰 축복이라 생각했다. 코헬렛은 자녀를 백 명이나 낳고 참으로 장수한 사람의 상황을 가정한다(3절). 세상의 눈에는 더없이 큰 축복을 받은 사람이다. 그러나 만일 그가 그러한 행복으로 만족하지 못하면 차라리 낙태된 자가 그보다 낫다. '그러한 행복'(הַטּוֹבָה)을 직역하면 '그 좋은 것/일'이며 장수와 다산을 뜻할 수도 있지만, 그가 소유했지만 누리지 못하는 많은 재산을 뜻한다(cf. 새번역, NAS, NIV, NIRV, NRS, TNK). 코헬렛은 사람이 누리든 누리지 못하든 상관없이 재산, 특히 하나님이 복으로 내려 주신 부는 좋은 것이라고 한다. 그러므로 하나님이 부를 주신 사실 자체로 만족할 수 있어야 한다고 한다.

또한 죽어서 편안히 안장되지 못하면 아무리 많은 자식을 두고, 아무리 장수할지라도 낙태된 자보다 못하다(3d-e절). '낙태된 자'(הַנֵּפֶל)는 '유산된 아이'를 뜻한다(HALOT). 아이들을 신들의 축복으로 생각했던 고대 사회에서 잉태된 아이를 일부러 낙태시킬 일은 거의 없었다. 그러므로 이 아이는 자연적으로 유산된 것이다. 고대 사회에서는 사람이 죽어서 제대로 된 장례식 절차에 따라 묘지에 안장되는 일을 참으로 중요시 여겼다(cf. 삼상 31:11-13; 왕상 14:10-11; 사 14:19-20; 렘 16:4-5). 이러한 정서에서 코헬렛은 사람이 죽어서 제대로 안장되지 못하면 그가 살아생전 누렸던 모든 행복이 헛되다고 한다.

마소라 사본에는 4-5절의 주어가 없다. 그러므로 4절이 낙태된 자에 관한 것인지, 부자로 죽은 자에 관한 것인지가 확실하지 않다(cf. Shepherd). '이름이 어둠에 덮인다'는 말을 근거로 이름은 태어난 사람이 갖는 것이라며, 재산을 누리지 못하고 죽은 부자가 주어라고 하는 주석가가 있다(Fox). 그러나 '이름'(שֵׁם)을 존재(being)의 상징으로 해석하면 낙태된 자가 맞다. 그는 태어나지도 못하고 어둠에 덮인(잊힌) 존재가 되는 것이다(cf. 새번역, 공동, 아가페, 현대어).

코헬렛은 왜 낙태되어 태어나지 않은 자가 삶을 즐기지 못하고 살다가 죽는 자보다 낫다고 하는가? 사람이 태어나서 삶을 즐기지 못하고 고생만 하다가 죽는다면, 아예 태어나지 않아 삶의 어떠한 고통도 겪어 보지 않고, 한 번의 아픔도 겪어 보지 않은 낙태된 자보다 나을 게 없다는 것이다. 그러므로 낙태된 자가 삶을 누리지 못하고 죽은 자보다 더 평안하다(5절). 코헬렛은 사람의 삶에서 가장 중요한 것은 즐김이라고 한다(Fox).

사람이 천 년의 갑절을 산다 할지라도(우리말로 '천년 만년 살지라도') 행복을 보지 못하면 삶은 의미가 없다(6a-b절). 그도 죽어서는 결국 낙태된 자가 간 곳으로 가기 때문이다(6c절). 삶을 누리지 못하고 산 사람이나, 낙태된 자나 죽은 후 가는 곳이 같다면, 살다가 죽은 사람이 태어나기도 전에 죽은 사람보다 나은 것이 하나도 없다는 논리이다.

코헬렛은 사람의 수고는 다 자기 입을 채우기(만족 시키키) 위함이라고 하는데(7a절), '입'(פֶּה)을 '스올', 곧 죽음으로 해석하는 이들도 있다(Bartholomew, Murphy). 사람은 모두 죽는다는 뜻이다. 그러나 입을 사람의 욕망으로 해석하면 인간은 모두 자기 욕망/욕심을 채우기 위해 노동한다는 의미이다(Fox, Towner, cf. 잠 16:26). 안타까운 것은 아무리 수고해도 바라는 것을 가질 수 없는 현실이다(7b절). 그러므로 사람은 삶을 누리거나 즐기지 못하고 죽는다. 사람은 욕망/욕심을 채울 수 있을 때 행복할 수 있는데, 사람의 욕심에는 끝이 없기 때문이다.

코헬렛이 삶의 허무함에 대해 논하는 상황에서 지혜의 가치에 대해 말하는 8절이 문맥에 잘 어울리지 않는다. 그래서 일부 학자들은 8절이 다른 곳에서 실수로 유입된 것이라 하기도 한다(cf. Fox). 그러나 코헬렛이 사람이 욕심을 채움에 있어서 지혜가 전혀 도움이 되지 않는 것으로 간주하면 흐름에 별 문제가 없다. 삶을 즐기고 누리는 일에 있어서 지혜는 도움이 되는 것일까? 그는 전혀 도움이 되지 않는다고 한다(8a절).

다음 문장(8b-c절)은 번역과 해석이 매우 어렵다(cf. Murphy, Scott, Shepherd). 아마도 코헬렛이 자신이 하는 말을 입증하기 위해 한 예를 드는 듯하다. 사람이 어떻게 처신해야 하는지에 대해 아는 사람, 곧 지혜를 가진 사람이 가난하다면 그는 삶을 즐길 수 없으므로 무익하다고 한다(8b-c절). 코헬렛은 삶을 누리는 일에 있어서 어느 정도의 부는 필수적이라고 생각한다. 그러므로 지혜가 있어도 재산이 없으면 삶을 즐길 수 없다. 역으로 말하자면 재산이 아무리 많아도 즐길 수 없다면, 가난한 사람보다 나은 것이 없다.

눈으로 보는 것이 마음으로 공상하는 것보다 낫다(9a절). 실물을 직접 보고 만지며 즐기는 것이 방황하는 마음(생각)보다 더 좋다는 뜻이다(cf. Fox). 이미 가진 것으로 만족하면서 사는 것이 가지지 못한 것을 갈망하고 고민하는 것보다 더 낫다(Shepherd). 그러나 이것도 헛되며(הֶבֶל),

바람을 잡으려는 것처럼 허무하다(9b절).

코헬렛은 하나님의 축복으로 많은 재물을 가졌지만 누리지 못하는 자의 슬픔을 지적하며 이런 일을 볼 때마다 삶이 헛되다고 한다(1-2절). 이러한 생각은 매우 이기적이라 생각된다. 하나님이 사람에게 재물을 주실 때는 단지 그 사람을 위한 것만은 아니다. 주변에 어려운 사람을 돕게 하기 위해서도 주신다는 것이 잠언의 가르침이다. 그러므로 하나님이 주신 부를 서로 나누다 보면 남을 돕는 기쁨과 만족감을 얻을 수 있다. 또한 열심히 일해 모은 재산을 자식이 마음껏 쓰는 것을 보는 부모의 마음도 기쁘다. 그러므로 하나님이 주시는 부를 즐기고 누리는 방법에 있어서 자신이 모든 것을 홀로 누려야 한다고 생각하는 것은 참으로 편협하다 할 수 있다.

코헬렛은 삶을 누리지 못하는 사람은 낙태된 아이와 다를 바 없다고 한다(3-5절). 이 또한 '누리는 자'의 사치라 할 수 있다. 만일 우리가 낙태된 아이에게 질문을 한다면, 그는 절대 코헬렛의 주장에 동의하지 않을 것이다. 삶이 때로는 고단하고 아프다는 것을 인정해야 한다. 그럼에도 불구하고 성경은 삶이 태어나지 않은 것보다는 훨씬 더 복되고 좋은 것이라고 한다.

코헬렛은 장수한 사람이라도 삶을 누리지 못하다가 죽으면 태어나기 전에 죽은 낙태된 자와 가는 곳이 같기 때문에 삶이 허무하다고 한다(6절). 그는 이러한 말을 하면서 죽음을 매우 부정적인 것으로 간주한다. 그러나 만일 누리지 못하는 삶이 그렇게 나쁘다면, 죽음이 좋은 것이 아닌가! 그러므로 코헬렛은 스스로 모순적인 논리에 빠져 있다(Fox). 게다가 내세에 대해 별로 아는 것이 없는 그와는 달리 우리는 죽으면 어떤 일이 있을 것인가에 대해 정확히 안다. 그러므로 코헬렛처럼 죽음에 대해 부정적일 필요는 없다.

그는 지혜가 사람이 부를 쌓는 일에 별로 도움이 되지 않으므로, 지혜도 허무하다고 한다(8절). 지혜가 부를 쌓는 일에 도움이 될 수도 있지만, 되지 않을 수도 있다. 그러나 지혜는 하나님이 축복으로 주신 부를 어떻게 사용해야 하는가에 대해 가르쳐 주는 역할을 한다. 그러므로 지혜는 어리석음보다 낫다.

코헬렛은 눈에 보이는 것을 즐기는 것이 낫다며 '카르페디엠'의 원리를 강조한다(9절). 물론 우리는 오늘을 성실하게 최선을 다해 살아야 한다. 그러나 우리에게는 내일이 있고, 내세도 있다. 그러므로 마음으로 상상하고 생각하는 것은 헛되지 않다. 미래에 대한 지혜이다.

II. 자서전적 회고(1:12-12:7)
C. 지혜와 운명(6:1-9:10)

2. 무능함과 미련함(6:10-12)

10 이미 있는 것은
무엇이든지 오래 전부터
그의 이름이 이미 불린 바 되었으며
사람이 무엇인지도 이미 안 바 되었나니
자기보다 강한 자와는 능히 다툴 수 없느니라
11 헛된 것을 더하게 하는 많은 일들이 있나니 그것들이 사람에게 무슨 유익
이 있으랴 12 헛된 생명의 모든 날을 그림자 같이 보내는 일평생에 사람에게
무엇이 낙인지를 누가 알며 그 후에 해 아래에서 무슨 일이 있을 것을 누가
능히 그에게 고하리요

10절은 번역하기가 매우 어렵지만, 전반적인 의미를 구상하는 것은 어렵지 않다. 코헬렛은 "해 아래 새로운 것이 없다"는 1:4-11의 내용을 다른 말로 표현하고 있다. 이미 세상에 있는 것은 오래전부터 이름으로 불린 것들이다(10a-c절). 창조주에 의해 존재하도록 명령을 받았다는 뜻이다(Fox, cf. 창 1장). 그러므로 오늘 세상에 있는 것들 중 과거에 없었던 것은 없다. 해 아래 새로운 것은 없다는 논리이다.

인간도 이미 오래전에 창조된 모든 것을 알고 있다. 창세기 2장은 인간이 짐승들에게 이름을 지어 주는 일을 통해 짐승들에 대한 사람의 주권을 확인하는 이야기가 나온다. 이곳에서도 사람이 세상 모든 것을 오래전부터 이름으로 불렀고 그것들을 안다는 것은 인간이 자연 세계에 대하여 절대적인 주권을 행사한다는 것을 암시한다.

사람이 자연 세계를 지배한다고 해서 자기보다 강한 자와 다툴 수는 없다(10e절). '강한 자'(שֶׁתַּקִּיף)는 누구인가? 바로 세상을 창조하신 하나님이다(Fox, cf. 현대어). 코헬렛은 욥처럼 사람이 하나님과 다투면 안 된다고 한다. 세상의 모든 것은 이 '강하신 분'이 창조한 것이며, 사람도 그가 창조하셨고, 잠시 살다가 가는 존재이다. 유대인 주석가들은 삶의 덧없음을 스쳐 지나가는 그림자에 비교했는데(cf. 시 144:4), 이 그림자마저도 야자수처럼 기다란 나무의 그림자가 아니라, 날아가는 참새의 그림자라고 했다! 짧아도 너무 짧다는 것이다. 스쳐 지나가는 참새의 그림자처럼 짧은 삶을 사는 사람이 영원히 사시는 하나님과 다투는 것은 아무런 의미가 없다. 또한 토기가 토기장이에게 대드는 것처럼 어리석은 일이다(cf. 렘 18장).

개역개정이 '많은 일들'로 번역한 히브리어 문구(דְּבָרִים הַרְבֵּה)는 '많은 말'로 해석될 수 있으며 대부분 번역본들이 '많은 말'을 선호한다(새번역, 아가페, 현대어, NAS, NIV, NRS, ESV, TNK). 그러므로 11절은 '말이 많을수록 빈 말이 많아진다. 그러므로 많은 말이 사람에게 유익하지 않다'는 의미이다. 코헬렛은 되도록이면 말을 많이 하지 말라고 권면하고 있다.

이어 그는 사람이 알 수 없는 것 두 가지에 대하여 탄식한다(12절). 첫째, 허무하고 덧없는 인간의 삶에서 무엇이 낙인지 알려 줄 사람이 없다. 그는 평생 삶의 낙이 무엇인지를 추구했지만, 이렇다 할 답을 알려 주는 사람이 없다고 한다. 둘째, 사람이 죽으면 그 이후 어떻게 되는가에 대하여 알려 주는 사람이 없다.

코헬렛은 인간의 삶이 덧없고 허무하다 해서 그를 창조하신 창조주와 다툴 수는 없다고 한다(10절). 사람이 하나님의 모양과 형상대로 만들어진 것은 사실이지만(cf. 창 1장), 사람도 그가 창조하신 피조물이기 때문이다. 그러므로 같은 일이 한없이 반복되는 세상에서 삶이 불합리하고 덧없어도 숙명으로 받아들이고 그냥 살아야 한다는 권면이다.

그의 삶에 대한 자세는 왜 사람이 지나치게 많은 생각을 하면 안 되는지를 보여 준다. 하나님은 세상을 아름답게 창조하셨고 사랑하신다. 그러므로 독생자까지 보내셔서 세상에 사는 인간을 구원하기를 원하신다(요 3:16). 반면에 가장 지혜롭다는 코헬렛은 되풀이되는 것들로 가득한 세상과 창조주와 다툴 수 없다며 허무주의에 빠져 있다.

이미 언급한 것처럼 세상은 같은 일이 반복되는 것으로 보이지만, 실상은 항상 새롭다. 항상 독특하고 개성 있는 새 피조물들이 태초부터 지금까지 이어지는 '반복'을 이어 가고 있기 때문이다. 또한 성경은 언제든 인간은 창조주와 교제할 수 있다고 한다. 심지어 예레미야는 하나님과 다투기까지 했다. 코헬렛은 세상을 창조하신 분은 인간에게 세상 말로 '가까이 하기에는 너무 먼 당신'이라 하지만, 성경은 인자하시고 자상하셔서 언제든 우리와 대화하기를 원하시는 분이라 한다. 또한 하나님이 인간을 창조하신 것은 그와 교제하기 위해서라는 사실을 기억해야 한다.

코헬렛은 말이 많은 것은 바람직하지 않다며 잠언의 교훈을 상기시킨다(11절). 많은 말은 사람에게 유익하지 않다. 말이 많으면 실수도 많기 때문이다. 그러므로 그의 가르침은 우리가 마음에 새겨야 한다.

코헬렛은 삶의 의미와 낙이 무엇인지 알려 줄 사람이 없다며 절망한다(12a절). 그는 스스로 모순적인 말을 하고 있다. 앞에서 그는 몇 차례나 먹고 마시며 하는 일을 즐기는 것이 삶의 의미이고 낙이라고 했다. 이제 와서는 삶의 낙이 무엇인지 알 수 없다고 한다. 전통적으로 유대인 해석가들은 성경을 공부하는 것이 삶의 낙이고 기쁨이라고 했다(cf. Fox). 라쉬밤(Rashbam)은 사람이 선한 일을 하는 것이 삶의 낙이 되어야 한다고 했다. 하나님은 삶의 의미와 기쁨이 무엇인가를 성경을 통해 우리에게 알려 주셨다. 그러므로 코헬렛처럼 절망할 필요가 없다.

또한 그는 내세에 대하여도 알려 줄 자가 없다며 좌절한다(12b절). 그는 예수님이 오시기 전 시대에 살았기 때문에 이렇게 좌절한다. 반면에 우리는 주님을 통해 미래(내세)가 어떻게 될 것인가를 안다. 유대인 해석가들도 사람이 성경을 공부해야 하는 이유는 그 안에 영생이 있기 때문이라고 했다(cf. Fox). 그들도 사람이 죽으면 어디로 가는지를 알았던 것이다. 그러므로 코헬렛처럼 절망할 이유가 없다. 우리는 소망과 긍정으로 내세에 대하여 낙관할 수 있다.

II. 자서전적 회고(1:12–12:7)
C. 지혜와 운명(6:1–9:10)

3. 모순적인 통찰(7:1–10)

1 좋은 이름이 좋은 기름보다 낫고
죽는 날이 출생하는 날보다 나으며
2 초상집에 가는 것이 잔칫집에 가는 것보다 나으니
모든 사람의 끝이 이와 같이 됨이라
산 자는 이것을 그의 마음에 둘지어다
3 슬픔이 웃음보다 나음은
얼굴에 근심하는 것이 마음에 유익하기 때문이니라
4 지혜자의 마음은 초상집에 있으되
우매한 자의 마음은 혼인집에 있느니라
5 지혜로운 사람의 책망을 듣는 것이
우매한 자들의 노래를 듣는 것보다 나으니라

[6] 우매한 자들의 웃음 소리는
솥 밑에서 가시나무가 타는 소리 같으니
이것도 헛되니라
[7] 탐욕이 지혜자를 우매하게 하고
뇌물이 사람의 명철을 망하게 하느니라
[8] 일의 끝이 시작보다 낫고
참는 마음이 교만한 마음보다 나으니
[9] 급한 마음으로 노를 발하지 말라
노는 우매한 자들의 품에 머무름이니라
[10] 옛날이 오늘보다 나은 것이 어찌됨이냐 하지 말라
이렇게 묻는 것은 지혜가 아니니라

몇 가지 예외가 있기는 하지만, 이 섹션은 전반적으로 '…이 …보다 낫다'는 형식의 가르침이다. 삶의 모든 것이 의미가 없다고 했던 코헬렛이 삶에서 좋은 일들을 지적하는 것이 다소 모순적이라 할 수도 있다(cf. Bartholomew). 그러나 그가 모든 것이 허무하다고 함은 삶의 모든 것이 부질없다는 말이 아니다. 그도 어느 정도 가치와 의미가 있는 것들이 있다고 인정한다. 이 섹션은 바로 그가 어느 정도 가치가 있다고 하는 것의 일부를 보여 준다.

첫째, 좋은 이름과 죽는 날이 기름과 출생하는 날보다 낫다(1절). 이 말씀은 "많은 재물보다 명예를 택할 것이요 은이나 금보다 은총을 더욱 택할 것이니라"(잠 22:1)는 권면과 맥을 같이 한다. '좋은 이름'(שֵׁם טוֹב)은 '명예, 사람들에게 좋게 기억되는 것' 등을 의미한다(NIDOTTE, TWOT, cf. 욥 18:17; 잠 10:7). '기름'(שֶׁמֶן)은 잔치에서 나눠 주는 럭셔리 아이템(luxury item)일수도 있지만(cf. 사 3:20, Bartholomew, Towner), 본문이 죽음에 대해 언급하는 것으로 보아 장례 절차에서 사용하는 향이 진한 기름이 거의 확실하다(cf. 요 19:39). 향유와 방향성 수지를 채취하는 발

삼 나무의 기름이라고 하는 해석도 있다(Rashbam). '좋은 이름이 좋은 기름보다 낫다'의 히브리어 문장(טוֹב שֵׁם מִשֶּׁמֶן טוֹב)은 소리가 거의 같은 단어들을 반복하면서 '기름처럼 부드럽게 넘어간다'(Fox).

어떻게 죽는 날이 출생하는 날보다 나은가? 사람의 명예와 위상은 죽는 날까지 고정되지 않는다. 살아 있는 한 언제든 스스로 평생 쌓아 온 좋은 평판을 망칠 수 있기 때문이다. 반면에 죽으면 더 이상 흠집을 낼 수 없기 때문에 좋은 이름을 얻기 위해 탄생하는 날보다, 좋은 이름을 남기고 죽는 날이 더 낫다는 논리이다(cf. Rashbam). 이 구절의 첫 문장은 당시 유통되던 격언이었고, 두 번째 문장은 코헬렛의 독자적인 생각이라는 추측이 있다(Gordis).

둘째, 초상집에 가는 것이 잔칫집에 가는 것보다 낫다(2절). 먹고, 마시고, 하는 일을 즐기는 일을 통해 삶의 낙을 찾으라고 했던 코헬렛이 잔칫집이 초상집보다 못하다고 하는 것에 대해 다소 의아해할 수도 있다. 그가 여기서 하고자 하는 말은 사람은 항상 죽음을 의식하며 살라는 것이다(2c절). 모든 사람의 끝은 죽음이기 때문이다(2b절). 죽음은 이 세상 그 누구도 피해갈 수 없다. 그러므로 죽음을 의식하며 사는 사람은 지혜롭다. 죽음을 의식하며 사는 사람은 조금 더 선을 행할 수 있고, 조금 더 경건한 삶을 살 수 있다.

셋째, 슬픔이 웃음보다 낫다(3절). 사람의 얼굴은 그의 마음을 드러낸다. 그러므로 이 말씀은 "마음의 즐거움은 얼굴을 빛나게 하여도 마음의 근심은 심령을 상하게 하느니라"(잠 15:13)는 말씀과 직접 대치되는 듯하지만, 그렇지 않다. '슬픔'(כַּעַס)은 화를 내는 것을, '웃음'(שְׂחֹק)은 불편한 상황을 웃어 넘기는 것을 뜻한다(HALOT, TWOT). 그러므로 이 말씀은 누가 잘못했을 때 화를 내서(직언을 해서) 그가 경고하는 것이, 별 의미 없는 웃음으로(Ogden) 무조건 좋게 넘어가는 것보다 낫다는 뜻이다(Seow, cf. 잠 14:13, TNK). 예수님도 성전이 강도의 소굴이 된 것을 보고 화를 내셨다(마 21:12-13). 무엇을 잘못한 사람에게 싫은 내색을 할 때 그가 지혜로운 사람이라면 자신을 반성할 것이고, 반성하여 얼굴로 근심하는 것이 마음에는 유익하다(3절).

넷째, 지혜로운 사람의 마음은 초상집에 있으며, 우매한 자의 마음은 혼인집에 있다(4절). 직역하면 '초상집'(בֵּית אֵבֶל)은 '슬픔의 집, 슬퍼하는 집'이며 '혼인집'(בֵּית שִׂמְחָה)은 '기쁨의 집, 잔치하는 집'이다. 그러므로 이 '초상집'을 반드시 장례식과 연결시킬 필요는 없으며, '혼인집'도 결혼식과 연결할 필요는 없다(cf. Shepherd). 코헬렛은 단순히 슬퍼하는 자들과 함께 슬퍼하는 것이 기뻐하는 자들과 함께 기뻐하는 것보다 낫다고 한다. 이 말씀도 '카르페디엠'(Carpe Diem) 원리와 잘 어울리지 않는다(Bartholomew, Shepherd).

이 말씀은 2절과 비슷하다. 지혜로운 사람은 인간의 고통과 죽음을 의식하여 신중하게 살지만, 어리석은 자들은 즐기는 일에만 급급하다. 또한 사람이 이웃에게 가장 큰 도움이 되는 때는 그가 아플 때 곁을 지키며 함께 아파하는 것이다. 그가 기뻐할 때에 그의 곁을 지키며 함께 기뻐할 자들은 많다. 지혜로운 사람은 울 때와 기뻐할 때를 구분할 줄 알아야 한다. "즐거워하는 자와 함께 즐거워하고 우는 자와 함께 울라"(롬 12:15)가 생각나게 하는 말씀이다.

죽음을 항상 의식하며 살라는 코헬렛의 권면은 사람이 죽는 것에 대해 참으로 안타까워하고, 또한 살아 있는 동안 마음껏 즐기라고 한 그의 가르침과 다소 모순적이라 할 수 있다(cf. 9:7-10; 11:9-10). 아마도 그가 사람들에게는 인생을 즐기라고 하면서도 정작 자신은 즐기지 못하고, 모든 것을 허무하게 하는 죽음에 대해 안타까워하며 항상 죽음을 의식하고 살고 있기 때문에 이런 모순적인 현상이 벌어지는 듯하다(cf. Fox).

다섯째, 지혜로운 사람의 책망을 듣는 것이 우매한 자들의 노랫소리를 듣는 것보다 낫다(5-6절). 잠언은 책망이 지혜로운 사람에게 얼마나 소중한가에 대해 이렇게 말한다: "한 마디로 총명한 자를 경계하는 것이 매 백 개로 미련한 자를 때리는 것보다 더욱 깊이 박이느니라"(잠 17:10). 지혜로운 사람의 책망과 권면은 삶에 도움이 된다.

그러나 우매한 자들의 노랫소리(웃음소리, 칭찬)는 가식과 빈말로 가득하다. 코헬렛은 우매한 자들의 웃음소리를 가시나무가 타는 소리에 비교한다. 가시나무는 화력은 없으면서 타는 소리는 요란하다. 그들의 격려와 위로는 '속 빈 강정'이라는 뜻이다. 그러므로 우매한 자들의 웃음소리(노랫소리)도 헛되다. 한 귀로 듣고 한 귀로 흘려 보내라는 뜻이다.

여섯째, 탐욕과 뇌물은 지혜와 사리 판단을 흐리게 한다(7절, cf. 출 23:8; 신 16:19). 이 섹션의 흐름과 잘 어울리지 않는 말씀이다. 앞 섹션(1-6절)과 다음 섹션(8-10절)의 전환(transition)으로 본문이 사용되는 듯하다(Delitzsch). 지혜는 분명 어리석음보다 낫지만, 지혜도 뇌물과 탐욕으로 부패할 수 있다(Seow).

'탐욕'(עֹשֶׁק)은 억압(oppression)과 강탈(extortion) 등을 뜻하며 권력자(재판관)가 행사하는 것이다. '뇌물'(מַתָּנָה)은 판결에 영향을 미치기 위해 소송 중인 사람이 권력자(재판관)에게 바치는 선물이다. 그러므로 코헬렛은 부정한 수입은 주지도, 받지도 말라고 한다. 법정에서 불의한 판결을 자제하라는 권면이다. 세상에서 일어나는 모든 일이 허무하다고 하던 그가 불의한 재판을 하지 말라며 세상 일에 관심을 갖는 것은 다소 의아할 만한 일이라 할 수 있다.

일곱째, 일의 끝이 시작보다 낫고, 참는 마음이 교만한 마음보다 낫다(8절). 코헬렛은 앞에서 죽음이 태어남보다 낫다고 했다(1-2절). 같은 맥락에서 일을 끝내는 것이, 시작하는 것보다 낫다고 한다. 당연하다. 일을 끝내면 분명 성취감이 있어 자신이 하는 일을 즐길 수 있을 것이기 때문이다. '일'(דָּבָר)을 '말'로 해석하면 상대방의 말을 모두 듣고 난 다음에 대꾸하라는 뜻으로 풀이될 수 있다(Rashbam). 말은 끝까지 들어봐야 상대방이 어떤 의미로 그런 말을 하는지 알 수 있기 때문이다.

1행과 2행을 연결해서 읽으면 2행은 참는 사람만이 일을 끝낼 수 있다고 한다(혹은 상대방의 말을 끝까지 들어주는 것에는 참는 마음이 필요하다). 세상에 쉬운 일은 없다. 반면에 중간에 그만 두어 끝내지 못하는 사람들 중에는 교만해서 일을 마무리하지 않는 사람도 있다(혹은 상대방의 말을 끝까지 듣지 않고 중간에 끊는 사람은 교만하다는 의미로 해석할 수도 있다).

여덟째, 급한 마음으로 화를 내는 것은 우매한 자들이나 하는 짓이다(9절). '노'(כַּעַס)는 개역개정이 3절에서 '슬픔'으로 번역한 단어이며 화를 내는 것을 뜻한다(HALOT). 앞에서는 '슬픔/노'가 웃음보다 낫다고 했기 때문에 이 말씀과 대립한다고 생각할 수도 있지만, 그렇지는 않다. 이 말씀은 3절의 경우를 인정한다. 사람이 때로는 화를 낼 때가 있다는 것이다. 단지 너무 성급하게, 자주 화를 내지 말라는 권면이다. 앞뒤 생각도 해 보지 않고 화부터 내고 보는 것은 우매한 자들이나 하는 짓이기 때문이다.

아홉째, 지금보다 더 좋은 시절에 대하여 묻는 것은 지혜가 아니다(10절). 코헬렛은 오늘보다 더 좋은 과거가 있다는 가능성을 부인하지 않는다(Fox). 그는 단지 그날과 오늘을 비교하는 것은 지혜가 아니라고 한다. 과거에 집착하거나 과거에서 살지 말고 현재를 성실하게 살아내라는 권면이다. 과거가 오늘보다 더 좋았다는 것은 과거에 대해 무지함을 보여 주는 것이며(Longman), 해 아래 새로운 것이 없다는 것과 상반된다(Crenshaw).

코헬렛은 그동안 지루한 반복으로 이어지는 세상은 허무하고 덧없다고 했지만, 이 섹션에서는 삶에서 추구할 만한 가치들과 소중한 것들이 있다고 한다. 명예(1–2절)와 진솔한 권면(3, 5절)과 공평과 정의(7절)와 현실을 성실하게 사는 것(10절) 등이다. 그러므로 학자들은 책이 전개될수록 그의 논리와 주장의 모순과 한계를 조금씩 지적한다(cf. Bartholomew, Fox, Shepherd).

이러한 가치들이 어디에서 왔을까? 자기 백성에게 율법을 주신 하나님이 세상 사람들에게 주신 보편적인 가치관이다. 그러므로 코헬렛이 스스로 모순에 도달하고 있다고 생각할 필요는 없다. 세상의 이치를 연구하고 살피면 이러한 이치를 통해 어느 정도까지는 하나님께 나아가는 길이 보이기 때문이다.

한 가지 아쉬운 것은 삶에 임하는 코헬렛의 자세이다. 그는 죽음이 세상 모든 것을 망치는 것이라며 죽음을 지나칠 정도로 의식한다. 그렇다 보니 그는 사람들에게 항상 죽음을 의식하며 긴장을 늦추지 말고 삶을 심각하게 살라고 권면한다(cf. 1-4절).

우리는 코헬렛이 권면하는 것처럼 심각하게 삶을 살 필요가 없다. 성경은 하루 하루가 하나님이 창조하신 새 날이기 때문에 감사한 마음으로 즐겁게 살 것을 권면한다(cf. 빌 4:4). 코헬렛이 말하는 대로 우리 모두는 죽는다. 그렇다고 해서 살아 있는 동안 죽음에 대하여 걱정하고 두려워할 필요는 없다. 게다가 아무것도 모르는 코헬렛과 달리 우리는 죽음 이후에 어떤 일이 있을지에 대해 상당히 많이 알고 있다.

그러므로 우리는 오늘을 주님 안에서 기쁘고 즐겁게 살 수 있다. 예수님도 미래에 대하여 염려하지 말라고 하셨다: "그러므로 내일 일을 위하여 염려하지 말라 내일 일은 내일이 염려할 것이요 한 날의 괴로움은 그 날로 족하니라"(마 6:34). 코헬렛의 권면처럼 과거에 있었던 일에 발목을 잡혀 그 일들을 곱씹으며 괴로워하지 말고, 오늘을 기쁘게, 성실하게 사는 것이 하나님의 뜻이다(cf. 10절).

II. 자서전적 회고(1:12-12:7)
C. 지혜와 운명(6:1-9:10)

4. 지혜와 죽음(7:11-12)

11 지혜는 유산 같이 아름답고

햇빛을 보는 자에게 유익이 되도다

12 지혜의 그늘 아래에 있음은

돈의 그늘 아래에 있음과 같으나,
지혜에 관한 지식이 더 유익함은
지혜가 그 지혜 있는 자를 살리기 때문이니라

사람이 삶을 즐기려면 무엇이 필요할까? 코헬렛은 지혜와 유산이라고 한다(11절). 대부분 번역본들이 개역개정이 표현한 것처럼 '지혜는 유산 같이(처럼) 좋다'고 하는데, 다소 아쉬운 번역이다(cf. 새번역, 공동, 아가페, NIV, NRS, TNK). 히브리어 텍스트는 '같이'(כְּ)가 아니라 '함께'(עִם)를 전치사로 사용하고 있다. 그러므로 11절의 더 정확한 의미는 '지혜는 유산과 함께 할 때 아름답다'이다(Fredericks & Estes, Garrett, cf. NAS, ESV). 코헬렛은 지혜는 있지만 어느 정도의 재산이 없으면 유익하지 않다고 하기 때문이다(cf. 6:8; 9:16).

'유산'(נַחֲלָה)은 땅과 집 등 부동산을 물려받는 것을 뜻한다(cf. HALOT, NIDOTTE). 코헬렛은 사람이 수고하지 않고 얻을 수 있는 것들이기 때문에 이 유형의 재산을 좋아한다(Fox). 그렇다면 유산을 받은 사람이 왜 지혜도 겸비해야 하는가? 지혜가 없으면 받은 유산을 잘 지킬 수 없기 때문이다(Rashbam). 한 주석가는 코헬렛의 지혜에 대한 이 같은 주장을 '지혜를 좋지 않게 보는 것'이라고 한다(Longman). 그러나 잠언에 의하면 '지혜'(חָכְמָה)는 삶을 슬기롭고 행복하게 살아가는 데 필요한 기술과 판단력이다. 또한 지혜를 가지고 있으면, 부를 쌓는데도 도움이 된다. 그러므로 유산을 지키는 일에 지혜를 사용하는 것은 괜찮다.

코헬렛은 사람이 행복하려면 지혜와 재산이 필요하다고 하는데, 만일 이 둘 중 하나를 선택해야 한다면 어느 것을 선택해야 하는가? 그는 지혜를 선택하라고 한다(12절). 평상시에는 돈의 그늘 아래 있으나, 지혜의 그늘 아래 있으나 별 차이가 없는 것처럼 생각된다. '그늘, 그림자'(צֵל)는 6:12에서 실체가 없다는 뜻으로 사용되며 삶의 덧없음을 표현한다. 그러나 본문에서는 장수와 보호를 상징한다(Bartholomew,

Fredericks & Estes, Longman, cf. 창 19:8; 삿 9:15; 애 4:20). 그러므로 6:12과 본문은 서로 아이러니(irony)를 형성하고 있다(Shepherd).

평상시에는 지혜와 돈의 효력에 큰 차이가 없어 보인다(cf. Seow). 둘 다 사람을 보호하고 수명을 연장한다. 그러나 위기가 닥치면 재산은 한계를 보이지만, 지혜는 사람을 살릴 수 있다. 그러므로 지혜가 돈보다 낫다는 것이 그의 주장이다. 잠언은 지혜와 돈(부)의 관계에 대해 다음과 같이 말한다(cf. 잠 4:5-7; 11:28).

13 지혜를 얻은 자와 명철을 얻은 자는 복이 있나니
14 이는 지혜를 얻는 것이 은을 얻는 것보다 낫고
그 이익이 정금보다 나음이니라
15 지혜는 진주보다 귀하니 네가 사모하는 모든 것으로도
이에 비교할 수 없도다
16 그의 오른손에는 장수가 있고 그의 왼손에는 부귀가 있나니
17 그 길은 즐거운 길이요 그의 지름길은 다 평강이니라
18 지혜는 그 얻은 자에게 생명 나무라 지혜를 가진 자는 복되도다

세상의 모든 것이 헛되다고 했던 코헬렛이 지혜와 부의 가치에 대해 말하는 것이 다소 생소하다. 아마도 그는 지혜와 부도 사람을 온전히 행복하게 할 수는 없지만, 어느 정도는 도움이 된다는 의미에서 이렇게 말하는 듯하다. 그러나 사람이 지혜만, 혹은 돈만 가지면 소용이 없다. 이 둘을 함께 가질 때 사람을 행복하게 할 수 있는 시너지 효과를 발휘한다. 지혜는 축적한 부를 어디에, 어떻게 사용해야 하는지를 알려 주기 때문이다.

만일 이 둘 중 하나를 택해야 한다면, 그는 지혜를 택하라고 한다. 지혜가 사람의 생명을 보존하는 일에 있어서 돈보다 더 효과적이기 때문이다. 코헬렛은 매우 실용적인 지혜를 말하고 있다. 이때까지 지혜

를 가진 자나 어리석은 자나 죽기는 마찬가지라며 지혜를 평가절하했던 그가 이런 말을 하는 것이 다소 의외라고 할 수 있다(cf. 2:14–16). 그러나 그가 지혜가 우매보다 뛰어남이 빛이 어둠보다 뛰어남 같다고 했던 말(2:13)을 생각하면 그도 지혜가 완전히 무용지물은 아니라는 것을 인정하는 것이다. 사람이 행복하게 오래 살려면 지혜와 어느 정도의 재산이 필요하다는 것은 매우 현실적인 조언이다.

II. 자서전적 회고(1:12–12:7)
C. 지혜와 운명(6:1–9:10)

5. 균형(7:13–18)

13 하나님께서 행하시는 일을 보라
하나님께서 굽게 하신 것을 누가 능히 곧게 하겠느냐
14 형통한 날에는 기뻐하고
곤고한 날에는 되돌아 보아라
이 두 가지를 하나님이 병행하게 하사
사람이 그의 장래 일을 능히 헤아려 알지 못하게 하셨느니라
15 내 허무한 날을 사는 동안 내가 그 모든 일을 살펴 보았더니
자기의 의로움에도 불구하고 멸망하는 의인이 있고
자기의 악행에도 불구하고 장수하는 악인이 있으니
16 지나치게 의인이 되지도 말며
지나치게 지혜자도 되지 말라
어찌하여 스스로 패망하게 하겠느냐
17 지나치게 악인이 되지도 말며
지나치게 우매한 자도 되지 말라
어찌하여 기한 전에 죽으려고 하느냐
18 너는 이것도 잡으며

저것에서도 네 손을 놓지 아니하는 것이 좋으니
하나님을 경외하는 자는 이 모든 일에서 벗어날 것임이니라

코헬렛은 하나님이 굽게 하신 것을 바르게 펼 수 있는 사람은 없다고 한다(13절). '굽다'(עות)는 비뚤어졌다는 뜻이다. 그는 1:15에서 인간은 세상 일에 어떠한 영향력도 행사할 수 없다는 매우 비관적인 운명론을 제시하면서 이 단어를 사용하였다. 차이는 1:15에서는 누가 세상의 일을 굽게 하는지에 대해 직접적인 언급을 하지 않았지만, 본문에서는 하나님이 굽게 하신다고 한다. 하나님이 굽게 하셨다면 누가 곧게 할 수 있겠는가! 사람이 아무리 노력하고 발버둥을 쳐도 하나님이 이미 정하신 일을 바꿀 수 없다면, 모든 것을 운명으로 받아들이고 수긍하며 사는 것이 바람직하다는 것이 그의 논리이다(cf. Gordis).

그러므로 사람은 형통한 날에는 기뻐하고, 곤고한 날에는 되돌아보아야 한다(14a-b절). "형통한 날에는 기뻐하라"(בְּיוֹם טוֹבָה הֱיֵה בְטוֹב)는 '좋은 날에는 좋아하라'는 뜻이다. 앞으로 어떤 일이 닥칠지 모르며 사는 인간이 할 수 있는 최선은 좋은 일이 있을 때 기뻐하는 것이다. "곤고한 날에는 되돌아보라"(בְּיוֹם רָעָה רְאֵה גַּם אֶת־זֶה לְעֻמַּת־זֶה)는 '악한 날(나쁜 일이 생기는 날)'에는 일어난 일에 대해 깊이 생각해 보라는 뜻이다(cf. HALOT, TWOT). '악한 일'(רָעָה)은 하나님의 심판으로 빚어진 일이 아니라, 사람이 살면서 겪는 나쁜 일이다(Fox).

사람이 살다 겪는 좋은 일이나 나쁜 일 모두 하나님이 하시는 일이다(14c절). 욥도 아내를 나무라며 비슷한 말을 한적이 있다: "우리가 누리는 복도 하나님께로부터 받았는데, 어찌 재앙이라고 해서 못 받는다 하겠소?"(욥 2:10, 새번역). 하나님이 좋은 일과 나쁜 일을 함께 인간의 삶에 임하게 하신다(14c절). 성경은 좋은 일뿐 아니라, 나쁜 일도 하나님이 주시는 것이라 한다(cf. 삼상 2:6-8; 사 45:7).

하나님은 왜 좋은 일과 나쁜 일을 주시는가? 사람이 장래 일을 능히 헤아려 알지 못하게 하시기 위해서이다(14d절). 사람은 가까운 미래나 먼 미래에 있을 일에 대해 알 수 없다. 먼 미래에 있을 일은 하나님만이 아신다. 또한 하나님은 사람들의 삶에 좋은 일과 나쁜 일을 섞어 가며 주셔서 그들이 현실에서 눈을 뗄 수 없게 하신다. 이러한 상황에서 사람이 먼 미래에 있을 일에 관심을 갖는 것은 사치다. 그러므로 하나님이 사람에게 좋은 날과 나쁜 날을 섞어 주시는 것은 그를 겸손하게 한다.

코헬렛은 자신의 허무한 날을 사는 동안 참으로 불합리한 일들을 보았다고 한다(15절). 세상에서 일어나는 모든 일이 '허무하다'(הֶבֶל)고 하더니, 이제는 자기의 날들(삶)도 허무하다고 한다. 그가 본 불합리한 일은 두 가지다. 첫째, 참으로 의롭게 산 사람이 멸망하는 일이다(15b절). 둘째, 온갖 악을 행하면서도 장수하는 악인이다(15c절). 왜 이러한 일들이 문제가 되는가? 세상은 의로우신 창조주께서 다스리는 곳이므로 주님의 정의가 이러한 일들을 허용하지 않아야 한다고 생각하기 때문이다.

만일 의로움이 멸망으로부터 사람을 구하지 못하고, 악인들이 장수하는 세상이라면, 어떻게 사는 것이 지혜로운 것인가? 곧 어떻게 살아야 삶을 최대한 누리고 살았다고 할 수 있는가? 코헬렛은 지나치게 의인이 되지 말고 지나치게 지혜자도 되지 말라고 한다(16a-b절). 그는 의와 지혜를 한 쌍으로 묶어 말하고 있다. 다음 절에서는 악과 우매함을 한 쌍으로 묶어 말할 것이다.

지나치게 의롭게 사는 것은 어떤 문제를 안고 있는가? 사람이 지나치게 의롭게 살거나 과하게 지혜롭게 살면 스스로 패망할 수 있기 때문이다(16c절). 악한 세상은 의인과 지혜자를 환영하지 않는다. 그러므로 과하게 의롭고 지혜롭게 사는 것이 악한 세상에서는 별 이득이 없다. 아마도 코헬렛은 우리 말로 '과유불급(過猶不及)'을 강조하고자 하는 듯하다.

유대인 해석가들은 '지나친 의로움'을 하루 종일 기도하는 것으로 해석하기도 하고, 사울이 아말렉 족의 왕 아각을 살려 준 일을 예로 들기도 했다(cf. 삼상 15장). 사울이 아각을 살려 주는 일을 통해 하나님보다 더 의로운 자가 되려고 했다는 것이다.

코헬렛은 자기 자신을 생각하며 '지나치게 지혜자도 되지 말라'는 말을 하는 듯하다(Fox). 자기처럼 지나친 지혜자가 되면 삶의 불합리와 악한 일(15절)을 많이 보게 되어 번뇌하게 될 것이기 때문이다(1:18). 사람이 지혜가 과하면 보지 않아도 될 일을 보고, 깨닫지 않아도 될 일을 깨달아 하지 않아도 될 고민을 하게 된다. 그는 경험자로서 자기 경험을 바탕으로 조언하고 있다.

의인들에게 지나치게 의롭지 말라고 한 코헬렛은 악인들에게도 권면한다(17절). 지나치게 악인이 되지 말고 지나치게 우매한 자도 되지 말라는 것이다. 앞에서 의와 지혜가 쌍으로 언급되었던 것처럼 악과 어리석음이 쌍으로 언급되고 있다. 코헬렛은 모든 사람이 악하다는 것을 안다. 그러므로 그 누구도 악에서 자유로울 수 없으며, 악을 피해서 살 수도 없다. 악은 온 세상에 만연하다. 이러한 상황에서 그는 악인들에게 '적당히/어지간히' 해대라고 경고한다(cf. Crenshaw). 지나치면 기한 전에 죽게 될 것이기 때문이다. 제명을 다 살지 못하고 하나님의 벌을 받아 일찍 죽을 것이라는 경고이다.

코헬렛은 두 가지 모두 놓치지 말고 잡으라 한다(18절). 그가 말하는 두 가지는 무엇인가? 한 주석가는 하나님을 경외하여 지혜롭게 사는 것과 삶의 좋은 것들을 즐기는 것이라고 해석한다(Garrett). 그러나 그렇게 해석하기에는 설득력이 약하다(cf. Bartholomew, Fredericks & Estes, Murphy). 코헬렛은 지나치게 의인이 되지 말라는 권면(16절)과 지나치게 악인이 되지 말라는 경고(17절)를 모두 붙잡고 놓치지 말 것을 당부하고 있다. 전자를 놓치면 스스로 패망하게 될 것이고, 후자를 놓치면 일찍 죽을 것이기 때문이다.

코헬렛은 하나님을 경외하는 자는 이 두 가지를 모두 겸비할 것이라고 확신한다(18c절). 하나님이 굽게 하신 세상에서(13절), 지나치게 의롭고 지혜로운 것도, 지나치게 악하고 어리석은 것도 별로 도움이 되지 않는다(cf. Seow, Shepherd). 의로움과 악 두 가지 모두 우리 말로 '적당히' 추구하라고 한다. 코헬렛은 삶에서 가장 중요한 것은 균형이라고 생각하는 듯하다. 악은 멀리해야 하고, 선한 것도 너무 많으면 부족함만 못하다.

코헬렛이 세상은 하나님이 굽게 하신 것들(정의와 공의가 설명할 수 없는 일들)로 가득하다라고 말하는 것은(13절) 성경이 강조하는 의롭고 자비로우신 하나님과는 동떨어진 말이다. 세상에는 분명 '굽은 것들'이 있다. 그러나 이런 것들은 소수에 국한된 예외적인 일들이지, 세상 전체에 팽배해져 있는 원리적인 일은 아니다. 아직도 자비루우신 하나님의 정의와 공의가 지배하는 세상이다. 그러므로 그의 말은 따뜻하고 신뢰할 만한 하나님과 창조된 세상의 관계를 의심케 하기에 충분하다(Crenshaw).

코헬렛은 하나님이 사람들에게 형통한 날과 곤고한 날을 병행해서 주시는 것은 그들이 미래에 있을 일을 헤아리지 못하게 하기 위해서라며 인간이 미래에 대해 알 수 없다는 사실을 아쉬워한다(14절). 태초 때부터 지식은 하나님과 인간의 가장 극명한 차이와 한계를 정의했다. 그래서 인류 최초의 죄도 선악과를 중심으로 행해졌고, 결국 하나님은 더 많이 알아 하나님처럼 되려고 했던 인간을 에덴 동산에서 내치셨다(cf. 창 3장). 하나님은 인간이 미래에 대해 아무것도 모르기를 원하시는가? 그렇지는 않다. 하나님은 다니엘서와 계시록과 선지자들의 예언을 통해 미래에 대하여 많은 것을 알려 주셨다. 하나님은 인간이 미래에 대해 알아 둘 필요가 있는 만큼 우리에게 알려 주신 것이다. 그러므로 그 외 정보는 알 수도 없을 뿐만 아니라, 알 필요조차 없다. 코헬렛의 경우에서 보는 것처럼 사람은 알면 알수록 더 많은 고통과 번민을 하게 된다. 우리의 미래는 주님 손안에 있다는 확신 속에서 주님을 의지하고 따르면 된다.

코헬렛은 멸망하는 의인들과 장수하는 악인들을 보며 삶이 참 허무하다고 한다(15-절). 우리가 이런 일을 겪으면 참으로 허탈함을 느낄 수 있다. 그러나 중요한 것은 이러한 일들은 우리가 삶을 비관할 정도로 흔하지는 않다는 것이다. 세상에는 오히려 잘되는 의인들과 하나님의 벌을 받아 단명하는 악인들이 더 많다. 그러므로 성행하는 악인들과 실패하는 의인들을 보고 하나님의 공의와 정의가 무너졌다며 절망할 필요는 없다. 하나님은 창조하신 세상에 권선징악(勸善懲惡)을 메커니즘으로 두셨다. 또한 '게임은 아직 끝나지 않았다.' 현실에서는 악인들이 성공하는 것으로 보이지만, 장기적으로 볼 때 그들은 분명 망할 것이다. 심판하시는 하나님이 세우신 진리이다. 그러므로 세상은 아직도 살만 한 세상이다.

코헬렛은 너무 의롭게도, 너무 악하게도 살지 말고 '적당히' 의롭고 '적당히' 악하게 살라고 한다(16-18절). 세상 말에 비유하자면 '물이 너무 맑아도, 혹은 너무 탁해도 물고기가 살 수 없다'는 논리이다. 그러나 이러한 조언은 매우 나쁘다(Shepherd). 주의 자녀들은 죽을 때가지 포기하지 않고 선을 행해야 하며 악은 어떠한 형태라도 멀리 해야 한다. 하나님은 우리가 선으로 세상의 악을 이겨 내기를 원하시기 때문이다.

II. 자서전적 회고(1:12-12:7) C. 지혜와 운명(6:1-9:10)

6. 지혜와 성찰(7:19-22)

19 지혜가 지혜자를
성읍 가운데에 있는 열 명의 권력자들보다

더 능력이 있게 하느니라
[20] 선을 행하고 전혀 죄를 범하지 아니하는
의인은 세상에 없기 때문이로다
[21] 또한 사람들이 하는 모든 말에 네 마음을 두지 말라
그리하면 네 종이 너를 저주하는 것을 듣지 아니하리라
[22] 너도 가끔 사람을 저주하였다는 것을
네 마음도 알고 있느니라

19절이 12절과 더 잘 어울리고, 18절과 20절 사이의 흐름을 방해한다고 해서, 12절 다음으로 옮겨 해석할 것을 제안하는 학자들이 있다(cf. Fox, Ginsberg). 그러나 이 섹션의 각 절이 독립적인 격언 성향을 띠는 텍스트가 많기 때문에 굳이 그렇게 할 필요는 없다. 게다가 그렇게 한다고 해서 의미가 달라지는 것은 없다(cf. Fredericks & Estes).

코헬렛은 이 섹션에서 리더십 위치에 있는 사람들에게 조언을 하고 있다.

첫째, 능력이 필요하면 권력자들을 찾지 말고 지혜를 얻으려고 노력해야 한다(19절). 지혜는 이론적이라 할 수 있지만, 지혜가 삶에 적용되면 어떠한 능력보다 더 큰 힘을 발휘할 수 있기 때문이다. 그러므로 그는 지혜가 성읍을 다스리는 열 명의 권력자들보다 더 큰 능력을 줄 것이라 한다. '열 명'은 문자적인 의미보다는 '수많은'이라는 의미로 해석해야 한다. 이 말씀은 당시 유통되었던 격언으로 간주되기도 한다(Bartholomew).

코헬렛이 권력자들보다 지혜를 구하라는 것에는 다른 한 가지 이유가 있다. 세상에는 평생 죄를 범하지 않고 의롭게 사는 사람이 없기 때문이다(20절). 성읍을 다스리는 권력자들도 이러한 원칙에서 자유로울 수 없다. 그러므로 그들의 조언을 구하거나 그들의 능력을 구하는 것은 본의 아니게 그들의 죄에 동참하게 할 수도 있다. 의롭고 지혜롭게

살려는 사람이 악인들과 한통속이 되어서는 안 된다.

둘째, 여론에 지나치게 민감한 것은 옳지 않다(21절). 코헬렛은 남들이 하는 모든 말을 마음에 두지 말라고 한다. 종종 자신의 가치와 자존감을 남들이 하는 말로 정의하는 사람들을 본다. 슬픈 일이다. 인간은 태어날 때부터 죄인들이라 남에 대해 선한 말을 잘 하지 못하기 때문이다. 그러므로 여론에 지나치게 민감하면 자신이 괴로울 수밖에 없다. 자기가 따르는 지도자들에 대하여는 더하다. 일부 리더십학자들은 지도자가 65–70퍼센트의 지지를 받는 것이 가장 건강하다고 한다. 그 이상이면 독재를 강요하는 리더십이고, 그 이하면 경영에 문제가 있는 리더십이라 한다.

성경에서는 사울을 평생 여론에 끌려 다니다가 망한 지도자의 예로 들 수 있다. 그는 무슨 일을 하든 여론에 따라 결정했고, 결국 여론을 따르다가 하나님께 범죄했다. 코헬렛은 지도자가 지나치게 여론에 민감하면 심지어 남이 그에게 하는 저주도 듣게 될 것이라고 경고한다. 리더십 학자들은 부하 직원들을 꾸준히 단속하는 것이 아니라, 상관을 '씹을 수 있는 여지'를 마련해 주는 지도자가 훌륭한 지도자라 한다. 설령 좋지 않은 소리를 듣더라도 사실에 근거한 것이 아니라면 마음에 두지 말고 못 들은 척하는 것이 정신 건강에 좋다. 이러한 여지를 없애 버리면 독재자가 된다.

코헬렛이 여론에 지나치게 민감하지 말라고 하는 또 한 가지 이유는 저주를 듣는 지도자도 과거에 다른 사람을 저주한 적이 있을 것이기 때문이다(22절). 지도자도 한때는 상관을 둔 부하였을 것이고, 부하 시절에 상관을 욕한 적이 있을 것이다. 설령 '상관—부하' 관계가 아니더라도 종종 남에 대해 뒷담화를 한 적이 있을 것이기 때문에 그에 대해 뒷담화 하는 사람에게 관대하라는 권면이다. 세상 말로 '개구리 올챙이 시절을 생각'해서 남들에게 자비롭고 관대하라고 한다.

코헬렛이 지혜가 권력자 열 명보다 낫다며 지혜를 구하라고 하는 것은(19절) 항상 선을 행하고 죄를 범하지 않는 의인은 세상에 없기 때문이다(20절). 권력자들도 죄를 짓는 죄인들이기 때문에 그들에게 얻을 지혜는 별로 없다는 뜻이다. 그는 사람이 세상의 때가 묻지 않은 지혜를 구해야 하는데, 권력자들은 이러한 지혜를 줄 수 없다고 생각한다. 이 세상의 권력은 항상 죄를 동반하기 때문이다.

그러나 그가 말하는 대로 세상에는 의인이 없는 것일까? 코헬렛이 살던 시대는 없었을 것이다. 모든 사람이 죄를 지었기 때문이다(cf. 롬 3:23–24). 그러나 예수님은 오셔서 죄를 짓지 않고 사셨다. 주님은 사람이 죄를 짓지 않고 살 수 있다는 가능성을 우리에게 보이신 것이다. 그러므로 우리는 세상을 다스리시는 최고 권력자이신 예수님에게 죄에 오염되지 않은 최고의 지혜를 배울 수 있다.

코헬렛은 우리도 종종 남의 뒷담화를 한다며, 사람들의 뒷담화에 마음을 두지 말라고 한다(21–22절). 일부 주석가들은 이러한 논리를 인간은 누구든 죄를 짓기 때문에 남의 죄를 눈감아 주라는 권면으로 간주하여 별로 좋은 조언이 아니라고 한다(Shepherd). 그러나 코헬렛은 단순히 우리 자신의 죄인됨을 생각해서라도 죄짓는 사람들을 관대하게 대하라는 실존적인 권면을 하고 있다. 좋은 권면이라 생각된다.

II. 자서전적 회고(1:12–12:7)
C. 지혜와 운명(6:1–9:10)

7. 깨달음(7:23–29)

23 내가 이 모든 것을 지혜로 시험하며
스스로 이르기를 내가 지혜자가 되리라 하였으나
지혜가 나를 멀리 하였도다
24 이미 있는 것은 멀고
또 깊고 깊도다

누가 능히 통달하랴
25 내가 돌이켜 전심으로 지혜와 명철을 살피고 연구하여
악한 것이 얼마나 어리석은 것이요
어리석은 것이 얼마나 미친 것인 줄을 알고자 하였더니
26 마음은 올무와 그물 같고 손은 포승 같은 여인은
사망보다 더 쓰다는 사실을 내가 알아내었도다
그러므로 하나님을 기쁘게 하는 자는 그 여인을 피하려니와
죄인은 그 여인에게 붙잡히리로다
27 전도자가 이르되
보라 내가 낱낱이 살펴
그 이치를 연구하여 이것을 깨달았노라
28 내 마음이 계속 찾아 보았으나
아직도 찾지 못한 것이 이것이라
천 사람 가운데서 한 사람을 내가 찾았으나
이 모든 사람들 중에서 여자는 한 사람도 찾지 못하였느니라
29 내가 깨달은 것은 오직 이것이라
곧 하나님은 사람을 정직하게 지으셨으나
사람이 많은 꾀들을 낸 것이니라

코헬렛은 자신이 지닌 한계를 고백한다. 그는 세상의 모든 것을 탐구하고 깨닫는 지혜자가 되고 싶었다(23a-b절, cf. 1:13). 그래서 그는 잠언이 말하는 실용적인 지혜가 아니라, 더 큰 지혜(사색적 지혜)를 얻은 지혜자가 되기 위해 열정을 다해 노력했다(cf. Bartholomew, Towner). 그러나 지혜가 그를 멀리했다(23c절). 사색적 지혜(theoretical, exhaustive wisdom으로도 불림)는 사람이 얻을 수 있는 것은 아니라는 뜻이다(Fredericks & Estes, Towner). 결국 그는 만족할 만한 지혜를 얻지 못했다.

코헬렛은 스스로 자신의 지혜는 세상의 이치를 모두 깨닫고 통찰할

수 있는 완벽한 것이 아니라, 한계를 지닌 불완전한 지혜라는 사실을 인정한다. 또한 그의 고백은 전도서가 제시하는 그의 가르침과 통찰력도 한계를 지닌 사색적 지혜임을 암시한다. 그러므로 우리는 더욱더 코헬렛과 저자의 관점을 확실하게 구분해야 한다.

자신이 지닌 지혜의 한계를 인정한 코헬렛은 세상에 이미 있는 것(그러므로 앞으로도 지속적으로 반복될 것들)은 그가 깨닫기에는 너무 멀리 떨어져 있고, 깊고 깊어서 아무도 통달할 사람이 없다고 한다(24절, cf. 욥 28:22). '깊고 깊다'(עָמֹק עָמֹק)는 '매우 신비롭다'(exceedingly mysterious)는 뜻이다. '통달하다'(מצא)는 '접하다'(reach)는 의미를 지녔다. 이미 언급한 것처럼 하나님과 인간이 지닌 가장 기본적인 차이는 지식(지혜)의 범위이다. 그러므로 코헬렛은 '하나님처럼' 세상의 모든 것을 '통달하고' 싶어했지만, '인간이기에 실패했다'고 할 수 있다. 세상에는 인간이 이해하기에 너무나도 신비로운 것들이 많기 때문이다.

코헬렛이 하고자 했던 일은 좋은 일이라고 할 수 있다. 그는 지혜와 명철을 배워 악한 것이 어리석다는 것과 어리석은 것이 얼마나 미친 것인 줄 알고 싶어했기 때문이다(25절). '미친 것(הוֹלֵלוֹת)은 '미련한 것, 맹목적인 것'을 뜻한다(HALOT). 어리석음의 문제를 파악하여 지혜로운 삶의 복됨을 부각시키고자 했다는 것이다.

그는 지혜와 명철을 살피고 연구하여 악함과 어리석음에 대해 무엇을 알아냈는가? 코헬렛은 악함과 어리석음은 마음이 올무와 그물 같고, 손은 포승 같은 여인과 같다는 사실을 깨달았다(26a절). 일부 학자들은 본문이 언급하는 여인이 실제 여성들을 뜻한다며 코헬렛을 여자를 혐오하는 자(misogynist)라고 비난한다(cf. Fox). 그러나 그를 여자 혐오자로 분류할 가능성이 28절에는 있을지 몰라도, 26절에는 없다. 그는 지혜와 어리석음에 대한 대조를 이어 가고 있다. 이러한 상황에서 그가 말하는 '흉측한 여인'은 악과 어리석음을 의인화한 것이다. 잠언도 종종 '음녀'라는 말로 미련함과 어리석음을 의인화했다(잠 2:16; 5:3-4,

20; 6:26; 7:5; 22:14).

악과 어리석음의 접착력과 움켜쥠이 얼마나 강한지 유혹에 넘어간 사람은 빠져나오기가 거의 불가능하다. 또한 중독성이 매우 강한 악과 어리석음이 사람을 한번 휘어잡으면 그에게 미치는 영향이 얼마나 부정적인지 죽음보다 더 쓰다(26b절). 당연하다. 사람이 죽으면 모든 것이 끝나지만, 죄와 어리석음은 그의 삶을 지속적으로 파괴하기 때문에 훨씬 더 심각한 영향력을 행사한다. 코헬렛은 사람이 경험할 수 있는 최고의 악이 죽음이라고 하는데, 악과 어리석음이 죽음보다 더 나쁘다고 하는 것이 인상적이다.

죽음보다 더 쓴 악과 어리석음이라도 피할 방법이 있다(26c절). 처음부터 멀리 하는 것이다. '피하다'(מלט)는 덫이나 함정에서 빠져나오는 것보다는 이런 것들을 피하기 위해 처음부터 멀리하는 것을 강조한다(cf. HALOT, NIDOTTE). 코헬렛은 하나님을 기쁘게 하는 자들이 악과 어리석음을 피할 수 있다며 악과 어리석음의 유혹을 이겨 내는 힘은 믿음에서 난다고 한다. 반면에 하나님을 경외하지 않는 죄인은 여인에게 붙잡힐 것이다. '붙잡히다'(לכד)는 포로가 된다는 뜻이다(TWOT). 악과 어리석음에 붙잡힌 사람은 스스로 빠져나올 수 없다. 누군가가 그를 구출해 주어야 한다.

코헬렛은 사람들 중에 지혜와 명철을 지녀 악과 어리석음의 유혹에 빠져들지 않는 자들, 곧 하나님을 기쁘게 하는 자들의 숫자가 얼마나 되는가를 연구해 보았다(27절). 그동안 저자는 코헬렛의 가르침을 그의 직접 화법(direct speech) 양식을 사용해서 묘사해 왔다. 코헬렛이 직접 말하는 것으로 묘사해 온 것이다. 반면에 저자는 27절에 '코헬렛이 말했다'(אָמְרָה קֹהֶלֶת)를 삽입하여 자신의 존재를 알린다. 이러한 현상은 코헬렛을 소개하는 1:1-2과 코헬렛의 가르침을 평가하는 12:8-14을 벗어나면 그 어디에도 없다. 아마도 우리가 코헬렛의 말에 심취해 읽다가 책의 독자가 따로 있다는 사실을 잊을까 봐 이 코멘트를 삽입한 것으로 보인다. 저자는 코헬렛의 가르침을 묘사하면서도 그와 어느 정도의 거리감을 유지하고 싶은 것이다. 그는 코헬렛의 가르침과 전적으로 동의하지는 않기 때문이다.

코헬렛의 '연구 결과'는 가히 충격적이었다. 남자들 중에는 천 명 중 하나 있을까 말까, 게다가 여자들 중에는 그나마 천 명 중 하나도 없었다(28절). 지혜와 통찰력을 지니고 사는 사람은 참으로 희귀하다는 뜻이다.

코헬렛의 남자와 여자에 대한 이 말은 전도서에서 가장 뜨겁게 논쟁이 되는 텍스트 중 하나이다. 표면적으로 그를 여자를 혐오하는 자(misogynist)로 해석할 여지가 있어 보이기 때문이다. 그러므로 학자들은 그를 여자 혐오자의 누명에서 벗어나게 하기 위하여 온갖 다양한 해석을 제시했다(cf. Bartholomew, Fredericks & Estes, Garrett, Lohfink, Longman, Murphy, Seow, Towner, Whybray). 심지어 본문의 '여자 천 명'이 솔로몬을 죄의 길로 인도한 그의 아내들 이야기를 배경으로 하고 있다는 주장도 있다(Fox, cf. 왕상 11:1-8). 그러나 학자들의 과반수 이상의 지지를 얻는 해석은 존재하지 않는다.

솔루션은 오히려 매우 간단할 수 있다. 코헬렛은 그나마 남자가 여자보다 낫다며 성차별 적인 말을 하고자 하는 것이 아니다. 그는 단순히 지혜와 명철을 가지고 세상을 살아가는 사람은 참으로 귀하다는 말을 하고자 한다. 그가 사용한 남자를 칭하는 단어(אָדָם)는 흔히 남성으로 사용되기도 하지만, 흔히 온 인류의 의미로 사용되기도 한다(cf. 창 1-3장). 만일 그가 남자와 여자를 차별하고자 했다면 아마도 '남자'(אִישׁ)와 '여자'(אִשָּׁה)를(cf. 창 2:23), 혹은 '남성'(זָכָר)과 '여성'(נְקֵבָה)을 쌍으로 사용했을 것이다(cf. 창 1:27).

그는 온 인류(humankind) 중에 지혜로운 사람은 '천 명 중 한 사람(אָדָם)'도 귀하다고 한다. 더 나아가 그는 '여자(אִשָּׁה)는 하나(אֶחָד)도 찾지 못했다'고 하는데, 무슨 뜻인가? 아담과 하와의 이야기(창 3장)에서 먼저 죄를 지은 사람은 남자와 여자 중 여자이다. 중요한 것은 하와가 왜 죄를 지었는가이다. 그녀는 '지혜(지식)'를 탐하면서 '선과 악을 알게 하는 나무의 열매'를 먹었다. 그러므로 남자와 여자 중 지혜를 습득하는 일에 더 관심이 많은 사람은 여자이다. 코헬렛은 남자 중에는 천 명 중 하나, 그러나 여자 중에는 천 명 중 하나도 없다는 말을 통해 사람이 지혜를 얻는 것은 거의 불가능한 일이라는 점을 강조한다(cf. Provan). 남자보다 더 지혜를 추구한 것으로 알려진 여자들 중에는 아예 없다는 것이다. 그러므로 그가 하고자 하는 말은 성차별적이지 않다. 잠언 31:10-31도 지혜로운 여인은 있다고 한다.

세상에는 왜 지혜로운 사람들이 없는 것일까? 하나님이 사람을 정직하게 지으셨는데 사람들이 많은 꾀들을 냈기 때문이다(29절, cf. 욥 5:6-7; 애 3:31-42). '정직'(יָשָׁר)은 바르며 의로움을 뜻한다. 앞에서는 하나님이 굽게 하신 것들이 세상을 가득 채운다고 하더니(cf. 1:15; 7:13), 본문은 사람의 마음은 하나님이 굽게 하신 것들 중 하나가 아니라고 한다.

'꾀'(חִשְּׁבוֹן)는 '사람의 계획, 음모' 등을 의미한다(NIDOTTE, cf. 현대어, NIRV). 하나님이 사람을 지으실 때 그들이 바른 지혜(지식)를 습득해서 바르게 살 수 있도록 창조하셨는데(cf. 창 1:26-28), 인간은 창조주께서 정해 주신 바른 길로 가지 않고, 세상 말로 '온갖 잔머리'를 굴렸다는 것이다(cf. 7:16). 그러므로 사람이 지혜롭게 살 수 없는 것은 그가 스스로 판 어리석음의 무덤 때문이다. 인간에게 누구를 원망할 자격은 없다.

코헬렛은 열심히 노력하여 어느 정도의 지식을 얻기는 했지만, 정작 자신이 찾고자 했던 큰(깊은) 지혜는 얻지 못했다. 지혜가 그를 멀리했기 때문이다(23절). 그는 얻고 싶은 것을 얻지 못해 이렇게 탄식하지만, 신약 시대를 사는 우리는 다른 차원에서 그와 동감한다. 성경은 예수님이 바로 사람을 살리는 참 지혜라고 한다(요 14:6). 그러므로 사람은 주님을 찾아야 지혜로워질 수 있고, 예수님이 그를 찾아 오셔야 지혜로워질 수 있다.

그는 지혜와 어리석음의 차이를 알고 싶어 했지만 실패했고(24-25절), 오직 어리석음은 무척 중독성이 강하여 한번 휘감기면 빠져나오기가 거의 불가능하다는 사실을 깨달았을 뿐이다(26절). 그러므로 어리석음은 처음부터 최대한 피하는 것이 좋다. 성경은 죄에 대하여 비슷한 말을 한다(cf. 히 12:2).

코헬렛은 세상에 스스로 지혜롭고 의로운 사람은 없다고 한다(27-29절). 옳은 말이다. 지혜와 의는 모두 하나님이 인간에게 주시는 선물이기 때문이다. 그러므로 지혜롭고 의롭게 살려면 더욱더 주님이 필요하다(cf. 히 12:3). 인간은 하나님을 멀리하며 의롭게 살 수 없다.

II. 자서전적 회고(1:12-12:7)
C. 지혜와 운명(6:1-9:10)

8. 권력과 복종(8:1-9)

1 누가 지혜자와 같으며
누가 사물의 이치를 아는 자이냐
사람의 지혜는 그의 얼굴에 광채가 나게 하나니
그의 얼굴의 사나운 것이 변하느니라
2 내가 권하노라 왕의 명령을 지키라 이미 하나님을 가리켜 맹세하였음이니
라 3 왕 앞에서 물러가기를 급하게 하지 말며 악한 것을 일삼지 말라 왕은
자기가 하고자 하는 것을 다 행함이니라 4 왕의 말은 권능이 있나니 누가 그
에게 이르기를 왕께서 무엇을 하시나이까 할 수 있으랴
5 명령을 지키는 자는 불행을 알지 못하리라
지혜자의 마음은 때와 판단을 분변하나니
6 무슨 일에든지 때와 판단이 있으므로
사람에게 임하는 화가 심함이니라
7 사람이 장래 일을 알지 못하나니

장래 일을 가르칠 자가 누구이랴

8 바람을 주장하여 바람을 움직이게 할 사람도 없고

죽는 날을 주장할 사람도 없으며

전쟁할 때를 모면할 사람도 없으니

악이 그의 주민들을 건져낼 수는 없느니라

9 내가 이 모든 것들을 보고 해 아래에서 행하는 모든 일을 마음에 두고 살핀즉 사람이 사람을 주장하여 해롭게 하는 때가 있도다

코헬렛은 지혜를 사물의 이치를 아는 것으로 정의한다(1절). '이치'(פֵּשֶׁר)는 구약에서 단 한 번 이곳에서 사용되지만, 다니엘서에서는 아람어 형태로 자주 등장한다(Towner). 처한 상황이나 무엇의 '의미, 역할' 등을 파악하는 것을 뜻한다(TWOT). 이렇게 해야 시기 적절하게 대응할 수 있기 때문이다. 가장 좋은 예가 잠언 26:4-5이다. 잠언 26:4은 미련한 자의 어리석은 것을 따라 대답하지 말라고 하더니, 바로 다음인 5절에서는 미련한 자의 어리석은 것에 따라 대답하라고 한다. 상황에 따라 다르게 대처하라는 뜻이며, 지혜롭게 행동하기 위해서는 이치를 잘 파악해야 한다는 권면이기도 하다(Bartholomew).

지혜는 세상에 있는 것들의 역할을 이해하고 기능을 설명하는 것이다. 그렇다면 사물의 이치를 아는 지혜자는 어떤 모습일까?(1a-b절) 본문은 얼굴에 광채가 나는 사람이 지혜자라고 하는데, 지혜는 사람의 얼굴에서 광채가 나게 하기 때문이다(1c절). 구약에서 얼굴에 광채가 나는 것은 주로 하나님과 연관이 있는 표현이다. 하나님은 자기 백성에게 빛나는 얼굴을 보이시는데, 주님이 사람에게 빛나는 얼굴을 보이실 때는 항상 은혜 베푸심과 연관이 있다(민 6:25; 시 31:16; 67:1; 80:3, 7, 19; 119:135). 이와 같이 사람이 지혜를 통해 세상의 이치를 깨닫고 삶의 의미를 알게 되면 그의 얼굴이 주변 사람들에게 빛을 발한다. 이웃들에게 자비와 선행을 베푼다는 뜻이다(cf. Bartholomew, Towner). 지혜로운 사람은 남을 배려할 줄 안다. 이처럼 지혜를 터득한 사람이 자비를 베풀면, 사나운 얼굴도 온유하게 변한다(1d절). 사람이 서로에게 자비를 베풀며 살면 세상은 살 만한 곳이 된다.

지혜가 사람의 얼굴을 어떻게 바뀌게 하는가에 대해 언급한 코헬렛이 왕과 권력에 대하여 이야기를 이어 간다(2-9절). 학자들 사이에 그가 말하는 왕이 인간 왕인지, 하나님인지에 대하여 다소 논란이 있다(cf. Bartholomew, Fredericks & Estes, Fox, Murphy, Seow, Shepherd, Towner). 대부분 학자들은 인간 왕으로 간주한다. 신적 왕보다 인간 왕이 본문과 더 잘 어울리기 때문이다.

코헬렛은 사람들에게 왕의 명령에 순종할 것을 권면한다(2a절). 이렇게 하는 것이 지혜이며, 하나님을 가리켜 그렇게 하겠다고 맹세했기 때문이다(2b절). 혹은 이 말씀을 왕에게 순종하기를 하나님께 하는 것처럼 하라는 해석도 가능하다(Bartholomew). 이 말씀은 왕 앞에서 무엇에 대해 증언하는 상황에서 왕에게 진실만을 말하겠다며 선서(맹세)를 한 일을 배경으로 하는 듯하다(Fox). 하나님과 왕 앞에서 항상 진실을 말하고, 왕이 내리는 판결을 따르라는 권면이다. 왕을 속이거나 복종하기를 거부하는 것은 절대 유익한 일이 아니다.

왕은 자기 마음대로 할 수 있는 절대적인 권력자다(3c절). 그러므로 왕 앞에서는 신중히 행동하는 것이 지혜롭다. 왕 앞에서 급하게 물러나지 말라는 것은(3a절) 진실과 상황을 충분히 설명하여 왕을 어느 정도 설득시킨 다음에 그 자리를 떠나라는 뜻이다(Shepherd, cf. Crenshaw, Longman). '악한 것을 일삼지 말라'(אַל־תַּעֲמֹד בְּדָבָר רָע)(3b절)를 직역하면 '악한 일에 서 있지/머물지 말라'는 의미를 지녔다. 악한 일에 대하여는 왕 앞에서 변명하거나 정당화하려 하지 말고, 그 이슈와 빨리 거리를 두라는 말이다. 이렇게 처신하는 것이 왕 앞에서 지혜롭게 행하는 것이다. 머뭇거리다가는 화를 자처할 수 있다.

왕은 절대적인 권력자이기 때문에 그 누구도 왕이 하는 일을 막거나 문제를 제기할 수 없다(4절). 그러므로 때와 판단을 분변하는 지혜자는 왕의 명령을 잘 지켜 불행을 알지 못한다(5절). '때와 판단'(עֵת וּמִשְׁפָּט)은 이사일의(二詞一意, hendiadys)로써 '심판/판단의 때'(time of judgment)를 뜻한다(Fox). '분변하다'(ידע)는 본문에서 '알다, 파악하다'라는 의미를 지녔다. 코헬렛은 모든 일에 대해 때를 아는 것이 사람이 할 수 있는 가장 지혜로운 일이라 한다(cf. 3:1-8).

무슨 일에든지 때와 판단이 있다(6a절). 코헬렛은 모든 일에는 적절한 때가 있으므로 그 때를 기다리며 지혜롭게 살기를 권면한다. 그러나 사람이 아무리 지혜롭게 처신한다 해도 어찌할 수 없는 화가 임할 때가 있다. 공동번역이 6절의 의미를 가장 잘 살렸다: "무슨 일이든 때와 방식이 있는 법이다. 그러나 아무리 제대로 하여도 화를 입는 경우가 많다." 사람이 최선을 다한다 할지라도, 그가 통제할 수 없는 상황이 벌어지기도 한다는 것이다. 코헬렛은 가장 대표적인 사례로 죽음을 꼽는다.

6절에서 사람이 아무리 지혜로워도 재앙은 피할 수 없는 한계를 지녔다고 탄식한 코헬렛이 7-8절에서는 인간이 지닌 몇 가지 한계를 지적한다.

첫째, 사람은 장래 일을 알지 못한다(7절). 아무리 지혜로운 사람이라도 먼 미래는 고사하고 몇 분 후에 있을 일도 알지 못한다. 특히 자신이 언제 죽을 것인가에 대하여는 도무지 알 수 없다. 그러므로 코헬렛은 사람에게 '장래 일을 가르칠 자가 누구이랴?'('가르칠 자가 없다!'는 뜻)라고 묻는다. 이 질문은 수사학적인 질문이며, 아무도 없다는 사실을 강조한다. 모든 사람은 미래에 대하여 아무것도 모르고 살아가는 처량한 인생이다.

둘째, 사람은 바람을 주장하여 바람을 움직이게 할 수 없다(8a절). 히브리어로 '바람'과 '영'은 같은 단어(רוּחַ)이기 때문에 번역본들도 나뉘어져 있다: '바람'(새번역, 아가페, NAS, NIV, NRS, NIRV), '영'(공동, ESV,

TNK, KJV). 문맥도 사람의 영을 의미하는지, 바람을 의미하는지 확실치 않다. 학자들은 이러한 모호함이 의도적이라 한다(Fox). 사람이 바람을 조정할 수 없듯이, 자기 영혼(목숨)도 조정할 수 없다는 것을 의미한다는 것이다(cf. 8b절).

셋째, 사람은 자신이 죽는 날을 주장할 수도 없다(8b절). 스스로 죽는 날을 정하는 사람은 없다. 모든 사람은 죽음이 언제 임할지 모르며 살아간다. 코헬렛은 죽음이 지혜뿐 아니라 세상 모든 것을 무력화시킬 정도로 강하다고 한다. 그러므로 죽음을 생각할 때마다 삶이 덧없고 허무하다. 언제 죽을지도 모르고 살아야 하는 인간의 삶은 처량하기까지 하다.

넷째, 죽음을 피할 사람도 없다(8c-d절). 새번역이 이 말씀의 의미를 잘 살려 번역하였다: "전쟁이 일어나면 벗어날 사람이 없듯이, 악은 행악자를 놓아주지 않는다." 전쟁이 일어나면 이스라엘 남자들 중 20세가 넘은 성인들은 모두 전쟁에 참석해야 한다. 그러나 예외는 있다. 신명기 20:5-7에 의하면 결혼한지 1년이 안 된 사람, 과일나무를 심고 아직 첫 열매를 누리지 못 한 사람, 집을 짓고 상량식을 못 한 사람 등은 집으로 돌려보내라고 한다. 그러나 대다수를 차지하는 그 외 사람들은 모두 전쟁에 참여해야 한다. 코헬렛은 대부분의 사람들이 전쟁을 피할 수 없는 것처럼, 악이 그의 주민들(악을 행한 자들)을 [심판/벌에서] 건져낼 수 없다고 한다. 이 말씀도 죽음을 염두에 둔 것이다(Fox). 전쟁으로 가는 사람이 전쟁을 피할 수 없고, 악을 행한 사람이 심판을 피할 수 없는 것처럼, 사람은 죽음을 피할 수 없다(cf. Krűger, Seow).

코헬렛은 이 모든 것들(1-8절에 묘사된 현상들)을 보고 해 아래서 행하는 모든 일을 마음에 두고 살폈다(9절). 깊이 생각하고 연구해 보았다는 뜻이다. 그리고 그가 내린 결론은 '사람이 사람을 주장하여 해롭게 하는 때가 있다'이다(9b절). 이 말씀이 정확히 어떤 뜻을 지녔는가를 판단하는 일은 쉽지 않다. 권력을 쥔 사람이 따로 있고 그들에게 고통을 받는 사람이 따로 있다는 뜻이 될 수도 있고(새번역, 현대어, NRS, TNK), 권력을 휘두르는 사람은 화를 면하지 못할 것이라는 의미가 될 수도 있다(공동, 아가페, NAS, NIV). 문맥이 왕권이 지닌 한계를 지적하는 것으로 보아, 권력을 함부로 휘두르면 오히려 권력자에게 해가 된다는 뜻으로 해석하는 것이 바람직하다. 코헬렛은 이러한 일을 왕위에 있었을 때 경험했을 것이다(Shepherd).

코헬렛은 사람이 지혜로우면 얼굴에서 광채가 난다고 하는데(1절), 항상 그런 것은 아니다. 느헤미야의 경우에는 죽음을 무릅쓰고 슬픈 얼굴로 왕 앞에 나아갔다가 유다의 총독이 되어 예루살렘으로 돌아오는 은혜를 입었다(느 2장). 지혜로운 사람은 때와 장소와 대하는 사람에 따라 적절하게 행동한다. 그러나 그가 말하는 것처럼 지혜로운 사람은 항상 주변을 살피며 은혜를 베푼다.

코헬렛은 왕에게 절대적으로 순종하고 어떠한 저항도 하지 말라고 한다(2-6절). 이렇게 하는 것이 지혜로운 사람의 처사이며, 자기 생명을 보존할 수 있는 길이라고 한다. 그러나 지혜자들과 지도자들은 왕의 잘못된 판단과 판결에는 이의를 제기하고, 필요하면 저항하기도 해야 한다. 그래야 온 나라가 건강하고 창조주가 계획하신 바른 길로 갈 수 있다.

왕은 하나님이 세우신 권력자지만, 그도 인간이기 때문에 잘못 생각하거나 착각할 수 있다. 그러므로 잠언 29:14은 왕도 잘못될 수 있다며, 그에게 바른 조언을 하라고 한다. 때로는 왕을 세우신 하나님을 믿고 왕을 상대로 의로운 모험을 해야 한다는 뜻이다. 또한 잠언은 왕도 하나님 앞에 서서 그가 한 일에 대해 심판을 받을 날이 오고 있다고 한다(cf. 잠 16:12-15; 20:28; 21:1; 29:14; 31:1-9). 그러므로 왕을 사랑하는 백성이라면 때로는 직언을 하여 그가 죄를 짓지 않도록 해야 한다.

코헬렛은 인간이 할 수 없는 일들을 말하며 절망한다(7-8절). 성경은 인간은 할 수 있는 일보다 할 수 없는 일이 더 많기 때문에 하나님께 나아가 주님을 의지하고 그분의 능력으로 살아야 한다고 한다(cf. 빌 4:13). 그러므로 이 땅을 살면서 우리가 할 수 있는 일들은 그다지 중요하지 않다. 예수 그리스도 안에 거하는 한 모든 일을 할 수 있기 때문이다.

인간의 무능함 중에서 코헬렛을 가장 두렵게 하는 것은 죽음이다. 인간은 죽음에 대하여 어떠한 일도 할 수 없다는 것이 가장 큰 비극이라 생각한다. 세상에서 가장 지혜롭다는 사람이 이처럼 죽음을 두려워하는 것이 잘 이해가 가지 않는다. 우리는 예수님을 통해 다가오는 미래에 대해 많은 것을 알게 되었기 때문에, 우리에게 죽음은 코헬렛이 생각하는 것처럼 큰 이슈는 아니다. 그러나 그는 미래에 대하여 전혀 모르는 시대에 살았던 사람이기에 이처럼 죽음을 심히 두려워할 수 있다. 그러므로 우리는 죽음을 이기고 부활하신 예수님께 더욱더 감사할 이유가 있다.

코헬렛은 권력을 휘두르는 자들에게 권력이 오히려 그들에게 해가 될 수 있다고 한다(9절). 적절한 경고이다. 하나님은 권력자들을 세우시고 그들에게 자기의 권력의 일부를 양도하셨다. 그러므로 권력자들이 마음대로 권력을 휘두르는 것은 하나님이 기뻐하시는 일이 아니다(잠 16:22). 권력이 남용되고 오용되는 경우이기 때문이다.

II. 자서전적 회고(1:12-12:7)
C. 지혜와 운명(6:1-9:10)

9. 지체된 심판(8:10-14)

10 그런 후에 내가 본즉 악인들은 장사지낸 바 되어 거룩한 곳을 떠나 그들
이 그렇게 행한 성읍 안에서 잊어버린 바 되었으니 이것도 헛되도다 11 악한
일에 관한 징벌이 속히 실행되지 아니하므로 인생들이 악을 행하는 데에 마
음이 담대하도다 12 죄인은 백 번이나 악을 행하고도 장수하거니와 또한 내

가 아노니

하나님을 경외하여
그를 경외하는 자들은 잘 될 것이요
13 악인은 잘 되지 못하며
장수하지 못하고 그 날이 그림자와 같으리니
이는 하나님을 경외하지 아니함이니라
14 세상에서 행해지는 헛된 일이 있나니 곧 악인들의 행위에 따라 벌을 받는
의인들도 있고 의인들의 행위에 따라 상을 받는 악인들도 있다는 것이라 내
가 이르노니 이것도 헛되도다

의롭게 사는 사람과 악하게 사는 사람이 사는 동안 경험하는 일은 다를까? 코헬렛은 어느 정도는 다르지만, 크게 다르지 않다고 한다. 그러므로 의인으로 사는 것이 반드시 행복하고 의미 있는 일이라고 할 수는 없다. 이 말씀은 그가 7:15-18에서 너무 악하게도, 또한 너무 의롭게도 살지 말라고 했던 권면을 바탕으로 하고 있다.

이 섹션을 시작하는 10절은 전도서에서 번역하고 해석하기가 가장 난해한 구절들 중 하나이다(cf. Longman, Murphy, Shepherd). 마소라 사본이 잘 보존되지 않아서 빚어지는 일이다. 그러나 전반적인 의미를 구상하는 것은 크게 어렵지 않다. 코헬렛은 악인들이 죽은 후에 그들을 위해 성대한 장례식까지 치르지만, 그들은 곧 살며 온갖 악을 행했던 성읍에서까지 잊혀지는 것을 목격했다고 한다(10절). 악인들이 죽어서 떠나는 '거룩한 곳'(מְקוֹם קָדוֹשׁ)은 그들이 살아생전 다니던 성전(예배 처소)을 뜻한다(Fox). 또한 죽음이 가져오는 가장 큰 문제점을 잊혀지는 것이라고 했던 코헬렛에게(cf. 1:11) 악인들이 죽은 후 잊혀지는 것은 좋은 일이지, '헛된 일'(הֶבֶל)이 아니다. 그러므로 문맥이 다소 거칠다고 할 수 있다. 이 문제를 해결하기 위하여 TNK는 악인들은 죽어서도 제대로 된 장례절차에 따라 안장되지만, 의인들은 그들이 살던 도시에서마

저 잊혀진다는 의미로 해석했다. 그러나 증거가 부족하기 때문에 만족스럽지 않은 해석이다(cf. Delitzsch, Ginsberg, Murphy, Seow).

칠십인역(LXX)은 마소라 사본(MT)의 '잊다'(שׁכח)를 대신해서 '칭찬하다'(ἐπαινέω)로 기술하였다. 그러므로 많은 번역본들이 칠십인역(LXX)을 따라 번역한다(새번역, 아가페, 현대어, NIV, NRS, ESV, NIRV). 새번역이 이 말씀의 의미를 잘 살려 의역했다: "나는, 악한 사람들이 죽어서 무덤에 묻히는 것을 보았다. 그런데 사람들은 장지에서 돌아오는 길에 그 악한 사람들을 칭찬한다. 그것도 다른 곳이 아닌, 바로 그 악한 사람들이 평소에 악한 일을 하던 바로 그 성읍에서, 사람들은 그들을 칭찬한다. 이런 것을 보고 듣노라면 허탈한 마음 가눌 수 없다." 이러한 일은 아직도 곳곳에서 반복된다.

코헬렛은 세상이 악인들이 즉결 심판을 받는 곳이었으면 하는 아쉬움을 토로한다(11절). 하나님이 악인들을 곧바로 심판하지 않으셔서 그들이 더 담대히 악을 행하기 때문이다. '마음이 담대하다'(מָלֵא לֵב)는 '마음이 가득 차 있다'는 뜻이다. 악에 대한 신속한 응징이 있다면 악인들이 죄를 짓기 전에 한 번 더 생각할 텐데, 하나님이 곧바로 그들을 심판하지 않으시기 때문에 오히려 더 적극적으로, 자신감을 가지고 악을 행한다.

악이 신속한 응징을 받지 않는 세상에서 죄인들은 아무리 많은 죄를 지어도 장수한다(12a절). 장수는 원래 의인들이 누리는 축복이어야 하는데, 하나님의 심판이 신속하게 이루어지지 않으니 오히려 악을 행하는 자들이 오래 산다는 것이다. 이러한 상황을 지켜보며 코헬렛은 세상은 아직도 선하신 하나님이 공의와 정의로 다스리시는 곳이라며 자신을 위로한다. 지금 당장은 악인들이 잘되는 것 같아도 끝에 가서는 하나님을 경외하는 사람들이 잘될 것이며, 악인들은 망할 것이라는 기대감이다(12b–13절). 악인들은 장수하지 못할 것이며, 그들이 사는 날들은 마치 그림자와 같다(13a–b절). '그림자'(צֵל)는 한순간에 사라지는 덧없음을 상징한다(Krűger, Ogden). 그들은 단명할 것이며, 그들의 삶도 실체가 없는 그림자처럼 허무할 것이라는 뜻이다.

하나님의 심판을 받아 멸망할 악인들과 하나님의 축복을 받아 오래 살며 잘될 사람의 차이는 무엇인가? 코헬렛은 '하나님 경외'(הָאֱלֹהִים יִרְאֵי)라고 한다. 하나님을 경외하는 자들은 잘될 것이고, 하나님을 경외하지 않는 악인들은 잘되지 못할 것이라 한다. 그가 신앙(창조주 하나님을 경외하는 일)이 인간의 삶에 긍정적인 영향을 미친다고 하는 것은 이번이 처음이다. 또한 이 말씀은 그도 창조주의 공의와 정의가 세상을 다스린다는 사실을 인정한다는 것을 암시한다.

코헬렛은 창조주가 세상을 공의와 정의로 다스리시기 때문에 언젠가는 모든 악인이 벌을 받고, 의인들은 복을 받을 것이라는 사실을 인정하면서도 마음에 걸리는 한 가지가 있다. 악인들의 행위에 따라 벌을 받는 의인들이 있고, 의인들의 행위에 따라 상을 받는 악인들이 있다는 사실이다(14절). 악인이 의인 대접을 받고, 의인이 악인 취급을 받는 일들이 일어나고 있다는 것이다. 이러한 현상을 목격한 그는 이런 일들은 헛되며(14a절), 헛되다고 한다(14d절). 삶에서 의미를 찾으려는 사람에게는 참으로 허탈한 일이라는 뜻이다.

코헬렛은 악인이 죽은 후에도 그가 살아생전 피해를 입혔던 사람들에게 칭찬을 받는 것을 보며 삶이 참으로 허탈하다고 한다(10절). 피해를 입은 사람들의 기억이 착각을 일으킨 것일까? 알 수는 없지만, 참으로 어이없는 일이기는 하다. 그러나 우리는 이러한 상황이 죽은 악인에 대한 세상의 최종 평가는 아니라는 것을 기억해야 한다. 그는 사람들의 기억 속에서 속히 사라질 것이다. 하나님이 그가 잊히도록 하실 것이기 때문이다.

코헬렛은 하나님의 심판이 속히 이루어지지 않기 때문에 악인들이 마음 놓고(후한을 두려워하지 않고) 악을 행하는 세상이 되었다고 탄식한다(11절). 그도 분명 하나님의 정의로운 심판이 언젠가는 실현될 것이라는 사실을 인정한다(12–13절). 그러나 그때그때 이루어지지 않고 보류되는 것이 못내 안타깝다. 게다가 세상에는 의인들이 악인처럼 취급받고, 악인들이 의인 대우를 받는 일들이 있다(14절).

이런 일이 일어날 때면 실망스러울 수 있지만, 좌절할 필요는 없다. 성경은 당장은 아니더라도 하나님의 정의는 분명히 이루어진다고 한다(cf. 시 37편). 또한 잘나가는 악인들이라 해서 모두 행복한 것은 아니다. 그들도 남모르게 심리적–신체적 고통을 당할 수도 있다(cf. 욥 20:14–16). 게다가 욥기는 우리는 깨닫지 못하지만, 세상에서 행해지는 온갖 불의도 분명 의미가 있다고 한다.

코헬렛이 말하는 것처럼 세상에는 분명 불합리하고 정의롭지 못한 일들이 있다(cf. 14절). 그러나 합리적이고 정의로운 일들이 더 많이 일어난다. 그러므로 마치 불합리하고 정의롭지 못한 일들만 있는 것처럼 말하는 것은 옳지 않다. 또한 하나님이 창조하시고 통치하시는 세상을 더 긍정적으로 바라보아야 한다.

II. 자서전적 회고(1:12–12:7)
C. 지혜와 운명(6:1–9:10)

10. 누림과 즐김(8:15–17)

15 이에 내가 희락을 찬양하노니 이는 사람이 먹고 마시고 즐거워하는 것보다 더 나은 것이 해 아래에는 없음이라 하나님이 사람을 해 아래에서 살게 하신 날 동안 수고하는 일 중에 그러한 일이 그와 함께 있을 것이니라 16 내가 마음을 다하여 지혜를 알고자 하며 세상에서 행해지는 일을 보았는데 밤낮으로 자지 못하는 자도 있도다 17 또 내가 하나님의 모든 행사를 살펴 보니 해 아래에서 행해지는 일을 사람이 능히 알아낼 수 없도다 사람이 아무리 애써 알아보려고 할지라도 능히 알지 못하나니 비록 지혜자가 아노라 할지라도 능히 알아내지 못하리로다

온갖 불합리한 일들이 일어나는 세상에서 인간이 할 수 있는 일은 무엇인가? 코헬렛은 자신은 희락을 찬양한다며 희락을 즐기라 한다(15a절). 카르페디엠(Carpe Diem) 텍스트가 다시 등장하고 있다(Bartholomew, Shepherd). 본문에서 '찬양하다'(שׁבח)는 '추천하다'(to recommend)라는 의미를 지녔다(Whybray). 그는 사람들에게 즐길 것을 추천하고 있는 것이다.

'희락'(שִׂמְחָה)은 '기쁨, 흥'을 뜻하며 무엇이든 즐겁게 하는 것들을 즐기라는 것이다. 만일 이러한 권면이 삶의 의미와 보람에 대해 긍정적인 말을 한 다음에 오는 것이라면 희락을 즐기라는 조언이 매우 긍정적이라고 할 수 있다. 그러나 코헬렛은 우리가 삶에서 어쩔 수 없이 받아들여야 하는 온갖 불합리한 일들을 언급한 다음에 이런 말을 한다. 그다지 좋은 의도에서 이러한 조언을 하는 것이 아니며 '세상을 바꿀 수 없는 인간이 유일하게 할 수 있는 것은 즐기는 것이다'라는 취지의 자포자기 성향이 짙은 허무함의 표현이다. 사람은 주어진 환경에서 종종 찾아오는 즐김을 누리는 것 외에는 할 수 있는 것이 아무것도 없다는 것이다. 그러므로 그는 희락이 찾아올 때마다 '찬양한다'(שׁבח). 감정적으로 열렬하게 환영하고 노래한다는 뜻이다(TWOT).

사람이 삶에서 즐길 수 있는 희락은 어떤 것인가? 코헬렛은 먹고 마시며 즐거워하는 것이라고 한다(15b절). 세상에는 이 세 가지보다 더 나은 것이 없으므로 사람은 자신의 고단한 삶에서 이런 것들을 간간히 즐기는 것을 낙으로 삼아야 한다는 뜻이다(15c-d절). 다시 말하면 사람은 주어진 삶을 숙명적으로 받아들여야 하며, 자기 삶에 어떠한 변화도 줄 수 없다고 생각하는 사람에게는 먹고 마시며 즐기는 것이 최고의 낙이라는 것이다.

개역개정은 16절을 독립문장으로 번역했기 때문에 해석이 다소 어렵다. 대부분 번역본들은 16절과 17절 전반부를 한 문장으로 취급한다(새번역, 공동, 현대어, NAS, NIV, NRS, ESV, TNK). 새번역은 16-17a절을 다음과 같이 번역한다: "내가 마음을 다하여 지혜가 무엇인지를 알고자 하였을 때에, 그리고 땅 위에서 밤낮 쉬지도 않고 수고하는 사람의 수고를 살펴보았을 때에, 하나님이 하시는 모든 일을 두고서, 나는 깨달은 바가 있다." 이 번역에 의하면 코헬렛은 밤낮 쉬지 않고 수고하는 사람들의 수고를 살폈다. 반면에 아가페성경과 현대어성경은 그가 밤이나 낮이나 뜬눈으로 살면서 그들을 살폈다고 한다. 본문에서 누가 밤낮으로 잠을 이루지 못하는 자(들)인가에 대해 해석이 서로 다르다(cf. Bartholomew, Murphy, Seow). 마소라 사본이 정확하지 않기 때문에 빚어진 일이다. 코헬렛이 잠을 이루지 못한 것으로 해석하는 사람들도 있지만(Fox, Fredericks & Estes, cf. TNK), 대부분 번역본을 따라 그가 고되게 일하느라 잠까지 설치는 사람들을 살핀 것으로 해석하는 것이 바람직하다(개역개정, 새번역, 공동, NIV, NRS, ESV, NIRV, cf. Seow).

코헬렛은 그가 최선을 다해서 세상에서 일어나는 일들을 살폈지만, 이해할 수는 없었다(17b-c절). 그러므로 자기 같은 '지혜자가 아노라 할지라도 능히 알아내지 못할 것'이라고 한다(17d절). 그는 세상의 모든 것을 알 수 없다는 불만을 표현하고 있다. 또한 지혜자들도 분명 한계를 지녔으므로 그들이 하는 말을 전적으로 신뢰하지는 말라는 의미이다.

코헬렛은 8장을 시작하면서 '누가 지혜 있는 사람인가?'라는 질문을 했다(1절). 그는 17절에서 스스로 답을 한다: '지혜로운 사람은 아무도 없다'(Shepherd). 이 지혜와 지혜자들의 한계를 인정하는 것이 인상적이다. 이때까지 그는 마치 세상의 모든 것을 아는 것처럼 말했다. 그런데 이제는 자신도 모르는 것이 있다고 인정한다! 무엇이 그를 겸손하게 했는가? 앞 섹션(10-14절)에서 그가 문제가 있다며 지적한 온갖 불합리와 불의이다(Fox). 세상에서 일어나는 온갖 불의한 일이 그를 겸손케 한 것이다. 불의한 일도 분명 하나님의 공의의 일부일 텐데 그는 전혀 깨달을 수가 없다.

시간이 지날수록 코헬렛은 더 확실한 향락주의자가 되어 가는 듯하다. 그의 '즐기라'는 권면의 강도가 더 세지고 있기 때문이다(cf.

Whybray). 사람이 삶을 즐기는 것은 창조주의 뜻이다. 그러나 그가 즐기라고 하는 것은 인간은 삶에서 어떠한 긍정적인 변화도 이룰 수 없다는 자포자기와 절망감에서 비롯된 것이기 때문에 바람직하다고 할 수 없다. 만일 이 땅에서의 삶이 우리의 전부라면 그의 말이 설득력을 얻는다. 그러나 우리는 이 땅에서의 삶 이후에 시작될 시대를 기대하고 있다. 그러므로 그의 먹고 마시고 즐기라는 조언을 어느 정도는 받아들이되, 너무 많이 받아들이면 안 된다. 균형이 필요하다. 이 땅에서의 삶을 즐기되 우리의 마음은 항상 하나님과 함께 할 내세에 대한 소망을 품어야 한다.

코헬렛은 자기 같은 지혜자들도 하나님이 세상에서 행하시는 일들을 모두 알 수 없다고 인정한다. 우리는 그의 태도 변화를 긍정적으로 보아야 한다. 이미 언급한 것처럼 창조주 하나님과 인간의 가장 기본적인 차이는 지식이다. 전지전능하신 하나님은 모든 것을 아시지만, 인간인 우리는 아는 것보다 모르는 것이 더 많다(cf. 욥기). 이러한 사실에 대해 비관할 필요는 없다. 겸손히 인정하고 수긍하면 된다. 하나님의 모양과 형상대로 만들어진 인간은 하나님이 아니기 때문이다.

II. 자서전적 회고(1:12–12:7)
C. 지혜와 운명(6:1–9:10)

11. 운명적인 죽음(9:1–3)

1 이 모든 것을 내가 마음에 두고
이 모든 것을 살펴 본즉
의인들이나 지혜자들이나 그들의 행위나
모두 다 하나님의 손 안에 있으니
사랑을 받을는지 미움을 받을는지
사람이 알지 못하는 것은

모두 그들의 미래의 일들임이니라
2 모든 사람에게 임하는 그 모든 것이 일반이라
의인과 악인,
선한 자와 깨끗한 자와 깨끗하지 아니한 자,
제사를 드리는 자와 제사를 드리지 아니하는 자에게
일어나는 일들이 모두 일반이니
선인과 죄인,
맹세하는 자와 맹세하기를 무서워하는 자가 일반이로다
3 모든 사람의 결국은 일반이라
이것은 해 아래에서 행해지는 모든 일 중의 악한 것이니
곧 인생의 마음에는 악이 가득하여
그들의 평생에 미친 마음을 품고 있다가
후에는 죽은 자들에게로 돌아가는 것이라

앞 섹션에서 인생 별거 없으니 살아 있는 동안 즐길 수 있는 것들을 마음껏 즐기며 살라고 했던 코헬렛은 이 섹션에서도 삶에 대한 비관적인 관점을 이어 간다(cf. Longman). 아무리 깊이 생각해 보아도 사람이 굳이 선하고 경건하게 살려고 할 필요가 없다는 것이다. 어떻게 살던 간에 죽음을 피할 수 없는 것은 마찬가지이기 때문이다. 그는 이러한 결론을 내리기 위해 세상의 '이 모든 것'(אֶת־כָּל־זֶה)을 마음에 두고(נָתַתִּי אֶל־לִבִּי) '이 모든 것'(אֶת־כָּל־זֶה)을 [매우 신중하게] 살폈다며(וְלָבוּר) 자신이 내린 결론이 심사숙고한 결과임을 두 차례 강조한다(1절). 그는 맨 처음에는 서로 평행을 이루는 쌍(pair)을, 그 다음에는 대조가 되는 쌍들(pairs)을 여러 개 사용하며 자신이 내린 결론을 설명한다.

첫째, 의인들이나 지혜자들이나 모두 다 하나님 손 안에 있다(1c–d절). '의인들'(צַדִּיקִים)은 도덕적으로 선한 사람들을, '지혜자들'(חֲכָמִים)은 얻은 지식과 연륜을 바탕으로 세상을 슬기롭게 살아가는 자들을 뜻한

다. 이 둘은 지혜 문헌과 시편에서 비슷한 말로 자주 쓰인다. 지혜로운 자는 의인이며, 의인은 지혜로운 것이다. 그들뿐 아니라 그들의 행위까지 모두 하나님의 손 안에 있다. '하나님의 손 안에 있다'(בְּיַד הָאֱלֹהִים)는 그들의 운명과 행실이 미리 하나님에 의해 철두철미하게 결정된(예정된) 것은 아니지만, 하나님이 언제든 영향력을 행사하셔서 바꿀 수 있다는 의미를 지녔다(Fox, Murphy). 그러므로 하나님의 선처와 자비를 의미하는 것은 아니다(Shepherd). 그렇다면 사람이 의인이나 지혜자로 사는 것도 별 의미가 없다. 언제든지 하나님이 결정하시는 것에 따라 그의 운명과 행실이 변할 수 있기 때문이다.

둘째, 의인들이나 지혜자들이나 미래에 사랑을 받을지 미움을 받을지 알지 못하기는 악인들과 어리석은 자들과 매일반이다(1e–g절). 사랑을 받거나 미움을 받는 것이 사람의 행실이라고 하는 이들도 있지만(Fredericks & Estes, Seow), 사람을 판단하시는 하나님의 사랑과 미움이다(Bartholomew, Fox, Murphy). 하나님의 사랑을 받음은 창조주께서 인정하시고 귀하게 여기시는 것을 의미하며, 주님의 미움을 받음은 창조주의 심판을 받는 것을 의미한다. 코헬렛이 이렇게 말하는 데는 두 가지 이유가 있다. 먼저 그가 1d절에서 말한 바처럼 모든 것이 하나님의 손 안에 있기 때문이다. 따라서 언제, 어떻게 상황이 바뀔지 알 수 없다. 다음으로 1g절이 강조하는 것처럼 자신의 미래에 어떤 일이 닥칠 것인가를 아는 사람은 하나도 없기 때문이다. 그러므로 아무리 의롭게 살고 지혜롭게 사는 사람이라 할지라도 자기의 미래를 확신할 수 있는 사람은 하나도 없다. 그렇다면 악하고 어리석은 사람이 자신의 미래에 대하여 알지 못하는 것과 별반 다를 바가 없다.

셋째, 의인과 악인도 같은 운명을 맞는다(2a–b절). 일부 번역본들은 칠십인역(LXX)의 '헛되다'(ματαιότης)에 근거하여 2절을 시작하는 첫 단어인 '모든 사람'(הַכֹּל)을 '헛되다'(הֶבֶל)로 수정하여 1절의 연장으로 본다(NRS, TNK). 단어를 구성하고 있는 세 자음 중 중간 글자를 כ에서 ב로 간단하게 수정하면 되기 때문에 충분히 가능하다. 그러나 이렇게 본문을 수정해서 얻어지는 이득이 없다. 따라서 그냥 '모든 사람'을 유지하는 것이 바람직하다. 코헬렛은 의인도 악인처럼 죽음을 피할 수 없다면 굳이 의인이 더 낫다고 할 수 있을까 라고 질문한다.

넷째, 선한 자와 깨끗한 자와 깨끗하지 아니한 자도 같은 운명을 맞는다(2c절). '선한 자'(טוֹב)는 착하게 사는 사람을, '깨끗한 자'(טָהוֹר)는 윤리적으로 혹은 종교적 의식 절차상 깨끗한 사람을 뜻하는데, 이미 '선한 자'가 도덕적인 정함을 포함하고 있기 때문에 종교적으로 흠이 없는 사람을 뜻하는 것으로 해석하는 것이 바람직하다. '깨끗하지 아니한 자'(טָמֵא)는 종교적 의식 절차상 부정한 사람을 의미한다. 이런 사람은 하나님께 나아갈 수 없다. 그러므로 깨끗한 자와 깨끗하지 아니한 자의 차이는 율법(Torah)을 준수하는가, 혹은 하지 않는 가의 차이이다(Fox). 세상에서 사는 동안에는 사람이 정한지 부정한지가 이슈가 되지만, 만일 죽음을 맞이하는 것에서 차이가 없다면 무슨 의미가 있느냐는 논리이다.

다섯째, 제사를 드리는 자와 제사를 드리지 아니하는 자도 살면서 겪는 일들은 매일반이다(2d-e절). '제사를 드리는 자'(זֹבֵחַ)를 직역하면 하나님께 바치기 위해 '제물을 잡는 자'라는 의미이다. 코헬렛은 하나님을 예배하는 사람이나 예배하지 않는 사람이나 죽음을 맞이하는 일뿐만 아니라, 일상에서 겪는 일들이 같다면 믿음은 어떤 의미가 있는가에 대해 의아해하고 있다.

여섯째, 선인과 죄인도 삶에서 겪는 일은 매일반이다(2f절). '선인과 죄인'(כַּטּוֹב כַּחֹטֶא)을 직역하면 '선인처럼, 죄인처럼'이다. 이 둘 사이에 어떠한 차이가 없다는 뜻으로, '도긴개긴'이라는 의미다. 만일 착하게 사는 사람이나 죄인이나 일상에서 겪는 일이 같다면, 굳이 착하게 살 필요가 있을까라는 질문을 하게 한다.

일곱째, 맹세하는 자와 맹세하기를 무서워하는 자도 일반이다(2g절,

cf. 5:1-7). 맹세는 함부로 하는 것이 아니다. 최대한 자제해야 한다. 오히려 맹세가 걸림돌이나 올무가 될 수 있기 때문이다. 그러므로 맹세를 두려워한다는 것은 율법에 따라 함부로 맹세하지 않고 산다는 의미이다. 반면에 맹세를 쉽게 하는 사람은 하나님을 경외하는 자가 아니다. 코헬렛은 하나님을 경외하는 사람이나, 경외하지 않는 사람이나 같은 일을 겪고, 죽음을 맞이하는 것도 매일반이라고 한다. 그렇다면 하나님을 경외하는 사람이나, 함부로 대하는 사람이나 별반 차이가 없다.

그러므로 세상 모든 사람이 겪는 일들은 같으며 이러한 상황은 해 아래에서(세상에서) 행해지는 모든 일들이 '나쁘다'(רַע)고 할 수 있다(3a-b절). 옳지 않다는 뜻이다(Shepherd). 사람이 겪는 일이나 닥칠 운명에 어떠한 차이도 없기 때문이다. 코헬렛은 세상에 존재하는 불의와 불합리는 바르게 살려고 하는 사람들을 낙심하게 한다고 했다(cf. 8:10-11). 그러므로 만일 착하게 사는 것과 악하게 사는 것이 삶에서 겪는 일과 별반 다르지 않고 죽음을 맞이할 때도 같다면, 세상에서 일어나는 모든 일은 악하다 할 수 있다는 것이 그의 논리이다. 그러므로 사람들은 평생 악으로 가득한 미친 마음을 품고 있다가 죽는다(3c-e절, cf. 8:6). '미친 마음'(הוֹלֵלוֹת בִּלְבָבָם)은 깨달음이 없는 어리석은 마음을 뜻한다(NIDOTTE). 사람이 행하는 모든 일이 악하기 때문에 그가 어리석은 마음에 품은 것도 모두 악하다는 논리다. 결국 의롭고 경건하게 살아도 악인과 별반 다를 바 없는 삶을 살다가 같은 운명을 맞이한다.

코헬렛은 모든 사람이 어떻게 살든 간에 다가오는 죽음을 피할 수 없고, 그들이 삶에서 겪는 일도 차이가 없으므로 세상에서 일어나는 일은 모두 악하다고 한다. 그는 죽음 이후에 있을 일에 대해 알지 못하기 때문에 이렇게 말하지만, 지나치게 근시적인 안목이다. 사람이 어떻게 사는가는 분명 영생에 영향을 미친다는 것이 성경, 특히 신약의 가르침이다. 더 나아가 의를 추구하는 경건은 현재의 삶에도 영향을 미치며, 하나님의 축복과 보호를 유발한다(cf. 잠 3:33). 하나님은 자기 백성의 기도를 들으셔서 좋은 것들로 그들의 삶을 채우는 분이시기 때문이다. 그러므로 악인이나 의인이나 매일반이라는 말은 세상을 다스리시는 하나님을 믿지 못해 지나치게 비관하는 말이다.

그가 말하는 것처럼 우리의 미래는 하나님의 손에 달려 있다(1g절). 하나님이 우리의 운명을 결정하시는 것이다. 그러나 하나님은 선하시기 때문에 우리는 주님의 사랑을 받을 것을 확신할 수 있다(cf. 1e–f절). 하나님은 예배자들과 예배를 드리지 않는 자들을 구분하신다(cf. 2d–e절). 코헬렛의 폐단은 모든 것을 눈에 보이는 현상만으로 판단하기 때문에 빚어지는 일이다. 반면에 성경은 믿음은 바라는 것들의 실상이요 보지 못하는 것들의 증거라 한다(히 11:1). 우리 눈이 볼 수 있는 세상보다 볼 수 없는 세상이 더 크다.

II. 자서전적 회고(1:12–12:7)
C. 지혜와 운명(6:1–9:10)

12. 죽음보다 나은 삶(9:4–6)

4 모든 산 자들 중에 들어 있는 자에게는 누구나 소망이 있음은
산 개가 죽은 사자보다 낫기 때문이니라
5 산 자들은 죽을 줄을 알되 죽은 자들은 아무것도 모르며
그들이 다시는 상을 받지 못하는 것은
그들의 이름이 잊어버린 바 됨이니라
6 그들의 사랑과 미움과 시기도 없어진 지 오래이니
해 아래에서 행하는 모든 일 중에서
그들에게 돌아갈 몫은 영원히 없느니라

코헬렛은 악인이나 의인이나 죽기는 마찬가지이며, 그들이 이 땅에서 사는 동안 겪는 일에도 별반 차이가 없다고 했다. 죽음은 그 무엇보

다도 강하며 세상에서 일어나는 모든 일을 허무하고 악하게 만드는 것이다. 그렇다면 죽음과 삶은 별 차이가 없는 것일까? 그는 그렇지 않다고 주장한다. 비록 죽음이 모든 것을 허무하게 만들지만, 삶이 죽음보다는 조금 낫다.

코헬렛은 살아 있는 것이 죽은 것보다 나음을 산 개가 죽은 사자보다 나은 것에 비교한다(4절). 고대 이스라엘에서 사자는 감탄을 자아내는 짐승이었고, 개는 경멸의 상징이었던 점을 감안하면 이 말씀은 삶을 상당히 조소적으로(sardonic) 비하한다(Bartholomew, Fox, Seow). 혹은 개와 사자의 대조를 상징적으로 간주하여 별 볼 일 없는('개 같은') 산 자가 죽은 위인('사자 같은')보다 낫다는 의미로 해석할 수도 있다(Crenshaw). 중요한 것은 아무리 형편없는 삶이라도 영화로운 죽음보다 낫다는 사실이다. 그러므로 이 말이 실제적으로 코헬렛의 생각인지, 혹은 그가 다른 사람들이 하는 말을 옮겨 놓은 것인지에 대해 다소 논란이 있다(cf. Gordis, Longman, Murphy). 그가 다음 절들(5-6절)에서 삶이 죽음보다는 나은 점이 있다고 하는 것으로 보아 이것은 그의 말이다. 그가 이때까지 책에서 해온 말을 감안하면 이처럼 삶에 대하여 냉소적으로 말하는 것이 별로 새롭지 않다(cf. 6:1-6).

그렇다면 어떤 면에서 삶이 죽음보다 나은가? 세 가지 차원에서 삶은 죽음보다 낫다.

첫째, 살아 있는 사람은 소망할 수 있다(4a절). '소망'(בִּטָּחוֹן)은 '확신, 신뢰'를 뜻한다. 삶에 대한 기대가 있다는 뜻이다. 어떤 기대와 확신인가? 언젠가는 죽을 것이라는 소망이다(Fredericks & Estes, Garrett). 코헬렛의 생각에 의하면 죽음도 이 땅에서 고단한 삶을 사는 사람에게는 소망이 될 수 있다(cf. 5a절). 반면에 죽은 사람은 더 이상 죽음을 소망할 수가 없다. 모든 것이 끝이 났기 때문이다. 삶에 대한 참으로 비관적인 안목이다(cf. Bartholomew, Fox).

둘째, 살아 있는 사람은 지식을 가졌다(5a절). 살아 있으면 자신이 언젠가는 죽을 것이라는 사실이라도 안다. 반면에 죽은 사람은 이러한 사실도 모른다. 죽은 사람은 어떠한 생각도 할 수 없기 때문에 지식도 없다. 데카르트(Decarte)의 "나는 생각한다. 고로 나는 존재한다"라는 말을 생각나게 한다.

또한 죽은 사람은 다시는 상을 받지 못한다(5b절). '상'(שָׂכָר)은 노동에 대한 '대가, 보상'을 뜻한다(HALOT). 노동은 살아 있는 사람만 할 수 있다. 비록 코헬렛이 노동에 대해 그다지 좋게 생각하지는 않지만, 노동에 대한 대가는 산 사람만이 누릴 수 있다. 세상은 산 사람들을 더러 기억하지만, 죽은 사람들은 완전히 잊는다. 코헬렛에게 사람들의 기억에서 사라지는 것은 참으로 안타깝고 슬픈 일이다. 잠언 10:7은 의인은 죽어서도 기념이 되지만, 악인의 이름은 썩는다며 그의 주장과 다소 다른 가르침을 제시한다. 코헬렛은 모든 사람이 잊혀진다고 하지만, 잠언은 악인들만 잊혀진다고 한다.

셋째, 죽으면 모든 것이 사라지기 때문에 살아 있는 것이 좋다(6절). 죽은 사람은 사랑과 미움과 시기도 느끼지 못한다. 사랑과 미움과 시기는 인간이 느낄 수 있는 가장 강력한 감정이다(Provan). 사람이 죽으면 그의 생각이나 느낌도 모두 그와 함께 죽기 때문에 가장 강력한 감정도 느낄 수 없다. 그러므로 이 말씀은 '나쁜 느낌이라도 전혀 느낌이 없는 것보다 낫다'는 의미로 풀이할 수 있다(Shepherd). 또한 그는 더 이상 이 세상 사람이 아니기 때문에 '해 아래에서 행하는 모든 일'(세상에서 이루어지는 모든 일) 중에 그들에게 돌아갈 몫은 영원히 없다. 그들은 더 이상 세상의 일부가 아니기 때문이다. 이 같은 관점에서 볼 때, 그래도 죽음보다는 삶이 낫다.

코헬렛은 삶에 대해 그다지 높이 평가하지 않는다. 그나마 본문에서 삶이 죽음보다 나은 면모가 있다고 하는 것이 다행이다. 그는 죽음이 모든 것의 끝이고 죽음 이후에는 그 무엇도 없다고 생각하기 때문에 이 같은 생각을 한다. 세상의 가장 큰 지혜자라고 하는 그도 죽음 이후에 대하여는 아는 바가 전혀 없었던 것이다.

반면에 우리는 죽음 이후에 영생이 있다는 사실을 잘 안다. 예수님께서 죽으시면서까지 이러한 사실을 확인시켜 주셨다. 그러므로 우리는 코헬렛처럼 삶에 대하여 비관할 필요도, 죽음을 두려워할 필요도 없다. 살아 있는 동안 성실하게 의미가 있고, 의미를 추구하는 삶을 즐기다가 죽으면 영원한 처소로 옮겨가 하나님과 영생을 누리는 삶을 누릴 소망이 있다.

Ⅱ. 자서전적 회고(1:12–12:7)
C. 지혜와 운명(6:1–9:10)

13. 누림과 즐김(9:7–10)

7 너는 가서 기쁨으로 네 음식물을 먹고
즐거운 마음으로 네 포도주를 마실지어다
이는 하나님이 네가 하는 일들을 벌써 기쁘게 받으셨음이니라
8 네 의복을 항상 희게 하며
네 머리에 향 기름을 그치지 아니하도록 할지니라
9 네 헛된 평생의 모든 날
곧 하나님이 해 아래에서 네게 주신 모든 헛된 날에
네가 사랑하는 아내와 함께 즐겁게 살지어다
그것이 네가 평생에 해 아래에서 수고하고 얻은 네 몫이니라
10 네 손이 일을 얻는 대로 힘을 다하여 할지어다
네가 장차 들어갈 스올에는
일도 없고 계획도 없고 지식도 없고 지혜도 없음이니라

삶이 죽음보다 아주 조금 낫다면, 사람이 사는 동안 할 수 있는 가장 좋은 것은 무엇인가? 최선을 다해 주어진 삶을 즐기는 것이다. 어

떻게 하면 삶을 즐긴다고 할 수 있는가? 마음껏 먹고, 즐겁게 마시는 것이다(7절). 하나님이 이미 그가 하는 일들을 기쁘게 받으셨기 때문이다. '하나님이 기쁘게 받으셨다'(רָצָה הָאֱלֹהִים)는 하나님이 인정하시고 호의를 베푸셨다는 뜻이다. 이때까지 코헬렛은 인간이 삶을 즐기는 것을 하나님의 선물이라 했다(2:24, 26; 3:13; 5:18). 그는 이제 한 걸음 더 나아가 인간이 즐기는 것은 주님이 원하시는 것이라 한다(Fox). 향락주의를 지향하는 카르페디엠(Carpe Diem) 말씀이 다시 모습을 보이고 있다(Fredericks & Estes). 카르페디엠은 이 책에서 다섯 번째이자 마지막이다(Bartholomew, Shepherd, cf. Odgen).

코헬렛은 의복도 항상 희게 하며 머리에 향 기름을 그치지 않도록 하라고 한다(8절). 이러한 것들이 고대 이스라엘에서 어떤 상징성을 지녔는지에 대해 더 이상 알 수는 없지만, 본문에서 흰 옷과 향 기름은 영광과 기쁨과 축제와 호화로움을 상징한다(cf. Delitzsch, Garrett, Longman, Towner). 요즘 말로 하자면 자신을 꾸미고 즐기는 일에 돈 쓰는 것을 주저하지 말라는 뜻이다.

코헬렛은 아내와 함께 행복하게 사는 것도 사람이 삶을 즐기는 일들 중 하나라고 한다(9절). 그는 이 절에서 삶은 참으로 '헛되다'(הֶבֶל)는 사실을 두 차례 강조하며 우리의 허무한 삶에서 그나마 위안과 낙으로 삼을 수 있는 것은 아내와 사는 것이라는 취지로 이런 말을 한다. 그가 여자에 대해 7:24-29에서 한 말을 감안하면, 만일 선택의 여지가 있었을 시 그는 아내와 사는 것을 삶의 낙에 포함하지는 않았을 것이다.

학자들 사이에 본문이 말하는 '여자'(אִשָּׁה)가 아내를 뜻하는지, 혹은 '아무 여자[들]'를 뜻하는지에 대해 다소 논란이 있다(cf. Bartholomew, Gordis, Murphy, Whybray). 이 단어가 정관사와 함께 사용되었다면 아내가 맞는데, 정관사가 없이 사용되고 있기 때문이다. 만일 아무 여자라면 기회만 되면 이성과 즐기라는 의미로 해석될 수 있다(Towner, Whybray). 그러나 이스라엘의 최고 지혜자가 이러한 방탕생활을 권면할 리 없다. 게다가 이 단어(אִשָּׁה)가 정관사 없이 아내를 의미하며 사용되는 경우들이 있다(창 30:4, 9; 삼상 25:43; 신 22:22). 그러므로 아내로 해석해야 한다(Fox). 남자가 아내와 즐겁게 사는 것은 그가 이 땅에서 열심히 노동하여(עָמָל) 얻은 몫이다. 각 사람은 이성과 부부가 되어 평생 함께하며 의지하는 기쁨을 누릴 권리가 있다는 뜻이다.

마지막으로 코헬렛은 기회가 있을 때 최선을 다해서 일하라고 한다(10절). 일도 산 사람만이 즐길 수 있는 특권이기 때문이다. '힘을 다하여'(בְּכֹחֲךָ) 일하는 것은 코헬렛이 부정적으로 평가하는 '심한 일, 노동'(עָמָל)과는 다른 표현이다. 죽도록 일하는 것이 아니라, 삶을 누릴 수 있을 정도로 일하라는 뜻이다(Fox). 사람이 죽어서 가게 될 스올에는 일도, 계획도, 지식도, 지혜도 없다. 사람이 일하는 것과 연관된 네 가지(일, 계획, 지식, 지혜)가 없는 곳이 죽음이다. 그러므로 기회가 있을 때 열심히 일하는 것도 지혜롭다.

코헬렛이 삶을 즐기라고 하는 것은 좋지만(7절), 그의 권면이 삶의 허무를 이유로 인간이 할 수 있는 최선이 이것이라는 논리에서 비롯된 점이 다소 아쉽다(9절). 우리의 삶은 절대 허무하지 않다. 각 사람에게 주어진 삶은 각자에게도 의미가 있지만, 창조주 하나님께도 의미가 있다. 이것이 성경의 가르침이다. 그래서 하나님은 독생자를 죽게 하시면서까지 우리를 구원하신 것이다.

그럼에도 불구하고 먹고, 마시며, 좋은 옷을 입고, 기름을 바르며, 아내를 즐기라는 권면은 좋고 실용적이다. 자기 자신의 누림과 즐김에 지나치게 인색한 사람들이 있다. 안타까운 것은 그들의 인색함이 흔히 신앙과 연관되어 있다는 사실이다. 크리스천들은 삶을 즐기면 안 된다는 생각에 사로잡힌 사람들이다. 그러나 성경은 금욕주의를 지향하지 않는다. 게다가 이러한 즐김은 하나님이 내리시는 축복이며, 하나님이 이미 우리가 한 일을 기쁘게 받으셨다는 증거이다(7c절). 절제하지 않고 막무가내로 즐기는 것은 분명 문제이지만, 균형감을 가지고 삶을 즐기는 것은 하나님의 뜻이다.

기회가 있을 때에 최선을 다해 일하라는 권면도 일하기를 싫어하는 사람에게 경종이 된다. 기회는 항상 있지 않기 때문이다. 언젠가는 일하고 싶어도 일할 수 없는 때가 올 수 있다. 예수님도 세상에서 우리가 할 일이 참으로 많다고 하시며 "추수할 것은 많되 일꾼이 적으니 그러므로 추수하는 주인에게 청하여 추수할 일꾼들을 보내 주소서"라고 기도하라고 하셨다(눅 10:2). 주의 자녀들은 성실하게 살아야 한다.

II. 자서전적 회고(1:12–12:7)

D. 지혜와 세상(9:11–12:7)

이 섹션을 전체적으로 아우르는 주제는 지혜의 실용성이다. 코헬렛은 잠언이 제시하는 실용성 정도는 아니지만, 지혜가 삶에 어떻게 유익할 수 있는가를 여러 가지 상황을 예로 들어 설명한다. 본문은 다음과 같이 세분화될 수 있다.

1. 세상 이치(9:11–12)
2. 살리는 지혜와 죽이는 어리석음(9:13–18)
3. 우매한 자의 파괴력(10:1–3)
4. 통치자들(10:4–7)
5. 노동과 지혜(10:8–11)
6. 말과 지혜(10:12–15)
7. 통치자들(10:16–20)
8. 투자(11:1–6)
9. 젊음(11:7–10)
10. 늙음과 죽음(12:1–7)

II. 자서전적 회고(1:12–12:7)
D. 지혜와 세상(9:11–12:7)

1. 세상 이치(9:11–12)

11 내가 다시 해 아래에서 보니
빠른 경주자들이라고 선착하는 것이 아니며
용사들이라고 전쟁에 승리하는 것이 아니며
지혜자들이라고 음식물을 얻는 것도 아니며
명철자들이라고 재물을 얻는 것도 아니며
지식인들이라고 은총을 입는 것이 아니니
이는 시기와 기회는 그들 모두에게 임함이니라
12 분명히 사람은 자기의 시기도 알지 못하나니
물고기들이 재난의 그물에 걸리고
새들이 올무에 걸림 같이
인생들도 재앙의 날이 그들에게 홀연히 임하면 거기에 걸리느니라

코헬렛은 세상은 우리가 생각하고 기대하는 대로 움직이는 만만한 곳이 아니라고 한다. 그는 다섯 가지 예를 들며 남들보다 실력이나 기술이 있다 해서 반드시 성공하는 것은 아니라 한다(11절). 참으로 많은 변수들이 있을 수 있기 때문이다. 또한 사람의 성공 여부는 기술이나 실력보다는 시기와 기회에 달려 있다.

첫째, 빠른 경주자들이라고 해서 선착하는 것이 아니다(11b절). '빠른 경주자들'(קַלִּים הַמֵּרוֹץ)은 달리기에 남들보다 뛰어난 재능을 보이는 사람들을 뜻한다. 그들의 출중한 실력을 생각하면 달리기 시합을 할 때마다 그들이 제일 먼저 결승선을 통과하는 것이 당연하다. 그러나 항상 그렇지만은 않다. 달리다 넘어져 일어나지 못할 수도 있는 등 수많은 변수가 있을 수 있다. 그러므로 그들보다 실력이 모자란 사람들이 먼저 통과하는 경우들도 있다.

둘째, 용사들이라고 해서 전쟁에 승리하는 것이 아니다(11c절). '용사들'(גִּבּוֹרִים)은 전쟁에 능숙한 군인들을 뜻한다(TWOT). 전투 경험이 많고, 용맹스럽기까지 하니 그들이 전쟁에서 승리하는 것은 당연한 일이라고 생각되지만, 항상 그렇지는 않다. 그들보다 별 볼 일 없는 군대가 좋은 전술로 승리하는 경우도 허다하다.

셋째, 지혜자들이라고 음식물을 얻는 것도 아니다(11d절). '지혜자들'(חֲכָמִים)은 자신들이 가진 지식을 사용하여 슬기롭게 세상을 사는 사람들이다. 이런 사람들에게 먹고 마시는 것을 구하는 일은 어렵지 않아야 한다(cf. 잠 3:16; 8:18, 21; 22:4; 24:4). 삶에서 먹고 마시는 것은 가장 중요한 것이며, 그들이 지혜를 추구하는 것도 남들보다는 음식을 더 수월하게 얻기 위해서이기 때문이다. 그러나 현실은 그렇지 않다. 지혜자들이라도 베를 굶는 자들이 있다.

넷째, 명철한 자들이라고 재물을 얻는 것도 아니다(11e절). '명철한 자들'(נְבֹנִים)은 사리 판단이 정확하고 빠른 사람들을 의미한다(NIDOTTE). 이런 사람들이 비즈니스와 투자를 잘 하여 많은 재물을 얻는 것은 당연한 일이라 할 수 있다. 그러나 항상 그렇지 않다. 세상에는 명철하지만 가난한 사람들도 많다.

다섯째, 지식인들이라고 은총을 입는 것은 아니다(11f절). '지식인들'(יֹדְעִים)은 아는 것이 많은 사람들이다. '은총'(חֵן)은 인기나 인정을 뜻한다(HALOT). 어느 사회에서든 지식인들이 인정을 받고 존경을 받는 것은 당연한 일이다. 그러나 항상 그렇지만은 않다. 때로 인기가 없는 것은 물론이고, 따돌림을 당하기도 한다.

왜 남들보다 뛰어난 사람들이 항상 성공하는 것은 아닐까? 코헬렛은 시기와 기회 때문이라고 한다(11g절). '시기'(עֵת)는 적절한 타이밍이며, 기회(פֶּגַע)는 항상 오는 것이 아니다. 그러므로 기회가 왔을 때 시기적절하게 행동하는 것이 성공의 비결이다. 그는 이미 3:1–8에서 모든 것에는 때가 있다며 시기와 기회의 중요성을 강조한 적이 있다.

시기와 기회를 분별하는 것은 실력과 기술을 지닌 것보다 더 중요하다. 사람의 성공 여부는 기술과 실력보다는 시기(때)와 기회가 가름할 것이기 때문이다. 안타까운 것은 사람은 자신의 시기(때)를 알지 못한다는 사실이다(12a절). 살다 보면 때와 기회가 분명 오는데, 사람이 그 때를 분별하지 못한다는 뜻이다. 우리의 판단력을 흐리게 하는 변수들도 많고, 심지어는 망설이다가 기회를 놓치는 경우도 허다하다. 때를 분별하지 못하는 사람들은 결국 물고기들이 그물에 걸리고, 새들이 올무에 걸리는 것처럼 재앙의 날에 걸려 빠져나오지 못한다(12b-d절). 성공하기는커녕 오히려 갑작스러운 죽음(망함)을 맞이하게 된다는 뜻이다. 이러한 비극은 그의 의지나 계획과 상관없는 일이다.

코헬렛의 세상 이치 파악은 정확하다. 세상은 능력이 된다고 해서 반드시 성공하는 곳은 아니다(11절). 사람이 예측할 수 없는 수많은 변수가 있기 때문이다. 그렇다고 해서 코헬렛처럼 아직 경험하지 않은 미래 일에 대해 좌절할 필요는 없다(12절). 우리의 앞길을 인도하시고 축복하시는 하나님이 우리를 지키고 계시기 때문이다. 그러므로 변수가 많아 불안할수록 우리는 그 불안감을 믿음으로 극복해야 한다. 선하신 하나님이 우리가 가야 할 길로 인도하실 것이라는 확신 속에 앞서가시는 하나님을 따라가면 잘못될 일이 없다. 하나님이 허락하지 않으시면 우리가 볼 수 없는 요행이나 불행도 닥치지 않는다.

II. 자서전적 회고(1:12-12:7)
D. 지혜와 세상(9:11-12:7)

2. 살리는 지혜와 죽이는 어리석음(9:13-18)

13 내가 또 해 아래에서 지혜를 보고 내가 크게 여긴 것이 이러하니 14 곧 작
고 인구가 많지 아니한 어떤 성읍에 큰 왕이 와서 그것을 에워싸고 큰 흉벽
을 쌓고 치고자 할 때에 15 그 성읍 가운데에 가난한 지혜자가 있어서 그의

지혜로 그 성읍을 건진 그것이라 그러나 그 가난한 자를 기억하는 사람이 없었도다 16 그러므로 내가 이르기를

지혜가 힘보다 나으나
가난한 자의 지혜가 멸시를 받고
그의 말들을 사람들이 듣지 아니한다 하였노라
17 조용히 들리는 지혜자들의 말들이
우매한 자들을 다스리는 자의 호령보다 나으니라
18 지혜가 무기보다 나으니라
그러나 죄인 한 사람이 많은 선을 무너지게 하느니라

코헬렛은 앞 섹션에서 지혜자들과 명철한 자들과 지식인들이라 해서 항상 얻고자 하는 것을 성공적으로 얻는 것은 아니라고 했다(11d-f절). 지혜나 명철이나 지식보다 더 중요한 것은 때와 기회이다. 그렇다면 이런 것들은 삶에 전혀 쓸모가 없는가? 그렇지는 않다. 지혜가 적절한 때에 활용되면 무력보다 더 많은 사람을 살릴 수 있다.

코헬렛은 한 사례를 예로 들며 자기가 하고자 하는 말을 이어 간다(13-15a절). 한 왕이 큰 군대를 이끌고 와 작은 성읍을 에워쌌다. 성을 정복하려고 만반의 준비를 하고 나서 공격을 시작할 참이었다. 바로 그때 성읍 가운데에 살던 한 가난한 지혜자가 나타나 자신의 지혜와 논리로 공격하려는 왕의 마음을 돌렸기 때문에 그가 성읍을 공격하지 않고 돌아갔다는 이야기이다. 비슷한 의미로 우리 말에 "한 마디 말로 천 냥 빚을 갚는다"는 말이 있다. 코헬렛이 예로 들고 있는 사건은 다윗의 장군 요압이 반역자 세바를 잡기 위해 아벨 성을 쳤을 때 일과 비슷하다(삼하 20:14-22). 그때 한 지혜로운 여인이 요압을 설득시켜 유혈 사태를 막았다.

코헬렛은 이러한 일을 예로 들며 자신은 지혜의 능력에 대하여 높이 평가하며 인상 깊게 생각한다고 한다(13절). 그러나 그 이후가 문제다. 군대를 이끌고 온 왕이 해를 끼치지 않고 돌아가자 성 사람들은 한 동안 그들을 죽음에서 구한 가난한 지혜자를 칭찬하며 그에게 경의를 표했을 것이다. 하지만 그들이 지혜자를 인정하는 날은 오래가지 못했다. 얼마 지나지 않아 자신들이 사는 성을 죽음에서 구한 지혜자를 기억하는 사람은 별로 없었기 때문이다. 사람들은 권력과 돈을 가진 자들을 기억하지, 지혜자를 기억하지 않는다. 사람들은 위기 때만 지혜자를 찾는다.

코헬렛이 15절에서 지혜자는 '가난하다'(מִסְכֵּן)는 사실을 두 차례 강조하는 것으로 보아 성 사람들은 그에게 괄목할 만한 재정적 사례도 하지 않았다는 것을 암시한다(cf. Garrett). '지혜자들이라고 음식을 얻는 것도 아니라'고 했던 11절 말씀을 생각나게 한다. 모두 다 고마움을 잊은 채 일상으로 돌아간 것이다. 코헬렛에게 죽음이 가장 두려운 이유 중 하나는 잊혀지는 것이다. 그러므로 지혜자가 살아 있는 동안에도 지혜로 인해 어떠한 경제적인 이득도 얻지 못한 채 잊혀지는 것을 보며 그는 지혜의 가치에 대해 깊이 생각했다. 16절에서 10장 끝까지는 대부분 격언 스타일로 코헬렛의 가르침이 진행된다.

그가 내린 결론은 이러하다. 지혜는 분명 힘보다 낫다(16b절, cf. 잠 24:3-7). 그러나 가난한 자의 지혜는 멸시를 받고, 사람들은 그의 말을 듣지 않는다(16c-d절, cf. 6:8). 위기에 처했을 때는 그의 지혜로운 말에 귀를 기울일지 몰라도 위기를 모면하면 그의 말에 더 이상 귀를 기울이지 않는다. 사람들은 지혜자의 가치를 알아보지 못한다는 뜻이다. 특히 지혜자가 가난하면 그를 더욱더 무시한다(Fox).

그럼에도 불구하고 조용히 들리는 지혜자의 말이 어리석은 자들을 다스리는 자의 호령보다 낫다(17절, cf. 잠 17:27). 말을 잘 알아듣지 못하는 어리석은 사람들을 다스리는 지도자는 목소리를 높일 수밖에 없다. 비록 그들이 큰 소리로 떠들어대지만, 내용은 별로 없다. 반면에 지혜자가 낮은 목소리로 조용히 하는 말에는 들을 만한 내용이 많다. 설교도 비슷하다. 내용이 없을수록 소리만 지른다!

지혜는 무기보다 낫다(18절). 16절에서는 지혜가 힘보다 낫다고 했는데, 비슷한 말이다. '힘'(גְּבוּרָה)(16절)은 각 사람이 소유한 능력이며, '무기'(כְּלֵי קְרָב)(18절)는 각 사람이 전쟁을 하기 위해 사용하는 도구이다. 그러므로 코헬렛은 지혜가 사람이 지닌 어떠한 힘이나 도구보다 낫다며 지혜의 가치를 높이 평가하고 있다.

다만 죄인 한 사람이 많은 선을 무너지게 한다(18b절). '죄인'은 성을 공격하려던 어리석은 왕을 의미할 수도 있다(Bartholomew, cf. 14절). 혹은 지혜자가 이루어 놓은 모든 선한 것(업적)을 죄인 하나가 순식간에 무너뜨릴 수 있다는 의미로 해석될 수도 있다(Shepherd). 아무리 공을 들여 세운 탑이라도 무너질 때는 한 순간이다.

코헬렛은 지혜가 온 성을 죽음에서 구할 수 있을 정도로 능력이 있는 좋은 것이라고 한다. 지혜자나 어리석은 자나 죽기는 마찬가지라며 지혜를 평가절하했던 것과는 많이 다르다. 책이 진행됨에 따라 코헬렛의 삶과 지혜에 대한 생각이 조금씩 더 긍정적으로 변하고 있다.

코헬렛은 세상에서 지혜가 위기 때 잠시 사용되고는 속히 잊혀지는 것을 아쉬워한다. 또한 지혜자가 정당한 대우를 받지 못하는 것도 문제로 지적한다. 그가 말하는 것처럼 지혜가 인정받고 지혜자가 존경받는 세상이라면 얼마나 좋을까! 그러나 세상은 악하기 때문에 이렇게 되지는 않을 것이다. 그렇다고 해서 분노할 필요는 없다. 우리는 창조주께서 각자에게 주신 재능과 은사를 충분히 활용하여 우리 자신과 우리가 속한 공동체에 덕을 끼치는 소명을 받았다. 그러므로 우리가 하나님이 주신 소명을 이루어 나갈 때 공동체의 인정과 격려를 받으면 금상첨화이겠지만, 그렇지 않더라도 서운해 할 필요는 없다. 하나님이 인정하시는 것을 감사하며 살아야 한다.

II. 자서전적 회고(1:12–12:7)
D. 지혜와 세상(9:11–12:7)

3. 우매한 자의 파괴력(10:1–3)

1 죽은 파리들이 향기름을 악취가 나게 만드는 것 같이
적은 우매가 지혜와 존귀를 난처하게 만드느니라
2 지혜자의 마음은 오른쪽에 있고
우매자의 마음은 왼쪽에 있느니라
3 우매한 자는 길을 갈 때에도 지혜가 부족하여
각 사람에게 자기가 우매함을 말하느니라

코헬렛은 격언 양식을 사용하여 가르침을 이어 가고 있다. 바로 앞 절(9:18)에서 죄인 한 사람이 많은 선을 무너지게 한다며 어리석음의 파괴력은 지혜가 이루는 모든 업적(선)을 한 순간에 무너뜨릴 수 있다고 했다. 이제 그는 자기 말을 추가 설명한다.

향 기름 통에 빠져 죽은 파리들이 온 기름통에서 악취가 나게 하듯 적은 우매가 지혜와 존귀를 난처하게 만든다(1절, cf. 잠 26:9). 당시 '향 기름'(שֶׁמֶן רוֹקֵחַ)은 주로 올리브 기름에 좋은 향이 나는 향신료를 섞어 만든 것이었다(cf. ABD). 이미지는 향수를 제조하는 공장에 있는 큰 향수 통에 빠져 죽은 파리 몇 마리가 썩어 악취를 내니 파리들이 빠져 있는 통에 담겨 있는 향수 전체가 악취로 오염되어 폐기해야 하는 상황이다.

그가 제시하는 이미지가 매우 대조적이다. 요즘 말로 하면 향 기름은 몸을 자주 씻을 수 없는 당시 상황에서 몸에서 나는 악취를 가리려고 사용했던 가장 보편적이고 향기가 나는 화장품이었다. 안타깝게도 향이 악취로 변해서 사용할 수가 없게 되었다. 이와 같이 아주 소량의 우매가 지혜와 존귀를 난처하게 한다. 지혜와 어리석음은 서로 상극이기 때문에 절대 공존할 수 없다는 뜻이다.

'난처하다'(מִכָּבוֹד)를 직역하면 '더 무겁다'는 뜻이다. 때로는 어리석음

이 지혜와 존귀보다 더 환영을 받으며, 더 큰 영향력을 행사한다. 이 '작은 어리석음'(סִכְלוּת מְעָט)은 9:17이 언급한 '우매한 자들을 다스리는 자의 호령'을 생각나게 한다. 지혜로운 사람이 아무리 지혜로운 말을 해도 사람들은 권력을 쥐고 있는 자의 어리석은 호령에 더 귀를 기울인다. 군중 심리가 이러하다.

코헬렛은 지혜자의 마음은 오른쪽에 있고, 우매자의 마음은 왼쪽에 있다고 한다(2절). 인구의 90%가 오른손잡이였던 점을 고려해서 학자들은 오른쪽은 효력(efficacy)을, 왼쪽은 서투름과 실수를 상징하는 것으로 해석한다(Fox, Towner). 그러나 예수님이 선행을 할 때는 오른손이 하는 것을 왼손이 모르게 하라고 하시는 것으로 보아(마 6:3), 오른쪽은 이웃과 공동체를 배려하고 섬기는 것을, 왼쪽은 대가를 바라거나 개인적인 이익을 추구하는 것으로 해석하는 것이 바람직하다. 지혜와 우매의 가장 중요한 차이점은 지혜는 하나님과 이웃 중심적인 것에 반해, 우매는 자기중심적이라는 것이다.

더 나아가 우매한 자는 길을 갈 때에도 지혜가 부족하여 사람들에게 자기의 우매함을 말한다(3절). 지혜문헌에서 삶을 길을 가는 여정으로 자주 비유하는 것을 감안하면, 이 말씀은 어리석은 사람은 평상시에도 자신의 우매함을 말로 드러낸다는 뜻이다. 그가 '나는 바보다'라며 직접적으로 자기의 어리석음을 광고하며 다닐리는 없다. 우리 말에 '말을 하지 않으면 중간이라도 간다'는 말이 있다. 미련한 사람일수록 말이 많고, 시끄럽다. 반면에 지혜로운 자는 말을 아끼고, 말을 하더라도 목소리를 낮춰 조용히 말한다(cf. 9:17).

학자들 사이에 향 기름에 빠진 파리가 정말 온 향유통이 악취를 내도록 할 수 있는가에 대해 다소 논란이 있지만(1절, cf. Bartholomew, Fredericks & Estes), 이러한 논쟁은 소모적이다. 코헬렛이 하고자 하는 말은 지혜가 '온 성을 살리는' 것처럼(cf. 9:13-15), 우매함은 '온 향유통을 썩게' 한다는 것이다. 그는 이러한 상황을 하나의 비유로 예를 들고 있으므로 실제적인 상황으로 해석할 필요는 없다. 우리는 그가 하는 말에 전적으로 동의한다.

지혜자는 자기 이익을 추구하지 않고 하나님과 이웃들을 먼저 생각한다는 것도 참으로 좋은 가르침이다(2절). 자신이 지혜롭다고 생각하는 사람일수록 그가 속한 공동체와 하나님 나라를 위해 지혜를 발휘해야 한다. 반면에 만일 자신이 지혜롭지 않다고 생각한다면, 가장 좋은 것은 말을 아끼는 것이다. 사람은 말을 통해 가장 많은 실수를 해대기 때문이다.

우리는 이 섹션에서 코헬렛이 하는 말에 전적으로 동의할 수 있다. 그가 더 이상 사색적 지혜에 머물지 않고, 잠언을 구성하고 있는 격언 양식을 통해 가르침을 주고 있기 때문이다.

II. 자서전적 회고(1:12–12:7)
D. 지혜와 세상(9:11–12:7)

4. 통치자들(10:4–7)

4 주권자가 네게 분을 일으키거든
너는 네 자리를 떠나지 말라
공손함이 큰 허물을 용서 받게 하느니라

5 내가 해 아래에서 한 가지 재난을 보았노니 곧 주권자에게서 나오는 허물
이라 6 우매한 자가 크게 높은 지위들을 얻고 부자들이 낮은 지위에 앉는도
다 7 또 내가 보았노니 종들은 말을 타고 고관들은 종들처럼 땅에 걸어 다니
는도다

코헬렛은 주권자가 화를 내면 속히 그 자리를 떠나지 말라고 한다(4a–b절). '주권자'(מוֹשֵׁל)는 왕을 포함할 수도 있지만, 각 지역을 통치하는 왕의 부하를 뜻하는 것으로 생각된다(Fox, cf. 8:3–4). 그는 5:7–8과

8:2-9에서도 권력자들의 폭력적이고 독선적인 성향에 대해 언급했다. 그는 절대적인 권력을 가진 자들은 대체적으로 위험하고, 쉽게 화를 내며, 고집이 세다고 한다. 그러므로 지혜로운 사람은 그들 앞에서 처신을 신중하게 하여 화를 피하려고 노력한다(cf. 잠 16:14; 20:2; 벧전 2:18-19). 이러한 정황을 고려할 때 본문의 주권자가 하나님이라고 하는 일부 유대인들의 해석은 상당히 무리가 있다(cf. Fox). 섹션의 나머지 말씀과 잘 어울리지 않기 때문이다.

신속하게 자리를 피하지 않고 화가 난 주권자 앞에 머물면 어떤 이득이 있는가? 코헬렛은 공손함이 큰 허물을 용서받게 한다고 한다(4c절). 이 문장(כִּי מַרְפֵּא יַנִּיחַ חֲטָאִים גְּדוֹלִים)을 더 정확하게 번역하면 '침착하면 큰 실수(잘못)를 잠잠하게 할 수 있다'이다(새번역, 공동, 아가페, cf. NAS, NIV, NRS). 성급하게 자리를 피하면 큰 문제가 될 것도 공손하고 논리적인 설득으로 방지할 수 있다는 뜻이다(cf. 잠 15:1). 그러나 그는 8:3에서는 왕 앞에서 신속하게 떠나라고 했다. 그는 처한 상황에 따라 지혜롭게 행동하라는 것이다. 어떤 때는 피하는 것이, 어떤 때는 머무는 것이 상책이다(cf. 잠 26:4-5).

코헬렛은 주권자들이 저지르는 실수를 목격한 경험담을 회고한다(5-7절). 그는 두 가지를 예로 든다.

첫째, 우매한 자가 높은 자리에 앉고, 부자들이 낮은 지위에 앉는 폐단이다(6절). 일상적으로 어느 사회에서든 부자들이 높은 자리에 앉고, 어리석은 자들이 낮은 자리에 앉는다. 그러나 통치자들은 종종 어리석은 판단을 하여 이 같은 사회적 지위와 위치에 혼란을 초래한다.

둘째, 종들이 고관들처럼 말을 타고, 고관들이 종들처럼 걸어 다니는 폐단이다(7절, cf. 잠 30:21-23). '고관들'(שָׂרִים)은 태어날 때부터 높은 지위에 있는 왕족과 귀족 등을 뜻하는 것이 아니라, 나중에 높은 직책에 오른 사람들을 의미한다(Fox). 당시 말은 전쟁 무기였기 때문에 권력과 위상에서 나귀와 비교가 되지 않을 정도로 대단했다(Crenshaw, cf.

Fredericks & Estes). 참으로 어이없는 일이 벌어지고 있다는 것이다. 이번에도 주권자들이 어리석은 판단으로 상황을 이렇게 만들었다. 코헬렛은 이러한 상황을 권력자들의 허물이라고 한다(5절). '허물'(שְׁגָגָה)은 의도하지 않고 짓는 죄를 뜻한다(HALOT, cf. 레 5:18). 주권자가 실수를 저질렀다는 것이다. 권력자들은 사람들을 고용하는 일에 있어서 지혜로워야 한다.

코헬렛은 상당히 보수적인 생각을 가진 사람이다(Gordis). 본문에서도 그가 지혜와 어리석음을 대조하지 않고 부자와 우매한 자를 비교함으로써 부자가 높은 지위에서 다스려야 한다는 편견을 보이고 있다(Fox, Shepherd). 그러나 그는 일부 학자들이 주장하는 것처럼 부자들이 사회에서 높은 위치에 없는 것을 문제 삼는 것이 아니다(Seow). 정상적인 상황에서는 있을 수 없는 일들이 어리석은 지도자들의 잘못된 판단으로 인해 일어나고 있다는 점을 지적할 뿐이다.

이슈는 지혜가 활용되지 않는 어리석은 사회이다(cf. 잠 8:16). 한때 나라를 다스리던 왕으로서 그는 이런 일들을 여러 번 실감했을 것이다. 집권자들이 통치를 잘못하면 사회의 질서가 뒤집어져 엄청난 혼란이 온다(Bartholomew, Towner).

주권자들이 지혜롭게 다스리는 것이 얼마나 중요한가에 대한 가르침은 범우주적인 교훈이라 할 수 있다. 귀족이든 천한 자든 모든 사람은 하나님의 모양과 형상에 따라 창조되었다는 사실 하나만으로도 동등하며 모두 하나님께 소중하다. 그러나 낮은 자들이 권력자들의 눈치를 살피며 살아야 하는 것이 현실이다. 감사한 것은 최고 권력자가 다스리시는 다음 세상에서는 세상의 이 모든 불합리가 없을 것이라는 소망이다.

코헬렛이 부자가 다스려야 한다는 것은 편견에 불과하다. 어리석은 자는 안 되겠지만, 지혜로운 가난한 자도 높은 지위에 오를 수 있다. 그러므로 코헬렛이 우매한 자가 부자보다 높아짐을 그가 목격한 세상의 불합리 중 하나로 간주하는 것은 모든 사람이 동의할 만한 의견은 아니다(Shepherd). 그것은 그가 지적하는 삶의 '불합리'(absurdity)의 상당 부분이 그의 편협한 누리는 자들의 관점에서 제시되었기 때문이다.

II. 자서전적 회고(1:12-12:7)
D. 지혜와 세상(9:11-12:7)

5. 노동과 지혜(10:8-11)

8 함정을 파는 자는 거기에 빠질 것이요
담을 허는 자는 뱀에게 물리리라
9 돌들을 떠내는 자는 그로 말미암아 상할 것이요
나무들을 쪼개는 자는 그로 말미암아 위험을 당하리라
10 철 연장이 무디어졌는데도
날을 갈지 아니하면 힘이 더 드느니라
오직 지혜는 성공하기에 유익하니라
11 주술을 베풀기 전에 뱀에게 물렸으면
술객은 소용이 없느니라

이 섹션에 제시된 가르침의 성향은 잠언과 매우 유사하며 실용적이다. 코헬렛은 사람이 일하는 것을 별로 좋아하지 않는다. 그럼에도 불구하고 삶은 일의 연속이다. 그러므로 일을 피할 수 없다면 지혜롭게 하라며 몇 가지 예를 든다. 모든 일에는 위험이 따르기 때문에 조심해야 하며(cf. 시 7:15-16; 9:15-16; 35:7-8; 57:6; 잠 26:27; 28:10), 이러한 경각심을 갖고 일하는 것이 지혜로운 처사다. 그래야 다치지 않고 원하는 일을 할 수 있다.

함정을 파는 자는 자신이 판 함정에 빠질 수 있고(8a절, cf. 잠 26:27), 담을 허는 자는 무너진 담에서 살던 뱀(독사)에게 물릴 수 있으니 조심해야 한다(8b절). 돌로 담을 쌓은 후 틈새를 메꾸지 않았던 당시 상황에서 뱀(독사)이 담의 틈새에서 사는 것은 흔히 있었던 일이다(Fox). 돌들을 떠내는 자는 튀는 파편에 맞을 수 있고, 연장으로 인해 다칠 수 있으니 조심해야 한다(9a절). 나무를 패는 사람 은 도끼를 놓치거나 튀는 나무 조각으로 인해 위험을 당할 수 있으니 조심해야 한다(9b절, cf. 신 19:5). 한순간의 실수가 엄청난 결과를 초래할 수 있기 때문이다.

위험은 일하는 사람의 환경(터전)에만 존재하는 것이 아니다. 사용하는 연장을 제대로 관리하지 않는 것도 위험하다. 날이 무디어진 철 연장을 그대로 사용하면 힘이 더 든다(10a-b절). 도끼가 예리하면 나무를 쪼개는 사람이 심하게 다칠 수 있다(9b절). 그렇다고 해서 무딘 도끼를 사용하면 상황이 더 어려워진다. 그러므로 연장의 날을 날카롭게 가는 것이 지혜이며, 성공을 보장한다(10c절).

술객이 주술을 베풀기 전에 뱀에게 물리면 아무 소용이 없다(11절). 이미지는 조련사가 뱀(독사)을 훈련시킨 후 사람들 앞에서 자유자재로 뱀을 조정하는 쇼를 벌이는 상황이다. 고대 사회에서는 뱀에게 주술을 부리는 것도 일종의 지혜로 간주되었다(Fox, cf. 사 3:3; 시 58:6). 문제는 뱀이 주술에 걸리기 전에, 혹은 훈련을 받기 전에 조련사를 무는 것이다(cf. Delitzsch, Gordis, Shepherd). 그러므로 이 말씀은 지혜가 적기 적소에 사용되어야 한다는 점을 강조한다. 또한 아무리 전문적인 지식과 기술이 있다 할지라도, 혹은 아무리 철저하게 준비한다 할지라도 언제든 사고는 날 수 있다(Bartholomew).

코헬렛은 사람이 일을 할 때 신중하고 침착하게 행하여 불의의 사고가 일어나지 않도록 해야 한다고 권면한다. 또한 도구와 연장을 잘 준비하는 것도 지혜라 한다. 왜냐하면 사람이 하는 일의 상당 부분을 도구와 연장이 한다고 할 수 있기 때문이다.

이처럼 철저하게 준비하고 신중하게 일을 해도 사고는 막을 수 없다. 일에는 너무나도 많은 변수가 있으며, 사람은 이러한 변수들을 완벽하게 헤아려 대비할 수 없다. 그의 주장에 전적으로 동의하지만, 한 가지를 더하고 싶다. 우리는 아무리 철저하게 준비하고 신중하게 일해도 사고를 피할 수 없기 때문에 하나님께 기도하고 주님의 인도하심과 보호하심을 받아야 한다. 신앙의 진가는 이런 상황에서 나타난다.

II. 자서전적 회고(1:12–12:7)
D. 지혜와 세상(9:11–12:7)

6. 말과 지혜(10:12–15)

12 지혜자의 입의 말들은 은혜로우나
우매자의 입술들은 자기를 삼키나니
13 그의 입의 말들의 시작은 우매요
그의 입의 결말들은 심히 미친 것이니라
14 우매한 자는 말을 많이 하거니와
사람은 장래 일을 알지 못하나니
나중에 일어날 일을 누가 그에게 알리리요
15 우매한 자들의 수고는 자신을 피곤하게 할 뿐이라
그들은 성읍에 들어갈 줄도 알지 못함이니라

코헬렛은 지혜자의 말과 우매자의 말을 대조한다. 지혜자의 말은 은혜롭다(12a절). 어떻게(누구에게) 은혜롭다는 말인가? 평행을 이루고 있는 12b절이 우매자의 말은 그에게 해가 된다고 하는 것을 감안하면 지혜자의 말도 그에게 은혜롭다는 뜻이다. 그러므로 많은 번역본들이 '지혜자의 입의 말들은 자신에게 은혜롭다'는 의미로 해석한다(새번역, 공동, 현대어, ESV, TNK). 말은 하는 사람에게 은혜가 되기도 하고, 해가 되기도 한다. 무엇이 이러한 차이를 유발하는가? 지혜와 어리석음이다. 지혜로운 사람의 슬기로운 말은 사람들에게 인정을 받지만, 어리석은 자의 말은 오히려 스스로 몰락하게 한다.

우매한 자들의 말에는 어떤 문제가 있기에 사람들의 인정을 받지 못하고 스스로 몰락을 초래하는가? 코헬렛은 크게 두 가지를 지적한다: (1) 내용이 어리석음뿐이다(13절), (2) 아는 것이 없으면서도 말이 많다(14절).

첫째, 우매한 자의 말은 우매로 시작하여 미친 것으로 끝이 난다(13절). '우매'(סִכְלוּת)는 판단력이 부족한 어리석음을 의미한다(HALOT). '미친 것'(הוֹלֵלוּת)은 지식이 부족한 어리석음을 뜻한다(TWOT). 이 둘은 비슷한 말이기도 하다. 코헬렛은 우매한 자가 하는 말은 무식함과 무지의 연속이라 하는 것이다.

둘째, 우매한 자일수록 말이 많다(14절, cf. 잠 10:19). 말은 많으나 내용이 없으며, 아는 것도 없다는 것이 확연히 드러난다. 그는 미래에 대해서도 아는 척하지만 정작 아는 것은 없다. 개역개정은 14c절을 "나중에 일어날 일을 누가 그에게 알리리요?"라고 번역하여 마치 누군가가 어리석게 떠드는 자에게 미래 일을 알려 주어야 하는 것으로 번역했다. 그러나 정확한 번역이 아니다. 우매한 자에게 미래에 대해 알려 줄 사람이 아니라, 단순히 미래에 대해 말할 수 있는 사람은 아무도 없다는 뜻이다(새번역, 공동, 아가페, NIV, NRS, ESV). 사람은 장래 일을 알지 못하기 때문에, 나중에 일어날 일에 대해 말할 수 없다. 그런데 우매한 자는 아는 척하며 말을 한다! 사람은 모를수록 말이 많아진다.

결국 우매한 자들의 수고는 자신을 피곤하게 할 뿐이다(15a절). 아무리 아는 척 떠들어 보았자 귀담아듣는 사람이 없다! 그러므로 열심히 떠들어댄 자신만 피곤하다. 우매한 자들은 얼마나 미련한지 성읍에 들어갈 줄도 알지 못한다(15b절). 유목민 사회가 주류였던 당시 상황에서 '성읍'(עִיר)은 그가 사는(머무는) 지역에서 가장 큰 마을(도시)이며 비즈니스의 중심지이다. 아는 것이 엄청 많은 것처럼 떠들어대는 자가 정작 근처에서 가장 잘 알려져 누구든 아는 도시로 가는 길은 모른다! 새번역은 '제 집으로 가는 길조차 못 찾는'으로 번역하여 비아냥을 더 극대화시킨다. 세상의 모든 것을 아는 것처럼 떠들어대는 사람이 정작 자기 집으로 가는 길은 모른다! 일종의 어두운 유머(dark humor)다.

코헬렛은 우매함과 지혜의 차이는 말에 있다며 지혜자들에게 말을 할 때 신중하고 말수를 줄이라고 한다. 말을 할 때는 하고자 하는 말이 듣는 이들에게 선한 말일 뿐 아니라, 자신에게도 은혜가 되어 돌아올 것인가를 생각해 보고 하라고 한다(12절). 우매한 자처럼 말을 하면 말을 많이 해서 피곤하지만, 결과는 몰락이다(12b–15절). 잠언도 사람은 말로 죄를 가장 많이 짓기 때문에 말을 삼가하는 것이 좋다고 한다. 우리 모두가 귀담아들어야 할 권면이다.

II. 자서전적 회고(1:12–12:7)
D. 지혜와 세상(9:11–12:7)

7. 통치자들(10:16–20)

16 왕은 어리고
대신들은 아침부터 잔치하는 나라여
네게 화가 있도다
17 왕은 귀족들의 아들이요
대신들은 취하지 아니하고
기력을 보하려고 정한 때에 먹는 나라여
네게 복이 있도다
18 게으른즉 서까래가 내려앉고
손을 놓은즉 집이 새느니라
19 잔치는 희락을 위하여 베푸는 것이요
포도주는 생명을 기쁘게 하는 것이나

돈은 범사에 이용되느니라

20 심중에라도 왕을 저주하지 말며

침실에서라도 부자를 저주하지 말라

공중의 새가 그 소리를 전하고

날짐승이 그 일을 전파할 것임이니라

코헬렛은 왕은 어리고 그를 보필하는 대신들이 아침부터 잔치하는 나라는 망할 것이라고 단언한다(16절). '어린아이'(נַעַר)는 소년을 뜻할 수 있지만, 종, 노예를 의미할 수도 있다(NIDOTTE, TWOT). 그러므로 상당수의 번역본들이 '노예, 철부지' 등으로 해석한다(아가페, 현대어, NIV, NRS, TNK, NIRV). 왕의 나이가 어린 것이 문제가 아니라, 자라난 배경 혹은 자격이 없는 자가 왕이 된 것이 문제라는 것이다. 바로 다음 절(17절)이 귀족에서 난 왕, 곧 왕이 될 만한 자격이 있는 왕을 언급하는 것으로 보아 사회적 신분이 낮은 '노예, 종'으로 해석하는 것이 바람직하다(Fox, Shepherd, cf. 잠 10:10). 반면에 코헬렛은 4:13에서 가난한 자가 왕이 된 상황을 언급했기 때문에 어린 아이, 철없는 아이'로 해석하는 것도 가능하다(개역개정, NAS, ESV, cf. Towner, 왕상 3:7). 이렇게 해석할 경우 신분이 이슈가 아니라, 인품과 인격이 이슈가 된다(Garrett).

자격이 없는 자를 왕으로 세우고 그를 보필해야 할 대신들이 아침부터(그러므로 매일, 하루 종일) 호의호식하는 일에만 급급하다(16b절, cf. 잠 30:22). 고대 사회에서 아침부터 잔치를 하는 것은 방종(dissoluteness)의 상징이었다(Gordis). 지도자들이 이런 짓을 하는 나라는 어떻게 될까? 화를 피할 수 없다(16c절, cf. 사 5:11-13; 잠 31:4-9). 아마도 대신들이 자격이 안 되는 자를 꼭두각시 왕으로 세운 것은 자신들이 마음껏 권력을 휘두를 생각이었기 때문일 것이다(cf. 공동). 그러나 그들은 통치는 하지 않고 매일 아침 잔치를 벌이는 일에 급급하다. 이런 나라가 몰락하는 것은 시간 문제다.

반면에 왕은 귀족들의 아들이고 대신들이 술 취하지 않고 정한 때에 먹는 나라는 복이 있다(17절). '귀족들의 아들'(בֶּן־חוֹרִים)을 직역하면 '자유인들/존귀한 자들의 아들'이라는 뜻이다(HALOT). 왕이 될 만한 충분한 자격이 있는 사람이다. 더 나아가 대신들이 그를 잘 보필한다. 그들은 취하지 않는다. 잔치를 많이 하지 않는다는 뜻이다. 또한 그들은 정한 때에 먹는다. 모든 것을 적절한 때에 맞춰서 한다는 의미다. 이런 나라에서는 균형과 절제가 미덕이다. 그러므로 그들뿐 아니라, 그들의 지배를 받는 백성들도 행복하고 복된 나라가 된다.

게으른 사람은 자신이 사는 집의 서까래가 내려앉게 하거나 집이 새게 한다(18절). 이 말씀은 16-17절이 묘사하는 두 나라의 차이를 요약적으로 정리한다(Fox). 통치하기에 부족함이 없는 왕과 성실한 대신들이 다스리는 나라는 번영하고 백성들은 행복할 것이다(cf. 17절). 반면에 자격이 없는 자가 왕이 된 것도 모자라 대신들이 게으름을 피우는 나라는 게으른 자의 집이 망하듯이 망할 것이다(cf. 16절). 그러므로 본문에서 몰락하는 '집'을 왕국으로만 해석하는 이들도 있다(Seow, Shepherd, cf. 삼상 20:16; 삼하 7:11; 왕상 12:26). 그러나 코헬렛이 두 왕국을 예로 들며 게으름과 태만함에 대한 일반적인 가르침을 하는 것으로 해석해도 무관하다. 우리의 삶 전반에 적용될 수 있는 원리라는 것이다.

'손을 놓은 즉 집이 샌다'(18b절)는 고대 이스라엘 집은 지붕이 석회로 되어 있어서 주기적으로 씻겨 내린 석회를 보강하고 다시 발라 주어야 했다(cf. ABD). 만일 한 해라도 이런 작업을 건너뛰면 집안으로 비가 새기도 했다. 그러므로 이 말씀은 게으른 자는 지붕이 망가져 물이 집안으로 스며드는 일을 경험한다는 뜻이다. 반면에 부지런한(지혜로운) 사람은 미리 조치를 취해 이러한 불상사를 미연에 방지한다.

코헬렛은 돈이 있으면 삶이 참으로 좋아진다고 한다(19절). 그는 잔치와 포도주가 사람에게 기쁨을 주는 것처럼 돈도 기쁨을 주는 것이라고 한다. 일부 학자들은 19-20절이 카르페디엠(Carpe Diem)의 여섯 번째 본문이라고 하기도 한다(Whybray, cf. Bartholomew).

첫째, 잔치는 희락을 위한 것이다(19a절). '잔치'(לֶחֶם)는 '빵, 음식'이다. 그러므로 굳이 잔치라고 번역할 필요는 없으며 '사람이 음식을 준비하는 것은 즐거움을 위한 것이다'라고 번역해도 된다(NAS). 먹는 것은 사람에게 즐거움을 준다는 뜻이다. 삶에서 먹는 것은 매우 큰 즐거움이다.

둘째, 포도주는 생명을 기쁘게 한다(19b절). 술은 삶의 시름을 잠시나마 잊게 하기도 하고, 기분을 좋게 하기도 한다. 잔치와 포도주 모두 잘 활용하면 잠시나마 고단한 삶에서 낙이 될 수 있다. 기억해야 할 것은 잔치와 포도주가 지나치게 사용되면 자신과 공동체에 해가 된다는 것이다(cf. 16절).

셋째, 돈은 범사에 이용된다(19c절). 잔치와 포도주가 삶에 도움이 되는 것처럼 돈도 도움이 된다. 돈이 없으면 잔치도 못하고 포도주도 사지 못하기 때문이다(Fredericks & Estes, Seow). 더 나아가 돈은 사용범위가 매우 넓어서 범사에 이용된다. 물질만능주의를 지향하는 오늘날 사회와 더 없이 잘 어울리는 말이다. 코헬렛은 돈을 나쁘다고 하지 않는다. 오히려 어느 정도의 돈은 꼭 필요하다고 한다. 여기서도 그는 돈이 사람을 상당히 행복하게 해 줄 수 있다고 한다. 아쉬운 것은 돈은 모든 사람에게 공평하게 있지 않고, 부자들이 독점하다시피 한다는 것이다.

돈이 없어서 잔치를 베풀지 못하고, 포도주도 실컷 마실 수 없는 사람이 장수하는 비결은 무엇인가? 심중에라도 왕을 저주하지 않고, 침실에서라도 부자를 저주하지 않는 것이다(20a-b절). 매사에 권력자들에 대해 불만을 표하지 말라는 권면이다. 권력자들은 상당히 이기적이고 폭력적이기 때문이다(cf. 8:2-10; 10:4). 공중의 새와 날짐승이 심중에 있는 말과 침실에서 한 말을 왕에게 전하면 화를 면치 못할 것이다(20c-d절). 이와 비슷하게 우리 말에도 "낮말은 새가 듣고, 밤말은 쥐가 듣는다"는 말이 있다. 마음에 품은 것은 자신의 입을 통해 새어 나오기 마련이고, 침실에서 한 말도 밖으로 흘러나오기 마련이다. 그러므로 자기 입단속을 철저하게 하는 것이 그나마 부족한 세상에서 편안하게 살 수 있는 길이다.

나라와 백성의 운명이 지도자들의 처신에 의하여 결정되는 것은 그 누구도 부인할 수 없는 진리이다(cf. 16–17절). 그러므로 지혜롭고 절제하는 리더십 아래 사는 백성은 참으로 복이 있다. 우리가 지도자들을 위한 기도를 끊이지 않아야 하는 이유 중 하나이다. 지도자들이 올바로 해야 백성인 우리가 편안하고 행복하기 때문이다. 한 가지 아쉬운 것은 코헬렛이 사회적 신분이 낮은 자들에게서는 지도자들이 나올 수 없고(16절), 지위가 높은 자들에게서만 왕이 나와야 한다고 하는 것이다(17절). 그의 주장은 오늘날 시대와는 잘 어울리지 않는 편견에 불과하다(cf. Bartholomew, Fox).

게으름은 집을 폭삭 망하게 하는 등 파괴적인 결과를 초래한다는 가르침도 마음에 새길 만하다(18절, cf. 잠 6:6–11; 10:26; 13:4; 15:19; 19:24 등). 삶에는 꾸준한 관리가 필요한 것들이 있는데, 그 중 하나가 집이다. 그러므로 사람이 게을러 관리를 소홀히 하면 당연히 망할 수밖에 없다. 그래서 지혜문헌은 게으름을 미련함과 악으로 표현하기도 한다.

코헬렛은 매우 현실적인 조언 두 가지를 한다.

첫째, 돈은 참 유용하니 어느 정도는 모으도록 노력하라는 것이다(19절). 물론 돈을 너무 좋아하는 것은 문제가 된다. 하나님을 멀리하고 맘몬을 숭배하는 위험이 따르기 때문이다(cf. 마 6:24). 그렇다고 해서 돈이 없이 살수는 없는 세상이다. 그러므로 우리는 돈을 어느 정도는 가지도록 노력해야 한다. 잘 활용하면 돈이 삶을 어느 정도는 행복하게 할 수 있기 때문이다.

둘째, 권력자들에 대해 불만을 토하지 말라는 것이다(20절). 당시 사회에서는 생존과 연관된 일이다. 오늘날에도 독재자들이 군림하는 사회에서는 마찬가지이다. 그러므로 우리는 민주주의 사회에서 살면서 자유롭게 의사표현을 할 수 있는 것도 감사해야 한다.

8. 투자(11:1-6)

1 너는 네 떡을 물 위에 던져라
여러 날 후에 도로 찾으리라
2 일곱에게나 여덟에게 나눠 줄지어다
무슨 재앙이 땅에 임할는지 네가 알지 못함이니라
3 구름에 비가 가득하면 땅에 쏟아지며
나무가 남으로나 북으로나 쓰러지면 그 쓰러진 곳에 그냥 있으리라
4 풍세를 살펴보는 자는 파종하지 못할 것이요
구름만 바라보는 자는 거두지 못하리라
5 바람의 길이 어떠함과
아이 밴 자의 태에서 뼈가 어떻게 자라는지를 네가 알지 못함 같이
만사를 성취하시는 하나님의 일을 네가 알지 못하느니라
6 너는 아침에 씨를 뿌리고 저녁에도 손을 놓지 말라
이것이 잘 될는지, 저것이 잘 될는지,
혹 둘이 다 잘 될는지 알지 못함이니라

코헬렛은 투자를 할 때 크게 기대하지 않고 하면, 나중에 좋은 결과를 거둘 것이라 한다(1절). 그는 '네 떡을 물 위에 던지라'고 하는데, 이 말이 우리에게는 생소하기 때문에 무의미한(senseless) 행동으로 여겨질 수도 있지만(Murphy), 이스라엘을 포함한 고대 근동에서 이 말은 개인적인 이득을 포기하거나 대가를 바라지 않는 것을 뜻했다(Bartholomew, Fox). 이집트 문헌인 '안크셰숀크의 가르침'(Instruction of Ancksheshonq)도

"선한 일을 행하고 그 일을 물위에 던지라. 물이 마르면 그것을 찾을 수 있을 것이다"라며 대가를 바라지 않고 선한 일을 하면 언젠가는 이득이 되어 돌아올 것이라고 한다. 그러므로 이 말씀은 탈굼(Tg.)과 제롬(Jerome)이 한 것처럼 대가를 바라지 않고 선행을 베푸는 것에 관한 가르침으로 해석될 수 있으며, 이것이 가장 전통적인 해석이다(Towner, cf. Bartholomew, Seow).

혹은 큰 기대를 하지 않고 투자를 하고 상당 시간을 기다리면 큰 수익을 올릴 수 있을 것이라는 권면으로 해석될 수 있다(Bartholomew, Fox, Garrett, Shepherd). 코헬렛이 선행보다는 투자에 대해 말하고 있는 문맥을 고려할 때 이 해석이 더 정확하다. 더 나아가 이 말씀의 배경은 해상무역이라며 투자한 물건들을 실은 배를 먼 곳으로 보내고 기다리면 언젠가는 좋은 결과를 가지고 돌아올 것으로 해석하는 학자들도 있다(Delitzsch, Garrett, Gordis, Longman, Provan, cf. 사 18:2; 잠 31:14). 투기가 일상화되어 있는 요즘 세상에서 투자가 상당 시간을 기다리는 것이라는 가르침은 투자에 대해 다시 한 번 생각하게 한다.

투자를 할 때는 한 곳에 집중하지 말고 여러 곳에 나누어 투자해야 한다(2a절, cf. 잠 6:16; 30:15–33; 암 1–2장). '일곱이나 여덟'을 문자적으로 보기보다는 여러 곳을 의미(상징)하는 것으로 해석해야 한다. 앞으로 무슨 재앙이 어떻게 임할지 모르기 때문에 한 곳에 집중적으로 투자하는 것은 매우 위험한 일이다(2b절). 오늘날에도 이 원리는 투자 전문가들이 고객들에게 항상 하는 말이다. 아무리 좋아 보여도 한 주식에만 투자하는 것은 위험하다. 여러 개로 나눠서 투자를 해야 안정적이다. 하나가 잘 안 되면 다른 것들이 잘될 수도 있기 때문이다.

일부 유대인 해석자들은 이 말씀을 누구를 도와줄 때 한 사람을 집중해서 도와주지 말고 여럿을 도와주라는 것으로 해석하기도 한다(cf. Fox). 되도록이면 많은 사람을 도와주어야 나중에 자신이 곤경에 처했을 때 과거에 도와준 사람들로부터 도움을 받을 수 있는 확률이 높아지기 때문이다. 지혜로운 선행이라고 할 수도 있지만, 누구를 도와줄 때는 아무런 대가도 바라지 않고 도와주는 것이 좋다.

코헬렛은 사람은 무슨 재앙이 언제 임할지에 대해 도대체 알지 못하며, 자연스럽게 일어나는 일들에 대해서 어떠한 통제도 할 수 없다고 한다(3절). 구름에 비가 가득하면 때와 장소에 상관없이 비가 되어 땅에 쏟아지며, 쓰러진 나무는 쓰러진 곳에 그냥 있다. 그는 두 가지 예를 들고 있지만 세상에서 일어나는 모든 일이 이렇다는 것이다(Fox). 사람은 세상에서 일어나는 그 어떠한 일도 통제할 수 없는 별 볼 일 없는 존재이다. 설령 미리 안다고 해도 통제할 능력이 없다(Provan).

그렇다면 어떻게 살고 투자하는 것이 지혜로운 것인가? 코헬렛은 너무나 많은 생각을 하지 말고 투자하라고 한다(4절). 바람을 지나치게 의식하는 자는 파종하지 못한다. 농부가 바람을 의식하는 것은 당연하다. 너무 센바람이 부는 날 씨를 뿌리면 씨앗이 모두 바람에 날아갈 것이기 때문이다. 그러나 바람이 완전히 멈춘 날을 기다리다가 파종을 못할 수도 있다. 또한 구름만 바라보는 자도 거두지 못할 것이다. 추수철에는 건조한 날씨가 최고다. 그러나 농부가 좋아할 만한 건조한 날은 흔하지 않을 수도 있다. 그러므로 어지간한 날씨면 추수를 해야 한다. 무작정 적합한 날씨를 기다리다가는 낭패를 볼 수도 있다. 신약의 "때를 얻든지 못 얻든지 항상 힘쓰라"는 말씀을 생각나게 하는 가르침이다(딤전 4:2).

앞에서 모든 것에는 때가 있다고 했던(cf. 3:1-8) 코헬렛이 사람은 그 때를 알지 못한다며 너무 이상적인 때를 기다리지 말라고 하는 것이 참으로 인상적이다. 그가 본문에서 이렇게 조언하는 것은 사람은 바람의 길이 어떤지, 아이 밴 자의 태에서 뼈가 어떻게 자라는지 알지 못하기 때문이다(5a-b절). 이런 일은 오직 창조주 하나님만이 아신다(5c절). 해 아래에서 행해지는 모든 것을 아는 것처럼 말하며 책을 시작했던 그가 사람은 오직 제한된 범위 내에서만 세상에서 일어나는 일들을 알 수 있다고 하는 것을 보면, 그는 자신을 포함한 인간의 한계를 인정한다. 그는 참으로 먼 길을 왔다(Fox).

코헬렛은 기회가 주어질 때마다 일하고 투자하라고 한다(6a절). 아침에 씨를 뿌리고 저녁에도 손을 놓지 말라는 것은 일에 중독된 사람처럼 항상 일하라는 것이 아니다. 언제든 적절한 기회가 주어지면 일하고 투자하라는 뜻이다(Fox). 왜 그래야 하는가? 사람은 이것이 잘될지, 저것이 잘될지, 혹은 둘 다 잘될지 모르기 때문이다. 투자의 다변화에 대하여 말하는 것이 투자를 할 때는 7-8개로 나눠서 투자하라던 2절과 비슷하다. 코헬렛은 우리가 알지 못하는 것을 핑계 삼아 손을 놓고 사는 것보다 노력과 투자의 다각화(diversifying)로 극복할 것을 권한다(Fox).

앞 섹션에서 돈은 반드시 필요한 것이라고 했던(cf. 10:9) 코헬렛이 돈을 벌고 관리하는 법에 대해 조언을 하고 있다. 그의 가르침은 여윳돈이 생겼을 때의 투자 방법에 대한 좋은 가르침이라 할 수 있다. 다만 아쉬운 점은 그가 가난한 자들에 대해 관심이 없으며, 배려도 하지 않는다(Shepherd)는 것이다. 전적으로 어떻게 투자하여 돈을 벌 수 있는가에만 관심이 있기 때문이다. 그러나 성경은 우리가 돈을 벌면 가난한 약자들을 도울 것을 권면한다.

또한 코헬렛은 '이 땅에 재물을 축척하는 방법'에 대해 가르치고 있다. 예수님은 메시아인 자신은 세상에 머리를 둘 곳 하나 없다고 하시며 그를 따르는 자들에게 이 땅에서 어떻게 살아야 하는가에 대해 교훈을 주셨다(눅 9:58). 또한 세금을 내셔야 할 때, 물고기의 입에서 돈을 꺼내셔서 '가이사의 것은 가이사에게, 하나님의 것은 하나님에게'라는 교훈을 주셨다(마 17:27). 이러한 관점에서 볼 때 코헬렛의 가르침은 균형을 잃고 지나치게 한 쪽으로 쏠린 것이라 할 수 있다(cf. Shepherd).

그는 사람은 세상에서 일어나는 일을 조정할 수 없으므로 일하고 투자하기에 적합한 여건을 마냥 기다릴 수 없기에 어느 정도 여건이 맞으면 일을 시작하고 투자하라고 한다(3-5절). 또한 리스크를 줄이기 위해 여러 곳에 투자할 것을 제안한다. 그의 조언에서는 사람이 상황을 조절할 수 없고, 미래를 알 수 없는 것이 가장 큰 이슈들이 되었다. 이러한 불확실성의 상당 부분을 해소할 수 있는 것은 기도로 하나님의 인도하심을 구하는 것이다. 세상 일을 주관하시는 하나님이(5c절) 도우실 것이기 때문이다.

II. 자서전적 회고(1:12-12:7) D. 지혜와 세상(9:11-12:7)

9. 젊음(11:7-10)

7 빛은 실로 아름다운 것이라
눈으로 해를 보는 것이 즐거운 일이로다
8 사람이 여러 해를 살면 항상 즐거워할지로다
그러나 캄캄한 날들이 많으리니 그 날들을 생각할지로다
다가올 일은 다 헛되도다
9 청년이여
네 어린 때를 즐거워하며
네 청년의 날들을 마음에 기뻐하여
마음에 원하는 길들과 네 눈이 보는 대로 행하라
그러나 하나님이 이 모든 일로 말미암아
너를 심판하실 줄 알라
10 그런즉 근심이 네 마음에서 떠나게 하며
악이 네 몸에서 물러가게 하라
어릴 때와 검은 머리의 시절이 다 헛되니라

코헬렛은 살아 있음을 기뻐하고 즐기라고 한다(7절). 사람이 눈으로 해를 보는 것은 살아 있다는 의미이다. 살아 있으면 눈으로 해를 보며 빛의 아름다움을 마음껏 즐길 수 있다. 그러므로 시편 기자는 "내가 [해가 뜨는] 새벽을 깨우리로다"라고 한다(시 108:2). '아름다움'(מָתוֹק)은 달콤하다는 뜻이다(HALOT). 그는 살아 있는 동안 삶의 달콤함을 마음껏 누리라고 한다(cf. 2:3, 24; 3:12, 22; 5:18; 8:15). 죽으면 이런 누림이 없다. 그러므로 코헬렛은 살아 있는 것 자체를 즐기고 기뻐하라고 한다. 삶은 헛되고 헛되다고 하던 그가 우리에게 살아 있음을 기뻐하라고 하는 것을 보면 그도 변했다. 그러나 그가 자신의 가르침을 "헛되고 헛되다. 모든 것이 헛되다"(12:8)로 마무리하는 것으로 보아 아주 많이 변한 것은 아니다. 그는 삶의 의미와 가치에 대해 계속 갈등하고 있다(Bartholomew).

사람은 자신이 얼마나 오래 살지 모른다. 그러므로 살아 있는 동안 하루하루를 즐거워해야 한다(8절). 아주 장수한다 해도 주어진 모든 날을 기쁨으로 사는 것이 좋다. 빛으로 가득한(살아 있는) 날들이 지나면 캄캄한 날들이 많을 것이기 때문이다. 캄캄한 날들은 죽음을 뜻한다(Fox). 코헬렛은 살아 있는 동안 최선을 다해 삶을 즐기라고 한다. 죽으면 아무것도 즐길 수 없는 날들이 연속되기 때문이다. 그러므로 살아 있는 동안 아무것도 할 수 없는 죽음의 날들을 생각하며 최선을 다해 즐거워해야 한다. '생각하다'(זכר)는 기억한다는 뜻이다. 코헬렛은 이때까지 다음 세대가 전세대를 기억하지 못하는 것을 가장 슬픈 일 중 하나라고 했다. 전도서에서 기억하는 일은 그만큼 중요한 개념이다. 그러므로 죽을 날을 기억하며 살라는 것은 죽음을 매우 의식하면서 삶을 살라는 권면이다. 그러나 살아 있는 현재는 아름답다(7절). 다가올 일들은 모두 '헛되다'(הֶבֶל)(8c절). 캄캄한 날들을 죽음으로만 해석하는 이들도 있지만(Garrett, Provan), 죽음을 포함하여 악한 날들과 억압과 폭력 등 앞으로 경험할 온갖 나쁜 일들을 뜻한다(Bartholomew).

나이가 지긋한 코헬렛은 자신의 경험과 지혜를 바탕으로 청년들에게 조언한다(9절). 어린 때를 즐거워하며 청년의 날들을 마음에 기뻐하여 마음에 원하는 길들과 눈이 보는 대로 행하라고 한다. '마음'(לֵב)과 '눈'(עֵינַיִם)은 욕망과 연관된 장기들이다(Longman). 한마디로 말해 원하는 것은 무엇이든 해 보고, 즐길 것은 무엇이든 즐기라는 것이다. 오래전부터 주석가들은 코헬렛이 향락주의를 지향한다며 그의 충고에 문제가 있다고 생각했다. 그러므로 어떤 이들은 '마음에'에 '순결한'을 더해 '순결한 마음이 원하는 길들'이라며 도덕적으로 문제가 없는 절제된 자유와 즐김을 누리라는 것으로 해석했다(Shepherd, cf. Fox).

그러나 굳이 그렇게 할 필요 없다. 코헬렛은 삶을 즐기는 것은 하나님의 선물이라고 한다. 하나님은 나쁜 것과 무절제를 선물로 주시지 않는다. 또한 모든 것을 적절한 선에서 즐기라고 하지 무절제하게 즐기라고 하지는 않기 때문이다. 그러므로 이 권면에도 도덕적으로 문제가 없는 선에서 즐기는 것이 전제되고 있다. 더 나아가 마음껏 즐기되 "하나님이 이 모든 일로 말미암아 너를 심판하실 줄 알라"는 경고(9e-f절)와 "악이 네 몸에서 물러가게 하라"는 권면(10b절)이 이러한 해석을 뒷받침한다. 탈무드는 하나님이 삶을 즐기지 못하는 것도 심판하실 것이라고 경고한다(cf. Seow).

살아 있는 동안 마음껏 즐기며, 근심이 마음에서 떠나게 하는 것이 인간이 할 수 있는 최선이다(10절). 나이가 들면 어릴 때와 검은 머리의 시절이 다 '헛되다'(הֶבֶל)고 생각되기 때문이다(10c절). 참으로 짧게 느껴진다는 뜻이다(Shepherd). 또한 나이가 들어 젊은 날을 되돌아보면 실패한 것보다는 해 보지 못한 것에 대한 아쉬움이 더 크다. 코헬렛은 이러한 인간의 심리를 마음에 두고 젊은 시절이 다 헛되다고 한다.

우리는 윤리적으로 문제가 없는 절제된 범위에서 삶을 마음껏 즐기라는 코헬렛의 권면에 전적으로 동의할 수 있다. 일부 크리스천들에게는 신앙생활이 금욕주의를 실천하는 것으로 여겨지는 것이 참으로 안타깝다. 하나님은 세상을 아름답게 창조하시고 우리에게 그것을 마음껏 누리도록 하셨다. 또한 즐겨야 고단한 날들을 잘 견딜 수 있다. 그러므로 우리는 절제된 범위에서 경건하고 건전하게 삶을 즐기고 누리는 것을 배우고 실천해야 한다. 세상은 누림과 즐김을 죄와 연관시키기 때문에 죄를 짓지 않고 누리고 즐기는 일을 상상하지 못한다. 이러한 상황에서 우리는 죄를 짓지 않고도 얼마든지 삶을 누리고 즐기는 문화를 만들어 가야 한다. 우리도 건전하게 삶을 즐길 뿐 아니라, 세상 사람들에게 죄를 짓지 않고도 삶을 즐기는 것을 대안으로 제시해야 한다.

II. 자서전적 회고(1:12–12:7)
D. 지혜와 세상(9:11–12:7)

10. 늙음과 죽음(12:1–7)

1 너는 청년의 때에 너의 창조주를 기억하라
곧 곤고한 날이 이르기 전에,
나는 아무 낙이 없다고 할 해들이 가깝기 전에
2 해와 빛과 달과 별들이 어둡기 전에,
비 뒤에 구름이 다시 일어나기 전에 그리하라
3 그런 날에는 집을 지키는 자들이 떨 것이며
힘 있는 자들이 구부러질 것이며
맷돌질 하는 자들이 적으므로 그칠 것이며
창들로 내다 보는 자가 어두워질 것이며
4 길거리 문들이 닫혀질 것이며
맷돌 소리가 적어질 것이며
새의 소리로 말미암아 일어날 것이며
음악하는 여자들은 다 쇠하여질 것이며
5 또한 그런 자들은 높은 곳을 두려워할 것이며

길에서는 놀랄 것이며
살구나무가 꽃이 필 것이며
메뚜기도 짐이 될 것이며
정욕이 그치리니
이는 사람이 자기의 영원한 집으로 돌아가고
조문객들이 거리로 왕래하게 됨이니라
6 은 줄이 풀리고 금 그릇이 깨지고
항아리가 샘 곁에서 깨지고 바퀴가 우물 위에서 깨지고
7 흙은 여전히 땅으로 돌아가고
영은 그것을 주신 하나님께로 돌아가기 전에 기억하라

청년들에게 곤고한 날이 이르기 전에 창조주를 기억하라고 권면하는(1절) 것으로 보아 본문은 바로 앞 섹션을 구성하고 있는 11:9-10을 확대 설명하는 것이다. 여기까지는 확실하지만, 나머지 부분은 해석하기가 참 어렵다. 마소라 사본이 잘 보존되지 않은 데다 수많은 이미지들이 사용되고 있기 때문이다. 그래서 주석가들은 이 본문이 전도서에서 해석하기가 가장 어려운 텍스트라고 한다(Fox, cf. Murphy, Shepherd). 비록 세부적인 디테일을 일일이 해석하는 것은 어렵지만, 전반적인 메시지는 사람이 늙어가는 것과 죽음에 관한 것이라는 사실에는 모든 학자들이 동의한다.

그동안 학자들은 본문을 세 가지 관점에서 해석했다(cf. Bartholomew, Crenshaw, Delitzsch, Fox, Murphy, Seow, Shepherd).

첫째는 알레고리적인(allegorical) 해석이다(Delitzsch, Garrett, Tg., cf. Bartholomew). 우리 말로 '영해'라고도 하는 이 방법을 따르는 사람들은 본문이 언급하고 있는 모든 것이 사람이 늙어감에 따라 노후화되고 기능이 약해지는 신체 부위나 장기를 묘사하는 것이라 한다. 이 관점의 문제는 해석자에 따라 각 이미지와 연관 짓는 신체 부위와 장기가 천차만별이며 지나치게 주관적이라는 것이다. 쉽게 말해서 이 사람들 사이에도 서로 동의할 수 있는 기준은 존재하지 않는다(cf. Sawyer). 본문뿐만 아니라 모든 알레고리적인 해석의 가장 기본적인 문제이기도 하다. 성경이 스스로 행하는 몇몇 알레고리 해석 사례들(사라와 하갈이 언약 안에 있는 자들과 언약 밖에 있는 자들이라는 것 등) 외에는 모두 배제되어야 한다. 중세 카톨릭 사제들이 많이 사용한 해석 방식으로, 종교개혁자들은 영해를 '성경말씀을 가지고 창녀질 하는 것'이라며 맹렬히 비난하고 이 해석 방식과 거리를 두었다. 안타깝게도 우리 한국 교회 강단에서는 아직도 이런 설교들이 중요한 비중을 차지한다.

둘째는 문자적인(literal) 해석이다(Shepherd, Taylor). 이 해석은 본문을 있는 그대로 받아들인다. 6절이 장례식을 언급하기 때문에 2-6절은 사람이 죽는 순간을 묘사하는 것이라 한다. 사람이 죽으면 좋고 나쁨을 떠나 세상의 모든 일이 멈춘다는 것이다. 그가 죽는 순간 그의 세상은 끝이 나기 때문이다. 그러므로 그에게는 더 이상 세상이 존재하지 않는다. 이 접근 방법도 본문이 묘사하고 있는 이미지의 일부를 문자적이 아니라 상징적으로 해석한다. 문자적으로만 해석해서는 어려운 부분이 있기 때문에 일부를 상징적으로 해석하면 가장 무난한 방법이다.

셋째는 종말론적(eschatological) 해석이다(Bartholomew, Fox, Krűger, Provan). 이 방법은 처음 두 방법 중 하나와 결합하여 진행된다. 이미지들을 각 개인이 죽을 때 그의 세상이 끝나는 날이 아니라, 온 세상이 끝나는 종말을 묘사하는 것으로 간주하는 것이다. 그러나 5절 마지막 부분부터 7절까지의 내용은 한 사람이 죽은 사례를 묘사하고 있는 것이지 온 세상이 끝난 것이 아니다. 그러므로 큰 설득력은 없다.

이 세 가지 해석 방식의 차이를 '해와 빛과 달과 별들이 어둡기 전에'(2a절)에 적용해 보자(Fox). 알레고리적인 해석은 이 말씀이 사람의 얼굴이나 코나 이마의 빛이 어두워지기 전을 뜻하는 것이라고 한다.

혹은 눈이 태양을 보지 못할 때를 의미한다(cf. 11:7). 더 나아가 어두워진 빛은 감각을 잃은 눈이나 코를, 빛을 잃은 달은 창백해진 볼이나 영혼을, 흐릿해진 별은 생기가 없어 보이는 눈이나 볼을 뜻하는 것으로 해석한다.

문자적 해석은 이 말씀('해와 빛과 달과 별들이 어둡기 전에')을 사람이 죽는 순간으로 해석한다. 사람이 죽으면 그에게서 생명의 빛이 소멸하는 것을 뜻한다. 종말론적인 해석은 본문을 하나님이 심판하시는 날 해와 달이 어두워지고 별들이 빛을 발하지 못하는 상황(cf. 욜 2:10; 겔 32:7-8)과 연결하여 해석한다.

코헬렛은 젊었을 때(청년의 때)에 창조주를 기억하라고 한다(1절). '너의 창조자'(בּוֹרְאֶיךָ)가 본문과 잘 어울리지 않는다 하여 이 문구를 '너의 우물[아내], 너의 구덩이[묘지], 너의 정력, 너의 건강' 등으로 수정할 것을 제안하는 학자들도 있다(cf. Murphy). 그러나 이렇게 교정할 만한 증거나 자료가 없기 때문에 '너의 창조자'를 유지하는 것이 좋다. 또한 만일 코헬렛의 생각에서 하나님을 배제하면 7절의 '하나님께 돌아가다'도 수정하게 된다. 이 말씀은 곤경의 날이 닥치기 전, 곧 날이 좋을 때 하나님을 기억하라는 뜻이다.

"너의 창조주를 기억하라"(זְכֹר אֶת־בּוֹרְאֶיךָ)는 말씀의 의미가 정확하지 않고, 코헬렛과 잘 어울리지 않는 지나치게 종교적인 말이라고 하는 이들도 있다(cf. Fox, Murphy). 그러나 앞에서 그는 이미 젊은이들에게 하나님의 심판이 반드시 임할 것이라고 했기 때문에(11:9), 굳이 문제가 될 필요는 없다. 이 말씀은 모든 사람은 곤고한 날(늙어 죽는 날)이 그들에게 임할 것을 생각하여 젊은 날에 마음껏 즐기되 항상 창조주의 심판을 의식하여 경건하고 죄를 짓지 않는 범위에서 인생을 즐기라는 권면이다. 인간의 삶에 임하는 자세는 창조주를 끊임없이 의식해야 한다는 뜻이다(Ellul, cf. Bartholomew).

청년이 인생을 즐기되 곤고한 날이 임하기 전에, 아무 낙이 없다고 할 나날들이 가깝기 전에 해야 한다(1b-c절). '곤고한 날들'(יְמֵי הָרָעָה)은 청년의 때(젊은 날들)와 대조를 이루는 것으로 보아 나이가 들어 늙은 때를 두고 하는 말이다. 이때는 '아무 낙이 없다고 할 때'라고 하는데, 사람이 늙어 약해지고 병들면 감동하고 감격하는 일이 줄어드는 상황을 표현하고 있다. 이때는 아무리 기쁜 일을 경험하고 좋은 것을 보아도 별로 흥분하지 않는다. 이미 산전수전을 다 겪은 탓일까? 우리는 죽는 순간까지 하나님이 창조하신 세상의 아름다움과 삶에서 목격하는 선행들에 대해 감동하는 삶을 살았으면 좋겠다. 감동하고 감격하는 것은 마음이 젊다는 증거이기 때문이다.

사람이 늙으면 삶을 즐기지 못하며 살다가 결국 모든 것이 끝나는 듯한 죽음을 맞이하게 된다(2-5e절). 사람이 죽으면 그의 세상은 끝나기 때문에 그의 삶을 비추었던 해와 빛과 달과 별들이 어두워진다(2a절, cf. 6:5; 7:11; 11:7). 비가 노년기에 비교된다면, 이어지는 죽음은 그 비 뒤에 구름이 다시 일어나는 것과 같다(2b절). 원래 비가 내리면 구름이 사라져야 한다. 그러므로 죽음이 연거푸 내리는 비, 혹은 비(노년기 이후) 후에 오는 더 혹독한 비에 비교되고 있다. 더 혹독한 어두움과 절망이 있을 뿐이라는 뜻이다(cf. Longman).

장례식을 위해 사람들이 모두 하던 일을 멈추고 준비한다(3-5e절). 집을 지키는 자들(집안 사람들)이 슬퍼 두려워하며, 힘 있는 자들은 죽은 자에게 예를 표하느라 엎드리며(구부러지며), 맷돌질 하는 자들은 장례식을 준비하기 위해 하던 맷돌질(일상)을 잠시 멈춘다(3a-c절). 맷돌질 하는 여자들 중의 일부가 장례식에 참석하기 위해 초상집으로 갔기 때문에 맷돌질 하는 사람의 숫자가 줄어든다(Bartholomew, 3c절). 창으로 내다보는 자들은 슬픔으로 인해(망자를 위한 눈물과 안타까움으로 인해) 눈이 어두워지며(3d절), 장례식을 준비하기 위해 상인들은 문을 닫으며(4a절), 주변 집들도 평소에 하던 일(맷돌질)을 멈춘다(4b절). 본문에서 새의 소리는 슬픔의 표현이며(4c절, cf. 미 1:8b; 욥 30:28-31), 장례식에서 나는 슬픈 소리를 상징한다(Fox, Seow). 음악 하는 여자들은 장례식에서 애가를 부르는 '곡하는 여인들'이다(4d절, cf. 대하 35:25; 렘 9:17). 그들은 지칠 때까지 슬픈 노래를 부른다.

죽음에 대한 소식을 들은 사람들은 높은 곳을 두려워할 것이다(5a절). 망자의 영혼을 불러가신 하나님이 계시는 곧을 두려워하며 바라본다. 길을 가던 사람들은 장례식 행렬을 보며 죽음에 대한 두려움을 표한다(5b절). 죽음은 잠시나마 주변 사람들의 일상을 멈추고 두렵게 한다는 것이다.

그러나 이 같은 두려움은 오래가지 않는다. 살구나무에는 다시 꽃이 핀다(5c절). '살구나무'(שָׁקֵד)는 아몬드나무를 뜻한다. 메뚜기도 이곳저곳을 날아다니며 농부들과 농작물들에게 짐이 된다(5d절). 개역개정은 '정욕도 그친다'고 하는데 논란이 많은 번역이다. 마소라 사본이 정확하지 않다. 이 문구(תָּפֵר הָאֲבִיּוֹנָה)는 소금에 절여진 열매가 양념으로 사용되는 '케이퍼 베리'(caperberry)는 다시 꽃핀다'는 의미로 번역될 수 있다(Krűger, HALOT, cf. TNK, LXX, NAS). 이 나무는 일정 기간 동안 죽은 나무처럼 있다가 때가 되면 부활하듯 소생한다(Fox, Krűger). 살아 있는 나무는 이처럼 '부활하지만', 사람은 죽으면 끝이다. 바로 앞에 언급된 두 가지(살구나무가 꽃피고, 메뚜기가 활동하는)가 사람이 죽은 후에도 세상은 원래 대로 돌아간다는 것을 의미하는 문맥을 고려할 때, '케이퍼 베리도 다시 꽃핀다'는 의미로 해석하는 것이 바람직하다. 코헬렛은 이러한 이유로 인해 죽음을 두려워하고 싫어했다. 사람이 죽으면 그 사람만 잊혀지는 것이며, 세상은 원래 대로 계속 진행된다(cf. Bartholomew, Fox, Garrett).

망자에게 죽음은 사람이 자기의 영원한 집으로 돌아가는 날이다(5f절). 이러한 표현은 사람이 죽으면 스올로 간다는 의미로 해석될 수 있지만(Fox), 만일 코헬렛이 조금이라도 내세에 대해 상상할 수 있었다면 하나님과 영원히 거하는 처소로 가는 것으로 해석해도 된다. 또한 조문객들이 거리를 왕래하는 날이다(5g절). 장례식 행렬을 묘사한다.

코헬렛은 죽음의 네 가지 이미지를 통해 죽음의 파괴력을 강조한다(절). 첫째, 은 줄이 풀린다. 그릇이나 통을 묶고 있는 줄이 끊어지는 이미지이다. 사람의 생명을 붙들고 있는 줄이 끊어짐을 상징한다. 둘째, 금 그릇이 깨진다. 사람의 몸(그릇)이 파괴된다는 의미이다. 셋째, 항아리가 샘 곁에서 깨진다. 항아리도 사람의 생명을 상징한다(Fox). 사람의 생명 항아리가 박살이 났다. 넷째, 바퀴가 우물 위에서 깨진다. '바퀴'(גַּלְגַּל)는 사람이 우물에서 물을 길 때 발로 밟아 돌렸던 휠(wheel)이나, 두레박으로 물을 길 때 사용했던 도르래를 의미한다(HALOT, cf. 새번역, NAS, NIV, NRS, ESV). 물을 길 때 사용했던 휠(도르래)이 깨졌으니 더 이상 물(생명)을 길을 수 없다. 삶의 모든 것이 파괴되는 날이라는 뜻이다.

사람은 죽어서 육신은 흙으로 돌아가고, 영은 하나님께 돌아간다(7절). 그는 '돌아가다'(שׁוּב)를 두 차례 사용하여 사람의 몸은 흙에서 왔기 때문에(창 2:7; 3:19, cf. 전 3:20) 흙으로 돌아가는 것이고, 사람의 영은 하나님께로부터 온 것이기 때문에 하나님께 돌아간다고 한다. '영'(רוּחַ)이 단순히 '숨'(살아 있는 것)을 뜻한다는 해석도 있지만(Fox, Krűger, Longman), 더 깊은 의미, 곧 '영혼'으로 해석해도 괜찮다. 하나님이 인간을 창조하시고 그에게 생기(숨)를 불어넣어 주셨을 때는 '영'(רוּחַ)이 아니라, '생령'(נִשְׁמַת חַיִּים)이라 하기 때문이다(창 2:7, cf. Bartholomew, Murphy). 또한 코헬렛은 이미 5절에서 '영원한 집'에 대해 언급하며 사람이 죽는다 해서 존재 자체가 완전히 사라지는 것을 부인했다. 그는 창조주를 기억하며 살라고 하는데(1절), 만일 죽음 이후 아무것도 없다면 굳이 '하나님을 의식하며 살 필요가 있는가?'하는 질문이 생긴다. 사람은 죽어서 '영원한 집' 혹은 하나님의 품으로 돌아간다(cf. Bream, Ellul, Gordis, Hengstenberg).

코헬렛은 젊은 사람들에게 노년의 시대와 죽음이 오기 전에 창조주를 기억하는 삶을 살라고 한다(1절). 사람이 창조주를 생각하며 살면 더 경건하고 거룩한 삶을 살 수 있으며 삶의 기쁨도 누릴 수 있기 때문이다. 그러다가 죽으면 그의 세계는 완전히 끝이 나지만(2–5b, 5f–6절), 세상은 마치 아무 일도 없었던 것처럼 계속 지속될 것이다(5c–e절). 코헬렛은 죽으면 잊혀지는 것이 두렵고 싫다. 그러나 하나님이 아시고 인정하시면 됐지, 굳이 세상이 우리가 이 땅에 살았던 일을 기억해야 하는가? 기억한다면 언제까지 기억해야 하는가? 우리는 하나님이 주신 소명을 이루고 나면 미련 없이 이 땅을 떠나야 한다. 하나님이 우리를 기다리고 계시는 천국으로 가야 한다. 죽음은 끝이 아니고 새로운 시작이다.

사람은 죽은 후에 어떻게 되는가? 코헬렛은 몸은 흙으로 돌아가고, 영은 하나님께 돌아간다고 한다(7절). 이때까지 죽으면 모든 것이 끝이라고 했던 그가 죽은 사람의 영이 하나님께 '돌아간다'고 하는 것은 참으로 큰 변화라 할 수 있다. 그래서 한 학자는 그의 이 같은 입장 변화를 두고 그가 스스로 죽음이 끝이라는 넌센스를 멈추고 있다고 한다(Hengstenberg). 책이 끝나기 전에 심경의 변화가 감지되고 있는 것이다. 이러한 변화는 괄목할 만하다. 그는 내세에 대해 구체적인 계시가 없던 시대에 살았기 때문에 아는 것이 없다. 이러한 상황에서 그는 이 말씀을 통해 내세에 대해 은근히 기대하는 듯하다.

III. 에필로그
(12:8-14)

이미 서론에서 말한 것처럼 코헬렛과 저자(편집자)는 다른 사람이다(Bartholomew, Fox, Fredericks & Estes, Longman, Murphy, Shepherd, Towner). 이때까지(1:12-12:7) 저자는 이렇다 할 평가 없이 당대 최고의 지혜자였던 코헬렛의 가르침을 있는 그대로 제시했다. 심지어는 그의 모순적인 가르침에 대해서도 아무 말을 하지 않았다. 독자들이 스스로 깨닫고 평가하게 하기 위해서이다.

저자는 이 섹션에서 코헬렛의 가르침을 그가 자주 사용한 용어를 사용하여 한마디로 정리한다(8절). 그리고 나서 코헬렛의 가르침에 대한 자신의 평가를 매우 간략하게 제시하며 책을 마무리한다. 그러므로 본 텍스트는 다음과 같이 세 파트로 나뉜다.

A. 코헬렛의 가르침 요약(12:8)
B. 코헬렛의 노력 인정(12:9-11)
C. 실용적인 권면(12:12-14)

A. 코헬렛의 가르침 요약(12:8)

[8] 전도자가 이르되 헛되고 헛되도다 모든 것이 헛되도다

코헬렛은 가르침을 시작했던 말로 마무리하며 삶에 대한 평가를 내리고 있다. 1:2과 본문은 그의 가르침을 감싸고 있는 괄호와 같은 것이다. 그는 자신이 찾는 사색적인 지혜(philosophical wisdom)를 찾지 못했지만(cf. 7:23–24), 어느 정도의 실용적인 지혜(pragmatic wisdom)는 찾았다(Fox). 그는 삶이 참으로 이해하기 힘든 것이라는 사실을 깨달았다(cf. 8:16–17). 그러므로 자신처럼 삶을 이해하려는 이론적(사색적) 지혜를 추구하는 것보다는 살아 있는 동안 최대한 즐기라는 실천적(실용적) 지혜를 제시한다.

생각해 보면 그가 원하는 지혜를 찾는 일에 실패한 것은 당연한 일이다. 코헬렛은 사람이 노력하면 세상의 모든 것을 알 수 있으며, 더 나아가 모든 이치를 깨달을 수 있다고 생각했다. 그러나 세상의 모든 것을 알고 이해하는 이는 창조주 하나님 한 분이시다. 그가 창조하신 세상에서 일개 피조물로 살아가는 인간은 결코 창조주가 아시는 모든 것을 헤아릴 수 없다. 인간이 하나님의 모양과 형상대로 만들어진 것은 사실이지만, 그렇다고 해서 하나님이 하시는 모든 일을 인간이 할 수 있다고 생각하는 것은 오산이며 교만이다. 더욱이 인간이 지혜의 저자이신 하나님만이 소유하신 지혜를 추구하는 것은 어리석은 일이다. 창조주의 지혜와 인간의 지혜에는 분명 차이가 있으며 인간은 절대 창조주의 지혜를 모두 얻을 수 없다. 그러므로 코헬렛은 자신이 찾는 지혜는 찾지 못하고, 인간인 자신의 한계를 느꼈을 뿐이다.

코헬렛은 이러한 사실을 겸손히 인정하기보다 사색적 지혜를 추구했지만 얻지 못한 사람이 내릴 만한 결론으로 스피치를 마무리한다. 삶은 '헛되고 헛되도다 모든 것이 헛되도다.' '헛되고 헛되다'(הֲבֵל הֲבָלִים)를 직역하면 '헛됨들 중 헛됨'이며 참으로(최고로) 헛되다는 의미를 지녔다. 인간의 삶에서 헛되지 않은 것은 하나도 없다는 뜻이다. 또한 세상 '모든 것이 헛되다'(הַכֹּל הָבֶל). 사람의 삶뿐만 아니라 우리가 살고 있는 세상도 허무하기는 마찬가지라는 것이다. 그러므로 세상에서 헛되지 않은 것은 하나도 없다. 이것이 코헬렛의 최종 결론이다(cf. Bartholomew, Garrett, Longman, Towner).

우리는 사람의 삶과 세상은 허무하고 불합리하다고 하는 코헬렛의 결론에 동의할 수 없다. 하나님은 세상의 일부가 아니시기 때문에 허무하신 분도, 불합리하신 분도 아니다. 이 세상은 바로 이런 창조주께서 창조하시고 다스리신다. 그러므로 주님이 만드시고 지배하시는 우리의 삶과 세상이 불합리하고 허무할 리 없다. 창조주로 인해 우리의 삶은 의미가 있으며, 하나님은 세상을 아름답게 창조하셨다. 코헬렛의 결론은 결코 성경적인 세계관을 반영하고 있지 않다. 그러므로 저자는 그의 관점을 교정할 필요를 느낀다(Fredericks & Estes).

III. 에필로그(12:8-14)

B. 코헬렛의 노력 인정(12:9-11)

9 전도자는 지혜자이어서 여전히 백성에게 지식을 가르쳤고 또 깊이 생각하
고 연구하여 잠언을 많이 지었으며 10 전도자는 힘써 아름다운 말들을 구하
였나니 진리의 말씀들을 정직하게 기록하였느니라 11 지혜자들의 말씀들은
찌르는 채찍들 같고 회중의 스승들의 말씀들은 잘 박힌 못 같으니 다 한 목
자가 주신 바이니라

이제부터 저자의 코헬렛과 그의 가르침에 대한 평가가 시작된다(cf.

Fox, Longman, Seow). 책이 시작된 이후 우리는 저자의 음성을 거의 듣지 못했다. 유일한 예외가 1:2과 7:27과 12:8이며, 매우 짤막한 코멘트들이다. 비록 저자는 코헬렛의 가르침에 상당 부분 동의하지는 않지만, 그의 진솔함과 삶에서 무언가 의미 있는 것을 찾으려고 한 그의 노력을 높이 평가한다. 일부 학자들이 주장하는 것처럼 만일 코헬렛이 한 개인이 아니라, 다윗 왕조 전체를 대표하고 상징하는 가정(假定) 인물이라면, 저자는 하나님의 모든 지혜의 근본인 율법(말씀)을 열심히 가르치고 보급해야 했던 이스라엘의 왕들(cf. 신 17:18-20; 31:9-13; 왕하 23:1-3)이 율법에 세상 지혜를 섞어 가르침으로써 일종의 직무유기를 했다고 평가하고 있다(Shepherd, cf. Lohfink, Provan). 그럼에도 불구하고 저자는 코헬렛에 대해 여섯 가지 긍정적인 말을 한다.

첫째, 코헬렛은 지혜자였다(9a절). 고대 사회에서 '지혜자'(חָכָם)는 서기관 등 문서를 모으고 왕과 귀족들의 자녀들을 가르치는 전문직이었으며 대부분 왕족 출신이었다(Towner). 이들은 학문적인 지식뿐 아니라, 기술과 경험 등을 통해 실용적인 지식도 지닌 사람들이었다(cf. HALOT, WOT). 고대 근동의 정서에서는 아무나 지혜자가 될 수 있는 것은 아니었다. 오직 신(들)으로부터 사람들에게 지혜를 주는 매개체로 선택을 받아야만 지혜자가 될 수 있었다. 코헬렛이 예루살렘에서 나라를 다스리던 왕이었던 점을 고려하면(1:1), 그는 사명감을 가지고 신(들)에게 받은 지혜를 백성들에게 전달해 주는 '왕—지혜자'(king-sage) 역할을 한 것이다(cf. Shepherd). 또한 저자는 그가 단순한 이론가로 머물지 않고, 삶을 윤택하게 할 수 있는 실천적인 지혜를 사람들과 나눈 사람으로 평가한다. 우리도 지혜는 적용될 때 가장 의미가 있고, 빛을 발한다는 사실을 기억해야 한다. 이론에 머물러 있는 신학은 그만하자.

둘째, 코헬렛은 백성에게 지식을 가르치는 일을 계속했다(9b절). '코헬렛'(קֹהֶלֶת)은 '선생, 전도자, 설교자' 등 다양하게 번역되는데, 모두 다 사람들을 가르치는 것을 암시한다. 그의 호칭 자체가 그의 직업을 반영하고 있다. 그는 가르치는 자였으며, 이 일을 계속했다는 것이다.

'지식'(דַּעַת)은 지혜와 비슷한 말이기도 하지만, 지혜의 바탕이기도 하다. 사람은 지식을 얻어야 지혜롭게 될 수 있기 때문이다. 코헬렛은 전도서에 기록된 가르침을 제시한 이후에도 계속 지혜를 백성들과 나누기 위해 열심히 가르쳤다. 그들을 조금 더 지혜롭게 하기 위해서였다. 그가 백성들을 계속 가르쳤다는 것은 그의 가르침이 상당히 대중적이었음을 의미한다(Fox). 우리도 이웃들에게, 특히 하나님이 맡겨 주신 주의 자녀들에게 나눠 주기 위해 열심히 배워야 한다. 배워야 남에게 줄 수 있다.

셋째, 코헬렛은 깊이 생각하고 연구했다(9c절). '깊이 생각하다'(אזן)는 경청하는 것을 바탕으로 한 단어이다(NIDOTTE, TWOT). 그는 지혜를 얻기 위해 가르침을 줄 만한 사람들을 찾아다니며 그들의 말에 귀를 기울였던 것이다(Bartholomew). '연구하다'(חקר)는 적극적으로 찾아 탐구했다는 의미다(HALOT). 그는 평생 학문을 게을리 하지 않았으며, 얻은 지식을 꾸준히 해석하고 묵상했다(Seow). 창조주께서 만드신 세상의 이치에 대하여 더 깊이 알아 통찰력을 얻으려고 노력했던 것이다.

우리가 이 땅에 사는 한 어떠한 학문도 완벽할 수는 없다. 그렇다고 해서 일찌감치 포기해서도 안 된다. 학문도 하나님이 주신 은총이기 때문이다. 또한 학문은 하루아침에 얻을 수 있는 것이 아니다. 평생을 노력해야 조금이나마 얻을 수 있다. 또한 제대로 한 학문은 자신뿐 아니라 세상 사람들에게도 큰 이득이 된다. 우리도 하나님의 말씀을 연구하고 묵상하는 학문에 열심을 내야 한다. 우리가 주님의 말씀을 연구하고 묵상할수록 우리가 섬기는 주의 자녀들이 말씀의 풍요로움을 누리게 된다.

넷째, 코헬렛은 잠언을 많이 지었다(9d절). 전도서에서 가장 솔로몬을 생각나게 하는 말씀이다(cf. 왕상 4:30-34). 그의 끝없는 학문 탐구의 실용적인 결과물이 잠언 제작으로 표현되었다. '잠언'(격언)(מָשָׁל)은 어떤 진리와 이치를 모든 사람이 알아들을 수 있도록 간소화한 것이다.

또한 간략한 문장으로 형성되어 있기 때문에 외우고 묵상하기도 쉽다. 잠언(격언)은 지혜를 대중화 하여 보급하는 일에 가장 효과적인 방법이며 실용적이다. 그는 자신의 학문을 자신의 고유 소유물로 생각하지 않고 이처럼 실용적인 형태로 변화시켜 많은 사람들을 지혜롭게 만들었다. 진리와 지혜는 나눌수록 풍요로워진다. 우리도 지혜로운 성경말씀을 되도록이면 자주, 그리고 많이 나누어야 한다.

다섯째, 코헬렛은 힘써 아름다운 말을 구했다(10a절). '구하다'(בקשׁ)는 성실하게 찾는다는 뜻이다. '아름다운 말들'(דִּבְרֵי־חֵפֶץ)은 사람들에게 참 기쁨을 주는 말을 뜻한다. 사람이 언제 참 기쁨을 누리는가? 지혜를 얻을 때이다. 그는 평생 사람들이 참 행복을 누릴 수 있는 지혜를 연구한 것이다. 그리고 얻은 결과물은 잠언으로 표현하여 유통시켰다(cf. 9d절). 우리도 끊임없이 공부하고 연구하여 성도들을 행복하게 할 수 있는 진리를 지속적으로 선포해야 한다.

여섯째, 코헬렛은 진리의 말씀들을 정직하게 기록했다(10b절). '기록하다'(כתב)는 그가 얻은 진리를 문서화했다는 뜻이다(cf. Lohfink). 오늘날로 말하자면 책으로 남겼다는 의미이다. 자기 세대뿐 아니라, 다음 세대도 그가 탐구한 진리의 혜택을 받게 하기 위해서이다. 그는 자신의 생각을 모두 문서화하지는 않았다. 오직 '진리의 말씀들'(דִּבְרֵי אֱמֶת)로 제한했고 정직하게 기록했다. 영원히 변하지 않고, 정경에 기록된 말씀과 특별히 상반되지 않는 것들을 솔직 담백하게 문서로 남긴 것이다. 아마도 저자가 그의 가르침을 재구성한 것을 기록하고 있는 섹션(1:2-12:8)의 상당 부분이 코헬렛이 문서로 남긴 책들에서 비롯된 것으로 보인다. 우리 말에도 "호랑이는 죽어서 가죽을 남기고, 사람은 죽어서 이름을 남긴다"고 우리도 진리를 탐구하고 가르치며 남긴 자로 기억되었으면 좋겠다.

11절은 성경에서 단 한 차례 사용되는 단어들을 사용하고 있어서 번역하고 해석하기가 참으로 어렵다(Murphy, Seow, cf. NRS). 그럼에도 불구하고 전반적인 의미는 어느 정도 확신을 가지고 파악할 수 있다. 저자는 코헬렛을 포함한 모든 지혜자들의 가르침은 '사람을 아프게 하지만, 아픈만큼 성숙하게 한다'고 말한다(11절). 지혜자들은 회중을 가르치는 스승들이다. 그러나 그들의 가르침이 때로는 채찍들 같고, 잘 박힌 못 같다. '채찍'(דָּרְבֹן)을 더 정확하게 번역하면 소를 모는 막대기를 뜻한다(HALOT). 막대기는 맞으면 아프지만, 바른 길로 인도하는 도구이다(cf. Garrett). 지혜자들의 말은 우리를 아프게 하기도 하지만, 바른 길로 인도하는 역할을 한다는 것이다. '잘 박힌 못들'(מַשְׂמְרוֹת נְטוּעִים)은 막대기에 박힌 못을 의미할 수도 있지만(Seow), 어떠한 불의와 요행에 흔들리지 않는 곧음을 상징한다. 지혜자들의 가르침은 채찍처럼 바른 길(진리의 길)로 인도할 뿐 아니라, 세상 풍파에 흔들리지 않는 바르고 곧은 삶을 살게 한다는 뜻이다.

이런 일이 가능한 것은 지혜자들에게 지혜를 주어 백성들을 가르치게 하신 이는 한 목자, 곧 하나님이시기 때문이다(cf., 공동, 현대어, NAS, ESV, TNK, NIRV). 일부 주석가들은 목자들은 말을 하거나 가르치지 않기 때문에 본문의 목자는 하나님이 아니라 일반 목자로 해석되어야 한다고 한다(Fox, Longman, cf. 삼상 24:15; 26:20; 왕상 19:4-5; 겔 17:7). 혹은 다윗 계열의 메시아로 해석하는 이들도 있다(Perrin, Shepherd, Shields, cf. 겔 34:32; 37:24). 그러나 지혜자들과 스승들을 목자이신 하나님이 자기 양들을 돌보기 위해 사용하시는 채찍(막대기)으로 간주하면 이 목자가 하나님이라고 해석하는 것은 별 문제가 없다. 본문의 목자는 곧 하나님이신 것이다(Bartholomew, Eaton, Fredericks & Estes, Garrett, Gordis, Loader, Ogden, Towner, Whybray).

하나님은 특별계시인 정경을 통해서만 말씀하시는 것이 아니라, 일반계시인 지혜를 통해서도 말씀하신다. 또한 하나님은 지혜자들을 매개체로 사용하셔서 사람들에게 지혜를 주신다. 이 말씀은 일반계시도 하나님으로부터 오는 진리라는 사실을 암시한다. 지나치게 속된 것과 경건한 것을 구분하는 사람들이 귀담아 들어야 할 말씀이다.

III. 에필로그(12:8–14)

C. 실용적인 권면(12:12–14)

12 내 아들아
또 이것들로부터 경계를 받으라
많은 책들을 짓는 것은 끝이 없고
많이 공부하는 것은 몸을 피곤하게 하느니라
13 일의 결국을 다 들었으니
하나님을 경외하고
그의 명령들을 지킬지어다
이것이 모든 사람의 본분이니라
14 하나님은 모든 행위와
모든 은밀한 일을
선악 간에 심판하시리라

저자는 코헬렛은 참으로 훌륭하고 진실한 지혜자이며 선생이었다고 한다(9–11절). 그렇지만 그의 모든 가르침에 동의하는 것은 아니다. 이 섹션에서 저자는 지혜문헌에서 자주 등장하는 정형화된 표현인 '내 아들아'로 시작하는 권면(잠 1:8, 10, 15; 2:1; 3:1 등)을 통해 간략하게나마 코헬렛의 가르침에 대한 자신의 평가를 제시하며 그의 가르침을 신앙으로 보완할 것을 주문한다. 전도서의 핵심 가치 중 하나가 균형인데, 코헬렛의 가르침은 어느 정도 균형에서 벗어났다는 것이다.

저자는 제자들에게 '이것들로부터 경계를 받으라'(12b절)고 하는데, 코헬렛을 포함하여 모든 지혜자들의 가르침을 경계하라는 의미이다

(Fox, Fredericks & Estes). 삶을 경건하고 풍요롭게 하기는커녕 오히려 어렵고 혼란스럽게 할 수 있는 내용들이 포함되어 있기 때문이다. '많은 책들을 짓는 것은 끝이 없다'(12c절)를 지혜에 관해서는 코헬렛으로 충분하다며 그의 책들을 칭찬하는 긍정적인 의미로 해석하는 이들도 있지만(Murphy), 본문이 경계(경고)인 점과 11절이 코헬렛뿐 아니라 지혜자들 전체를 언급하는 것을 감안하면, 책을 너무 많이 읽지도, 저작하지도 말라는 부정적인 의미로 이해할 수 있다.

저자는 지혜를 얻기 위해 지혜자들이 저작한 책들을 읽는 것은 좋은 일이지만, 이 또한 지나치면 사람을 피곤하게 할 뿐 별로 도움이 되지 않는다는 말을 하고자 한다(12c-d절). 실용적이지 않다는 것이다. 과유불급(過猶不及)이라는 말을 떠오르게 하는 권면이다(cf. Garrett). 세상의 모든 것이 그렇다. 아무리 좋은 것이라도 과하면 부족함만 못하다. 그러므로 우리는 삶에서 균형을 찾고 유지하려고 노력해야 한다.

그렇다면 코헬렛처럼 지혜 탐구에 심취해 있는 사람들의 가르침과 글을 접할 때 무엇으로 균형을 이루려고 노력해야 하는가? 저자는 신앙으로 해야 한다고 한다(13절). '일의 결국'(סוֹף דָּבָר)은 '일[가르침]의 끝[결말]'이라는 뜻이다. 코헬렛의 가르침의 끝은 무엇이었는가? 모든 것이 헛되고 무의미하다는 것이었다(8절). 세상을 관찰하는 일을 통해 지혜를 추구했던 코헬렛이 도달한 결론은 허무주의라 할 수 있다. 이것이 일반계시의 한계이기도 하다. 자연은 분명 창조주 하나님의 속성과 능력을 반영하고 있다. 하나님이 자연을 지으셨기 때문이다. 그렇다고 해서 사람이 자연을 연구하여 하나님께 나아갈 수는 없다. 그렇게 하기에는 많이 부족하다. 이 부족함을 채워주는 것이 특별계시이자 하나님의 말씀인 정경이다.

그러므로 저자는 제자들에게 코헬렛 같은 지혜자들의 가르침을 접할 때 하나님을 경외하고 주님의 명령을 지키는 일로 보완하라고 권면한다(13b-c절, cf. 5:5; 7:18). 우리는 어떻게 하나님을 경외하는 것을 배울 수 있는가? 우리는 지켜야 할 명령들이 어떤 것인지 어떻게 알 수 있는가? 바로 특별계시인 정경을 통해서이다. 정경은 하나님을 경외하는 것을 가르치는 책이며, 우리가 지켜야 할 하나님의 명령들을 담고 있다. 그러므로 성경을 하나님을 경외하고 그의 말씀에 순종하는 길라잡이로 받아들이는 것은 세상을 창조하신 하나님 앞에 자신이 그가 창조한 인간이라는 사실을 고백하는 행위이다(cf. Garrett).

저자는 세상 학문의 최고봉이라 할 수 있는 사색적 지혜 탐구를 홀로 두면 어떤 한계에 부딪치는지에 대해 코헬렛의 가르침을 통해 보여 주었다. 삶에 대한 자세가 건강하지 않으면 신앙에 대하여도 도움이 되지 않는다. 그러므로 이러한 학문을 하나님을 경외하는 신학으로 보완하여 균형을 이루도록 하라고 한다. 이렇게 하는 것이 모든 사람의 본분이다(13d절). 우리 모두가 추구해야 할 일이라는 뜻이다. 균형의 중요성에 대해 다시 한 번 생각하게 하는 말씀이다.

사람은 왜 하나님을 경외하고 주님의 명령을 지키며 살아야 하는가? 하나님은 각 사람이 한 모든 행위와 모든 은밀한 일의 옳고 그름에 대하여 심판하시기 때문이다(14절). 행위(מַעֲשֶׂה)는 사람들 앞에서 드러내놓고 하는 일이며, '은밀한 일들'(נֶעְלָם)은 남의 눈에 숨겨진 것들(곧 그들의 눈을 피해 비밀리에 하는 것들)이다. 하나님은 세상에서 행해지는 모든 일들을 아시며, 세상에서 하나님의 눈에 보이지 않는 곳은 없다. 그러므로 주님은 우리가 한 모든 일을 아신다. 때가 되면 우리가 한 일들이 선한 일인지, 악한 일인지 심판하실 것이다(cf. 3:17; 11:9).

우리는 살아 있는 동안 경건하고 거룩하게 살며 선한 일들만 하도록 노력해야 한다. 하나님이 선악 간에 심판하신다는 것은 악한 일을 한 사람들은 응징을 받겠지만, 선한 일을 많이 한 사람들에게는 분명 하나님의 보상이 있을 것을 암시한다. 지혜자는 주의 자녀들에게는 복음이라 할 수 있는 메시지로 코헬렛의 절망적인 메시지를 교정하며 책을 마무리한다. 미래는 모두 우리 각자의 손 안에 있다.

엑스포지멘터리

아가

Song of Songs

EXPOSItory comMENTARY

아가

내 사랑하는 자의 목소리로구나
보라 그가 산에서 달리고
작은 산을 빨리 넘어오는구나
내 사랑하는 자는 노루와도 같고 어린 사슴과도 같아서
우리 벽 뒤에 서서 창으로 들여다보며 창살 틈으로 엿보는구나
나의 사랑하는 자가 내게 말하여 이르기를
나의 사랑, 내 어여쁜 자야 일어나서 함께 가자
겨울도 지나고 비도 그쳤고
지면에는 꽃이 피고 새가 노래할 때가 이르렀는데
비둘기의 소리가 우리 땅에 들리는구나
무화과나무에는 푸른 열매가 익었고
포도나무는 꽃을 피워 향기를 토하는구나
나의 사랑, 나의 어여쁜 자야 일어나서 함께 가자

(2:8–13)

귀한 자의 딸아
신을 신은 네 발이 어찌 그리 아름다운가
네 넓적다리는 둥글어서 숙련공의 손이 만든 구슬 꿰미 같구나
배꼽은 섞은 포도주를 가득히 부은 둥근 잔 같고
허리는 백합화로 두른 밀단 같구나
두 유방은 암사슴의 쌍태 새끼 같고
목은 상아 망대 같구나
눈은 헤스본 바드랍빔 문 곁에 있는 연못 같고
코는 다메섹을 향한 레바논 망대 같구나
머리는 갈멜 산 같고
드리운 머리털은 자주 빛이 있으니
왕이 그 머리카락에 매이었구나
사랑아 네가 어찌 그리 아름다운지,
어찌 그리 화창한지 즐겁게 하는구나
네 키는 종려나무 같고
네 유방은 그 열매송이 같구나
(7:1–7)

소개

아가는 정경에 포함된 책들 중 가장 시적(詩的)이며, 가장 아름답고, 가장 신비롭다(Falk, Fredericks & Estes, Hunt). 그러나 처음 접하는 사람을 충분히 당황하게 할 수 있는 책이다. 책의 흐름과 플롯을 포착하는 일이 쉽지 않다. 책을 구성하고 있는 각 섹션들의 범위가 어디서부터 어디까지인지 알 수도 없다. 학자들 사이에서도 각 텍스트의 의미와 적용에 있어 끊임없이 논란이 된다. 중심 주제는 정경에서는 거의 접할 수 없는 남녀 사이의 애정 표현이다. 교회는 아가가 사용하는 자극적인

이미지와 적나라한 표현 등으로 인해 미성년자들이 이 책을 읽는 것을 금하기도 했다.

기독교 역사를 살펴볼 때, 이 책에 관한 논쟁의 대부분은 책의 실용성에 관한 것들이었다. 아가는 하나님과 율법과 이스라엘의 역사 등 구약 선반을 구성하고 있는 중심 주제들에 대해 이렇다 할 가르침을 제시하지 않는다. 책의 주제가 남녀 간의 사랑(eros)과 성(sex)에 관한 것이면서도 이 사랑을 '새 생명 탄생'(procreation)을 위해 사용해야 한다는 말 한마디 없다. 그러므로 부부간의 사랑과 성을 조건 없이 즐기라는 메시지를 선포하는 것으로 해석되기도 한다(Dillows, Gollwitzer). 또한 책은 남녀 간의 사랑에 대한 예찬론일 뿐, 결혼 밖의 관계(extramarital relationships)에 대해 어떠한 코멘트도 하지 않는다. 이러한 책이 주의 백성과 교회와 무슨 상관이 있느냐가 논쟁의 핵심이었던 것이다.

책의 이 같은 실용성 문제를 극복하기 위해 아가는 다양한 방식으로 해석되었다. 이 중 중세교회가 공식적으로 도입한 방법은 아가를 하나님과 주의 백성, 혹은 그리스도와 교회의 관계를 영해(allegory)화한 것이라는 주장에 근거한 것이었다(cf. Fields, Turner, Richardson). 그러나 오늘날 이 같은 관점을 지지하는 학자들은 거의 없다. 그렇게 보기에는 너무나도 많은 문제가 있기 때문이다. 그렇다면 과연 우리는 아가의 가치와 의미를 어디서, 어떻게 찾아야 하는가?

저자

오래전부터 '솔로몬의'(לִשְׁלֹמֹה)(1:1)라는 히브리어 문구를 근거로 아가의 저자는 솔로몬이라는 주장이 유대교—기독교 전통의 관점이 되었다(cf. 1:5; 3:7, 9, 11; 8:11–12). 그러나 '솔로몬의'(לִשְׁלֹמֹה)라는 히브리어 문구가 그의 저작권을 의미할 필요는 없다. 이 문구는 분명 '솔로몬이 저작한 것'(by Solomon)이라는 뜻으로 풀이될 수 있지만(Murphy), 그 외에도 '솔로몬에게 바쳐진[헌정된]'(to Solomon), '솔로몬의 스타일에 따라'(in the style of Solomon)로도 번역이 될 수 있으며(Fredericks & Estes, cf. Harrison), '솔로몬에 대한'(concerning Solomon)(Bergant, Provan)으로도 해석될 수 있다. 게다가 책 안에서 솔로몬은 1인칭이 아니라, 3인칭으로 언급될 뿐이며, 1인칭 텍스트 중 그 어떤 것도 솔로몬과 직접 연관이 있다고 할 만한 것은 없다.

또한 책 안에서 '솔로몬' 혹은 '왕'에 대한 언급이 항상 부정적인 내용과 연결되어 있다는 점도 솔로몬이 저자일 가능성을 더 희박하게 만든다(Provan). 만일 '솔로몬에게 바쳐진' 혹은 '솔로몬의 스타일에 따라'라는 해석을 따른다면, 아가는 솔로몬이 아니라, 그의 왕궁에서 사역하던 음악가(들)에 의해 저작되었을 수도 있다. 유대인들은 전통적으로 히스기야 혹은 이사야를 책의 저자라고 했다(Provan).

최근에 와서 일부 학자들 중에는 아가의 일부가, 혹은 전체가 여자에 의해 저작되었다고 하는 이들이 있다(Brenner, Goitein, LaCocque, Lavoie, Murphy). 책이 여자의 노래로 시작하고 여자의 노래로 마무리될 뿐만 아니라, 여자가 남자보다 두 배나 많이 말을 하기 때문이다(Lavoie). 노래들이 [술람미] 여인의 감정을 중점적으로 표현하고 있는 것이 여자가 저자라는 증거로 제시되기도 한다(cf. 1:2-6; 3:1-4; 5:17; 10-16).

학자들은 아가가 페르시아어와 헬라어에서 빌려 온 단어들을 포함하고 있으며, 아람어적인 영향을 받은 것으로 생각한다. 또한 사용하고 있는 히브리어가 성경 다른 곳에서 사용된 것보다 늦은 형태를 띠고 있다 하여 책의 저작 시기를 매우 늦게 보기도 한다(Dobbs-Allsopp, cf. Hagedorn, Provan). 그러나 이 학자들의 결론은 논란의 소지를 다분히 지녔다. 예를 들자면 우리말 번역본들이 '가마'(새번역, 아가페) 혹은 '연'(개역, 공동)으로 번역하고 있는 단어(אַפִּרְיוֹן)(3:9)가 헬라어에서 빌려 온 것이라고 하지만, 실제로는 주전 1500년대에 인도에서 사용되었던 산스

크리트어에서 유래한 것일 가능성이 더 많다(Gordis, cf. HALOT, Archer).

아람어적인 성향을 근거로 책의 저작 시기를 늦게 보는 이들이 있는가 하면, 오히려 아람어적인 영향이라고 지목되는 부분들(cf. 1:6; 2:11)을 근거로 아가가 분열 왕국 시대에 북 왕국에서 저작되었다고 하는 이들도 있다. 아람어도 히브리어만큼이나 오래된 언어이며, 아가가 사용하는 아람어들은 아람어와 히브리어보다 오래전에 사용되었던 우가릿어에서 비롯된 단어들이기 때문이다(Astour). 그러므로 아가가 아람어적인 성향을 지녔다 할지라도 그것이 반드시 훗날 저작된 증거라고 주장하는 것은 별개의 문제이다(Cooper, Gordis, Pope, Walker, cf. Astour, Kramer).

이 외에도 일부 학자들이 저자가 헬라어에서 빌려와 사용하는 단어들이라고 하는 것들도 늦은 저작권과 상관없이 다르게 설명될 수 있다(cf. Archer). 한 주석가는 아가에서 사용되는 헬라어적인 단어들이 히브리어가 헬라어에서 빌려 온 것이 아니라, 오히려 헬라어가 히브리어에서 빌려 간 것이라고 한다(Pope, cf. Hagedorn). 그러므로 아가 안에 외래어들이 사용된 것이 반드시 책의 늦은 저작 시기를 뒷받침하는 증거로 사용될 수는 없다.

그렇다면 아가는 언제 저작된 것일까? 학자들은 솔로몬 시대와 포로기 이후 시대를, 유대인들의 전통인 탈무드는 히스기야 시대를 지목한다(Fredericks & Estes, cf. Brenner). 또한 책이 여러 개의 독립적인 노래들로 구성되어 있다 하여 학자들 중에는 이 노래들 중 일부는 일찍, 나머지는 이때로부터 많은 세월이 지난 후에 저작된 것들이라고 하는 이들도 있다(Fishbane, Segal, cf. Murphy). 그러나 우리에게 전수된 것은 책의 각 부분이 나눠진 형태가 아니라, 한 권의 책이기 때문에 이러한 논쟁은 별 의미가 없는 매우 소모적인 것이라 할 수 있다(Provan).

아가의 장르와 내용을 고려해 보자. 아가는 주전 2000–3000년대 수메리아에서 유행했던 '신부의 노래'(bridal songs)와 비슷하다(Leick). 아가가 저작되기 오래전부터 근동에는 남녀 간의 사랑 노래가 장르로 자리를 잡고 있었다. 더 구체적으로 아가서가 내용이나 양식에 있어서 주전 1300-1100년경에 이집트에서 흔히 사용되었던 '이집트의 사랑시'(Egyptian love poetry)와 상당히 비슷하다는 것이 많은 학자들의 결론이다(Fishbane, Fox, Schwab, White). 그래서 학자들은 아가를 저작한 사람이 이집트 사랑시에 대해 잘 알고 있었고, 이집트 사랑시의 양식에 따라 저작한 것이라고 한다(Fox, Goitein). 이 양식은 이미 주전 1000년대에 가나안으로 도입되었다(Fox, White). 그럼에도 불구하고 이들이 아가가 포로기 이후에 저작되었다고 하는 것은 책이 사용하고 있는 언어가 늦은 것이기 때문이다(Dobbs-Allsopp, cf. White). 이 같은 결론은 아가가 저작된 이후 한 번도 편집이 되지 않고 오늘날까지 전수되었음을 전제한다.

그러나 정경이 저작되면서 오늘날까지 어떠한 개정이나 편집을 거치지 않고 그대로 전수되었다고 전제할 필요는 없다. 오히려 많은 정경들은 편집자들이 오래된 문서를 새로운 독자들을 위해 '현대화한' 흔적을 곳곳에 지니고 있다. 그러므로 아가는 솔로몬 시대에 저작되었으며, 포로기 이후에 누군가가 새로운 독자들을 위해 개정한 것으로 보면 이 모든 문제가 해결된다(Fox, cf. Carr, Pope). 또한 아가의 히브리어가 굳이 늦은 시기의 히브리어라고 단정할 필요는 없다(Goitein).

일부 학자들은 아가가 샤론, 레바논, 헤르몬, 다마스쿠스, 갈멜 등 북쪽 지역의 지명을 사용하고 있다며, 분열 왕국 시대의 북 왕국 이스라엘에서 저작된 것으로 보기도 한다(von Rad). 반면에 어떤 학자들은 이 이름들이 이스라엘의 북쪽 영토를 정의하고 있다며, 저작 연대가 통일 왕국 시대(솔로몬 시대)였음을 암시한다고 해석하기도 한다(Goitein). 책이 북 왕국 이스라엘에 속한 지형 이름들을 언급한다 해서 저작 시기를 분열왕국 시대로 제한할 필요는 없다.

책에 전개되는 관점이 특별히 북 왕국 이스라엘과 연관되어 있어 보이지는 않는다. 저자는 예루살렘과 엔게디 등 남 왕국 유다에 속한 지명들과 요단 강 동편에 위치한 헤스본과 길르앗 등도 사용한다. 저자는 북 이스라엘로 제한된 지역보다는 '범이스라엘'(pan–Israelite) 지역을 자기 노래의 지리적 배경으로 삼고 있다(Archer, Pfeiffer). 또한 책이 언급하고 있는 향신료들은 이스라엘과 인도사이에 무역이 활발했던 솔로몬 시대를 전제하고 있다(Rabin). 책의 사치스러움에 대한 언급도 솔로몬 시대와 가장 잘 어울린다(Assis, Rabin, Segal, cf. 왕상 10:22–25). 결론을 내리자면, 아가가 온 이스라엘 영토를 배경으로 전개되고 있다는 것은 솔로몬의 통치시대와 가장 잘 어울린다(Archer, Carr, Garrett, Provan, Rabin, Segal, Schwab, cf. Garrett). 물론 이 같은 결론에 모든 사람이 동의하는 것은 아니다. 한 주석가는 책의 저작 연대를 히스기야가 유다를 통치했던 주전 8세기에서 예루살렘이 멸망했던 6세기 사이로 본다(Keel).

학자들이 저작권을 논하는 일에 있어서 가장 중요하게 여기는 지명은 예루살렘과 평행을 이루고 있는 '디르사'(תִּרְצָה)이다(6:4). 디르사는 이스라엘 북쪽 지역의 가장 중요한 요지였으며 오므리(주전 885–874년)가 사마리아를 건설하여 수도로 삼기 전까지 북 왕국 이스라엘의 수도였다. 저자가 이스라엘 남쪽 지역의 대표 도시로 예루살렘과 북쪽 도시들 중 예루살렘에 비교될 수 있는 곳으로 디르사를 언급하는 것은 이 도시가 이스라엘 북부 지방의 정치와 삶에 매우 중요한 위치에 있다는 것을 시사한다. 그렇다면 아가는 오므리가 북 왕국의 수도를 디르사에서 사마리아로 옮기기 이전에 저작된 것이 거의 확실하다.

그렇다면 아가는 솔로몬 시대에 솔로몬이 직접 저작했을까? 이미 언급한 것처럼 솔로몬이 저작했다고 보기에는 증거가 부족하다. 그가 저작했을 수도 있지만, 그의 궁에서 사역하던 음악가들이 솔로몬의 지시에 따라, 혹은 그를 기념하며 저작했을 가능성을 배제할 수 없다. 그러므로 실제 저자가 누구였는가에 대하여는 여러 가능성을 열어 두는 것이 바람직하다. 또한 저자는 한 사람(솔로몬)일 수도 있고, 여럿(솔로몬

궁에서 일하던 음악가들)일 수도 있다.

해석 역사

기독교 역사를 살펴보면 아가와 연관하여 한 가지 특이한 현상이 포착된다. 수도원 등에 들어가 금욕주의적으로 살았던 사람들일수록 이 책을 좋아했고, 이 책에 집착했다는 사실이다. 기록에 의하면 알레고리적 해석의 대가였던 오리겐(Origen, 주후 185-254)은 아가에 대해 10권에 달하는 알레고리적 해석 주석을 집필했다(Miller). 베르나드(Bernard of Clairvaux)는 아가 1-2장에 대해 86편의 설교를 했으며, 이 설교의 원고가 라틴어로 총 17만 단어에 달했다(Robertson, cf. Rowley). 그의 설교 또한 알레고리적 해석에 근거한 것이었다. 교부 시대가 끝나갈 무렵부터 중세기 말까지 구약의 그 어느 책보다도 아가에 대한 주석이 많이 출판되었다(Murphy). 수도사들이 남녀 간의 사랑에 관한 시들로 엮어져 있는 아가에서 숭고한 철학과 신학을 찾았다는 사실이 매우 흥미롭다.

교부들이 아가에 대해 주로 알레고리적인 해석을 했다 해서, 알레고리적 해석이 유일한 방법은 아니다. 실제로 정경 중 아가처럼 다양하다 못해 천차만별적인 해석방법이 동원된 책도 없다(cf. Fishbane, Fohrer & Sellin, Pope). 정경 해석 방법에 있어서 가장 논란이 되는 책이 아가이다. 지금까지 시도된 접근 방법들을 정리해 보면 다음과 같다(cf. Fields, Fishbane, Fohrer & Sellin, Murphy, Pope, Rowley, Tanner, White).

1. 알레고리적 해석

오래전부터 일부 유대교와 기독교 해석자들은 아가를 여호와와 이스라엘, 혹은 예수님과 교회의 관계와 사랑을 묘사하는 알레고리로 취급했다(Dryburgh, Young, cf. Boyarin, Cantwell, Harrison, Richardson, Turner). 알레고리적인 접근 방법에도 여러 유형이 있다. 유대인들의 알레고리적 해석은 미쉬나(Mishna), 탈무드(Talmud), 탈굼(Targum) 등에 다양한 유형으로 나타난다(Harrison, Menn, cf. Boyarin). 이 중 탈굼을 예로 들자면, 탈굼은 아가를 이스라엘의 역사를 알레고리화한 다섯 섹션으로 나눈다(Alexander, Loewe, Menn): (1) 출애굽과 시내산과 가나안 정복(1:2–3:6), (2) 솔로몬 성전(3:7–5:1), (3) 이스라엘의 죄와 귀양살이(5:2–6:1), (4) 귀향과 성전 재건(6:2–7:11), (5) 로마 제국에 흩어짐과 메시아 기대(7:12–8:14). 아가에 대한 탈굼의 이 같은 알레고리적인 해석은 주후 7–8세기에 최종적인 형태를 갖추게 되었으며, 상당 부분이 기독교의 아가 해석에 대한 반발로 진행되었다(Loewe).

중세기 유대인 해석자 에스라(Ibn Ezra)는 7:2에 언급되어 있는 '배꼽'은 당시 유대인 공동체에서 오늘날의 대법원 역할을 했던 '대(大) 산헤드린'(the Great Sanhedrin)을, '섞은 포도주'는 율법을, '밀단 같은 허리'는 오늘날의 지방법원 역할을 했던 '소(小) 산헤드린'(the Little/Lesser Sanhedrin)을 의미하는 것이라고 했다(Rowley). 이 외에도 유대인들 중에 아브라바넬(D. I. Abravanel)은 주후 16세기에 아가는 솔로몬이 지혜에 대한 사랑과 애착을 표현하는 책이므로 책에 등장하는 '신부'만 지혜에 대한 알레고리로 해석하고 나머지는 문자적으로 간주해야 한다고 주장했다(Pope).

기독교인들이 아가를 알레고리로 해석하는 것은 교회를 예수님의 신부에 비유하는 신약(cf. 엡 5:22–33; 계 18:23–24)의 지지를 받는 듯하지만, 신약은 아가를 이렇게 해석하지 않는다(Carr). 아가 1–2장에 대해 86편의 알레고리적 설교를 남긴 베르나드(Bernard of Clairvaux)는 1:13의 향 주머니를 품은 여자의 가슴에서 두 유방은 구약과 신약으로, 그 사이에 있는 향 주머니는 예수 그리스도로 해석했다(Robertson). 이 외에도 기독교 역사에서 끊임없이 행해졌던 알레고리적 해석을 보면 입맞춤(1:2)은 하나님의 말씀을, 신부의 까만 피부(1:5)는 죄를, 그녀의 가슴

(7:7)은 교회의 교리를, 그녀의 두 입술(4:11)은 율법과 복음을, 깃발을 앞세운 군인(6:4)은 사탄을 대적하는 교회를 뜻한다는 등 수많은 제안이 있었다(cf. Cantwell, Richardson, Rowley, Tanner).

종교개혁자 루터(Luther)는 중세기 가톨릭 해석자들의 알레고리적 해석을 대부분 거부하고 비난했지만, 상당 부분 그들의 해석을 수용하는 일관성 없는 자세를 보였다(Garrett, Kallas, cf. Longman). 다른 정경에 대하여는 확고한 역사적—문학적 기준에 따라 본문을 해석했던 칼빈(Calvin) 마저도 아가 해석에 있어서는 상당 부분 알레고리적인 성향을 보였으며, 그의 해석은 청교도들에 의해 답습되었다(Garrett).

17세기 개혁자 코케이우스(Johannes Cocceius)는 아가가 종교개혁에 중점을 둔 기독교 역사에 대한 알레고리라고 했다(Rowley). 당대 개신교 학자였던 브라이트맨(T. Brightman)은 아가를 1:1–4:6과 4:7–8:14 두 파트로 나누고, 첫 섹션은 다윗 시대부터 그리스도가 죽으신 때(주후 33년)까지에 대한 알레고리이며, 두 번째 섹션은 주후 34년에서 예수님의 재림 때까지에 대한 알레고리라고 했다(cf. Pope, Rowley).

전통적으로 가톨릭 해석자들도 알레고리적 해석을 선호했는데, 그들은 아가에 등장하는 신부를 성모 마리아로 해석하여 마리아 숭배에 사용하기도 했다(Murphy). 한 예로 그들은 "내 사랑아 너의 어여쁨이 디르사 같고 너의 고움이 예루살렘 같고 엄위함이 기치를 벌인 군대 같구나"(6:4)라는 말씀을 예루살렘이 하나님과 인간 사이에 평화를 가져다 준 것처럼, 성모 마리아가 하나님과 사람들 사이에 평화를 가져다 준 것을 의미하는 것으로 해석했다(Pope).

이처럼 아가를 알레고리로 해석하는 것은 교파와 교단을 초월하여 흔히 있는 일이었다. 만일 아가가 단순히 남녀 간의 사랑 노래라면, 어떻게 이처럼 '속된 책'이 정경에 포함되었는가가 그들에게 큰 부담을 주었다. 그러므로 그들은 다른 방식으로 아가를 설명하려 했고, 가장 손쉬운 방법이 바로 하나님(예수님)과 이스라엘(교회)에 관한 알레고리로 해석하는 것이었다(cf. Marsman). 그러나 최근 들어서는 거의 모든 유대교와 개신교와 가톨릭 해석자들이 더 이상 알레고리적인 해석을 하지 않는다(Pope).

성경이 알레고리를 제시할 때에는 기상천외한 이미지나 뻔한 암시를 통해 힌트를 준다(Carr). 예를 들자면 요담의 알레고리(삿 9:7–15)에서는 말하는 나무들이 등장한다. 이와는 대조적으로 아가는 책 어디에서도 이 책이 알레고리라는 힌트를 주지 않는다(Schwab). 또한 책에는 그리스도에 대한 정확한 암시도 없다. 신약 저자들도 예수님과 아가를 연결하지 않았다.

아가는 곳곳에서 남녀의 성관계를 매우 적나라하게 묘사하고 있다. 한 예로 5:1을 생각해 보라: "(남자) 나의 누이, 나의 신부야! 나의 동산으로 내가 찾아왔다. 몰약과 향료를 거두고, 꿀과 꿀송이를 따먹고, 포도주와 젖도 마셨다. (친구들) 먹어라, 마셔라, 친구들아! 사랑에 흠뻑 취하여라"(새번역). 더 나아가 "네 키는 종려나무 같고 네 유방은 그 열매송이 같구나 내가 말하기를 종려나무에 올라가서 그 가지를 잡으리라 하였나니 네 유방은 포도송이 같고 네 콧김은 사과 냄새 같고 네 입은 좋은 포도주 같을 것이니라"(7:7–9a, 새번역)를 그리스도와 교회에 적용할 수 있을까? 이 같은 표현은 결코 그리스도와 교회의 관계를 비유하는데 적절하지 않다(Ginsburg, Murphy).

알레고리는 원래 유대인들이나 기독교인들이 사용한 문학적 방법이 아니었다(Goppelt). 알레고리는 이교도들이 자기 신들의 비윤리적이고 부도덕한 행동들에 정당성을 부여하고자 해서 만들어 낸 해석 방법이었다. 페레시데스(Pherecydes of Syros, 주전 550년대 활동함)와 테오게네스(Theogenes of Rhegium, 주전 520년대에 활동함)가 오늘날까지 알려진 알레고리 주창자들 중 가장 오래된 사람들이다(Garrett, Goppelt). 이러한 이유로 학자들은 아가를 알레고리로 해석해서는 안 된다고 한다. 그렇다고 해서 모든 사람이 알레고리적인 해석을 거부하는 것은 아니다. 일부는 아직도 부분적인 알레고리적 해석을 주장한다(cf. Fredericks & Estes, Schwab).

2. 극적(劇的) 해석

아가를 솔로몬이 술람미 처녀에게 사랑을 고백하는 것을 묘사하고 있는 한편의 드라마로 해석하는 일은 보수적인 크리스천들 사이에 상당히 인기 있는 방법으로 자리를 잡았다(Delitzsch, cf. Carr, Polaski). 아가를 드라마로 간주하여 해석하는 것에는 두 가지 유형이 있다. 등장 인물을 둘(남자와 여자)로 전제하여 해석하는 것과 셋(남자와 여자와 여자를 사랑하는 목동)으로 간주하여 접근하는 것이다.

등장 인물이 두 사람이라는 전제 아래 책을 해석하는 사람들은 아가가 솔로몬과 술람미 여자가 서로에 대한 사랑을 노래하고 있다고 한다. 이러한 해석은 매우 오래된 것이며 실낙원(Paradise Lost)으로 잘 알려진 밀턴(J. Milton)도 이 해석을 지향했다(Polaski). 주석가들 중에는 델리츠(Delitzsch)가 이 해석 방식으로 주석을 집필했다.

아가는 솔로몬이 공주(술람미 처녀)와 결혼한 이야기를 바탕으로 한 드라마라고 하는 학자도 있다(Goulder). 일부 보수적인 학자들은 솔로몬이 술람미 여인에게서 '진정한 사랑'을 발견했다고 하는데, 여자에 대해 솔로몬과 같은 '명성'을 지닌 사람(1000명의 아내와 첩을 둔 사람, cf. 왕상 11:4)이 참사랑을 논한다는 것이 매우 위선적으로 느껴진다. 물론 바람둥이들이 둘러대는 것처럼 '그 순간만은 진실했다'는 것이 솔로몬의 변명일 수 있지만, 설득력이 없는 변명이다.

등장 인물이 세 사람이라는 전제 아래 책을 해석하는 사람들은 아가가 솔로몬이 술람미 처녀가 그녀의 진정한 사랑인 목동을 포기하고 솔로몬을 받아들이도록 설득하는 일에 실패한 이야기라고 한다(Cainion, Driver, Kaiser, Mazor, Weems). 이렇게 해석할 경우 참사랑은 결코 부(富)와 명예 등으로 살 수 없다는 것이 책의 교훈이 된다. 그러나 솔로몬은 자신이 원하는 것은 무엇이든 할 수 있고, 가질 수 있는 위치에 있었다. 그러므로 그가 술람미 여인에게 참사랑인 목동을 버리고 자신과 결혼하자고 설득했다가 실패했다는 점은 잘 납득이 가지 않는다. 솔로몬은 목동을 얼마든지 죽일만한 사람이었다(cf. 왕상 2장).

아가가 세 사람 이야기라는 해석은 중세기 유대인 성경 학자였던 에스라(Ibn Ezra)에 의해 시작되었으며, 야코비(J. F. Jacobi, 1772년)와 로이손(Lowisohn, 1816년)과 에발드(Ewald, 1826년) 등에 의해 더 발전되었다(cf. Fohrer & Sellin, Murphy, Pope). 오늘날에도 이 같은 해석을 지향하는 사람들이 있다(Bullock, Weems). 이 해석은 아가에 기록된 노래들을 남녀 간의 로맨틱한 사랑 이야기로 보지 않고, 솔로몬이 술람미 여인을 유혹하는 일에 실패한 치열한 이야기로 보기 때문에 책의 미학적 아름다움(aesthetic beauty)을 파괴하는 결과를 초래한다. 또한 이 해석은 본문의 의도를 자주 왜곡한다. 한 예를 들자면, 여인이 사랑하는 자에게 '함께 가자'고 하는 7:10–8:4이 그녀와 함께 있는 솔로몬에게 하는 말이 아니라, 그 자리에 없는 그녀의 사랑 목동에게 하는 말이라고 하는데(Bullock), 이 같은 해석은 자연스럽지 않다.

아가를 극으로 보기에는 문제점들이 많다.

첫째, 고대 그리스 사람들은 주전 5세기부터 극(드라마)을 하나의 문학적 장르로 발전시켰지만, 가나안 지역에서 극이 사용되었다는 역사적 증거는 아직까지 없다(Bakon, Garrett, Sendrey). 게다가 그리스 사람들의 극과 아가는 공통점보다는 차이점이 훨씬 더 많다. 그러므로 아가가 그리스 문명의 영향을 받은 흔적이 없다는 것이 학자들의 전반적인 견해이다. 어떤 이는 가나안 지역에서 이 같은 장르가 사용되었다가 세월이 지나며 잊혀진 것이라고 하는데(Bullock), 그렇게 결론짓기에는 어떠한 역사적 증거도 없다(cf. Murphy).

둘째, 아가를 극으로 읽으려면 본문에서 읽어 내는 일(exegesis)보다는 투영해야 하는 일(eisgesis)이 더 중요하게 부각된다(Dell, Fredericks & Estes, Rowley). 억지로 짜맞추지 않고는 책을 드라마로 읽기가 불가능하다(Carr, Murphy, Rowley). 이 관점을 지향하는 한 주석가는 아가에 등장하는 여인은 아랍계 공주이며, 책은 인종차별에 대항하기 위해 저작된 것이라 한다(Goulder). 그러나 이 같은 세부적인 디테일은 본문에서 의미를 도출한 것이 아니라 오히려 본문에 의미를 투영한 것이다.

셋째, 만일 아가가 극이라면 플롯(plot)과 위기(crisis)와 해결(resolution)이 분명히 있어야 하는데, 이 책에는 이러한 요소들이 전혀 없다. 아가는 매우 애틋한 사랑 노래들일 뿐, 등장 인물들이 어떤 위기를 맞았다가 해결하는 식의 스토리 라인은 없다. 물론 아가를 세 사람이 등장하는 극(劇)으로 보는 사람들은 있다고 하지만, 그들의 증거를 보면 항상 본문에 자연스럽지 못한 의미를 도입하는(impose) 것이지, 이러한 의미를 본문에서 읽어 내는 것은 아니다(cf. Murphy).

3. 신화적 해석

아가는 원래 바빌론의 신 담무즈(Tammuz)나 가나안의 신 바알(Baal), 혹은 슐만(Shulman)이라는 신을 숭배하는 다산(多産) 종교에서 유래한 '성적(性的) 문서'(erotic literature)라는 주장이다(Meek, Pope, cf. Hallo, Kramer). 이 신들이 그들의 신전에서 행해졌던 사람들의 결혼식에 관여한 노래들이라는 것이다(Meek). 더 구체적으로 태양의 신인 담무즈와 달의 여신인 이스타르(Ishtar) 사이의 사랑 노래를 모아 놓은 것이라고 주장하는 이들도 있다(Erbt, Meek, cf. Fredericks & Estes). 일부 고대 근동 신화에 의하면 담무즈와 바알은 매년 죽어 저 세상에서 어두움과 무질서의 신(들)과 싸우다가 이른 봄이 되면 연인이자 누이인 이스타르 여신의 도움을 받아 부활한다. 이러한 신화들은 이 종교들에 매우 중요한 역할을 했으며, 온갖 성적인 표현들로 가득했다(cf. Sefati). 아가를 이집트의 신(들)과 연결시키는 이들도 있다.

아가는 이스라엘 사람들이 이런 신화들에서 도입해 자신들의 문서로 만든 결과물이라고 한다(Kramer). 이 같은 해석을 입증하는 증거로는 본문에서 남자가 진귀한 것들로 만들어진 우상(동상)으로 묘사되는 일(5:11–15)과 여자의 목이 망대로 묘사된 것(4:4)과 여인의 코가 망대에 비유된(7:4) 것 등이 제시된다(Pope, cf. Black, Meek). 책의 남자와 여자에 대한 묘사가 우상들의 모습을 상기시킨다는 것이다(Meek, Pope).

그러나 아가서를 구성하고 있는 시적(詩的) 표현에 지나치게 문자적인 의미를 부여하는 것은 바람직한 일이 아니다(Fredericks & Estes, cf. 5:12; 4:2). 더 나아가 이러한 해석은 다음과 같은 문제점들을 안고 있다. 첫째, 위 신화들은 모두 다산과 연관이 있는 것들인데, 아가에는 다산과 연관된 데마가 전혀 발견되지 않으며 [신이] 죽고 부활하는 내용도 없다(Childs). 둘째, 아가는 남녀의 사랑 이야기이지 종교적인 문서가 아니다(Schwab, Snaith). 셋째, 이 책에는 남녀의 성행위가 그들에게 다산을 가져다 줄 것이라는 주장도 없다(cf. Tanner). 넷째, 이 해석 또한 극적인 해석처럼 이질적인 의미를 억지로 도입하지 않는 한 유지하기가 어렵다. 다섯째, 다산 종교에서 사용되었던 노래와 아가는 서로 완전히 다른 장르의 문서들이다(Murphy). 그러므로 이 둘을 비교하는 것은 사과와 오렌지를 비교하는 것과 비슷하다. 여섯째, 이방 종교에서 유래된 문서가 어떻게 해서 정경에 도입되게 되었는가에 대해 설득력 있는 설명이 필요한데, 이러한 설명은 존재하지 않는다.

4. 장례식 해석

아가의 등장 인물들이 바알과 그의 연인이라며 제례(祭禮)적 해석을 제안한 포프(Pope)는 더 나아가 책의 내용이 고대 사회의 장례 예식을 근거로 하고 있다고 주장했다(cf. Tanner). 그는 고대 근동 사회에서 '장례

잔치는 술과 여자와 노래를 동반한 사랑 잔치'였으며, 이 같은 고대 사회의 풍습이 아가의 삶의 정황(Sitz im Leben)이라고 한다. 그는 아가를 우가릿의 제례적 잔치였던 'marzeah-잔치'(מַרְזֵחַ)('cultic feast')에 비교한다(cf. 렘 16:5-9; 암 6:3-7). 그가 증거로 제시하는 텍스트는 죽음과 음부를 언급하는 8:6이다: "사랑은 죽음 같이 강하고 질투는 스올 같이 잔인하며…" 오직 사랑만이 죽음의 힘을 이겨 낼 수 있다는 사상이 책 전체에 배어 있으며, 이러한 현상은 아가가 장례식에서 사용된 증거라고 한다.

포프의 주장에는 몇 가지 문제가 있다.

첫째, 아가에서는 우가릿 단어 mrzh을 반영한 히브리어 단어가 사용되지 않는다. 그의 주장에 의하면 'marzeah-잔치'에서는 개(dog)가 자주 언급이 된다는데, 아가에는 개에 대한 언급도 없다. 아가와 우가릿 장례식은 서로 무관해 보인다.

둘째, "사랑이 죽음 같이 강하다"(8:6)는 말씀이 반드시 장례식을 배경으로 읽힐 필요는 없다. 우리는 바로 앞에서 죽음이 모든 것을 파괴하기 때문에 가장 강력한 것이라고 한 전도서를 읽고 이 책으로 들어왔다. 아가는 죽음만큼 강한 것이 사랑이라며 우리에게 소망을 제시하고 있다. 사랑은 얼마나 강한지 죽음이 아무도 놓아 주지 않는 것처럼, 사랑도 결코 아무도 놓아 주지 않는다는 뜻인 것이다(cf. 전 7:26). 이 말씀은 이 세상 그 무엇도 우리를 그리스도의 사랑에서 끊을 수 없다는 사도 바울의 고백을 연상케 할 뿐이다(cf. 롬 8:38-39). 그러므로 아가는 죽음과 전혀 상관없는 책이며, 사랑이 죽음을 이겨 낼 수 있는가는 책에서 이슈로 부각되지도 않는다(Gordon).

셋째, 아가 8:6("사랑이 죽음 같이 강하다")을 제외한 나머지 부분에서는 그 어디에도 장례식이나 제례적 예식과 연관되어 해석될 만한 텍스트가 없다. 포프(Pope)는 5:1이 언급하고 있는 '몰약과 향 재료'를 장례식에서 시체를 염하는데 사용하는 것들로 해석할 것을 제안하지만 5장은 신랑과 신부가 주고받는 사랑 노래이지 장례식과 연결시킬 만한 것이 아니다. 또한 아가에서 몰약과 향 재료는 성적인 욕구를 불러일으키는 것들로 사용된다. 그러므로 한 구절을 바탕으로 이 같은 결론을 내린다는 것은 지나치다고 생각할 수밖에 없다.

5. 역사적 해석

일부 주석가들은 극(劇)적인 해석과 역사성을 합하여 아가가 솔로몬의 삶에서 실제 있었던 로맨스를 묘사하고 있다고 해석한다(Alexander, Balchin). 이런 해석의 한 예는 책에 기록된 내용을 다윗이 죽은 후에 솔로몬이 그의 아버지가 말년에 아내로 맞이했던 아비삭(왕상 1:3–4)을 유혹하려 했다가 실패한 이야기로 해석하는 것이다(Waterman). 결국 아비삭은 솔로몬의 유혹을 물리치고 이스라엘 북쪽에 살고 있던 그녀의 참사랑인 목동을 찾아 떠났다는 것이다. 등장 인물이 세 명이라는 극적인 해석과 역사적인 사건을 섞은 것이다(Tanner). 황당한 해석이라 할 수밖에 없으며, 더 나아가 이 해석의 문제는 아비삭은 수넴(שׁוּנַמִּי) 여자였고, 아가의 여인은 술람미(שׁוּלַמִּית) 여자이기 때문에 동일시될 수 없다(Harrison). 또한 성경이 허락하지 않는 지나친 상상력을 발휘하고 있다.

6. 연인들의 사랑 노래 해석

일부 학자들은 아가가 결혼식에서 사용되었던 노래라고 한다(Ayo, Fishbane, Kramer, Rowley, cf. Carr, Mason). 고대 근동에서는 결혼식이 1주일 동안 진행되었다. 이 기간 동안 신랑은 왕이 되고 신부는 왕비가 되어 노래하는데, 신랑이 신부를 흠모하며 부르는 노래들과 신부가 신랑을 칭찬하며 부르는 노래들을 모아 놓은 것이 아가라는 것이다

(Alexander, Ayo, Rowley, cf. 새번역). 학자들은 시리아 사람들의 결혼 전통을 이 해석을 뒷받침하는 증거로 제시한다(Wetzstein, cf. Delitzsch). 이 해석은 저자가 신부를 한 번도 '공주' 혹은 '왕비'라고 부르지 않는 점이 문제가 될 수 있다는 점을 의식하여 신부의 고향인 술람미(שׁוּלַמִּית)를 지명 이름으로 해석하지 않고 솔로몬(שְׁלֹמֹה)의 여성형으로 풀이하여 '솔로몬이 왕을' 상징하는 것처럼 '신부가 공주를' 상징하는 것으로 해석한다(Kramer, Schmidt).

고대 근동의 결혼 문화와 비교해 볼 때 어느 정도의 가능성이 있어 보이는 제안이기는 하지만, 아가가 결혼식에서 사용되었을 가능성에 대하여는 신중해야 한다는 것이 대부분 학자들의 결론이다(Gordis, Schwab). 또한 이 학설에 의하면 잔치가 7일 동안 지속되었으며, 매일 신랑과 신부가 서로에게 다른 노래를 불러 주었다. 만일 아가가 결혼식 때 이들이 불렀던 노래를 모아둔 것이라면, 책은 분량이 일곱 섹션으로 구분되어야 하는데, 아가에 몇 개의 독립적인 노래가 있는가에 대하여는 학자들에 따라 서로 엇갈린 견해가 난무하다(cf. Gordis). 심지어는 이 책을 23개 혹은 52개의 독립적인 노래로 구분하는 이들도 있다(Krinetzki, Longman). 그러므로 아가가 분명 고대 사회의 결혼식과 어느 정도 연관된 것은 맞지만, 그렇다고 해서 전적으로 결혼식을 배경으로 읽을 필요는 없다(Fohrer & Sellin). 아가는 '결혼식 매뉴얼'이 아니다.

가장 자연스러운 해석은 아가를 결혼식으로만 제한하지 않고 결혼식에서 불렸을 만한 노래를 포함한, 곧 두 연인이 언제든 부르던 사랑 노래로 간주하는 것이다(Carr, Fox, White, cf. Kramer). 아가가 결혼식에서 사용되었다는 것을 부인하지 않지만, 반드시 결혼식에서만 사용되었다고도 하지 않는다. 아가가 남자와 여자 사이의 성관계에 대해 1장에서부터 여러 차례 언급하는데, 성관계는 결혼식 전에는 있을 수 없는 일이다(Dell, Hess). 반면에 결혼식으로만 제한해서 해석하는 사람들은 4–5장에서 결혼식이 드디어 성립된다고 한다. 그렇다면 1–4장의 성관계에 대한 언급은 설명하기가 쉽지 않다. 그러므로 이 책은 결혼에 제한하지 않고 남녀(부부) 간의 사랑 노래로 해석하는 것이 바람직하다.

이 해석이 가장 전통적이고 오래된 해석이다(Sendrey, cf. Fredericks & Estes). 랍비 아키바(Akiba, 주후 40-135년)는 아가를 하나님과 이스라엘 관계에 대한 알레고리로 간주하여 '정경의 모든 책이 거룩하지만(holy), 아가는 그 중 가장 거룩하다(holy of holies)'며 아가를 지성소에 비교했던 사람이다. 탈무드에 의하면 그는 주후 100년경에 아가를 두 사람의 사랑 이야기로 간주하였던 당시의 보편적인 정서에 대해 불편한 심기를 표하며 책을 이렇게 읽는 사람들을 맹렬하게 비난했다(t. Sanh. 12:10, cf. Provan). 랍비 아키바가 비난할 정도라면 아가를 연인들의 사랑 노래로 해석하는 것은 그가 살던 시대 훨씬 전에 자리를 잡았던 것이다. 요세푸스(Josephus)도 아가를 두 연인의 사랑 이야기로 읽는 것은 당연하다고 여겼다.

그러나 주후 553년에 있었던 콘스탄티노플 공의회(Constantinople Council)는 이 같은 해석을 법으로 금했다. 이 공의회는 전통적으로 성경의 문자적 해석을 지향했던 안디옥 학파 중 이미 오래전에 죽었던 데오도르(Theodore of Mopsuestia, 주후 360-429년)가 아가를 솔로몬이 이집트 공주를 아내로 맞이하여 부른 사랑 노래로 해석했다 하여 그를 사후(死後)(posthumous) 이단으로 규명했다(Fohrer & Sellin). 데오도르는 아가를 남녀의 사랑 이야기로 해석하여 정경에서 이 세속적인 책을 삭제할 것을 제안했던 사람이다(Carr, Fredericks & Estes). 주후 1544년에 칼빈(Calvin)은 아가를 두 사람의 사랑 노래로 해석했다 하여 카스텔리오(Castellio)를 제네바에서 추방했다(Longman). 교회가 아가를 두 연인의 노래로 해석하는 것을 금하게 된 것은 순전히 정치적인 결정이었던 것이다.

고대 근동의 우가릿, 이집트, 메소포타미아 등 여러 곳에 아가와 비슷한 사랑시들이 존재했다(Nissinen, Sparks, cf. Fishbane). 이들 중 아가와 가장 비슷한 유형의 문헌은 이집트의 사랑시(love poetry)들이다(Fox, White). 주전 1300-1100년경에 이집트에서 활성화되었던 사랑시들은 아가처럼 신과 인간이 아닌, 남자와 여자의 대화로 구성되어 있다(Fox). 여러 개의 독립적인 시들을 모아 놓았던 이집트의 사랑시처럼 아가도 특별한 플롯이나 테마 전개가 없는 여러 개의 시로 구성되어 있다. 아가가 지금까지 발견된 고대 근동 문서 양식 중에 이집트 사랑시와 가장 비슷하다는 것이 많은 학자들의 결론이다(Bergant, Fox, Longman, Schwab, Weems). 구약은 종교적인 노래를 히브리어로 '미즈모르'(מִזְמוֹר)라고 부르는 반면, 일반 노래는 '시르'(שִׁיר)라고 부르는데, 아가가 '시르'(שִׁיר)라고 불리는 것도 이 책이 연인들 사이의 사랑 노래인 것의 증거가 될 수 있다(Bergant, Fox).

아가는 두 사람 사이의 사랑 노래이기 때문에 이스라엘의 역사 중 어느 특별한 정황과 연결하여 해석하는 것은 바람직하지 않다. 책에서 남자 주인공으로 등장하는 솔로몬은 사랑에 빠진 모든 남자들의 상징으로, 여자 주인공인 술람미 여인은 남자의 사랑을 받는 모든 여자들을 상징하는 것으로 읽혀야 한다(Schwab, cf. Garrett, Murphy). 쉽게 말해서 솔로몬은 신랑(남편)을, 술람미 처녀는 신부(아내)를 상징하는 타이틀이다.

그렇다면 왜 하필이면 솔로몬인가? 솔로몬은 성경에서 가장 큰 부귀영화를 누린 사람이다. 그러므로 신랑의 영화를 상징하는 차원에서 더할 나위 없는 인물이다. 게다가 만일 아가에 기록된 노래들을 저작하고 모은 사람들이 솔로몬 궁전에서 사역했던 서기관들이었다면, 그들이 왕으로 섬기던 솔로몬을 사랑에 빠진 모든 남자들의 상징으로 삼는 것은 더욱더 당연한 일이다.

또한 책의 남자와 여자 주인공들은 부부의 상징으로 읽히는 것이 가장 적절하다. 아가는 부부간의 사랑 이야기다. 아가 안에서 솔로몬, 목동, 심지어는 사슴까지 모두 아내를 사랑하는 남편의 상징이다(Garrett). 또한 아내는 책 안에서 공주와 시골 처녀로 묘사된다.

일부 크리스천들에게는 남자와 여자의 사랑 이야기가 정경에 포함되었다는 것이 다소 이상하게 생각될 수 있다. 많은 사람들이 남녀 간의 사랑—특히 사랑의 성적인 면과 감정적인 요소를 세속적인(secular) 것이라며 저속하게 생각하기 때문이다. 그러나 인간의 삶에서 성(sexuality)과 사랑(love)은 가장 기본적인 경험이다. 성과 사랑은 사람을 행복하게 하지만, 매우 슬프고 아프게 할 수도 있다. 그러므로 성경이 인간에게 행복과 불행을 줄 수 있는 성과 사랑에 대해 가르쳐 주는 것은 당연한 일이다. 행복한 삶을 사는 일에 있어서 부부 관계는 매우 중요한 요소이기 때문이다.

다른 지혜 문헌들도 자주 성적인 언어를 사용한다는 점을 감안할 때(cf. 잠 7:6ff; 9:1ff), 아가가 남녀 간의 사랑을 성적인 언어로 묘사하는 것이 놀랄 만한 일은 아니다(Childs). 아가는 남녀 간의 사랑을 높일 뿐만 아니라, 이 사랑을 어떻게 해야 하는가를 가르치기도 한다. 행복한 부부 관계를 유지하는 일에 가르침과 도움이 필요한 사람이 성경적 지혜를 얻기 위하여 찾을 만한 책이다.

이러한 해석을 지향하는 것에 한 가지 문제가 될 수 있는 것은 솔로몬이다. 우리는 솔로몬이 1000명의 아내와 첩을 두었다는 사실 하나만으로도 그의 사랑 고백에는 문제가 있다고 생각할 수 있다(cf. 왕상 11:3). 이렇게 많은 아내를 둔 사람이 참사랑을 알았을까 하는 의구심이다. 물론 바람둥이들이 한결같이 하는 말인 '그때만큼은 진실했다'가 솔로몬의 경우에도 적용되어야 한다고 할 수도 있다. 그러나 꼭 솔로몬이어야 할 만한 이유가 몇 가지 있다.

첫째, 그는 사람이 누릴 수 있는 부귀영화를 마음껏 누린 사람이다. 그러나 그에게 한 가지 부족한 것이 있었다. 부부간의 참사랑이다. 이 사랑은 돈으로 살 수 없다(8:7). 그러므로 아가는 솔로몬이 아내(신부)에게 부른 사랑 노래를 통해 그가 누린 모든 부귀영화로도 대신할 수 없는 참사랑의 가치를 부각시키고자 한다. 부귀영화로도 대신할 수 없는 사랑은 세상에서 가장 귀한 것이다.

둘째, 솔로몬은 참으로 큰 지혜를 지닌 자였다. 세상에서 그보다 더 지혜로운 사람은 없었다(cf. 왕상 4장). 안타깝게도 가장 지혜로웠던 솔로몬은 두 가지 지혜를 누리지 못했다. 하나님을 경외하는 지혜(왕상 11:4–10)와 결혼을 통해 한 여자만을 사랑하는 지혜였다(왕상 11:1–3). 아가는 이 같은 사실을 바탕으로 독자들에게 세상에서 가장 지혜로운 자라 할지라도 부부 사이의 사랑의 소중함을 깨닫고 누리지 못하면 무슨 소용이 있느냐는 질문을 하게 한다.

또한 세상에서 가장 지혜로웠던 솔로몬도 갖지 못한 것이 행복한 부부 생활이라며 지혜가 가장 필요한 곳은 우리의 삶에서 가장 가까운 곳이라 할 수 있는 가정(부부 사이)이라는 사실을 강조한다. 지혜문헌에 속한 마지막 책인 아가는 지혜의 최고봉, 혹은 사람이 지혜를 추구하는 궁극적인 목적은 행복한 가정을 이루는 슬기로움이 되어야 한다는 것을 암시하고 있는 것이다.

이 주석도 아가를 두 연인의 사랑 이야기로 해석할 것이다. 그러나 이러한 관점에서 아가를 해석하는 서양 주석들과 한 가지 중요한 차이점을 유지하며 본문을 주해할 것이다. 영어권에서 출판되는 주석들은 대부분 아가를 오로지 남녀 간의 성교(性交, coitus)와 연관하여 해석하는 성향을 보인다. 예를 들자면 '포도주를 가득히 부은 둥근 잔'(7:2)을 여자의 성기의 음문(vulva)이 물기로 축축한 것을 의미하는 것이라 하는가 하면, '청옥 입힌 상아'(5:14)는 발기된 남자 성기라 하고, '백합화로 두른 밀단'(7:2)은 여자의 성기 중 불두덩(mons veneris)이 음모로 덮인 것을 의미한다고 한다(cf. Bergant, Fredericks & Estes, Garrett, Longman, Pope, Provan, Schwab). 서양 주석들은 이 외에도 대부분 말씀에서 성관계와 연결된 은유들을 본다.

이러한 트렌드는 서양 학자들이 아가를 이집트의 사랑 노래의 재현 정도로 보기 때문이다. 이미 언급한 것처럼 아가에 가장 지대한 영향을 미친 근동의 문학은 주전 1300–1100년에 이집트에서 유행했던 사랑 노래들이다. 이 노래들의 일부는 아랍어로 '와쓰프'(waşf) 양식에 따라 저작된 것이라고 하는데 '묘사'(description)라는 의미를 지닌 단어이다. 이 유형의 시는 사람이 보고 느낀 것만 묘사한다. 그러므로 연인들이 상대방의 신체 부위를 매우 적나라하고 노골적으로 묘사하는 것이 특징이다. 아가에서는 4:1–7, 5:10–16, 6:4–10, 7:1–9이 이 양식에 따라 저작된 시로 구분된다. 그렇다 보니 위에서 언급한 사례들 같은 해석이 나오는 것이다.

그러나 이러한 해석은 성경 저자들의 창의성을 인정하지 않는다. 저자가 설령 이집트에서 유행한 양식을 도입했다 할지라도 반드시 그 양식을 철두철미하게 따르며 노래를 지은 것이라고 할 필요는 없다. 저자는 필요에 따라 얼마든지 양식을 변형할(modify) 수 있기 때문이다.

이 서양 주석들의 가장 큰 문제는 이집트 사랑 노래를 지나치게 의식하여 아가를 해석하면서 로맨스는 빼 버리고 성교만 남겨 둔 것이다. 남녀 사이의 사랑은 감성적인 면(로맨스)과 육체적인 면(섹스)을 동반한다. 그러므로 모든 육체적 관계는 배제한 채 정신적으로만 사랑한다는 '정신적 연애'(Platonic love)는 온전한 사랑이 아니다. 이와는 대조적으로 섹스만이 사랑이라 하는 것도 우습다. 본 주석에서는 이 점을 염두에 두고 아가가 구체적으로 섹스를 언급하는 부분은 그대로 설명하겠지만, 로맨스로 해석될 수 있는 부분은 자극적이고 구체적인 언어를 피하며 서양 주석들보다는 상당히 부드럽게 표현하고자 한다.

통일성

아가에서 뚜렷한 플롯을 포착하는 일은 쉽지 않다. 그래서 대부분 학자들은 아가를 서로 연관성이 별로 없는 여러 개의 독립적인 노래들을 모아 놓은 컬렉션(collection)으로 간주한다(Gordis, Longman, White). 한 학자는 아가에 대한 학자들의 구조에 대한 견해를 21가지로 요약한 적이 있다(Mariaselvam).

반면에 반복되는 단어와 문구, 공통적인 테마, 일관성 있는 등장 인물 묘사(character portrayal) 등이 책의 통일성의 증거로 제시되기도 한다(Fox, Murphy). 설령 책이 통일성을 지니고 있다고 해도 책의 구조를 파악하는 것은 결코 쉬운 일이 아니다.

한 학자는 아가를 여섯 개로 연결되어 있는(interlocking) 시로 구분한다(Exum). 그러나 대부분의 학자들은 엑숨(Exum)이 주장하는 것처럼 여섯 시들의 연관성이 뚜렷하다고 보지 않는다(Fox, Landy, Murphy). 아가가 교차대구법적 구조를 지녔다는 분석도 있다(Carr, Dorsey, Shea, Webster). 재미있는 발상이지만 학자들을 설득시키지는 못했다(cf. Landy, Murphy).

아가에서 확실한 구조를 파악하기는 어려운 일이지만, 저자가 사용하는 단어들과 문구와 이미지들을 살펴보면 그가 분명 이것들을 전략적으로 책 곳곳에 배치하여 사용하고 있음을 알 수 있다. 플롯이나 내용적인 통일성을 찾아내는 것은 어렵겠지만, 단어와 이미지 사용에 있어서는 통일성과 짜임새를 볼 수 있는 것이다. 다음을 참조하라(Alden, cf. Garrett). 우리말과 영어 성경의 표현과 단어의 순서가 다소 차이를 보이기 때문에 영어를 그대로 인용하고자 한다. 다음 구조에 의하면 남자와 여자가 합방을 하는 4:16-5:1이 책의 중심이다(Garrett, Shea).

- A. 1:1–4a 'Take me away'
  - B. 1:4b Friends speak'
    - C. 1:5–7 'My own vineyard'
      - D. 1:8–14 'Breasts,' 'silver,' 'we will make'
        - E. 1:15–2:2 'House'
          - F. 2:3–7 'His left arm,' 'daughters of Jerusalem… so desires,' 'apple,' 'love'
            - G. 2:8–13 'Fragrance,' 'come my darling,' 'blossoming'
              - H. 2:14–15 'Vineyards,' 'show me'
                - I. 2:16–17 'My lover is mine'
                  - Ja. 3:1–5 'The watchman found me'
                  - Jb. 3:6–11 Description of carriage 'gold,' 'Lebanon,' 'daughters of Jerusalem'
                  - Jc. 4:1–7 Descriptions of girl, 'your eyes… hair… teeth'
                    - K. 4:8–15 'Myrrh,' 'spice,' 'honey,' 'honeycomb,' 'wine,' 'milk'
                      - L. 4:16 'Into his garden'
                      - L'. 5:1a 'Into my garden'
                    - K'. 5:1bc 'Myrrh,' 'spice,' 'honey,' 'honeycomb,' 'wine,' 'milk'
                  - J'a 5:2–9 'The watchman found me'
                  - J'b. 5:10–6:1 'Gold,' 'Lebanon,' 'daughters of Jerusalem'
                  - J'c. 6:4–11 Descriptions of girl, 'your eyes… hair… teeth'
                - I'. 6:2–3 'My lover is mine'
              - H'. 6:13–7:9a[10a] 'Vines,' 'wine,' 'that we may gaze on you'
            - G'. 7:9b–13[10a–14] 'Fragrance,' 'come my darling,' 'blossoming'
          - F'. 8:1–5 'His left arm,' 'daughters of Jerusalem… so desires,' 'apple,' 'love'
        - E'. 8:6–7 'House'
      - D'. 8:8–9 'Breasts,' 'silver,' 'we will build'
    - C'. 8:10–12 'My own vineyard'
  - B'. 8:13 'Friends'
- A'. 8:14 'Come away'

신학적 메시지

아가의 가장 기본적인 메시지는 부부 관계에 관한 것이다. 하나님은 최초의 인간들을 자신의 모양과 형상대로 만드셨다(창 1:26-28). 그리고는 그들을 결혼으로 축복하셨다(창 2:18-24). 결혼은 하나님이 인간에게 축복으로 내려 주신 최초의 제도(institution)이다. 결혼이 얼마나 중요하고 아름다운 것인지 하나님은 성경에 기록된 최초의 노래를 부르는 영광을 결혼식에서 아내를 맞이하는 신랑에게 양보하셨다(cf. 창 2:23). 또한 성경은 하나님과 주의 백성 사이의 언약 관계를 가장 기본적인 결혼 관계로 묘사한다. 남편이신 하나님이 이스라엘을 아내로 맞이하신 것이 바로 시내 산 언약이다. 그러므로 선지자들은 하나님을 배반한 이스라엘을 흔히 간음한 여자로 표현한다. 결혼은 하나님과 이스라엘의 관계를 묘사하는 가장 기본적인 모델이 될 정도로 좋은 것이다.

결혼의 테두리 안에서 사랑(eros)과 성(sex)은 부부 관계의 자연스러운 부분이다. 하나님은 이것들을 창조하셨을 뿐만 아니라, 즐기라고 사람들에게 선물로 주셨다. 그러나 세상에 죄가 들어오면서 제일 먼저 파괴된 것들 중 하나가 부부 관계였다(cf. 창 3장). 부부 관계가 죄의 영향을 받으면서 한때 두 사람 사이에 존재했던 사랑(eros)과 성(sex)도 변질되었다. 사람들은 때로 사랑과 성이 저속한 것이라며 숨기려 하기도 했고, 이 주제들에 대하여 논하는 것을 꺼리기도 했다.

아가는 부부 사이의 사랑과 성에 대하여 매우 공개적으로, 또한 적나라하게 표현한다. 이것들이 하나님이 정해 주신 관계적 범위 안에서 이루어지는 것은 축복이기 때문이다. 이러한 차원에서 아가는 밀톤(John Milton)의 작품을 연상케 한다. 죄로 인해 깨어져 버린 부부 관계에 대한 일종의 '복락원'(復樂園, Paradise Regained)이기 때문이다. 그래서 많은 사람들이 아가를 인류 최초의 연인들이었던 아담과 하와 이야기

(cf. 창 2장)와 연결하기도 한다(Landy, Luther, Weems, cf. Kallas). 아가는 삶에서 속된 영역과 거룩한 영역을 지나치게 구분하는 사람들에게 도전적인 메시지를 주고 있다. 일명 '속된 것들'도 하나님의 선물이며 '거룩한 것들'만큼이나 소중하고 좋은 것이라는 것이다.

개요

아가는 몇 개의 노래로 구성되었는가? 책 전체를 아우르는 플롯이나 논리적 전개가 없는 것이 구조에 대한 답을 어렵게 한다(Carr). 일부 학자들은 아가가 연관성이 전혀 없는 다수의 노래로 구성되었다고 하기도 하고(Falk, Landsberger, Nielsen), 14개(Goulder), 혹은 23개(Longman), 심지어 52개(Krinetzki)의 독립적인 노래로 구성되어 있는 것으로 보기도 한다(cf. Fredericks & Estes). 한마디로 말해 책의 통일성과 흐름을 논하는 것은 거의 불가능한 일이라는 것이다. 그러므로 대부분 학자들은 아가를 플롯과 전개가 있는 책이 아니라, 사랑에 빠진 주 연인의 '사진첩' 내지는 이렇다 할 연관성이 없는 여러 조각으로 구성된 '퀼트'(quilt)로 본다(Ayo, Fredericks & Estes).

아가가 두 사람의 사랑 노래이기는 하지만, 세 가지 음성을 반영하고 있다: '남자', '여자', '우리'. 새번역은 이러한 상황을 '남자, 여자, 친구들'의 노래로 구분한다. '친구들'은 두 사람(남자와 여자)의 로맨스를 축하해 주는 '우리'이다. 본 주석도 새번역의 이 같은 구분을 따라 본문을 10개의 시로 구분하여 주해해 나가고자 한다.

I. 포도주보다 향기로운 사랑(1:1-14)
II. 황홀한 잠자리(1:15-2:7)
III. 사랑은 봄의 날개에 실려오고(2:8-17)
IV. 꿈에도 그리운 그대(3:1-5)
V. 가마 타고 오시는 님(3:6-11)

VI. 신부에게 바치는 노래(4:1–5:1)

VII. 님은 먼 곳에(5:2–6:3)

VIII. 사랑스럽고 빛나는 그대(6:4–10)

IX. 한 몸 되게 하소서(6:11–7:13)

X. 영원히 함께해요(8:1–14)

I. 포도주보다 향기로운 사랑
(1:1–14)

책을 여는 첫 노래는 여자가 남자(연인/남편)에 대한 사무치는 그리움을 표현하고 있다. 그와 함께하는 시간은 포도주보다 더 달콤하며, 어떤 향기름보다 향기롭다. 남자는 양떼를 치기 위해 집을 떠났고, 그의 빈 자리는 더욱더 크게 느껴진다. 이러한 내용을 담은 이 노래는 다음과 같이 구분될 수 있다.

A. 표제(1:1)
B. 포도주보다 달콤한 그대(1:2–4)
C. 머무는 곳을 알 수 없는 그대(1:5–8)
D. 나를 반길 그대의 품(1:9–14)

I. 포도주보다 향기로운 사랑(1:1–14)

A. 표제(1:1)

1 솔로몬의 아가라

이미 서론에서 언급한 것처럼 '솔로몬의'(לִשְׁלֹמֹה)라는 말이 그가 이 책을 저작한 것을 의미하는 직접적인 증거는 되지 못한다. 이 문구는 분명 '솔로몬이 저작한 것'(by Solomon)이라는 뜻으로 해석될 수 있지만(Murphy, cf. NIRV, TNK), 그 외에도 '솔로몬에게 바쳐진[헌정된]'(to Solomon), '솔로몬의 스타일에 따라'(in the style of Solomon)로도 번역이 될 수 있으며(Fredericks & Estes), '솔로몬에 대한'(concerning Solomon)(Bergant, Provan)으로도 해석될 수 있다. 이 히브리어 전치사(לְ)는 참으로 다양한 의미를 지니고 사용될 수 있기 때문이다. 게다가 책 안에서 솔로몬은 1인칭이 아니라, 3인칭으로 언급될 뿐이며, 1인칭 텍스트 중 그 어떤 것도 솔로몬과 직접 연관될 수 있는 것은 없다.

'아가'(שִׁיר הַשִּׁירִים)를 직역하면 '노래들 중 노래'가 되며 '최고의 노래'라는 비교급적(comparative) 표현이다(cf. Fishbane, Provan, Weems, NIRV). 그러나 '노래 모음집/선집'(anthology of songs)이라는 의미로 해석하는 것도 가능하다(Schwab). 어느 쪽으로 해석하든 간에 아가는 지혜문학의 최고봉이라 할 수 있으며, 책을 시작하는 표제가 이 같은 사실을 선포하고 있다.

일부 학자들은 구약에서 종교적인 노래는 히브리어로 '미즈모르'(מִזְמוֹר)라고 부르는 반면, 일반(대중적) 노래는 '시르'(שִׁיר)라고 부른다고 한다. 그래서 아가가 '시르'(שִׁיר)로 불리는 것이 이 책이 연인들 사이의 사랑 노래를 모아 놓은 것이라는 증거로 사용되기도 한다(Bergant, Fox, cf. 겔 33:32). 그러나 '미즈모르'(מִזְמוֹר)와 '시르'(שִׁיר)의 의미와 사용 용도를 이렇게까지 구체적으로 구별하는 것이 큰 설득력이 있는 것은 아니다(Fredericks & Estes, cf. HALOT, TWOT).

저자는 아가가 두 연인의 사랑 노래를 모아 놓은 것이며, 정확히 알 수는 없지만 솔로몬과 어느 정도 연관성이 있는 책이라는 사실을 선포하며 책을 시작한다. '최고의 노래(들)'라는 말이 솔로몬이 지은 1005곡의 노래들 중(왕상 5:12) 가장 좋은 것들을 모아 둔 것이라는 말로 해석될 수도 있다(cf. Fishbane).

I. 포도주보다 향기로운 사랑(1:1–14)

B. 포도주보다 달콤한 그대(1:2–4)

(여자)

2 내게 입맞추기를 원하니
네 사랑이 포도주보다 나음이로구나
3 네 기름이 향기로워 아름답고
네 이름이 쏟은 향기름 같으므로
처녀들이 너를 사랑하는구나
4 왕이 나를 그의 방으로 이끌어 들이시니
너는 나를 인도하라

(친구들)

우리가 너를 따라 달려가리라
우리가 너로 말미암아 기뻐하며 즐거워하니
네 사랑이 포도주보다 더 진함이라
처녀들이 너를 사랑함이 마땅하니라

아가의 히브리어 텍스트는 각 부분에 각기 다른 대명사(pronoun)를 사용하고 있다. 이러한 정황과 내용을 바탕으로 많은 학자들이 아가를 남자와 여자와 친구들(하객)의 교창으로 간주한다. 물론 학자들에 따라 각자 구분하는 섹션에 어느 정도 차이는 있다. 우리도 이러한 관점에서 본문을 구분하여 주해하고자 한다. 우리말 번역본들 중에는 새번역, 공동번역, 아가페성경, 현대어성경 등도 이러한 구분을 도입했다. 이미 서론에서 언급한 것처럼 본 주석은 새번역의 구분을 따르고자 한다. 이텔릭체(italic)로 괄호 안에 표기되어 있는 것이 바로 새번역의 구분이다.

아가는 여자의 노래로 시작하여(1:2–4) 여자의 노래로 마무리 되는(8:14) 연인들(부부)의 사랑 노래 모음집이다. 또한 여자가 부른 노래가 더 많다. 게다가 여자는 자신의 연인에 대한 애정을 매우 적극적으로 표현한다. 이러한 현상은 고대 사회의 남자는 적극적이고 여자는 소극적이어야 한다는 성(gender)에 대한 편견을 깨기에 충분하다(Longman). 우리 사회 일부에서도 이러한 편견이 아직도 존재하지만, 별로 바람직한 것은 아니다. 사랑은 표현해야 상대방이 알 수 있기 때문이다. 물론 표현하는 방법은 지혜로워야 한다.

여자는 '내게 입맞추기를 원한다'(יִשָּׁקֵנִי מִנְּשִׁיקוֹת פִּיהוּ)(2a절)로 노래를 시작하는데, 직역하면 '그가 입술의 입맞춤으로 나에게 입맞추기를!'이란 의미를 지닌 3인칭 명령문(jussive)이다. 여자는 입맞춤과 연관된 세 단어를 연속적으로 사용하여 간절함을 표현하고 있다. 아가에서 여자와 남자는 사랑에 빠진 세상 모든 남자와 여자를 상징하며 솔로몬과 왕비(들)로 제한될 필요는 없다(Longman). 여자는 남자와의 키스를 간절히 사모하고 있어서 만일 그가 곁에 있다면 그가 그녀에게 입맞추는 것을 허락했을 것이다.

여자가 남자의 입맞춤을 간절히 사모하는 것은 여자에 대한 남자의 사랑이 포도주보다 낫기 때문이다(2b절). '사랑'(דֹּדִים)은 남녀 간의 욕망이나 성욕(lust)을 뜻한다(Keel, cf. NIDOTTE, 겔 16:8; 23:17; 잠 7:18). 교회에서 흔히 말하는 헌신적인 '아가페 사랑'(ἀγάπη) 혹은 '형제애/자매애'(φιλαδελφία)와는 구분되어야 하며, 연인들 사이에 존재하는 에로스(ἔρως) 사랑이다. 칠십인역(LXX)은 이같은 욕망을 근거로 '당신의 사랑'(דֹּדֶיךָ)을 '당신의 가슴'(μαστοί σου)으로 번역했다. 여자는 남자의 품에 있는 순간을 참으로 갈망한다며 사랑하는 남자에 대한 욕망을 숨기려고 하지 않는다. '포도주'(יַיִן)는 술 중 가장 진하며 오감을 만족시키는 것으로 정평이 나 있다(ABD). 그래서 포도주는 고대 사회에서 잔치와 기쁨의 상징이되었다. 여자는 남자와 함께하는 시간이 그 어떤 잔치(기쁨)보다 더 낫다며 만족과 행복을 표한다. 남자의 사랑이 술보다 그녀를 더 취하게 하고 더 큰 즐거움을 준다(Fishbane, Provan). 한 남자와 사랑에 빠진 여인의 진솔한 고백이다.

여자가 남자의 품을 떠올리니 그가 바르는 기름의 향기가 생각난다(3a절). 물이 귀하여 몸을 씻기가 쉽지 않았던 당시 사회에서 '기름'(שֶׁמֶן)은 피부가 건조되는 것을 막는 오늘날의 로션(lotion, NIRV), 혹은 향수(cologne) 역할을 했다. 사람들은 밋밋한 기름에 향료를 더하여 향기롭게 해서 향수 역할도 하게 했는데 부유할수록 귀하고 비싼 향을 사용했다. 여자가 남자의 품을 떠올리니 그가 지녔던 향기(체취)도 생각난 것이다. 그가 풍기는 향기는 참으로 아름다웠다. '아름답다'(טוֹבִים)는 '참으로 좋았다'는 의미로 기분 좋게 하는 향기였다는 뜻이다. 향기의 농도보다 자극성에 초점을 맞추는 표현이다. 향기로운 기름이 성욕을 불러일으키는 자극제로 해석되기도 한다(Fishbane).

남자의 이름은 그의 몸에서 풍기는 향내보다 더 아름답다(3b절). 그의 이름(명성)은 몸에 조금만 바르고 다녀도 향기로운 향기름을 마치 바닥에 모두 쏟은 것처럼 온 공간(공동체)에 진동하기 때문이다. '쏟다'(ריק)는 실수로 흘리는 것이 아니라 일부러 남김없이 붓는다는 뜻이다(cf. HALOT, NIDOTTE). 이미지는 사람이 공간 전체에 냄새가 배이도록 향기름 병을 완전히 비울 때까지 곳곳에 향기름을 뿌리는 모습이다. 남자는 여자뿐 아니라 그들이 사는 온 공동체가 흠모하는 사람이라는 뜻이다. 그러므로 여자는 남자의 이름만 떠올려도 기쁘다. 이런 남자에게 선택을 받은 자신은 참 행복한 여자라고 생각한다(Garrett).

남자가 무엇 때문에 온 공동체가 사랑하는 사람이 되었는지는 확실하지 않다. 그의 사회적 지위, 부유함, 아름다움, 지혜로움, 성품 등이 복합적으로 작용했을 수도 있다. 중요한 것은 [모든] 처녀들이 그를 사랑한다는 사실이다(3c절). '사랑하다'(אהב)는 사랑을 의미하는 히브리어 단어들 중에 가장 보편적이고 포괄적인 것이다. 반면에 2절의 사랑은 남녀(부부)간에만 있는 감정이다. 그러므로 여자는 처녀들도 남자를 사랑한다며, 남자의 특별한 사랑을 받는 자신은 이 처녀들의 부러움을 사고 있음을 암시한다.

개역개정은 4절의 처음 두 문장의 순서를 바꿔 놓았다. 개역개정이 제시한 순서대로 읽으면 여자가 남자를 그리워하는 상황에서 갑자기 왕이 나오는 것도 부자연스럽지만, '왕이 강제로 나를 침실로 끌어들이니, 너는(연인) 속히 와서 나를 구하라'는 의미로 해석될 수도 있다(cf. Fishbane, Ginsburg, Provan). 반면에 마소라 사본의 순서에 따라 읽으면 여자는 남자에게 '제발 나를 데려가 주세요. 나의 임금님! 당신의 방으로 나를 데려가 주세요'라고 한다(cf. 새번역, 공동, 아가페). 이 의미에 따르면 왕은 여자가 사모하는 남자를 부르는 호칭이지, 그들이 사는 나라를 다스리는 왕이 아니다(Garrett, Gordis, Longman). 아가가 솔로몬과 어느 정도 연관성이 있는 책이기 때문에 편집자(저자)가 그를 기리며 왕이라는 호칭을 사용하는 것일 수도 있고, 혹은 사랑에 빠진 여자는 남자를 왕처럼 대해야 한다는 의미에서 이 호칭을 사용하는 것일 수도 있다.

'방'(חֶדֶר)은 집에서 가장 사적이고 은밀한 공간이며 가장 어두웠다(cf. HALOT). 여자는 남자와 함께 가장 은밀한 곳으로 가서 사랑을 나누기를 원한다(cf. 삿 15:1; 왕상 1:15). 한 학자는 "왕이 나를 그의 방으로 이끌었다"(4a절)에서 '그가 나를 이끌었다'(הֱבִיאַנִי)가 "솔로몬이 애굽 왕 바로로 더불어 인연을 맺어 그 딸을 취하고 데려다가 다윗성에 두었다"(왕상 3:1)를 배경으로 하고 있다며 아가는 솔로몬이 이집트 공주를 왕비로 맞이했을 때 사용된 것이라 한다(Sasson). 그러나 이러한 추측은 지나치다는 것이 대부분 학자들의 결론이다.

여자가 남자를 그리워하며 부르는 솔로 곡에 친구들의 합창이 가세

한다(4c-f절). 아가는 남자와 여자와 '친구들' 세 파트로 구성되어 있다. 사용되는 동사들이 1인칭 복수 '우리'(we)이기 때문에 이렇게 구분한다. 친구들은 대체적으로 여자의 친구들이다(cf. 3절). 그러나 간혹 남자의 친구들이 부르는 듯한 파트도 있기는 하다. 그래서 일부 학자들은 친구들 파트를 남자와 여자 등 둘로 나누기도 하지만(Murphy), 본 주석에서는 '친구들'이라는 한 타이틀로 함께 취급할 것이다(cf. Garrett).

또한 합창을 맞고 있는 여자의 친구들과 '예루살렘 여자들'(5절; 2:7; 3:5, 10, 11; 5:8, 16; 8:4)을 동일시할 것인지 혹은 따로 구분할 것인지에 대해 다소 논란이 있다(cf. Longman). 동일시하기에는 문제가 있는 듯하다. '예루살렘의 여자들'은 남자의 마음을 빼앗으려는 여자의 경쟁자들, 혹은 여자를 못마땅하게 여기는 자들일 가능성이 많기 때문이다. 반면에 친구들은 여자를 적극적으로 지원하고 격려하는 자들이다. 그러므로 두 그룹을 구별하는 것이 바람직하다(Keel).

친구들의 첫 번째 합창은 대상(목표)으로 2인칭 남성 단수 접미사를 사용하기 때문에 다소 혼란스럽다. 여자가 노래했으니, 당연히 친구들이 그녀를 직접적으로 격려하기 위하여 2인칭 여성 단수 접미사를 기대했기 때문이다. 그래서 아가페성경은 4절의 마지막 문장을 따로 구분하여 친구들이 아닌 여자가 '아가씨들이 당신을 사랑하는 것은 당연하지요'라고 말하는 것으로 해석했다(cf. Fox, Longman).

그러나 친구들의 합창은 노래한 여자의 말에 전적으로 동의하면서 남자에게 속히 그녀에게 돌아올 것을 권면하는 말로 해석하면 별 문제가 없다. 또한 8:13-14과 쌍(inclusio)을 이루며 아가가 결혼한 사람들 사이에 불려진 노래들이라는 것을 암시한다(Horine). 친구들은 남자가 여자에게 간다면 그와 함께 달려갈 것을 약속한다(4c절). 또한 그의 결정과 실천을 전적으로 지지하며 함께 기뻐하고 즐거워할 것이다(4d절). 세상 말로 얼마든지 '들러리'를 서 줄 것이라는 뜻이다.

친구들이 이렇게 남자를 격려하는 것은 여자의 말대로 남자의 여자에 대한 사랑이 포도주보다 더 진하기 때문이다(4e절, cf. 2절). 친구들은 보편적인 '사랑'(אהב)을 뜻하는 단어를 사용하지 않고 여자가 사용한 '사랑'(דֹּדִים)을 사용하여 두 사람의 특별한 애정관계를 확인해 준다. 여자는 그의 사랑이 포도주보다 '좋다'(טוֹבִים)고 했는데, 친구들은 남자의 사랑이 포도주보다 진하다고 한다. '진하다'(זכר)를 직역하면 '기억하다, 추억하다'이다. 그의 여자에 대한 사랑은 얼마나 확실하고 강력한지 술보다 더 추억하게 된다는 뜻이다. 별 유흥거리가 없었던 당시 사회에서 술은 많은 사람들에게 가장 큰 기쁨의 상징이었다. 그런데 이 여인에 대한 남자의 애정이 얼마나 큰지 친구들은 그의 사랑을 술보다 더 자주 생각한다는 것이다.

또한 여자의 말처럼 온 동네 처녀들이 모두 그 남자를 사랑한다(4f절, cf. 3절). 그러나 이 말은 정확한 번역이 아니다. 이 말씀(מֵישָׁרִים אֲהֵבוּךָ)을 직역하면 '그들이 너(남자)를 사랑하는 것은 당연한(옳은) 일이다'이다. 개역개정은 '처녀들이 너를 사랑한다'(3c절)를 근거로 이곳에서도 '처녀들'을 삽입하지만(cf. 새번역, 아가페, 현대어), 마소라 사본에는 없다. 그러므로 누구든 '바른 삶을 사는 사람(정상적인 생각을 가진 사람)은 너(남자)를 사랑한다'는 의미에서 '그들'로 남겨 두는 것이 바람직하다(cf. NAS, NIV, NRS, ESV). 친구들도 여자가 노래한 것처럼 '애정'(דֹּדִים)과 '보편적인 사랑'(אהב)을 구분하고 있다. 남자의 그녀에 대한 사랑(דֹּדִים)을 세상 사람들이 모두 부러워한다(אהב)는 뜻이다. 여자가 남자를 매우 사랑하지만, 그녀를 향한 남자의 사랑도 매우 크다.

본문은 교회에서 흔히 말하는 헌신적인 '아가페 사랑'(ἀγάπη), 혹은 '형제애/자매애'(φιλαδελφία)에 관한 노래가 아니다. 두 남녀 사이의 애정(육체적 욕망)에 관한 노래이다. 이러한 상황이 어떤 이들을 불편하게 할 수도 있다. 그러나 하나님이 정해 주신 '부부'라는 테두리 안에서는 애정(lust)과 성(sex)도 하나님의 축복이라는 사실을 인정해야 한다. 그러므로 이런 주제에 대하여 무안해하기보다는 감사하며 누릴 수 있어야 한다.

종종 결혼을 앞둔 젊은이들에게 거두절미하고 '비전이 같은 사람과 결혼하라'고 강요하는 설교를 듣는다. 물론 부부가 비전을 공유하며 사는 것은 좋은 일이다. 그러나 비전은 결혼의 전부가 아니며, 그다지 중요하지도 않다. 비전은 함께 살면서 하나님의 인도하심에 따라 얼마든지 맞추어 갈수 있기 때문이다.

결혼에서 가장 중요한 것은 서로에 대한 로맨틱한 감정이다. 모든 여건이 아무리 잘 갖춰졌다 해도 로맨스가 없으면 결혼생활을 유지하기가 힘들다. 물론 이러한 감정을 평생, 꾸준히 유지하기는 쉽지 않다. 때로는 식을 수도 있다. 그러나 다시 회복하면 되는 것이고, 전체적으로 생각할 때 꾸준하면 된다. 더 나아가 본문에 의하면 서로에 대한 육체적인 욕망도 좋은 것이다. 결혼을 단순히 정신적 연애(platonic love)로 생각하는 것은 참으로 안타까운 일이다. 결혼은 분명 육체적 연애도 함께하는 것이 되어야 한다.

I. 포도주보다 향기로운 사랑(1:1–14)

C. 머무는 곳을 알 수 없는 그대(1:5–8)

(여자)

5 예루살렘 딸들아

내가 비록 검으나 아름다우니

게달의 장막 같을지라도

솔로몬의 휘장과도 같구나

6 내가 햇볕에 쬐어서

거무스름할지라도 흘겨보지 말 것은

내 어머니의 아들들이 나에게

노하여 포도원지기로 삼았음이라
나의 포도원을 내가 지키지 못하였구나
7 내 마음으로 사랑하는 자야
네가 양 치는 곳과
정오에 쉬게 하는 곳을 내게 말하라
내가 네 친구의 양 떼 곁에서
어찌 얼굴을 가린 자 같이 되랴
(친구들)
8 여인 중에 어여쁜 자야
네가 알지 못하겠거든
양 떼의 발자취를 따라
목자들의 장막 곁에서
너의 염소 새끼를 먹일지니라

친구들의 격려를 받은 여자가 노래를 이어 간다. 먼저 그녀는 '예루살렘의 딸들'에게 검게 탄 자신의 얼굴과 피부에 대해 말한다(5-6절). 이어 그녀는 남자가 양을 치기 위하여 머물고 있는 곳을 알고자 한다(7절). 이에 대하여 친구들은 가축들의 발자취를 따라가면 그를 만날 수 있을 것이라 한다(8절). 이 섹션의 배경이 되는 이미지는 평온한 농경 사회다.

여자는 자신의 검게 탄 얼굴과 피부에 대해 어느 정도 콤플렉스를 느낀다(cf. 5b, 6b절). 그러므로 여자는 사람들이 그녀의 아름다움을 피부보다 더 깊은 곳, 곧 마음에 있는 아름다움을 보기를 원한다(Falk). 당시 사회에서 하얀 피부는 일을 하지 않아도 되는 부유함의 상징이었고, 그을린 피부는 살기 위해서 일을 해야 하는 노동자들의 상징이었기 때문이다(Bloch & Bloch, Hostetter). 그러므로 여자의 검게 탄 피부는 인종에 관한 것이 아니라 사회적인 지위에 관한 것이다(Fox).

본문에서 가장 논란이 되는 것은 '검어서 아름다운 것'(연계형)인지, '검지만 아름다운 것'(대조형)인지이다(Fredericks & Estes, Weems). 이슈는 히브리어 문장(שְׁחוֹרָה אֲנִי וְנָאוָה)에서 접속사(וְ)를 연계형(and)으로 읽을 것인지(Pope), 대조형(but)으로 읽을 것인지이다(Longman). 대조형으로 읽으면 흑인들에 대한 인종차별로 오해를 받을 수도 있기 때문이다(cf. Hostetter). 그러나 여자가 예루살렘 딸들에게 그녀의 검은 피부를 비웃지 말라고 하는 것으로 보아, 대조형(but)으로 읽는 것이 더 합리적이다. '검지만 아름답다'가 문맥과 더 잘 어울린다. 이미 언급한 것처럼 당시 사회에서 햇볕에 그을린 피부는 노동자를, 하얀 피부는 상류층을 상징하기 때문에 '검지만 아름답다'는 인종차별이 아닌 사회적인 지위에 관한 표현으로 보아야 한다(cf. Fox).

여자는 남자를 사모하는 여인들의 상징인 '예루살렘의 딸들'에게 자신의 피부가 검기는 하지만, 아름답다고 선언한다(5a–b절). 남자의 마음을 얻는 일에서 얼마든지 그들과 경쟁할 만한 미모를 지녔다는 자신감을 표현하고 있다. 여자는 자신이 마음의 아름다움도 지녔다고 생각한다(Falk). 아마도 이 노래는 여자가 남자와 연을 맺기 전에 있었던 일에 대한 회고일 것이다(Schwab). 주변 여자들이 그녀의 검게 탄 피부를 째려보았기 때문에 이런 말을 한다.

여자는 자기처럼 검지만 아름다운 것을 예로 든다. 개역개정처럼 5c–d절을 한 문장으로 간주하면 게달의 장막은 검지만(5c절), 솔로몬의 휘장처럼 아름답다는 의미가 된다(cf. 아가페, 현대어). 반면에 새번역처럼 두 문장으로 간주하면 게달의 장막과 솔로몬의 휘장은 검지만 아름다운 두 가지 예가 된다(cf. 공동, NAS, NIV, ESV, TNK). 어느 쪽으로 해석하든 강조하고자 하는 포인트는 같다. 검지만 아름다운 것, 혹은 검어서 아름다운 것이다.

게달(קֵדָר)은 이집트와 에돔 사이에 위치한 사막 지역이었다(HALOT, cf. 창 25:13; 시 120:5). 당시 이곳에 있던 장막이 어떻게 생겼고 얼마나 아름다웠는지는 알 수 없다. 본문이 검다는 사실을 강조하는 것으로 보아 아마도 털이 달린 흑염소 가죽으로 만든 텐트였을 것이다(Fishbane). 혹은 오랜 세월 동안 온갖 날씨를 견뎌 내면서 까맣게 된 텐트였을 수도 있다(Gordis). 중요한 것은 텐트가 까맣다는 사실이다(cf. Longman). 더 나아가 여자는 자신의 아름다움을 솔로몬의 휘장에 비교한다(5d절). 이스라엘에서 가장 아름다운 건축물 중 하나였던 솔로몬 왕궁의 휘장은 장인들의 솜씨가 빚어낸 걸작품이었다(Keel). 그러므로 참으로 독보적인 미(美)를 지녔음이 확실하다.

여자는 자기가 햇볕에 그을린 검은 피부를 갖게 된 이유를 설명한다(6절). 화가 난 형제들이 그녀에게 자신들의 포도원을 돌보게 했기 때문이다. 형제들을 '내 어머니의 아들들'(בְּנֵי אִמִּי)로 표현하는 것은 어머니가 같은 친형제들이라는 뜻이다. 그들이 그녀에게 강제로 일을 시킬 권위를 지닌 것으로 보아 오빠들이었을 것이다. 아가는 아버지를 아예 언급하지 않는다. 어머니도 장식처럼 묘사될 뿐, 이렇다 할 역할을 하지 않는다(cf. 3:4, 11; 8:1, 5). 대신 오빠들이 가장 역할을 한다(cf. 8:1). 마치 리브가의 집에서 오빠 라반이 가장 역할을 한 것처럼 말이다(cf. 창 24장).

여자는 오빠들과 친하지 않으며 상당한 거리감을 느낀다. 그래서 그녀는 그들을 '내 어머니의 아들들'이라고 부른다(Longman). 여자는 아버지처럼 행동하는 오빠들의 명령에 따라 그들의 포도원을 돌보느라고 피부가 까맣게 탔다. 원래 포도원을 돌보는 일은 남자들의 몫이었다(Keel, cf. 8:11-12; 사 27:2-3). 도둑들과 멧돼지 등의 습격이 있을 때를 대비해서다. 그러므로 여자는 오빠들의 명령이 부당하다고 생각했을 것이다. 어찌되었건 여자는 오빠들의 포도원을 돌보느라고 정작 자기 포도원은 돌보지 못했다(6e절). 자신을 가꿀 만한 여유가 없어서 피부는 검게 타고, 남자들의 호감을 살 만한 몸을 가꾸지 못했다. 고대판 신데렐라 이야기처럼 느껴진다.

그녀가 돌볼 수 없었던 '포도원'(כֶּרֶם)을 성적인 순결에 대한 은유로 간주하여 오빠들이 그녀에게 화를 낸 것은 그녀가 성적으로 문란했기 때문이라고 해석하는 학자들이 있다(Pope, Provan, Schwab, Weems, cf. 2:15; 7:12; 8:12). 이러한 해석은 여러 가지 문제를 안고 있다. 가장 큰 문제는 6절이 그녀의 '포도원'뿐 아니라, 오빠들의 '포도원'도 언급하고 있는데, 그녀가 그들의 포도원(성적 순결)을 돌본다는 것이 무슨 뜻인가? 잘 설명이 되지 않는다. 또한 만일 포도원이 성적 순결을 상징하는 것이라면, 여자가 성적 순결을 지키느라 피부가 까맣게 된 것은 어떻게 설명할 것인가? 더 나아가 여자가 성적인 문란함으로 인해 오빠들이 내린 벌로 피부가 거무스름해졌다면, 5절이 묘사하고 있는 그녀의 당당함은 뻔뻔함에 해당하지만, 본문에는 이렇게 해석할 만한 근거가 없다. 게다가 당시 사회에서는 순결을 잃은 여자가 결혼하는 일은 쉽지 않았다. 그러므로 오빠들의 포도원들을 돌보느라 피부가 까맣게 그을었으므로 정작 자신을 돌볼 여유가 없었다는 의미로 남겨 두는 것이 좋다.

본문은 여자가 어떤 잘못을 저질러 오빠들을 화나게 했는지 알려 주지 않는다(cf. 8:8-9 주해). 이유가 중요하지는 않기 때문이다. 이 노래는 단지 그녀가 포도원을 돌보는 일 등 노동으로 인해 피부가 햇볕에 탔다는 것을 강조할 뿐이다. 그녀의 검게 탄 피부는 맡겨진 일에 성실하게 임하는 사람의 상징인 것이다. 더 나아가 오늘날에는 많은 사람들이 하얀 피부보다는 태양에 어느 정도 그을린 피부의 아름다움과 매력에 끌린다.

오빠들에게 부당한 대우를 받은 여자의 마음은 남자를 더욱더 사모한다(7절). 그녀는 남자에게 머무는 곳을 묻는다. 그를 '내 마음으로 사랑하는 자'(שֶׁאָהֲבָה נַפְשִׁי)라며 애정을 표현하는 말로 질문을 시작한다(7a절). 앞(2-4절)에서 여자가 남자의 신체적 매력에 끌렸던 일을 고백했다면, 이곳에서는 그녀가 마음으로도 그를 사랑하고 있음을 고백한다. 나중에 남자가 여자와 함께하자 여자는 그의 있음(presence)으로 인해 '혼'(נֶפֶשׁ) 나가고, '마음'(נֶפֶשׁ)을 빼앗긴다(5:6; 6:12). 이 두 구절은 본문과 같은 단어를 사용하여 여자의 남자에 대한 감정을 묘사한다. 그녀가 가장 사랑하는 사람에 대해 질문을 하겠으니, 반드시 답을 해달라는 간절함이 서려 있다.

그녀는 남자가 양을 치기 위해 머물고 있는 곳이 알고 싶다. 남자가 양떼를 먹이는 곳을 알고 싶고, 그가 정오 때면 양떼를 쉬게 하는 곳이 알고 싶다. 아직도 더운 지방에서는 태양이 가장 강렬할 때면 일을 멈추고 낮잠을 자거나 쉬는 시간(siestas)이 정해져 있다. 여자는 이러한 정황을 배경으로 정오에 짐승과 사람이 쉬는 곳을 언급한다(Pope). 그녀는 '남자의 친구들의 양 떼 곁에서 얼굴을 가린 자'같이 되고 싶지 않다. 일부 학자들은 창세기 38:13-16을 근거로 말씀을 '창녀처럼 취급되고 싶지 않다'는 의미로 해석하기도 하지만(Provan, cf. Munro), 단순히 남자와 전혀 관계가 없는 타인처럼 남고 싶지 않다는 뜻으로 해석하는 것이 무난하다. 당시 여자들은 집 밖으로 나갈 때 얼굴을 가리고 나갔다. 창녀들만 베일을 쓴 것이 아니라 모든 여자가 베일을 썼다. 그러므로 이 말씀은 자신이 어디에 있는지 알 수 없는 남자를 찾을 때까지 방랑자가 되어 이곳저곳을 헤매고 싶지 않다는 의사 표현이다(Garrett). 그녀는 그를 사랑하며, 그와 함께하기를 간절히 소망하고 있다. 그러므로 그가 있는 곳을 알 수만 있다면 곧바로 그에게 달려가기를 원한다. 또한 남자도 여자가 그를 찾느라 목동들의 텐트를 기웃거리는 것을 원하지 않을 것이다(Longman).

친구들이 합창으로 그녀에게 조언을 한다(8절). 일부 학자들은 8절을 남자의 노래로 간주하지만(Landy), 친구들의 노래가 맞다(Exum). 먼저 그들은 그녀가 피부가 검은 아름다운 여인이라는 사실을 인정할 뿐 아니라, 그녀가 여자들 중에서도 으뜸가는 미모를 지녔다고 한다(8a절). 이어 남자가 양떼를 먹이는 곳이 어디인지 알고 싶으면 양떼의 발차취를 따라가고, 그가 정오에 양들을 쉬게 하는 곳을 알고 싶으면 목자들의 장막을 찾으라고 한다(8b–d절). 옛적에 요셉이 양을 치는 형들을 찾아 나선 모습을 떠오르게 한다(cf. 창 37장).

또한 남들 보기에 여자가 남자를 만나게 된 것을 자연스러운 현상으로 포장하기 위해 염소 새끼들(떼)을 끌고 가라고 조언한다(8e절). 홀몸으로 가면 여자의 남자에 대한 마음이 남들에게 탄로날 수 있기 때문이다. 친구들은 여자에게 남자가 그처럼 그리우면 그가 오기를 기다리지 말고 그를 찾아 나서라고 권면하고 있다.

D. 나를 반길 그대의 품(1:9–14)

(남자)

9 내 사랑아
내가 너를 바로의 병거의 준마에 비하였구나
10 네 두 뺨은 땋은 머리털로,
네 목은 구슬 꿰미로 아름답구나

(친구들)

11 우리가 너를 위하여
금 사슬에 은을 박아 만들리라

(여자)

12 왕이 침상에 앉았을 때에
나의 나도 기름이 향기를 뿜어냈구나
13 나의 사랑하는 자는
내 품 가운데 몰약 향주머니요
14 나의 사랑하는 자는

내게 엔게디 포도원의 고벨화 송이로구나

남자도 여자의 간절한 사모함에 대해 애정이 가득한 말로 화답한다. 그는 먼저 그녀를 '내 사랑'(רַעְיָתִי)이라고 부른다(9a절). 잠시 후 15절에서도 남자는 여자를 '내 사랑'(רַעְיָתִי)이라고 부른다. 반면에 여자는 남자를 지속적으로 '나의 사랑하는 자'(דּוֹדִי)라고 부른다(13, 14, 16절). 이 둘의 차이는 '내 사랑'은 '내가 참으로 사랑하는 자'라며 사랑하는 이에게 초점이 맞춰져 있고, '나의 사랑하는 자'는 '나의 사랑을 받는 자'라며 상대방에게 초점이 맞춰져 있는 듯하다. 남자가 여자를 더 사랑한다는 것이다.

남자는 여자를 바로의 병거의 준마에 비교한다(9b절). 오늘날 정서에서는 여자를 말에 비교하는 것이 상당히 이상하다는 느낌이 든다. 그러나 당시 세상에서는 괜찮은 일이었나 보다. 이집트는 예로부터 좋은 말로 유명한 나라였다. 솔로몬도 이집트에서 많은 말과 병거를 수입한 적이 있다(왕상 10:28-29). 그러므로 말을 각별히 사랑했던 솔로몬과 잘 어울리는 비유라 할 수 있다(Delitzsch).

좋은 말로 유명한 이집트를 다스리는 바로는 이집트 말들 중에서도 가장 좋은 것들을 소유했던 것을 상상할 수 있다. 일부 학자들은 본문이 이집트 왕을 언급하는 것은 여자(신부)가 이집트의 공주이기 때문이라고 한다(Sasson, Schwab). 그러나 그렇게 해석하기에는 증거가 부족하다. 또한 책에 묘사되는 여자는 시골에서 자란 평범한 소녀이지, 상류층 자녀와는 거리가 멀다. 더 나아가 이 여자는 이집트 공주라고 하기에는 가나안 지형과 풍토에 대해 너무 많이 알고 있다.

남자가 여자를 이집트 왕의 암말로 비교하는 것에 대해 상당히 재미있는 설명이 있다. 포프(Pope)는 바로의 병거를 이끄는 말들은 모두 수말이었다고 한다. 그렇다면 암말은 어디에 사용되었는가? 적들이 병거들을 몰고 쳐들어올 때 이쪽에서는 발정기를 맞은 암말들을 풀어 적들의 말들을 교란시키는데 사용했다는 것이다. 그러나 본문에서 남자는 절정에 달한 여자의 아름다움과 자태를 부각시키고자 하는 것이지, 아무 수말에게나 들이대는 발정기를 맞은 암말을 강조하고자 하는 것이 아니다. 그러므로 설득력이 전혀 없다(cf. Fox).

바로의 말들은 신체적으로 완벽했고 많고 화려한 장식들로 치장되었다. 남자는 이러한 이미지를 떠올리며 여자가 대단한 미모에 자신의 아름다움을 돋보이게 하는 온갖 치장들을 갖춘 여인임을 노래하고 있다(Goulder, Murphy). 여자의 품위와 미모가 남다르다는 사실을 인정하는 것이다. 일부 주석가들은 좋은 말들은 대부분 까맣다는 점을 근거로 여자가 자신은 검지만 아름답다고 한 것에(cf. 5절) 남자가 동조하는 말을 하는 것이라고 하기도 한다(cf. Fishbane).

남자는 여자의 뺨과 목이 참으로 아름답다고 한다. '뺨과 목'은 여자의 온 몸을 상징하는 환유어(換喩語, metonym)이다(Fishbane). 남자는 여자의 볼과 목만 예쁘다고 하는 것이 아니라, 온 몸이 예쁘다는 것을 볼과 목을 예로 들어 말하는 것이다. '땋은 머리털'(תּוֹרִים)의 의미가 정확하지 않다(cf. HALOT). 여자들이 머리에 사용하는 장식(ornament)일 수 있고(NAS, NRS, ESV, TNK), 귀걸이(earring)일 수도 있다(NIV, NIRV). '구슬 꿰미'(חֲרוּזִים)도 구약에서 이곳에 단 한 번 사용된다. 구슬이나 보석을 꿰어 목에 거는 목걸이를 뜻하는 듯하다(새번역, 공동, 현대어, NAS, NIV, NRS).

11절도 남자가 부른 노래의 일부라고 하는 이들이 있다(Fishbane, Garrett, Goulder, Longman). 그러나 우리는 새번역의 구분에 따라 친구들의 노래로 간주하고자 한다(cf. Fredericks & Estes). 친구들은 남자의 사랑 고백을 돕고자 한다. 그래서 그들은 여자(2인칭 여성 접미사를 사용하고 있음)를 위해 금사슬에 은을 박은 보석을 만들고자 한다. 그들이 여자를 위해 만들고자 하는 '보석'(תּוֹרִים)은 개역개정이 10절에서 '땋은 머리털'(תּוֹרִים)로 번역한 것과 같은 히브리어 단어이다. 차라리 이 두 구절에서 이 단어를 '장식/치장'(ornament)으로 번역하는 것이 좋을 듯싶다(cf. NAS, NRS, ESV). 친구들은 남자가 아름답다고 생각하는 장식을 더 만들어 여자에게 주고자 한다. 이렇게 하면 남자의 눈에 여자가 더 예뻐 보일 것이다. 어떻게든 남자와 여자가 더 친숙해지도록 도와 주려는 친구들의 노력이 돋보인다.

친구들의 격려를 받은 여자가 노래를 이어 간다(12-14절). 이미 언급한 것처럼 '그 왕'(הַמֶּלֶךְ)(12절)은 여자가 남자를 부르는 애칭이다(cf. Garrett). 여자는 남자와 침상에 함께 앉았던 순간을 떠올린다. '침상'(מֵסַב)(12절)은 당시 식사를 할 때 비스듬하게 눕거나 기대는 일종의 동그란 소파였다(NIDOTTE). 본문에서는 성관계를 상징하는 일종의 완곡어법으로 사용되고 있다(Fishbane, Longman). 그러므로 여자는 남자와 잠자리를 같이 한 것을 추억하고 있다.

잠자리에서 여자의 나도 기름이 향기를 뿜어냈다. '나도'(נֵרְדְּ)는 좋은 향을 지닌 나무로 주로 인도와 히말리야 지역에서 자란다(TWOT). 나무의 향을 기름에 우려내면 기름은 좋은 향수가 된다. 여자가 이 기름을 사용하는 것은 남자의 성적 욕망을 자극하기 위해서였다(Fox, Provan, cf. 막 14:3). 그러므로 기름은 남자와 여자가 함께하는 침상에서 제 역할을 했다.

남자는 그녀의 품에 있는 몰약 향주머니가 되었다(13절). '몰약'(מֹר)은 산스크리트어에서 빌려온 단어이며(NIDOTTE, cf. Longman), 매우 강한 향을 지닌 나무의 진(津, resin)이었다(Pope, cf. 잠 7:14-20). 값이 매우 비쌌기 때문에 상류층 여인들만 사용했으며, 이것을 말린 것을 빻아 조그만 자루에 넣어 목걸이처럼 목에 걸고 다녔다(Munro, cf. HALOT). 풍기는 향은 남자를 성적으로 자극했다(Keel, Weems, cf. 더 2:12). 본문은 이러한 이미지를 배경으로 하고 있다.

'가운데 있다/품다'로 번역된 히브리어 단어(לִין)는 '밤을 새다'(stay overnight)라는 의미를 지녔다(TWOT, cf. NAS, 창 28:11; 욥 24:7). 남자는 여자와 함께 밤을 새며 그녀가 가슴에 품은 향주머니처럼 행복하게 해주었다는 의미이다. 이미지가 참으로 대조적이다. 남자의 풍채가 여자보다 더 클 텐데, 그녀의 품에 안긴 남자는 향수 주머니처럼 작아진다!(Landy) 사랑이 사람을 이렇게 만든다. 유행가 가사에도 있지 않은가! '그대 앞에만 서면 왜 나는 작아지는가?'

여자는 밤새 함께 시간을 보낸 남자를 '엔게디 포도원의 고벨화 송이'에 비교한다(14절). '엔게디'(עֵין גֶּדִי)는 문자적으로 '어린 염소들의 샘'이란 의미를 지녔으며 사해의 서쪽, 마사다와 쿰란 중간 지점에 있다. 오아시스와 폭포가 있는 엔게디는 일년 내내 물이 있어 다양한 동식물이 서식하는 곳이다. 다윗이 사울을 피해 도망 다닐 때 한동안 이곳에 머물렀다. 엔게디는 당시 좋은 포도원으로 잘 알려진 곳이기도 하다(ABD). 이곳에는 왕의 향신료와 과일 농장이 있었다(Keel).

여자는 남자를 이 엔게디 포도원에서 자라는 '고벨화 송이'(אֶשְׁכֹּל הַכֹּפֶר)라고 하는데, 오늘날 머리를 염색하거나 피부에 영구적이지 않은 문신을 그리는데 사용되는 염료 헤나(henna)를 뜻한다(HALOT). 헤나 송이는 향도 매우 좋은 것으로 알려져 있다(Provan). 남자는 오랫동안 여자의 마음을 사로잡았다는 고백이다.

II. 황홀한 잠자리
(1:15–2:7)

남자와 여자가 한마디씩 주고받다가 끝에 가서는 여자의 긴 파트로 끝나는 노래이다. 여자와 남자는 함께 숲속에 아름다운 집을 짓자고 한다(1:15–17). 이어 두 사람은 서로의 아름다움과 매력을 꽃과 나무에 비교한다(2:1–3). 노래는 사랑은 참으로 많은 에너지를 소비하는 것이므로 처녀들에게 섣불리 사랑을 시작하지 말라는 권면으로 마무리 된다(2:4–7). 이 노래는 다음과 같이 구분될 수 있다.

A. 우리 함께 푸른 집을 지어요(1:15–17)
B. 그대는 꽃 중의 꽃(2:1–2)
C. 그대는 숲속의 사과나무(2:3–7)

II. 황홀한 잠자리(1:15–2:7)

A. 우리 함께 푸른 집을 지어요(1:15–17)

(남자)

15 내 사랑아

너는 어여쁘고 어여쁘다
네 눈이 비둘기 같구나
(여자)
16 나의 사랑하는 자야
너는 어여쁘고 화창하다
우리의 침상은 푸르고
(남자)
17 우리 집은 백향목 들보,
잣나무 서까래로구나

남자가 여자가 앞 노래에서 한 고백에 화답한다(15절). 그도 여자를 참으로 사랑하고 좋아한다. 그는 여자를 '어여쁘고 어여쁘다'(הִנָּךְ יָפָה … הִנָּךְ יָפָה)고 하는데, 직역하면 '보라! 아름답다!'를 두 차례 반복하는 말이다. 남자가 보기에 여자는 도저히 믿기지 않는 미모를 지녔다는 뜻이다.

남자는 여자의 눈을 비둘기에 비교한다. '비둘기'(יוֹנִים)는 순결을 상징하기도 하지만(Dillow), 본문에서는 부드러움과 평안함을 상징한다. 여자가 항상 포근하고 매력적인 눈으로 남자를 바라보기 때문에 남자는 그녀를 볼때마다 '빠져든다'는 뜻이다(Bloch & Bloch, Keel). 사랑에 빠진 남자는 여자에게 이렇게 고백해야 한다.

여자가 교창적으로 화답한다(16절). '너는 어여쁘다'(הִנְּךָ יָפֶה)는 바로 앞절에서 남자가 여자에게 두 차례 고백한 것과 같은 말(הִנָּךְ יָפָה)이다. 단지 접미사가 여성에서 남성으로 바뀐 것뿐이다. 여자는 남자가 그녀에게 고백한 것을 그대로 사용하여 남자에게 고백하고 있는 것이다. '화창하다'(נָעִים)(16b절)를 더 정확하게 번역하면 '기분을 좋게 함(pleasant)' 혹은 '사랑스러움'(lovely)이다(HALOT). 여자는 남자가 참으로 달콤하고 따뜻하다고 한다.

여자는 남자와 함께하는 침상이 푸르다고 한다(16c절). 이 '침상'(עֶרֶשׂ)은 12절의 '침상'(מֵסַב)과 비슷한 말이기는 하지만, 침대에 더 가까운 단어이다(cf. HALOT). '푸르다'(רַעֲנָן)는 나무가 잎사귀로 울창한 이미지를 배경으로 하고 있다. 여자는 자신의 침상이 마치 온갖 푸른 나무로 우거진 숲속 깊은 곳에 자리를 잡고 있는 것처럼 노래한다. 남자와 함께하는 시간이 참으로 은밀하고 좋다는 뜻이다.

남자가 여자에게 화답한다(17절). 몇몇 번역본들처럼 이 구절을 여자의 스피치의 일부로 간주해도 괜찮다(공동, 아가페, 현대어, cf. Longman). 16c절에서 시작된 침상 이미지가 이 구절에서 이어지고 있기 때문이다. 그러나 1:15-2:2이 남자와 여자가 한 절씩 주고받는 노래로 구성된 점을 감안하면 17절을 남자의 노래로 보는 것이 설득력을 지닌다.

여자가 침상을 싱그럽고 생기로 가득한 숲속에 있는 것처럼 노래하자, 남자는 여자의 노래에 화음을 더하듯 그 침상이 있는 곳을 노래한다. 그들의 침상은 백향목으로 둘러 쌓여 있고, 잣나무를 지붕으로 하고 있다. 그러므로 부부는 16c-17절에서 자신들을 비둘기에 비유하며(cf. 15절), 자신들의 보금자리가 마치 백향목과 잣나무 숲에 튼 비둘기 둥지처럼 싱그러우며 비밀스럽다고 한다.

'백향목'(אֶרֶז)은 향이 좋은 나무이며 주로 건축물의 기둥으로 사용되었다. 품질이 좋기로 소문난 레바논 산(産) 백향목은 성전과 솔로몬 궁전을 짓는데 사용되었다(왕상 6:15). '잣나무'(בְּרוֹת)는 향나무의 일종인 노간주나무(juniper)이다(HALOT). 이 나무도 성전과 솔로몬의 궁전을 짓는데 쓰였다(왕상 6:15). 이 나무의 열매와 잎에서 나온 기름은 향이 진하여 향료로 사용되었다(NIDOTTE). 부부는 함께 만든 보금자리가 자신들의 애정만큼이나 아름답고 향기로 넘쳐난다고 한다. 우리말로 하면 '깨가 쏟아진다'는 정도가 된다.

II. 황홀한 잠자리(1:15-2:7)

B. 그대는 꽃 중의 꽃(2:1-2)

(여자)

1 나는 사론의 수선화요

골짜기의 백합화로다

(남자)

2 여자들 중에 내 사랑은

가시나무 가운데 백합화 같도다

여자가 자신을 꽃으로 표현한다(2:1). 그녀는 자신을 두 가지 꽃으로 표현한다: (1) 사론의 수선화, (2) 골짜기의 백합화. 성경에서 '사론'(הַשָּׁרוֹן)이 정관사와 함께 사용되는 것으로 보아 특정한 마을이나 도시 이름은 아닌 것이 거의 확실하다. 대부분 학자들은 사론을 이스라엘 중앙에 남북으로 뻗어 있는 산악 지대와 지중해 사이의 평지를 일컫는 말로 생각한다(cf. Delitzsch). '수선화'(חֲבַצֶּלֶת)도 정확히 어떤 꽃인지 알 수 없다. KJV이 '장미'(rose)로 번역한 이후 거의 모든 영어 번역본들은 '장미'로 해석한다(cf. NAS, NIV, NRS, ESV, TNK). 그러나 오늘날의 장미는 아니다. 장미는 신약 시대에 이르러서야 비로소 근동 지역에 도입되었다(Longman, cf. Weems).

개역개정은 이 단어(חֲבַצֶּלֶת)를 이사야 35:1에서는 '백합화'로 번역한다. 사프란(saffron), 혹은 나리를 뜻하는 것이라는 등 다양한 추측이 있다(Fredericks & Estes, Garrett, Provan, Schwab). 칠십인역(LXX)은 이 '사론의 수선화'(חֲבַצֶּלֶת הַשָּׁרוֹן)를 '평지의 꽃'(ἄνθος τοῦ πεδίου)으로 풀어서 번역했다. '사론'은 평지를 뜻하고 '수선화'는 이름을 특정할 수 없는 꽃이라는 뜻이다. 지극히 평범함을 강조하는 해석이다(Longman, Schwab). 찬송가에 '샤론의 꽃 예수'(89장)라는 노래가 있지만, 정확히 이 꽃이 무엇인지를 알 수 없는 것이 다소 아쉽다. 현대어성경도 칠십인역의 의미에 따라 이 구절을 "나는 고작 사론 들에 흔히 피어 있는 수선화인걸요. 골짜기에 여기저기 피어 있는 나리꽃일 뿐이어요"라고 번역했다. 이 번역과 일부 학자들은 여자가 남자에게 자기는 별 볼 일 없는 평범한 소녀라고 고백하는 것으로 이해한다(Fredericks & Estes, Fox, Weems).

그러나 여자가 1:5-6에서 예루살렘 여자들에게 자신은 일하느라 몸을 가꿀 시간이 부족했지만 그럼에도 불구하고 특별한 미모를 지녔다고 한 점을 고려하면 이러한 해석은 설득력이 없다(cf. Provan). 또한 꽃이 많고 흔하다고 해서 아름답지 않다고 할 수 없다(cf. Delitzsch). 그러므로 '사론의 수선화'는 그녀의 아름다움을 과시하는 표현이다. 남자도 이 사실에 동의하기 때문에 다음 구절에서 그녀를 '가시나무 가운데 핀 백합화'라고 칭찬한다(2절).

'백합화'(שׁוֹשַׁן)(1절)를 연꽃(lotus)이라 하는 이들도 있지만(Pope), '마돈나 릴리'(Madonna Lily)로도 알려진, 우리가 흔히 접하는 하얀 꽃을 지닌 나리를 뜻한다(HALOT). 향기가 매우 짙은 꽃이며 가나안 지역에서는 매우 흔한 꽃이었다. 여자는 자신을 평지를 가득 채우는 꽃이며, 계곡에 핀 백합화라며 한껏 아름다움을 자랑하고 있다.

이에 대해 남자도 참으로 그렇다며 화답한다(2절). 그는 자기 연인(아내)을 세상 모든 여인들보다 더 아름다운 꽃이라고 한다. 본문에서 '여자들'(הַבָּנוֹת)은 아직 결혼하지 않은 처녀들을 두고 하는 말이다(cf. 새번역, 공동, 아가페, 현대어). 남자는 세상 아가씨들 중 단연코 자기 아내(연인)가 최고로 아름답다고 한다. 그들 중 여자는 '가시나무 한 가운데에 피어난 백합화'와 같다. 백합화는 순결과 아름다운 자태를 상징한다. 성경에서 가시나무는 고통(왕하 14:9)과 저주(호 9:6) 등 정신적인 비참함을 상징하기도 하지만(Keel), 이곳에서는 육체적으로 매력이 없다는 뜻이다. 남자가 보기에 그의 연인은 단연 독보적인 미모와 매력을 지녔다. 특히 가시밭에 있는 백합화는 눈에 띄게 아름답다. 남자는 다른 여자들을 절대 쳐다보지 않을 것이며, 오직 한 여자만 바라볼 것을 다짐하고 있다. 남편들은 아내들에게 이렇게 고백해야 하며, 세상에 있는 나머지 여자들을 '가시들'처럼 생각해야 한다!

II. 황홀한 잠자리(1:15-2:7)

C. 그대는 숲속의 사과나무(2:3-7)

(여자)

3 남자들 중에 나의 사랑하는 자는
수풀 가운데 사과나무 같구나
내가 그 그늘에 앉아서 심히 기뻐하였고
그 열매는 내 입에 달았도다
4 그가 나를 인도하여 잔칫집에 들어갔으니
그 사랑은 내 위에 깃발이로구나
5 너희는 건포도로 내 힘을 돕고
사과로 나를 시원하게 하라
내가 사랑하므로 병이 생겼음이라
6 그가 왼팔로 내 머리를 고이고
오른팔로 나를 안는구나
7 예루살렘 딸들아
내가 노루와 들사슴을 두고
너희에게 부탁한다
내 사랑이 원하기 전에는
흔들지 말고 깨우지 말지니라

여자가 바통을 이어받아 노래를 이어 간다(3-7절). 그녀는 먼저 남자를 수풀 가운데 서 있는 사과나무에 비교한다(3절). '수풀 가운데 사과나무'(כְּתַפּוּחַ בַּעֲצֵי הַיַּעַר)를 더 정확하게 번역하면 '잡목 속에 있는 사과나무'이다(cf. 공동, 현대어). 남자는 볼품없는 나무들로 이루어진 숲에 우뚝 솟은 사과나무처럼 용모가 다른 남자들과는 비교 불가라는 뜻이다.

노래의 의미는 확실하지만 '사과나무'(תַּפּוּחַ)는 우리가 생각하는 사과나무가 아닐 수 있다. 고대 근동에는 사람이 즐길 수 있는 사과가 없었기 때문이다(Fishbane, Fox). 당시 있었던 들사과는 쓰고 셔서 사람이 먹을 수 없었다. 그러므로 이 단어(תַּפּוּחַ)를 살구, 오렌지, 레몬, 모과 등 다양하게 해석하기도 하고(Fredericks & Estes, Provan, cf. Fishbane) 단순히 이름을 알 수 없는 '달콤한 과일 나무'로 해석하기도 한다(Falk).

2절에서 '여자들'(בָּנוֹת)이 결혼 적령기의 처녀들을 의미한 것처럼 3절의 '남자들'도 젊음을 강조하기 위해 '아들들'(בָּנִים)을 사용하고 있다(Longman). 여자는 자기 남자가 젊은 사람들 중에서도 으뜸이라고 한다.

사랑은 참으로 주관적이다. 객관적으로 볼 때 세상에는 분명 이 노래의 남자보다 더 멋있고 용모가 뛰어난 젊은 남자들이 많을 것이다. 그러나 그를 사랑하는 여자에게는 그 사람밖에 보이지 않는다. 당연한 일이다. 사랑에 빠진 여자에게 남자(연인)는 잡목 숲속에 우뚝 솟은 사과나무로 보인다.

이 사과나무(남자)는 그녀에게 그늘이 되어 주고 맛있는 열매(사과)도 준다(3c-d절). 꽃으로 묘사된 여자(1-2절)가 사과나무인 남자의 그늘 아래 뿌리내리기를 원한다(Fishbane). 나무(남자)는 자기 그늘에서 피어나는 꽃(여자)에게 안식처를 마련해 주고, 꽃의 모든 필요를 채우며 보호해준다. 사과나무 아래에서 두 사람의 사랑이 무르익어 가고 있다. 영어권에서도 옛적에 '사과나무 아래'는 남녀가 사랑을 나누는 장소로 통했다. 그래서 사랑에 빠지는 것은 '오래된 사과나무 그늘 아래에서'(In the Shade of the Old Apple Tree)라고 하고, 사랑에 빠지지 않으려면 그와 함께 '사과나무 아래에 앉지 마라'(Don't Sit Under the Apple Tree)라는 말이 있다(Pope). 우리 말로 하자면 남녀가 사랑을 속삭이는 '사과나무 아래'는 '방앗간 뒤'이다: '방앗간 뒤로 가라. 방앗간 뒤로 가지마라.'

남자는 여자를 잔칫집으로 인도한다(4절). '잔칫집'(בֵּית הַיָּיִן)을 직역하면 '술의 집'이다. 성경에서 이러한 표현이 사용되는 곳은 이곳뿐이다. 잔칫집을 포함하여 술이 많아 마음껏 마실 수 있는 공간이다(cf. 에 7:8). 책에서 술은 이미 사랑의 상징이 되었다(1:2, cf. 4:10; 7:9). 그러므로 이 말씀은 남자가 여자를 사랑을 속삭일 만한 곳으로 인도한다는 의미를 지녔다. 잔칫집이든, 두 사람만의 은밀한 공간이든 중요하지 않다(Longman).

'깃발'(דֶּגֶל)은 기수들이 부대의 정체성을 알리기 위해 들고 다니는 깃발(standard)이다(cf. 민 2:3; 10:18, 25). 그러므로 깃발은 온 군대의 정체성과 자존심과 위상을 상징한다. 남자가 여자를 잔칫집에 데리고 가면서 여자와의 관계를 매우 자랑스럽게 생각한다는 뜻이다. 또한 온 군대가 생명을 걸고 군대의 깃발을 보호하는 것처럼 남자가 여자를 보살필 것을 암시한다.

남자와 여자는 참으로 열정적으로 서로를 사랑한다. 그러므로 여자는 기력이 쇠해짐을 느끼고 친구들에게 도움을 청한다: "내가 사랑하므로 병이 생겼음이라"(5c절). '병들다'(חלה)의 더 정확한 의미는 '기력이 쇠하다, 지치다'이다(HALOT, cf. 삿 16:17).

사랑으로 인해 기력이 쇠해진 여자는 친구들에게 건포도와 사과를 주어 자기 힘을 북돋아 달라고 부탁한다. 남자를 더 사랑하기 위해서이다. 사랑은 참으로 많은 육체적—정신적 에너지와 시간을 필요로 한다(cf. Exum). 그러므로 사랑은 아무나 하는 것이 아니다(cf. 7절).

'건포도'(אֲשִׁישָׁה)는 건포도를 넣어 만든 케이크를 뜻하며 상대적으로 값이 비싼 간식이었다(HALOT). 한 주석가는 건포도를 우상 숭배에 사용했던 제물로 언급하는 호세아 3:1을 근거로 본문에서 우상 숭배의 흔적을 본다(Pope). 그러나 지나친 판단이다. 일상에서 사용되는 물건이 우상에게 제물로 바쳐졌다고 해서, 그 물건의 일상적인 사용도 우상 숭배와 연관시키는 것은 어리석은 일이기 때문이다. 게다가 여자는 소진된 기력을 회복하기 위해 건포도를 먹고 싶어 한다.

오늘날로 말하자면 건포도는 일종의 '에너지바'(energy booster/bar)였다 (Fishbane). '사과'(תַּפּוּחַ)는 여자가 남자를 사과나무로 묘사할 때 사용한 단어와 같으며(cf. 3절), 살구의 일종일 수 있다. 일부 학자들은 고대 사회에서 건포도와 사과가 정력제로 사용되었다고 하지만, 설득력이 있는 해석은 아니다(cf. Murphy). 본문에서 건포도와 사과는 사람의 힘을 북돋아 주는 에너지원(原)이라는 의미를 지녔다. 남자를 사랑하느라 지친 여자는 그를 더 사랑하기 위해 기력을 북돋아 줄 음식을 구하고 있다.

남자를 사랑하는 일로 피곤하고 지쳤지만 여자는 기분이 좋다. 남자가 왼팔로 그녀의 머리를 고이고 오른팔로 그녀를 안아 주기 때문이다 (6절). 잠자리에서 남자가 여자를 어루만지며 애무해 주는(caressing) 모습이다. 고대 아시리아에서도 이러한 모습을 한 연인들의 진흙 장식 (terracotta)이 발견되었다(Fishbane). 육체적인 터치는 참으로 좋은 사랑의 표현이다. 이 말씀은 8:3에서 다시 사용된다.

여자는 자신의 경험을 근거로 사랑에 대한 조언을 예루살렘 딸들에게 주는 일로 이 섹션을 마무리한다(7절). 예루살렘의 딸들은 이미 1:5에서도 언급되었으며 결혼 적령기에 접어든 불특정 다수 여자들을 뜻한다. 여자는 노루와 들사슴을 두고 그들에게 부탁한다. '노루'(צְבָאוֹת)와 '들사슴'(אַיְלֹת)이 모두 여성형 복수인 것으로 보아 같은 종류의 암컷과 수컷 짐승을 뜻하는 것은 아니다. 아마도 노루와 들사슴은 당시 겁이 많은 짐승으로 알려졌지만(cf. 현대어) 진하게 교미하는 것을 상징하는 짐승들이었다(Snaith, cf. Keel, 잠 5:19). '부탁하다'(שׁבע)를 더 정확히 번역하면 '맹세하다'이다(cf. HALOT, TWOT). 본문에서는 [마술을 걸기 위한] '주문을 걸다'라는 의미로도 해석될 수 있다(Fishbane).

여자는 사랑(erotic love)의 아이콘인 노루와 들사슴을 두고 예루살렘 처녀들에게 무엇을 맹세시키는가? '내 사랑이 원하기 전에는 흔들지 말고 깨우지 말 것'을 맹세하도록 한다(7d–e절). 그러나 개역개정의 번역은 정확하지 않다. '내 사랑'(אַהֲבָה)에는 1인칭 단수 접미사가 없기 때문에 단순히 '사랑'으로 번역해야 한다. 이렇게 번역하면 이 말씀의 의미가 매우 달라진다(cf. Falk).

우리말 번역본들은 대부분 사랑하다 잠이 든 연인들을 깨우지 말라는 부탁으로 해석한다: "예루살렘 아가씨들이여, 내가 노루와 들사슴으로 당신들에게 부탁합니다. 제발 내 사랑이 원할 때까지 깨우지 마세요. 제발 내 사랑을 깨우지 마세요"(아가페, cf. 새번역, 공동, 현대어, NAS). 그러나 '사랑'(אַהֲבָה)을 1인칭 접미사 없이 있는 그대로 번역하고 [원하기] '전에'(עַד שֶׁ–)를 '…까지'로 해석하면 '내가 사랑을 해 봐서 아는데, 사랑은 참으로 힘과 노력이 많이 드는 일이더라. 그러니 당신들도 사랑에 대한 각오가 확실할 때까지 (혹은 마음이 준비될 때까지) 당신의 사랑을 깨우지(불러일으키지) 말라'는 의미가 된다(de Villiers & Burden, cf. NIV, NRS, ESV, NIRV). 사람이 섣불리 자기 안에 있는 사랑을 깨우면 낭패를 보기 십상이라는 뜻이다(Weems, cf. Longman, Provan). 이 말씀은 3:5과 8:4에서 거의 그대로 다시 등장한다.

III. 사랑은 봄빛 날개에 실려 오고
(2:8-17)

이 시는 아가에서 가장 잘 알려진 노래이며 결혼식에서도 자주 설교되는 본문이다. 온갖 꽃은 피고(12절), 짐승들은 뛰놀며(8-9절), 새들은 노래하고(12절), 달콤한 향이 진동하는(12절) 황홀한 봄 풍경을 배경으로 한 노래이다. 여자가 노래를 시작하며(8-9절), 마무리도 여자가 한다(16-17절). 서로를 사모하는 두 사람의 간절함이 애처롭기까지 하다. 이 노래는 다음과 같이 구분될 수 있다.

A. 사슴처럼 내게 오세요(2:8-9)
B. 나와 함께 봄을 걸어요(2:10-13)
C. 집 밖이 안전하게 해 주세요(2:14-15)
D. 속히 오세요(2:16-17)

A. 사슴처럼 내게 오세요(2:8-9)

(여자)

8 내 사랑하는 자의 목소리로구나
보라 그가 산에서 달리고
작은 산을 빨리 넘어오는구나
9 내 사랑하는 자는
노루와도 같고
어린 사슴과도 같아서
우리 벽 뒤에 서서
창으로 들여다보며
창살 틈으로 엿보는구나

여자는 먼 곳에서 나는 소리를 듣고 사랑하는 이의 목소리라는 것을 곧바로 알아차린다(8절). 사랑에 빠진 사람에게 밖에서 들려오는 인기척은 모두 사랑하는 이의 소리로 들린다(Keel). 그러므로 기대와 실망을 수없이 반복하다가 비로소 사랑하는 이의 목소리를 듣게 된다. 그는 산을 달리고 언덕을 넘어온다. '달리다'(דלג)는 '뛰어오르다'(leap), '넘다'(קפץ)는 '(생기 있게) 뛰어다니다'(gambol)라는 의미를 지녔다(HALOT). 그러므로 남자는 평범한 걸음걸이로 여자에게 오는 것이 아니라, 여자가 놀랄 정도로 역동적이고 신속하게 달려오고 있다. 흥분(excitement)과 열망(eagerness)으로 가득 찬 모습이다(Longman).

여자는 이런 남자의 모습을 노루와 어린 사슴에 비교한다(9a-c절). '노루'(צְבִי)는 작은 영양(gazelle)을, '어린 사슴'(עֹפֶר הָאַיָּלִים)은 등에 하얀 점들이 있는 몸집이 작은 사슴(fallow deer)들 중 어린 것을 뜻한다(HALOT). 둘 다 상대적으로 몸집이 작은 짐승들이며 이들의 특징은 네 발에 스프링이 달린 것처럼 점프를 하며(pronking) 뛰는 것이다(Schwab). 여자가 남자를 어리고 네 발로 점프하는 짐승들에 비교하는 것은 그가 매우 빠르고 민첩하게 그녀에게 오고 있기 때문이다. 또한 이 짐승들이 뛰는 모습은 매우 우아하고 아름답다(Provan). 남자는 매우 빠르게 여자에게 오고 있으며 매우 아름다운 자태를 뽐내며 오고 있다.

짐승은 몸집이 작을수록 신속하고, 어릴수록 에너지가 많다. 이 짐승들은 네 발로 점프를 하며 뛴다. 여자는 남자를 세상에서 가장 생기가 왕성하고, 민첩하며, 빠른 사람이라고 하는 것이다(Fredericks & Estes). 또한 여자는 7절에서 노루와 들사슴을 뜨거운 사랑의 상징으로 언급했다. 그녀는 이곳에서 노루와 사슴처럼 달려온 남자가 바로 그녀의 뜨거운 사랑이라고 한다(Fishbane). 영양은 당시 메소포타미아에서 발기부전을 물리칠 때 사용하는 주술(incantation)에서 언급되었다(Pope).

남자가 얼마나 빠른지 이미 그녀의 집에 도착했다. 그러나 그는 곧바로 집으로 들어오지 않고 벽 뒤에 서서 창을 들여다보며 창살 틈으로 그녀의 집안을 엿보고 있다(9d-f절). 한 주석가는 그를 관음증 환자(Peeping Tom)라고 하지만(Pope), 그렇지 않다. 남자는 거침없이 산을 넘고 언덕을 달려 여자의 집까지 왔지만, 정작 그녀의 집은 그가 도저히 넘을 수 없는 벽으로 둘러싸여 있다. 두 연인이 함께할 수 있는 유일한 방법은 여자가 밖으로 나가는 것이다(cf. 10, 13절). 그러므로 남자는 여자를 불러내기 위해 그녀의 집안을 기웃거리고 있다. 관음증 환자와는 목적이 다르다. 그동안 두 사람의 사랑 이야기에서 매우 적극적인 역할을 했던 여자가 이번에는 매우 소극적인 역할을 하고 있다(Schwab).

III. 사랑은 봄빛 날개에 실려 오고(2:8-17)

B. 나와 함께 봄을 걸어요(2:10-14)

10 나의 사랑하는 자가 내게 말하여 이르기를

(남자)

나의 사랑, 내 어여쁜 자야

일어나서 함께 가자

11 겨울도 지나고
비도 그쳤고
12 지면에는 꽃이 피고
새가 노래할 때가 이르렀는데
비둘기의 소리가 우리 땅에 들리는구나
13 무화과나무에는 푸른 열매가 익었고
포도나무는 꽃을 피워 향기를 토하는구나
나의 사랑, 나의 어여쁜 자야
일어나서 함께 가자

"나의 사랑하는 자가 내게 말하여 이르기를"(10a절)은 여자가 노래를 이어 가고 있음을 암시한다. 여자는 남자가 그녀에게 들려준 속삭임을 직접 인용 부호(direct quotation mark), 곧 큰따옴표를 넣어 노래로 옮긴 말이다. 그러므로 노래하는 자는 분명 여자이지만, 이 말을 한 사람은 남자이므로 남자의 노래로 구분해야 한다. 담벼락 밖에 서 있는 남자가 집 안에 있는 여자에게 한 말을 여자가 인용하고 있는 것이다. 번역본들은 여자가 남자의 말을 노래로 옮긴 이 섹션을 그녀의 말과 차별화하기 위하여 따옴표를 붙이기도 하고(NIV, NRS, ESV, TNK), '(남자)'를 삽입하기도 한다(새번역, 현대어). 신속하게 그녀의 집으로 달려온 남자가 집 밖에서 여자에게 밖으로 나와 자기와 함께 싱그러운 봄을 마음껏 즐기자고 속삭이고 있는 것이다. 그러므로 '일어나서 함께 가자'는 사랑에 빠진 연인이 가장 듣고 싶은 말이다(Weems).

남자는 여자를 '나의 사랑, 내 어여쁜 자'로 부르며 노래를 시작한다(10b절). 이 말씀은 13절 마지막 부분에서 후렴구처럼 반복되어 괄호(inclusion)를 형성하며 섹션을 구분하는 역할을 한다. '사랑'(רַעְיָה)은 함께하는 것(companionship)에 관한 단어이며, '어여쁨'(יָפֶה)은 외모를 강조하는 단어이다. 남자는 자기 연인이 세상에서 가장 아름다운 여자라고 생각한다. 눈에 '콩깍지가 씌워진' 남자는 이 아름다운 여인과 함께 시간을 즐기기를 간절히 바란다. 무엇을 하든 상관없다. 단지 같이 있는 것만 상상해도 행복하다. 그러므로 일어나 함께 가자며 간절한 바램을 담아 독촉한다(10c절, cf. Fishbane).

시기(계절)도 로맨틱한 데이트를 하기에 딱 좋다(11절). 내내 움츠리며 지내던 겨울이 지났고, 비도 그쳤다. 가나안 지역의 겨울은 10월에서 이듬해 4월까지이다. 건기와 우기가 뚜렷한 근동 기후에서는 일 년 강수량의 대부분이 이때 내린다. 그러므로 겨울과 비는 같은 시기를 묘사하는 서로 연관된 단어들이다. 겨울이 '지났다'(עָבָר)는 말은 겨울이 마치 여행자가 목적지를 향해 어느 지역을 지나가는 것과 같은 이미지를 구상하고 있다(Carr). 이 여행자는 한동안 돌아오지 않을 것이다. 비(우기)가 그쳤다는 것은 아마도 4월 말에서 5월초쯤을 두고 하는 말이다(Fredericks & Estes, Longman). 모든 문화권에서 사랑의 계절인 봄이 시작된 것이다.

봄이 되니 지면에는 꽃이 피고 새가 노래한다. 온 세상이 꽃천지가 되었다. '새가 노래할 때'로 번역된 히브리어 문구(עֵת הַזָּמִיר הִגִּיעַ)의 의미가 정확하지 않다. 두 번째 단어(זָמִיר)는 구약에서 단 한 번 사용되는 단어이며 '접붙임' 의미를 지녔기 때문이다. 그러므로 일부 번역본들은 이 문구를 '나무를 접붙이는 때'로 번역한다(공동, NAS, TNK). 그러나 사랑의 세레나데에서 일거리(접붙임)를 언급하는 것이 납득이 가는 일은 아니다. 게다가 가나안 지역에서 나무를 접붙이는 일은 7-8월에 이루어지는데(Longman), 본문은 4-5월을 배경으로 하고 있다. 또한 꽃피는 것과 새들의 노랫소리는 우리가 봄을 생각할 때 함께 떠오르는 것들이지만, 접붙이는 일은 떠올리지 않는다. 그러므로 다소 문제가 있기는 하지만 '새가 노래할 때' 혹은 단순히 '노래하는 때(시즌)'가 문맥과 더 잘 어울린다(cf. 새번역, 아가페, NIV, NRS, ESV). 봄은 참으로 사랑을 노래하기에 좋은 계절이라는 뜻이다.

남자는 봄은 사랑하는 계절이라는 것을 비둘기를 예로 들어 설명한다(12c절). 겨울 내내 움츠리고 살았던 비둘기도 봄이 되자 구구하며 짝을 찾는 소리를 낸다(cf. 아가페). 꽃은 만발하여 시각적으로 봄을 알리고, 새들과 비둘기들은 소리로 로맨틱한 시즌이 시작되었음을 알린다(cf. Bloch & Bloch). 그러므로 자신들도 함께 사랑을 나누자는 것이다.

무화과나무의 푸른 열매도 익고, 포도나무는 꽃을 피워 향기를 토하는 계절이다(13a-b절). '익다'(חנט)는 단 한차례 이곳에서 사용되는 단어(hapax legomenon)로 정확한 의미를 파악하기가 쉽지 않다. 그러므로 본문이 익어가는 것이 아니라 무화과나무의 파란 열매가 생기기 시작했다는 의미로 해석할 수도 있다(Fishbane). 그러나 무화과는 다른 과일들에 비해 상대적으로 일찍 익는다. 가나안 지역에서는 3월 말이면 꽃이 피고, 4월이 지기 전에 먹을 수 있다(Fredericks & Estes). 그러므로 무화과가 익어가는 때가 맞다. 무화과는 열매가 생길 때는 향이 없지만, 익어가면서 향이 난다. 또한 풍요롭고 달달한 삶을 상징한다(Bergant, cf. 왕상 4:25; 왕하 18:31; 욜 1:12; 암 4:9; 합 3:17; 슥 3:10). 다음 행이 포도나무 꽃의 향기를 언급하는 것으로 보아 열매가 익어가면서 달달한 향을 내는 4월말을 의미한다. 이 두 가지 모두 이른 봄에 있는 일들이다.

남자는 이 섹션을 10절 후반부에서 했던 말을 후렴구처럼 반복하면서 마무리한다: "나의 사랑, 나의 어여쁜 자야, 일어나서 함께 가자"(13c-d절). 꽃이 만발하고 새들이 노래하는 봄은 참으로 로맨틱한 계절이다. 그러므로 남자는 여자에게 둘이 겨울 내내 키워왔던 사랑을 꽃피울 때가 되었다며 여자에게 집 밖으로 나올 것을 노래하고 있다.

III. 사랑은 봄빛 날개에 실려 오고(2:8-17)

C. 집 밖이 안전하게 해 주세요(2:14-15)

(남자)

14 바위 틈 낭떠러지
은밀한 곳에 있는 나의 비둘기야
내가 네 얼굴을 보게 하라
네 소리를 듣게 하라
네 소리는 부드럽고
네 얼굴은 아름답구나

(여자)

15 우리를 위하여 여우
곧 포도원을 허는
작은 여우를 잡으라
우리의 포도원에 꽃이 피었음이라

남자는 앞(10-13절)에서 참으로 사랑하기 좋은 계절인 봄이 왔으니 여자에게 사랑을 속삭이자고 했다. 이 섹션에서는 집안에 있는 여자에게 밖으로 나올 것을 호소한다(14절). 이에 대해 여자는 집 밖이 위험하다며 남자에게 조치를 취해 줄 것을 요구한다(15절). 안전하다고 느껴지면 나가겠다는 뜻이다.

남자는 집에서 나오지 않는 여자를 매우 시적으로 표현한다(14절). 여자의 집은 바위 틈 낭떠러지에 있다. 아무도 밖에서는 들어갈 수 없으며 매우 위험한 곳이라는 뜻이다(Longman). 여자는 위험하고 은밀한 곳에 갇혀 있는 비둘기와 같다. 비둘기는 평화와 사랑의 상징이다(Pope). 비둘기는 고대 근동에서 사랑의 여신과도 연관이 있었다(Keel). 그녀는 '그 남자의 비둘기'(יוֹנָתִי)다. 둘이 사랑하는 사이라는 뜻이다.

남자는 여자가 집 밖으로 나오기를 원한다. 그는 여자의 얼굴을 보고 싶고, 그녀의 목소리도 듣고 싶다(14c-d절). 그녀의 부드러운 목소리와 아름다운 얼굴을 상상하니 그녀를 보고 싶은 마음이 더욱 간절해진다(14e-f절). '얼굴'(מַרְאֶה)은 '모습'(appearance, form)이다. 남자는 여자의 아름다운 모습을 보고 싶다. 목소리가 '부드럽다'(עָרֵב)는 것은 달콤하여 듣기 좋다는 뜻이다. '얼굴(모습)—소리—소리—얼굴(모습)'이 abb'a' 구조를 형성하고 있다.

15절도 남자가 하는 말이지만, 여자가 그에게 한 말을 반복하는 것이다. 그러므로 새번역은 14절과 15절 사이에 '(여자)'를 삽입하지 않았다. 대신 15절을 직접 인용부호인 큰따옴표 안에 두어 여자의 말이라는 것을 표시한다. 여자가 부른 짧은 노래인 것이다(Delitzsch).

여자가 남자에게 요구하는 것이 처음에는 황당하게 느껴진다. '여우들'(שׁוּעָלִים)을 잡아 달라고 하기 때문이다. 그래서 한 학자는 여자의 말에는 별의미가 없으며, 그녀는 단지 목소리를 들려 달라는 남자의 부탁에 따라 이 말을 할 뿐이라고 한다(Murphy). 요즘 말로 하면 '아무 말 대잔치'라는 것이다.

그러나 여자는 남자의 밖으로 나오라는 말에 밖은 위험한 곳이라며 그 위험을 해소해 달라는 의미로 이 말을 한다. 남자의 말처럼 포도원에 꽃이 피었다(cf. 13절). 그러므로 자신이 포도원으로 나갈 테니 포도원을 망가뜨리는 작은 여우들을 잡으라고 한다. 당시 여우들이 포도원에 심각한 피해를 입히는 일이 자주 있었다(Snaith).

그런데 여자의 말을 구성하고 있는 '여우들'은 무엇을 의미하며, '우리 포도원'은 무엇을 뜻하는가? 이에 대해 매우 다양한 해석들이 제시되었다(cf. Garrett). 여자는 남자와 함께 즐길 사랑을 '우리 포도원'이라고 하는 것이며, 어떠한 주변의 방해(여우들)도 받지 않으며 실컷 사랑을 즐기고 싶다. 그러므로 두 사람의 사랑에 방해가 될 수 있는 사람들(여우들)의 간섭과 개입을 막아 달라는 요구이다(cf. Goulder, Longman, Pope).

III. 사랑은 봄빛 날개에 실려 오고(2:8-17)

D. 속히 돌아오세요(2:16-17)

(여자)

16 내 사랑하는 자는 내게 속하였고

나는 그에게 속하였도다

그가 백합화 가운데에서 양 떼를 먹이는구나

17 내 사랑하는 자야

날이 저물고 그림자가 사라지기 전에 돌아와서

베데르 산의 노루와 어린 사슴 같을지라

드디어 여자는 남자를 만나 사랑을 속삭였다. 그 순간이 참으로 달콤했지만, 너무나도 짧았다. 이제 헤어질 시간이 되었다. 여자는 헤어짐을 아쉬워하며 두 사람의 관계를 확인한다. 서로를 참으로 사랑하고 있으니 다시 만날 때를 소망하자는 것이다. 여자는 남자에 대해 '내 사랑하는 자는 나의 것'(דּוֹדִי לִי)이라며 두 차례나 '소유권'(관계)을 강조한다. 또한 '나도 그의 것'(אֲנִי לוֹ)이라며 그들의 사랑은 한쪽의 일방적인 사랑이 아니라 상호간의 사랑임을 암시한다. 또한 이 말씀은 '나는 항상 당신과 함께 한다'는 의미로 당신은 결코 외롭지 않을 것이라는 위로가 담긴 말이기도 하다(cf. Keel).

'나는 너의 것, 너는 나의 것'이라는 표현은 하나님이 이스라엘과의 관계에서 '나는 너의 하나님이고, 너는 나의 백성이다'라며 자주 사용하시던 것이기도 하다(cf. 렘 7:23; 11:4; 겔 34:30). 여자가 사용하는 표현법이 언약을 근거로 하고 있음을 암시한다(Schwab). 사랑은 한 순간의 달콤함이 아니다. 사랑은 관계이고 오래 지속되어야 하는 언약(헌신)이어야 한다.

여자는 남자가 백합화 가운데서 양 떼를 먹이는 상황을 생각해 본다

(16c절). 남자의 직업은 이미 1:7에서 목자라고 밝혀졌다. 재미있는 것은 여자는 자신을 골짜기에 핀 '백합화'(שׁוֹשַׁן)라고 했는데(2:1), 남자는 그 '백합화들 가운데'(בַּשּׁוֹשַׁנִּים)서 양 떼를 친다는 것이다. 남자가 백합화들이 만발한 골짜기에서 양을 칠 것을 상상해 보는 것이다. 여자는 남자가 어디서 양을 치고 있는지 알고 싶어했는데(1:7), 이제는 그가 있을 곳을 확실히 안다. 그러므로 여자는 조금 더 편안한 마음으로 보낼 수 있다. 또한 남자가 골짜기에서 양을 치면서 주변에 피어 있는 많은 백합화들을 보게 될 텐데, 자신도 그 꽃들 중 하나라며 한 순간도 자기를 잊지 말라고 당부하고 있다.

여자는 남자가 해야 할 일을 하되—양 떼를 먹이되—빨리 마치고 신속하게 돌아오기를 소망한다(17절). 개역개정이 문장의 순서를 바꿔 조금은 혼란스럽다. 개역개정이 제일 앞에 둔 '내 사랑하는 자야'가 마소라 사본에서는 중간에 있다. 대신 '날이 저물고 그림자가 사라지기 전'이 17절을 시작하며 16절 마지막 문장인 '그가 백합화 가운데 양떼를 먹이는구나'와 연결되어 있다. 날이 저물고 그림자가 사라질 때까지만 백합화가 만발한 골짜기에서 양떼를 먹이고 돌아오라는 것이다(cf. NAS, NIV, NRS, ESV).

'날이 저물고 그림자가 사라지기 전'(עַד שֶׁיָּפוּחַ הַיּוֹם וְנָסוּ הַצְּלָלִים)의 의미도 확실하지가 않다. 이 말이 해질녘에 돌아오라는 것인지 새벽에 돌아오라는 것인지 불분명하기 때문이다. 번역본들도 둘로 나눠져 있다. 개역개정은 날이 지기 전에 돌아오라는 의미로 번역했다(cf. 새번역, 공동, 아가페, 현대어, NAS). 반면에 대부분 영어 번역본들은 새벽(아침)이 되기 전에 돌아오라는 의미로 해석했다(NIV, NRS, ESV, NIRV, TNK, KJV). 칠십인역(LXX)도 이런 의미(ἕως οὗ διαπνεύσῃ ἡ ἡμέρα καὶ κινηθῶσιν αἱ σκιαί ἀπόστρεψον ὁμοιώθητι)로 번역했다.

이 문구를 직역하면 '날이 숨을 쉬고 그림자들이 도망갈 때까지'이다. '날이 숨을 쉰다'(살아있다)는 것은 아침부터 해질녘까지를 의미하는 듯하다. 그러나 '그림자들이 도망가는 것'은 아침에 해가 뜨면 순식간에 그림자가 짧아지는 모습을 묘사한다. 그림자는 해질녘에는 더 길어진다. 이러한 이유로 본문의 의미가 혼란스럽다. '숨을 쉬다'를 '숨을 쉬기 시작하다'로 해석하면 아침이 맞다(cf. Fishbane, Weems). 반면에 양들은 낮에 치는 것이며 밤에는 양떼가 쉬도록 해야 한다. 어느 쪽으로 해석하든 간에 의미에 큰 차이는 없다. 양을 치기 위해 떠나는 남자에게 여자는 속히 돌아올 것을 애원한다.

여자는 남자가 돌아올 때 베데르 산의 노루와 어린 사슴 같이 돌아오라고 한다(17c절). '노루'(צְבִי)와 '어린 사슴'(עֹפֶר הָאַיָּלִים)은 9절에서 여자가 남자에게 빨리 오라며 사용한 용어들이다. 남자는 언제든 여자가 부르면 네 발로 껑충껑충 뛰는 노루와 사슴처럼 재빠르게 와야 한다!

'베데르'(בֶּתֶר)가 단 한 번 사용되는 단어(hapax legomenon)이기 때문에 '베데르 산'(הָרֵי בָתֶר)이 무엇을 의미하는지 확실하지 않다. 개역개정은 고유 명사로 해석하여 남자가 베데르 산에 사는 노루와 어린 사슴처럼 여자에게 오는 것으로 번역했다(cf. 새번역, 공동, 현대어, NAS, KJV). 이렇게 할 경우 당시 베데르 산이 어디에 있었는지는 알 수 없지만, 그곳에 사는 노루와 어린 사슴들은 재빠름으로 유명했다는 뜻이 된다.

그러나 '베데르'(בֶּתֶר)는 '향료' 혹은 '골짜기'를 뜻하는 일반 명사다(HALOT, NIDOTTE). 그러므로 대부분 번역본들은 '베데르 산'(הָרֵי בָתֶר)을 '다니기가 어려운 산'(cf. 아가페, NIV, NRS, ESV, NIRV, LXX) 혹은 8:14에 나오는 이 말과 비슷한 표현(הָרֵי בְשָׂמִים, '향기로운 산들')을 근거로 '향료의 산'으로 번역한다(TNK, cf. Fishbane). 만일 '향료'로 해석한다면 백합화의 향기를 잔뜩 머금고 돌아오라는 뜻이 되겠지만, 들에서 양들을 치고 돌아오는 사람에게 기대할 만한 일은 아니다. 그러므로 '골짜기'로 해석하여 남자가 여자에게 오는 길은 험하지만, 그래도 노루와 사슴처럼 잘 헤쳐 오라는 뜻으로 해석하는 것이 바람직하다. 여자는 한순간이라도 빨리 남자를 다시 보고 싶어한다.

IV. 꿈에도 그리운 그대
(3:1-5)

(여자)

1 내가 밤에 침상에서
마음으로 사랑하는 자를 찾았노라
찾아도 찾아내지 못하였노라
2 이에 내가 일어나서 성 안을 돌아다니며
마음에 사랑하는 자를
거리에서나 큰 길에서나 찾으리라 하고
찾으나 만나지 못하였노라
3 성 안을 순찰하는 자들을 만나서 묻기를
내 마음으로 사랑하는 자를 너희가 보았느냐 하고
4 그들을 지나치자마자
마음에 사랑하는 자를 만나서
그를 붙잡고 내 어머니 집으로,
나를 잉태한 이의 방으로 가기까지 놓지 아니하였노라
5 예루살렘 딸들아
내가 노루와 들사슴을 두고 너희에게 부탁한다

사랑하는 자가 원하기 전에는 흔들지 말고 깨우지 말지니라

이 노래는 실제로 있었던 일이 아니라, 여자가 밤에 꾼 꿈 혹은, 잠이 들기 전 상상의 날개를 펴 마음속으로 그려 본 상황에 관한 것이다(Delitzsch, Fredericks & Estes, Longman, Murphy, Provan, Schwab). 여자는 남자가 너무나도 그리운 나머지 밤마다 그와 함께하는 시간을 상상하고, 꿈까지 꾼다. 꿈속에서 그를 찾아 나섰다가 그를 만나 집으로 데려와 사랑을 속삭였다(1-4절). 꿈에서 깨어난 여자는 예루살렘 딸들에게 사랑을 결코 쉽게 생각하지 말라고 권면한다(5절, cf. 2:7). 사랑은 황홀하지만 치러야 할 대가가 클 수 있으니 심적인 준비가 되지 않으면 사랑을 시작하지 말라는 것이다. 이 노래에서 남자는 한 마디도 하지 않으며 매우 수동적인 자세를 취한다. 모두 다 여자가 하는 일이다. 남자는 단순히 여자의 꿈에 등장할 뿐이다.

여자가 밤에 침상에 누웠다(1절). '밤'이 단수(לַיְלָה)가 아닌 복수(לֵילוֹת)로 표기되어 있는 것으로 보아 여자는 하루가 아니라 여러 날 동안 밤마다 있었던 일을 회고하고 있다. 그녀가 밤마다 잠을 청하려고 하면 연인의 품이 너무나도 간절하게 생각난다. 그와 함께 한 시간이 너무나도 그립다. 그래서 여자는 남자에 대한 꿈을 꾼다. 사랑은 그리움을 동반하며, 너무나 그리우면 꿈을 꾸는 것이 당연한 일이다.

여자는 남자를 너무나도 사랑한 나머지 그를 잃을까봐 심히 두렵다(Falk, Fredericks & Estes). 그래서 잠자리에서 일어났다. 집을 나서 온 성 안을 두루 돌아다니며 그를 찾지만 찾을 수가 없다(2절). 다녀 보지 않은 도로가 없으며, 찾아보지 않은 길이 없다. 심지어는 성 안을 순찰하는 자들을 만나서 남자의 행방에 대해 아는지 물어보기까지 했다(3절). 이 말(מְצָאוּנִי)을 더 정확히 번역하면 '순찰하는 자들이 나를 찾았다'이다. 이미지는 남자를 찾아 이곳저곳을 헤매고 다니는 여자를 순찰하는 자들이 발견한 것이다. 여자는 남자를 찾고 있는데, 순찰자들이 그녀를 찾았다는 것이 다소 아이러니 하다(Murphy, cf. Fishbane).

바로 그 순간 기적이 일어났다! 순찰자들을 지나치자 마자 사랑하는 님이 그녀 앞에 서있지 않은가!(4절) 흥분한 여자는 그를 붙잡고 어머니의 집, 그것도 어머니가 아버지와 사랑을 나누어 그녀를 잉태한 방으로 그를 데리고 들어간다. 어머니의 집은 평안과 안식을 상징한다. 그녀의 어머니는 두 연인을 맞이하여 가장 안전하고 평안한 방으로 그들을 숨긴다(Munro, Provan). 어머니가 옛적에 그녀를 잉태한 방이다. 어머니의 보호 아래 있는 이 방은 두 연인이 누구의 방해도 받지 않으며 가장 은밀하게 사랑을 나눌 수 있는 곳이다(Munro). 또한 두 연인이 어머니의 방으로 들어가는 것은 어머니가 두 사람 사이에 중매를 섰다는 것을 의미할 수도 있다(Longman). 그 방에서 두 사람은 밤을 지새우며 사랑을 나누었다. 여자는 드디어 남자에 대한 사무치는 그리움을 어느 정도 해소할 수 있었다.

꿈에서 깨어난 여자는 님의 자리가 비어 있는 침대를 보며 사랑이 좋기는 하지만 쉬운 일은 아니라고 생각한다. 그러므로 아직 사랑에 빠지지 않은 처녀들(예루살렘 딸들)에게 조언을 한다(5절, cf. 2:7). 누구를 사랑하는 것은 참으로 힘들고 어려운 일이라는 것이다(cf. 2:7). 여자가 꿈에서나마 찾아오지 않은 남자를 찾아 나서는 것은 이성적이지 않으며, 야밤에 거리를 헤매고 돌아다니는 것도 위험한 일이다. 여자는 이런 것들을 감수하며 남자를 찾아 나섰다. 사랑의 노예가 되어 있었기 때문이다. 그러므로 자신의 경험을 근거로 예루살렘 딸들에게 그들의 사랑이 무르익을 때까지—어떠한 대가를 치르고라도 사랑할 각오가 설 때까지—사랑을 시작하지 말라고 권면한다(Fishbane, Schwab).

V. 가마 타고 오시는 님
(3:6-11)

(여자)

6 몰약과 유향과 상인의 여러 가지 향품으로 향내 풍기며
연기 기둥처럼 거친 들에서 오는 자가 누구인가
7 볼지어다
솔로몬의 가마라
이스라엘 용사 중 육십 명이 둘러쌌는데
8 다 칼을 잡고 싸움에 익숙한 사람들이라
밤의 두려움으로 말미암아 각기 허리에 칼을 찼느니라
9 솔로몬 왕이 레바논 나무로
자기의 가마를 만들었는데
10 그 기둥은 은이요 바닥은 금이요
자리는 자색 깔개라
그 안에는 예루살렘 딸들의 사랑이 엮어져 있구나
11 시온의 딸들아
나와서 솔로몬 왕을 보라
혼인날 마음이 기쁠 때에

그의 어머니가 씌운 왕관이 그 머리에 있구나

앞 노래에서 여자는 얼마나 간절히 남자를 그리워했는지 꿈까지 꾸었다. 이 노래에서는 꿈에 그리던 님이 드디어 크고 화려한 행렬을 이끌고 그녀를 찾아온다. 요즘말로 하면 '백마 탄 왕자'의 모습이다. 이번에도 남자는 한 마디도 하지 않는다. 여자가 그녀에게 오고 있는 남자의 모습, 그러나 아직 도착하지는 않은 상황을 노래하고 있기 때문이다. 노래가 혼인날을 언급하는 것으로 보아(11절) 남자는 여자와 결혼하기 위해 왔다. 이 노래는 솔로몬의 이름을 세 차례 언급하는 특징을 지녔다(7, 9, 11절). 솔로몬의 이름이 책에서 총 7차례 언급되는 것을 감안하면(cf. 1:1, 5; 8:11, 12) 상당히 특이한 현상이라 할 수 있다. 이 노래는 여자와 결혼하기 위해 도착한 남자의 행렬을 솔로몬 왕의 화려한 행차로 묘사하고 있다.

거친 들에서 오는 자가 누구(무엇)인가에 대해 다소 혼란이 있다(6절). '오는 자'(זאת עֹלָה)를 직역하면 '이 여자가 올라온다'가 되는데, 6절 전체가 3인칭 여성 단수를 사용하고 있기 때문이다. 그래서 일부 주석가들과 번역본들은 6절을 친구들이 여자가 들판에서 오는 것을 노래한 것으로 해석한다(Fishbane, TNK, 공동, 아가페, 현대어). 그러나 7절의 솔로몬의 '가마'(מִטָּה)가 여성형이기 때문에 여자가 6절을 부른 것으로 간주해도 무관하다(Garrett, cf. Longman). 6-10절은 여자의 노래이며, 11절은 친구들이 부른 노래라는 해석도 있다(Delitzsch). 본 주석에서는 새번역에 따라 전체를 여자의 노래로 간주할 것이다.

여자는 큰 행렬이 광야를 가로질러 그녀가 있는 곳으로 다가오는 것을 본다(6절). 기대하지 않았던 상황을 접하는 여자는 놀라움을 금치 못한다(Fishbane). 정확히 누구의 행렬인지는 알 수 없지만, 참으로 규모가 대단하고 화려하기 때문이다. 이 행렬은 광야에서 가장 눈에 띄는 연기 기둥처럼 뚜렷하고 선명하게 보인다. 또한 '몰약'(מֹר)과 '유향'(לְבֹנָה)과 그 외 '상인들이 파는 여러 가지 향품'(אַבְקַת רוֹכֵל)으로 향내를 풍기며 오고 있다. 이 물건들은 부유층이나 누릴 수 있는 사치를 상징하는 진귀한 것들이며 왕의 임재를 암시한다(Schwab, cf. 1:2-4). 아무리 향이 진하다 할지라도 여자가 먼 발치에서 이것들의 향기를 맡을 수는 없다. 그러므로 여자는 상상의 나래를 펴서 행렬이 봄 공기의 달콤함(cf. 2:12-13)과 잘 어울리는 향기를 품고 오고 있다고 한다. 그녀를 향해 오는 행렬은 세상 모든 사치와 화려함을 동반하고 오고 있음을 암시한다. 여자는 흥분된 마음으로 행렬을 바라보고 있다.

행렬이 가까워지자 솔로몬의 가마가 보이고 가마를 호위하는 용사 60명이 보인다!(7절) 여자의 놀라움을 강조하기 위해 7절은 '보라, 어!'(הִנֵּה)로 시작한다. '가마'(מִטָּה)는 이동식 침상을 뜻하는 단어로 쉬거나 잠을 청하는 것이지만, 환자들이나 죽은 사람을 이동하는 수단이 되기도 한다(HALOT, cf. Fishbane). 여러 사람이 매고 다녔기 때문에 가마는 권력과 부의 상징이었다(Longman). 호위하는 용사 60명도 가마에 탄 사람의 신분과 권력을 상징한다.

가마를 호위하고 있는 용사 60명은 모두 다 칼을 잡고 싸움에 익숙한 사람들이다(8a절). 이 사람들은 칼을 장식으로 차고 행군하는 사열단이 아니라, 전투에 능한 용사들(גִּבֹּרִים)이다. 그들이 왜 허리에 칼을 차고 가마를 호위하고 있는가? 바로 밤의 어두움에서 가마를 보호하기 위해서이다(8b절). 신랑 신부가 안전한 곳에서 밤새 사랑을 속삭일 수 있도록 그들이 있는 공간을 보호하기 위해서 60명의 용사들이 주변을 감시할 것이다.

솔로몬(신랑)이 타고 오는 가마는 그의 위상에 걸맞게 참으로 화려하다(9-10절). 레바논 나무로 만들었으며(9절), 기둥은 은이며, 바닥은 금이고, 자리는 자색 깔개다(10절, cf. 에 1:6). '자색'(אַרְגָּמָן)은 가장 귀하고 값이 비싼 염료였다(Fredericks & Estes, cf. 단 5:7, 16, 29). 금과 은과 자색은 귀중함으로 인해 왕족을 상징하는 것들이었다(Longman). 화려함의 절정을 묘사한다.

'레바논의 나무'(עֲצֵי הַלְּבָנוֹן)는 당시 돈으로 살 수 있는 가장 질이 좋은 나무를 뜻한다(NIDOTTE). 가장 좋은 나무로 만든 가마는 금과 은과 온갖 값지고 화려한 것들로 장식되어 있다. 그러나 이것들은 껍데기에 불과하다. 가마의 가장 중요한 공간, 신랑 신부가 서로를 누릴 공간은 예루살렘 딸들(아가씨들)이 사랑스럽게(사랑으로) 수놓았다(cf. NAS, NIV, NRS, ESV). 가마는 세상 모든 사람들의 부러움을 사기에 충분한 공간이라는 뜻이다.

여자는 시온의 딸들(예루살렘의 딸들, 10절)에게 나와서 솔로몬 왕을 보라고 한다(11a-b절). 여자는 남자를 최고의 부귀와 영화를 누린 솔로몬 왕에 비교한다. 모든 결혼식은 왕의 결혼식을 모델로 삼아야 한다는 뜻이다(Schwab). 또한 결혼식 날에 신부는 여왕(왕비)과 같고, 신랑도 왕 같은 존재이다. 남자는 '왕관'(עֲטָרָה)을 쓰고 있는데, 이 관은 혼인하는 날 신랑이 쓰는 화관이다(Fishbane, cf. Longman). 어머니가 그가 혼인하는 날, 곧 최고로 기쁜날 씌워 준 관이다.

VI. 신부에게 바치는 노래
(4:1–5:1)

그동안 별로 말이 없었던 남자가 긴 노래를 한다. 3장 전체는 여자가 한 노래였는데, 이번에는 4:16을 제외하고는 모두 남자가 부른다. 배경이 되는 이미지는 결혼식이다. 남자가 먼저 여자의 아름다움을 찬양하고(4:1–7), 이어서 그녀에게 프로포즈를 한다(4:8–11). 여자가 주저하는 듯하자 남자는 한 번 더 그녀와 함께하고 싶은 욕망을 노래한다(4:12–15). 드디어 여자가 마음을 열고 그를 환영한다(4:16). 노래는 둘의 연합과 친구들의 축배로 마무리 된다(5:1). 이 사랑의 세레나데는 다음과 같이 구분될 수 있다.

A. 가장 아름다운 당신(4:1–7)
B. 나와 함께 떠나요(4:8–11)
C. 함께 동산에서 만나요(4:12–5:1)

VI. 신부에게 바치는 노래(4:1–5:1)

A. 가장 아름다운 당신(4:1–7)

(남자)

1 내 사랑 너는 어여쁘고도 어여쁘다
너울 속에 있는 네 눈이 비둘기 같고
네 머리털은 길르앗 산 기슭에 누운 염소 떼 같구나
2 네 이는 목욕장에서 나오는 털 깎인 암양
곧 새끼 없는 것은 하나도 없이
각각 쌍태를 낳은 양 같구나
3 네 입술은 홍색 실 같고
네 입은 어여쁘고
너울 속의 네 뺨은 석류 한 쪽 같구나
4 네 목은 무기를 두려고 건축한 다윗의 망대
곧 방패 천 개,
용사의 모든 방패가 달린 망대 같고
5 네 두 유방은 백합화 가운데서 꼴을 먹는
쌍태 어린 사슴 같구나
6 날이 저물고 그림자가 사라지기 전에
내가 몰약 산과 유향의 작은 산으로 가리라
7 나의 사랑 너는 어여쁘고
아무 흠이 없구나

남자의 눈에 '콩깍지가 씌워진 것'이 확실하다. 그의 눈에는 여자가 흠이 하나도 없이 완벽하기 때문이다(cf. 7절). 사랑에 빠진 사람에게 여자가 육체적으로 어떠한가는 별로 중요하지 않다. 사랑은 눈이 보는 실체에 관한 것이 아니라, 마음으로 느끼는 감정에 관한 것이다.

이 노래는 혼례식에서 신랑이 베일에 가려진 신부의 모습을 보며(cf. 1절) 그녀의 아름다움에 감탄하여 부른 것이다. 남자는 그가 생각해 낼 수 있는 온갖 좋은 비유를 동원하여 신부의 육체적 아름다움을 찬양한다. 신랑이 사용하는 비유들은 분명 그가 상상할 수 있는 최고의 애정을 담은 말이겠지만, 오늘날 우리 정서에는 참으로 낯설고 괴상하기까지 하다. 우리가 기억해야 할 것은 사랑에 빠진 사람에게 통념적인 표현들은 모두 식상하다는 사실이다(Glickman). 그러므로 우리에게는 상당히 이상하게 보일 수도 있는 비유들이 신랑의 창의력을 최대한 발휘하여 만들어낸 표현들이라는 것을 인정하고 해석해야 한다. 그가 느끼기에는 세상에서 최고로 예쁜 신부가 그의 앞에 서 있기 때문에 그녀를 특별하게 찬양하지 않을 수 없다.

남자는 "내 사랑 너는 어여쁘고도 어여쁘다"며 이미 1:15에서 여자에게 고백했던 말로 노래를 시작한다(1절). 신부의 빼어난 미모에 대한 전체적인 평가이자 요약이다. 여자의 눈이 비둘기 같다며 그녀의 눈은 부드러움과 평안을 준다고 하는 말도 1:15와 같다. 차이는 '너울 속에 있는'(מִבַּעַד לְצַמָּתֵךְ)이라는 말이 추가된 것 뿐이다(1b절). 본문이 언급하는 '너울'이 정확히 무엇을 뜻하고, 어떻게 생겼는지는 알 수 없다(cf. Bloch & Bloch, Fredericks & Estes, Goulder, Munro, Pope). 그래서 '너울'이 그녀의 머리(Bloch & Bloch) 혹은 눈(Fredericks & Estes) 등 그녀의 신체 부위로 해석되기도 한다.

본문이 가려짐을 노래하는 것으로 보아 너울이 맞다. 당시 너울은 주로 상류층 여자들이 착용한 사치품이었다. 그러므로 한 학자는 신부가 오빠들의 양을 치느라 피부가 까맣게 탔다는 말(1:5-6)과 잘 어울리지 않는다고 한다(Fox). 그러나 여자는 결혼식장에 서 있다. 그녀가 동원할 수 있는 모든 호화와 사치로 치장하고 남자 앞에 서 있다. 그러므로 이날만큼은 상류층 여자들의 사치품인 너울을 쓰고 있는 그녀의 모습을 충분히 상상할 수 있다.

너울은 두 가지 역할을 한다. 여자의 아름다움을 조금은 가리기도 하고, 남자의 욕망을 북돋기도 한다(Carr). 때로는 완전히 드러난 아름다움보다는 가려진 아름다움이 더 매력적이고, 보는 이들의 상상력을 자극하기 때문이다. 남자는 오늘날 말로 하자면 '면사포를 쓴' 여자를 대하고 있다. 신랑이 결혼식장에서 신부를 맞이한 모습이다.

'여자의 눈이 비둘기 같다'(1b절, cf. 2:14)는 말로 시작된 여자의 신체적인 아름다움에 대한 남자의 칭찬이 6절까지 이어진다. 비둘기는 부드러움과 평온함의 상징이다. 그녀의 눈은 당장이라도 남자를 품어 줄 수 있을 듯한 느낌을 준다. 비둘기가 구구거리는 것을 바탕으로 그녀의 눈짓은 자신이 사랑의 대화를 나누기에 안성맞춤이라는 신호를 보내는 것으로 해석해도 좋다(cf. Fox). 이미 언급한 것처럼 그가 사용하는 비유들이 오늘날 정서에는 잘 어울리지 않다고 할 수 있지만, 이 노래가 배경으로 하는 농경—유목 사회에서는 적절한 표현들이라 할 수 있다.

신부의 머리털은 길르앗 산 기슭에 누운 염소 떼 같다(1c절). 털이 까만 염소를 연상시키는 말이다. 일부만 베일에 가려진 여자의 많고 까만 머리털이 베일 아래 어깨위로 흘러내리는 것이 까만 염소들이 떼를 지어 비탈진 산기슭을 내려오는 듯하다(Carr, cf. 새번역, 아가페). '눕다'(גלשׁ)의 더 정확한 번역은 '뛰다'이다(TWOT, cf. 현대어, ESV). 여자가 지닌 머리털의 풍성함을 강조하기 위해서는 가만히 누워 있는 염소 떼보다는 뛰노는 염소 떼가 더 낫다. 길르앗은 요단강 동편 갈릴리 호수 아래에 있는 산이며 빼어난 수려함과 신비로움을 상징하는 산이었다(Fredericks & Estes, Longman).

여자의 이는 목욕장에서 나오는 털 깎인 암양 떼 같다(2a절). 고대 사회에서 양털은 가장 순결하고 깨끗한 흰색으로 여겨졌다(cf. 사 1:18). 수확하여 씻고 정제한 양털은 이러했지만, 평상시 양들의 털은 오물 등이 묻어 상당히 불결하고 더러웠다(cf. Fredericks & Estes). 그러므로 남자는 여자의 하얀 이를 방금 털이 깎인 암양, 곧 양이 가장 깨끗하고 하얀 모습에 비교한다. 게다가 이 암양들은 한 줄로 서서 목욕장으로 들어가 몸을 씻고 나오는 중이다(Schwab). 그녀의 이가 빠진 것이 하나도 없이 고르다는 뜻이다(Fishbane).

원래 '목욕장'(רַחְצָה)은 짐승들이 물을 마시도록 파 놓은 연못(watering-hole)이다(HALOT). 양들이 이 연못에서 나오는 모습이 깨끗하고 하얗다는 것을 강조하기 때문에 몸을 씻는 '목욕탕'으로 해석하는 것이 바람직하다. 일부 번역본들은 이 암양들이 털을 깎기 전에 몸을 씻은 것으로 해석하지만(새번역, 공동, 현대어), 털을 깎고 난 후에 몸을 씻은 것이 더 정확하다(cf. NAS, NIV, NRS, ESV). 그녀의 이는 가장 깨끗하고 하얗다는 것을 강조하기 때문이다(Munro).

그녀의 이는 각각 쌍태를 낳은 양들과 같다(2d절). '쌍태'(מַתְאִימוֹת)는 쌍둥이를 임신 중이라는 뜻이다. 한 마리도 새끼 없는 것이 없다(2c절). '새끼 없는 것이 없다'(שַׁכֻּלָה אֵין בָּהֶם)는 이 양들 중에 '새끼를 유산한 양'은 한 마리도 없다는 의미다(cf. NIDOTTE, NAS, NRS, ESV, TNK). 남자가 여자의 이에 대하여 하얀 암양들, 그것도 모두 쌍둥이를 임신한 암양들로 묘사하는 것은 그녀의 왕성한 가임 능력이 앞으로 많은 아이들을 기대하게 한다는 의미로 해석할 수도 있다(cf. Garrett). 그러나 이 비유의 근본적인 의미는 여자의 이가 매우 깨끗하고 고르다는 뜻이다. 쌍둥이를 임신한 양들의 모습(사이즈)이 똑같은 것처럼 신부의 이도 매우 고르다. 고르고 하얀 이를 드러내며 웃는 그녀의 모습은 더 아름답다(Fredericks & Estes).

신부의 고르고 하얀 이를 담고 있는 입과 볼도 예쁘다(3절). 입술은 홍색 실 같고 입은 어여쁘고 뺨은 석류 한 쪽 같다. 남자는 여자의 붉은 입술을 홍색 실에 비교한다. 오늘날로 말하자면 립스틱을 바른 모습이다. 입술이 얼마나 매력적인지 남자는 당장 입맞추고 싶은 욕망을 자제하는 고통을 감수해야 한다(cf. Longman). 그녀의 '입은 어여쁘다'(מִדְבָּרֵיךְ נָאוֶה)에서 '입'(מִדְבָּר)은 광야를 뜻하는 단어(מִדְבָּר)와 동음이어

(同音異語)이다. 일부 학자들은 이 단어가 '말하다'(דבר)를 어원으로 두고 있다고 하지만, 정확하지는 않다(Murphy, cf. Fishbane). 본문의 초점은 여자의 신체적 아름다움이지 그녀의 말이 아니기 때문이다. 문장의 두 번째 단어인 '어여쁘다'(נָאוֶה)는 '주거지'(נָוֶה)를 뜻하는 단어와 소리가 흡사하다. 그러므로 이 문구를 구성하는 두 단어는 두 개의 언어유희를 동시에 구상하고 있는 것으로 여겨지기도 한다(Fox). 그러나 본문하고는 별상관이 없는 언어유희이다.

베일에 가려진 그녀의 뺨도 석류 한쪽처럼 아름답다. '뺨'(רַקָּה)을 더 정확하게 번역하면 '관자놀이'(temple)이다(HALOT, cf. NAS, NIV). 그러나 관자놀이는 벌겋게 색이 변하는 곳이 아니다. 그러므로 번역본들은 뺨(cheek) 혹은 이마(brow)로 번역하기도 한다(cf. 새번역, 공동, ESV, NIRV, TNK, LXX). 관자놀이가 뺨과 이마 사이에 있으므로 적절한 번역이다. 여자의 볼을 석류의 불그스름하고 볼록한 껍질에 비유하는 것일 수 있다(Carr). 볼의 탐스러움을 부각시키는 비유이다. 혹은 석류를 반으로 가르면 붉은 보석처럼 반짝거리는 석류알들을 염두에 둔 비유일 수도 있다. 남자는 수줍음으로 벌겋게 달아오른 여자의 볼을 붉은 보석처럼 반짝이는 석류에 비교하고 있는 것이다(Provan). 여자의 볼이 얼마나 사랑스러운지 남자는 당장이라도 그 볼에 키스하고 싶은 충동을 느낀다(Garrett). 노래가 시작된 후 남자는 이때까지 줄곧 여자 얼굴의 아름다움을 노래하고 있다: 눈, 머리털, 이, 입술, 입, 뺨(1-3절).

신부의 얼굴이 참으로 아름답다고 노래한 남자가 그녀의 목으로 시선을 옮긴다(4절). 여자의 목은 무기를 두려고 건축한 다윗의 망대와 같다. 성경이 언급하지 않으니 정확히 알 수는 없지만, 전쟁에 능했던 다윗이 건축한 망대는 참으로 크고 높은 것이었을 것이다. 다윗이 세운 망대는 얼마나 크고 견고한지 방패 천개, 곧 모든 용사들의 방패를 달아 놓아도 끄떡없다. 당시에는 군인들이 축하할 일이 생기면 벽과 망대 등에 방패를 걸어 두었다(Goulder, cf. 겔 27:11). 신랑을 맞이하는 여자의 목은 온갖 장신구들로 치장이 되어 있는데 그 모습이 마치 방패들을 매달아 놓은 망대와 같다는 것이다(Provan).

여자의 목이 망대와 같다는 비유는 그녀가 타협하지 않고 자존심과 도덕성 등을 굳게 지켜온 것을 의미하는 것으로 해석되기도 한다(Fishbane, Glickman). 그러나 남자는 그녀의 아름다운 몸을 노래하고 있기 때문에 신체와 관한 비유로 제한하는 것이 좋다(cf. LaCocque, Delitzsch). 그녀의 긴 목은 참으로 아름답고 우아하며 무력으로는 정복할 수 없는 기상을 지니고 있다. 그러므로 그녀의 사랑은 선물(gift)이지 노획물(plunder)이 아니다(Garrett).

신부의 얼굴에서 시작된 남자의 눈길은 점점 아래로 내려간다. 이번에는 그녀의 유방을 본다(5절). 여자의 두 유방이 어린 사슴 같다는 비유를 해석하기는 쉽지 않다(Schwab). 앞에서 여자가 남자를 어린 사슴에 비유했기 때문이다(2:7). 여자의 가슴이 어린 사슴처럼 귀엽다는 것일까? 어린 짐승처럼 크기가 작다는 것일까? 여러 가지 다양한 해석이 가능하지만, 남자는 어린 사슴 같은 여자의 가슴에 매료되었다는 사실을 의식하고 긍정적인 의미로 해석해야 한다.

"날이 저물고 그림자가 사라지는 시간"(6a절)은 2:17에서 사용된 것과 같은 표현이며 그곳에서 설명한 것처럼 해질녘보다는 해가 떠오르는 아침(새벽) 시간을 뜻한다(cf. NIV, NRS, TNK). 남자는 아침에 해가 떠오르기 전에 몰약 산과 유향의 작은 산으로 가겠다고 한다(6b절). 남자는 이 말을 통해 여자와 함께 시간을 보내고 싶은 열망을 표현한다. 몰약과 유향은 성적인 감각을 증폭시키는 향수들이다. 대부분 주석가들은 산과 작은 산을 여자의 유방으로 해석하지만(Fredericks & Estes, Garrett, Longman, Provan, Schwab), 단순히 여자의 향기로 가득한 몸으로 해석해도 괜찮다. 남자는 온갖 좋은 향으로 가득한 여자와 함께 이때까지 경험해 보지 못한 황홀한 밤을 맞이할 것이다(Keel). 남자는 아침이 되기 전에 여자를 사랑하겠다고 한다. 밤새 사랑하겠다는 뜻이다. 우리말로 하면 남자가 '첫날밤'의 각오를 밝히고 있다.

신랑은 이 노래를 시작한 것과 비슷한 말로 마무리한다: "나의 사랑 너는 어여쁘고 아무 흠이 없구나"(7절, cf. 1절). 1절과 7절은 일종의 괄호(inclusion)를 형성하며 2-6절을 감싸고 있는 것이다. '흠'(מוּם)은 하나님께 제물로 드릴 수 없는 짐승이 지닌 신체적 결함을 뜻하는 단어이다(HALOT, cf. 신 17:1). 압살롬과 다니엘이 훌륭한 신체를 지녔다며 이렇게 묘사된 적이 있다(삼하 14:25; 단 1:4).

신부는 모든 면에서 완벽한 몸을 지녔다(Pope). 그러나 이 말은 눈에 '콩깍지가 씌여' 객관성을 상실한 남자의 말이다. 또한 이 말은 신랑이 신부에게 진심으로 하는 말이 아닐 수도 있다. 그는 스스로 자신을 설득하고 하객들을 세뇌시키기 위해 이런 말을 하는 것일 수도 있다(Weems). 여자는 검게 탄 피부에 대해 콤플렉스를 느꼈는데(cf. 1:5), 남자는 그녀의 까만 피부마저도 비교할 수 없이 아름답다고 하기 때문이다.

사랑에 빠진 남자는 상대방의 모든 신체적 조건이 아름다워 보이기 마련이다. 그러므로 흠이 보일 리 없고, 설령 흠이 보인다 할지라도 흠이 아니다. 그저 모든 것이 사랑스럽고 완벽할 뿐이다. 결국 여자가 실제로 어떻게 생겼는가는 중요하지 않다. 남자가 그녀를 어떻게 보는가가 중요할 뿐이다. 그러므로 사랑에 빠진 신랑의 말이 여자에 대한 객관적인 평가는 아니다. 사랑은 참으로 주관적이며 아름다움은 보는 이가 결정한다. 영어권에서는 이러한 상황을 두고 하는 두 가지 말이 있다: (1) 사랑은 눈을 멀게 만든다(Love blinds!), (2) 아름다움은 보는 이의 눈에 있다(Beauty is in the eyes of the beholder). 우리도 사랑을 듬뿍 담아 아내(남편)에게 고백하자.

VI. 신부에게 바치는 노래(4:1-5:1)

B. 나와 함께 떠나요(4:8-11)

(남자)

8 내 신부야
너는 레바논에서부터 나와 함께 하고
레바논에서부터 나와 함께 가자
아마나와 스닐과 헤르몬 꼭대기에서
사자 굴과 표범 산에서 내려오너라
9 내 누이, 내 신부야
네가 내 마음을 빼앗았구나
네 눈으로 한 번 보는 것과
네 목의 구슬 한 꿰미로
내 마음을 빼앗았구나
10 내 누이, 내 신부야
네 사랑이 어찌 그리 아름다운지
네 사랑은 포도주보다 진하고
네 기름의 향기는 각양 향품보다 향기롭구나
11 내 신부야
네 입술에서는 꿀 방울이 떨어지고
네 혀 밑에는 꿀과 젖이 있고
네 의복의 향기는 레바논의 향기 같구나

남자가 신부에게 바치는 노래가 이어지고 있다. 신랑은 그 앞에 서 있는 신부가 참으로 아름답게 보인다. 본문이 '신부'(כַּלָּה)라는 구체적인 단어를 사용하는 것이 결혼식을 의미하는 것이 아니라, 남자가 신랑이 신부를 사랑하는 감정으로 그녀를 사랑하는 것일 뿐 결혼식을 의미하는 것은 아니라는 억지 주장을 하는 이들도 있다(Snaith). 그러나 이 단어는 결혼식의 신부를 의미하며, 이 노래가 결혼식에서 사용되었음을 시사한다(cf. 9, 10, 11, 12; 5:1).

신랑은 신부와 함께 마음껏 사랑을 나누는 시간을 상상해 보지만, 그녀가 평생 살아온 친정을 떠나는 것을 두려워하거나 주저할 수도 있다고 생각한다. 물론 두 사람이 결혼할 정도면 이런 일은 없을 것이다. 게다가 여자가 남자를 더 사랑하고 사모한다는 것이 1-3장의 내용이었다. 남자의 불안감은 지나친 상상일 뿐 현실은 아니다. 어찌되었건 남자가 여자의 감정에 예민함을 보이는 것은 배려이며 좋은 일이다.

남자는 여자를 마치 높은 산봉우리에서 보호를 받으며 살고 있는, 또한 스스로 그곳을 떠나는 것을 두려워하는 여인으로 생각한다. 그러므로 그녀와 함께할 수 있는 유일한 길은 그녀가 그와 함께 그곳을 스스로 떠나는 것이다. 남자의 함께 떠나자는 말이 첫날밤을 함께 보내자는 말로 해석되기도 한다(Glickman).

남자는 신부에게 그녀가 살고 있는 레바논을 함께 떠나자고 한다(8절). 길르앗(1절)은 가까운 곳을 상징한 것에 반해, 레바논은 먼 곳을 상징한다. 여자가 있는 곳은 남자에게서 참으로 멀리 떨어져 있다는 뜻이다(Provan). 그녀가 산봉우리에 있고 사자들과 표범들이 그녀를 보호하고 있다는 것이 아가가 사람들의 사랑 노래가 아니라 원래 신들에 관한 신화에 나오는 노래였다는 증거로 제시되기도 한다(Pope).

그러나 그렇게 해석할 필요는 전혀 없으며, 증거도 부족하다. 이 말씀은 단순히 남자가 신부를 가까이 하기에는 참으로 어렵다는 뜻이다. 물론 물리적인 거리감을 의미할 필요는 없으며, 그녀가 있는 곳은 심리적으로 멀다는 뜻이다. 그러므로 신랑은 신부에게 '나와 함께 레바논을 떠나자'(אִתִּי מִלְּבָנוֹן)를 두 차례 반복하며 제발 함께 가자고 호소한다. 이미 부부가 되었으니 여자가 남자를 따라가는 것은 당연한 일이라 하겠지만, 남자는 여자의 인격과 선택을 존중하고자 해서 이렇게 말한다

(cf. Provan). 우리도 남자의 부드러운 자세에서 배워야 한다.

이 문장에서 히브리어 단어들의 순서는 '나와 함께'를 강조한다. 자신이 끝까지 여자와 함께하며 도울 것이니 믿고 함께 가자는 것이다. 이 노래에서 레바논은 여자가 평생 살아온 친정집이다. 남자가 함께 레바논을 떠나자고 하는 것은 그도 이미 레바논 정상에 와 있다는 것을 암시한다. 당시 결혼식은 1주일동안 여자의 집에서 치러졌다(cf. 삿 14–15장). 그는 여자와 혼인하기 위하여 이미 그녀의 집에 와 있다. 그러므로 그는 신부에게 결혼식이 끝나면 자기와 함께 가자고 하는 것이다.

레바논(친정집)은 어떤 곳인가? 아마나와 스닐과 헤르몬 등 높은 꼭대기(봉우리)가 있는 곳이다. 이 봉우리들이 정확히 어디에 있었는지는 중요하지 않다. 단지 레바논 산악 지대에 있었던 것은 확실하다(cf. Pope, Schwab). 이 이미지가 강조하는 것은 그녀는 남자가 사는 곳에서 멀리 떨어져 살아왔으며, 오르기 힘들어 자주 가기는 어려운 곳이라는 뜻이다. 또한 그곳은 사자와 표범이 우글대는 곳이다. 그녀가 자신을 보호하기 위해 부리는 들짐승들이다(Garrett). 이 짐승들은 정상으로 오가는 발걸음을 방해하는 '천연 문지기' 역할을 한다. 봉우리 자체가 높아 가뜩이나 오르기가 힘든데, 그나마 가는 길이 생명을 노리는 짐승들로 가득하다. 친정이 이날까지 여자를 참으로 잘 보호했다는 것을 인정하는 말이다.

그러나 두 사람이 결혼을 하면 친정의 보호가 두 사람 사이에 걸림돌이 될 수 있다. 남자는 여자가 그곳을 떠나지 않는 한 두 사람이 함께 하기는 쉽지 않다며, 함께 떠나자고 한다. '내려가다'(שׁוּר)는 짐승들이 높은 곳에서 뛰어내리는 행동을 묘사한다(Fishbane, cf. 호 13:7). 그는 여자의 집과는 대조적으로 자기 집은 그녀가 거하기에 훨씬 더 안전하고 평온하다고 생각한다. 그의 집은 언제든 그녀를 만나 마음껏 사랑을 속삭일 수 있는 곳이기도 하다. 그러므로 짐승들이 뛰듯 뛰어서 가자고 한다.

신랑이 8절에서 신부에게 자기와 함께 떠날 것을 호소했다면, 9-10절은 여자가 그와 함께 떠날 이유를 말한다. 두 사람은 서로를 무척 사랑하며, 신랑은 신부를 떨어져서는 한 순간도 못살 것 같다는 고백이다. 남자는 여자에게 '내 누이, 내 신부야'(אֲחֹתִי כַלָּה)를 두 차례 속삭이며 사랑을 속삭인다(9, 10절).

8절과 11절은 '내 신부야'(כַּלָּה)와 '레바논'(לְבָנוֹן)을 반복하여 이 섹션의 시작과 끝에서 중앙 부분을 감싸고 있는데, 이 절들이 감싸고 있는 9절과 10절은 '내 누이'(אֲחֹתִי)라는 말을 두 차례 추가한다. '신부'(כַּלָּה)는 구약에서 10회 사용되는 단어인데, 아가에서만 여섯 차례 사용된다(Weems). 당시 이집트 사랑 노래(Egyptian love poems)에서 '누이'는 애정을 표현하는 호칭으로 사용되었다(Fox). 그러므로 남자는 여자에게 사랑 고백을 가중시키고 있다. 그는 친누이에게서나 느낄 수 있는 친밀함을 여자에게서도 느낀다고 고백하고 있는 것이다.

또한 여자는 남자에게 신부(아내)일 뿐 아니라 누이 이기도 하다. '누이'는 여자 형제라는 뜻이지만, 당시 정황(보편적으로 신랑이 신부보다 나이가 더 많았음)을 고려할 때 여동생을 두고 하는 말일 것이다. 이러한 표현은 둘의 관계가 실제적으로 '오빠—동생'이라는 것은 아니다. 남자는 여자를 아내로 생각할 뿐 아니라, 오빠가 여동생을 사랑하고 보살펴 주는 것처럼 그녀를 보호하고 사랑할 것이라는 약속이다. 오늘날에도 결혼한 남자들이라면 대부분 동감하겠지만, 때로는 아내가 어머니처럼 생각되기도 하고, 여동생으로 느껴지기도 한다. 남자의 고백도 이러한 맥락에서 이뤄지고 있다.

남자는 여자에게 "네가 내 마음을 빼앗았다"(לִבַּבְתִּנִי)는 말을 두 차례 반복한다(9절). 많은 주석가들이 이 말을 '나는 당신과 당장 성관계를 갖고 싶은 욕망에 사로잡혔다'라는 뜻으로 해석하지만(Carr, Fredericks & Estes, Pope, Waldman), 사랑의 육체적인 면모만 강조하고 정신적인 면은 완전히 무시하는 해석이다(cf. Fox). 그가 조금도 남김 없이 마음을 모두 여자에게 빼앗겼다는 뜻으로 해석할 수도 있고(Fishbane), 그녀를 만난 후 그가 삶에 대해 의욕을 느끼게 되었다는 뜻으로 풀이할 수도 있다(Garrett). 어느덧 여자는 남자의 전부가 되었고, 그가 사는 이유와 목표가 된 것이다.

남자는 사랑스런 여자의 포로가 되고자 스스로 그녀의 통제 아래 들어왔다. 어떻게 하다가 남자는 스스로 여자의 포로가 된 것일까? 그는 두 가지 이유로 설명한다.

첫째, 그녀의 몸짓과 신체적 아름다움이 그를 이렇게 만들었다(9c-d절). 남자는 여자의 눈짓 한 번에 이렇게 되었다(9c절). 여자를 보자 남자의 심장이 쿵쾅거렸는데, 여자가 눈짓 한 번 주자 그의 마음이 녹아내렸다! 여러 번도 아니고, 여자가 준 '단 한 번의 눈짓' (בְּאַחַת מֵעֵינַיִךְ)에 이렇게 되었다! 또한 아름다운 그녀의 목에 걸린 구슬 한 꿰미에 이렇게 되었다(9d절). 사랑하는 여자의 자태뿐 아니라 그녀가 걸치고 있는 목걸이까지 그를 매료시켰다. '단 한 번의 눈짓'처럼 이번에도 그녀가 차고 있는 '여러 개의 목걸이 들 중 단 하나'(בְּאַחַד עֲנָק מִצַּוְּרֹנָיִךְ)가 강조된다. 사랑에 빠진 사람은 여러 가지가 필요 없다. 단 한 가지에 헤어나올 수 없는 사랑의 늪에 빠져든다(9e절). 사람이 누구를 사랑하면 그가 하는 행동뿐 아니라, 그가 입고 있는 옷과 걸치고 있는 치장까지 좋아 보인다. 그러므로 사랑하는 마음을 이길 수 있는 것은 없다!

둘째, 그녀의 사랑이 그를 사랑의 포로가 되게 했다(10절). 남자는 여자를 사랑하는 것만으로도 행복을 느꼈을 것이다. 그런데 여자도 그를 사랑한다! 금상첨화다! 그녀의 사랑은 참으로 아름답다(10b절). 포도주보다 진하다(10c절). 그녀가 바른 기름(향수)의 향기도 그 어떤 것보다 향기롭다(10d절). 이 말씀의 주요 개념인 '아름답다(יפה), 향기(רֵיחַ), 기름(שֶׁמֶן), 포도주(יַיִן)'는 여자가 이미 1:2-3에서 남자에 대해 사용한 것들이다. 남자는 여자가 그에 대해 사용했던 표현들을 그대로 사용하여 여자도 그를 사랑하고 있다는 사실을 확인한다. 이 둘의 사랑은 상호간의(mutual) 감정인 것이다. 사랑은 서로가 좋아하는 감정과 육체적 결합이어야 한다.

남자는 여자와 함께하는 시간이 참으로 좋다. 그녀를 보고만 있어도 행복하다. 얼마나 행복한지 밥을 안 먹어도 될 것 같다. 그녀의 입술에서 꿀 방울이 떨어지기 때문이다!(11절) '꿀 방울'(נֹפֶת)은 벌집에서 꺼내 정제한 꿀을 뜻한다(HALOT) 이미지는 참으로 달콤한 꿀이 입술에서 흘러 내리는 모습이다(Fishbane). 꿀은 달콤한 키스를 상징한다(Carr).

또한 그녀의 혀 밑(입술)에도 꿀과 젖이 있다! 어떤 이들은 이러한 표현이 그녀의 다정다감한 말을 뜻하는 것으로 해석하지만(Snaith), 본문에서 그녀는 한 마디도 하지 않기 때문에 단순히 그녀와 함께하고픈 남자의 감정으로 해석하는 것이 바람직하다. 그녀와 함께 있기만 하면 꿀과 젖이 쏟아질 것 같다는 것이다.

2행과 3행에서 '꿀'로 번역된 단어들이 서로 다르다. 2행의 '꿀'(נֹפֶת)은 벌들에게서 얻는 꿀이다(TWOT). 반면에 3행의 '꿀'(דְּבַשׁ)은 과일즙을 끓여 만든, 우리 말로 하자면 '조청'같은 것이다(TWOT). 성경은 가나안을 젖과 꿀이 흐르는 땅'으로 묘사할 때 11c절의 '꿀(דְּבַשׁ)과 젖(חָלָב)'을 사용한다(cf. 신 6:13; 11:9). '젖과 꿀'은 풍요로움의 상징이다. 그러므로 남자는 그녀와 함께 있기만 하면 세상에 부러울 것이 없다고 생각한다. 달콤한 사랑도 마음껏 하고, 안정적인 삶을 행복하게 살 것 같기 때문이다.

그녀의 옷이 풍기는 향기는 레바논의 향기, 곧 백향목 숲에서 불어오는 바람처럼 기분 좋게 한다. 여자는 몸에서 풍겨 나오는 향기만으로도 남자를 충분히 사로잡을 수 있다. 8절에서 언급된 레바논이 다시 언급되는 것은 '내 신부야'(8절)와 함께 이 섹션이 마무리되고 있음을 암시한다. 여자는 남자와 함께 '레바논'을 떠나야 한다(cf. 8절).

VI. 신부에게 바치는 노래(4:1–5:1)

C. 함께 동산에서 만나요(4:12–5:1)

(남자)

4:12 내 누이, 내 신부는
잠근 동산이요
덮은 우물이요
봉한 샘이로구나
13 네게서 나는 것은
석류나무와 각종 아름다운 과수와
고벨화와 나도풀과
14 나도와 번홍화와
창포와 계수와
각종 유향목과 몰약과
침향과 모든 귀한 향품이요
15 너는 동산의 샘이요
생수의 우물이요
레바논에서부터 흐르는 시내로구나

(여자)

16 북풍아 일어나라
남풍아 오라
나의 동산에 불어서 향기를 날리라
나의 사랑하는 자가 그 동산에 들어가서
그 아름다운 열매 먹기를 원하노라

(남자)

5:1 내 누이, 내 신부야
내가 내 동산에 들어와서

나의 몰약과 향 재료를 거두고
나의 꿀송이와 꿀을 먹고
내 포도주와 내 우유를 마셨으니
(친구들)
나의 친구들아 먹으라
나의 사랑하는 사람들아 많이 마시라

앞 섹션(8-11절)에서는 남자가 여자에게 자기와 함께 가자고 하더니, 이 섹션에서는 그녀와 함께 첫날밤을 즐기는 것에 대해 구체적으로 노래한다. 남자는 이번에도 '내 누이, 내 신부'(אֲחֹתִי כַלָּה)라는 말로 친근감을 강조하며 노래를 시작한다(12a절, cf. 9, 10절).

남자는 여자를 세 가지 비유로 묘사한다: (1) 잠근 동산, (2) 덮은 물, (3) 봉한 샘(12b-d절). '잠근 동산'(גַּן נָעוּל)은 울타리를 치고 출입문을 잠가 놓은 정원을 뜻한다. 남자는 그의 신부가 외부로부터 철저하게 보호받고 있는 정원과 같다고 한다. '덮은 물'(גַּל נָעוּל)이 무엇을 의미하는지 정확히 알 수가 없다. 그러므로 '잠근 바위 정원'(a rock garden locked, NAS), 혹은 '잠근 정원'(a garden locked, NRS, LXX), '잠근 샘물'(a spring locked, ESV), '벽으로 둘러싸인 샘물'(a spring of water that has a fence around it, NIRV) 등 다양한 번역이 있다. '동산'(정원)으로 번역하면 첫번째 비유인 '잠근 동산'과 겹치고, '물'(샘)로 번역하면 세번째 비유인 '봉한 샘'과 겹친다. 그러므로 공동번역은 아예 두번째 비유를 삭제하고 '울타리 두른 동산이요, 봉해 둔 샘이로다'로 번역했다. 어떻게 번역하든 핵심 비유는 두 가지이다. 신부는 아무도 들어갈 수 없는 출입문이 잠긴 정원(동산)같고, 철저한 감시와 보호 아래 있는 샘물 같다. '물이 흐르는 동산'을 여자의 성기로 해석하는 이들도 있지만(Carr), 굳이 이처럼 구체적일 필요는 없다.

주변에 보호벽을 쌓고 출입문을 막아 둔 동산은 아무도 들어갈 수 없다. 일부 여성 신학자들은 아가가 동산에 대한 비유를 지속하는 것을 두고 에덴 동산에서 아담과 하와가 한 어그러진 사랑이 드디어 이상적으로 실현되는 것을 노래하는 것이라고 하기도 한다(Trible). 반면에 대부분 학자들은 '잠근 정원' 비유를 여자가 순결(처녀성)을 잘 지켜 온 것으로 해석한다(Fishbane, Fredericks & Estes, Garrett, Longman, Schwab). 이제 남자에게 출입을 허락할 때가 되었다는 것이다.

그러나 이 비유를 여자의 순결로만 해석할 필요는 없다(cf. Keel). 이때까지 여자는 한 번도 남자의 침입을 허락하지 않은(남자를 사귀어 본적이 없는) 그녀의 삶을 드디어 신랑으로 맞이하는 남자와 공유할 때가 되었다는 것을 의미하는 비유로 해석해도 된다. 여자는 남자가 들어가고 싶은 '이상적이고 환상적인 정원'(utopian, fantasy-garden)이다(Murphy). 남자는 이 정원으로 들어가 그녀와 영원히 함께하고 싶어한다.

샘물은 생명력과 생기를 상징한다. 학자들은 샘물이 성적으로 흥분하면 그들의 몸에서 격하게 흐르는 체액(body fluids)으로 해석하기도 하고(Weems), 여자의 가임 능력이 왕성한 것을 노래하는 것으로 해석하기도 한다(Schwab). 그러나 굳이 이렇게 해석할 필요는 없다. 여자가 삶이 왕성한 젊은(어린) 신부라는 것을 칭찬하는 것으로 간주해도 무관하다. 여자는 그 누구도 들어가보지 못한 정원 같으며 생기발랄함으로 가득한 샘물 같다.

여자의 삶을 정원에 비유한 남자는 그 정원에 있는 온갖 귀하고 좋은 것들을 상상해 본다(13-15절). 개역개정은 번역하지 않은 채로 남겨 두었지만, 13절은 석류나무와 각종 아름다운 과수가 있는 '과수원'(פַּרְדֵּס)에 대한 노래이다. 그녀의 정원은 온갖 과일 나무가 있는 과수원이라는 것이다. 과수원을 뜻하는 이 단어(פַּרְדֵּס)는 원래 페르시아어에서 빌려 온 단어이며, '낙원'(paradise)이 이 단어에서 파생했다(Fishbane, Longman, Provan, cf. 공동). 남자는 여자를 그가 평생 살고 싶은 낙원(과수원)이라고 한다. 이 과수원에는 어떤 나무들이 있는지 살펴보자.

첫째, 그곳에는 석류나무와 각종 아름다운 과수가 있다(13a-b절). 남자는 그녀와의 삶이 때로는 석류처럼 달콤하고 여러 가지 과일들처럼 풍요로워 그를 행복하게 할 것으로 확신한다.

둘째, 그곳에는 가장 귀한 향료들이 있다(13c-14d절, cf. Keel). '고벨화'(כְּפָרִים)는 향기가 좋기로 소문난 헤나(henna)를 뜻한다(HALOT). '나도풀'(נְרָדִים)과 '나도'(נֵרְדְּ)의 차이는 하나는 복수형이고, 하나는 단수형이다. 인도와 히말리야 지역에서 나며 향수 재료로 사용되는 귀한 식물이다. '번홍화'(כַּרְכֹּם)는 보라색 꽃을 피우는 식물이며 기름은 중동 사람들이 특별히 좋아하는 샤프론(shaffron)이다(TWOT). '창포'(קָנֶה)는 좋은 향을 내는 식물 줄기(spice reed)이다(HALOT, cf. Longman). '계수'(קִנָּמוֹן)는 계피나무(cinnamon)이다(NIDOTTE). 나무의 껍질이 향기로운 냄새를 낸다. '모든 유향목'(כָּל־עֲצֵי לְבוֹנָה)은 보스웰리아 등 나무 줄기를 말려 종교예식 등에서 향으로 피웠던 것들을 의미한다(HALOT). '몰약'(מֹר)은 아프리카와 인도에서 서식하는 감람과 미르나무속 나무에서 나오는 수지를 건조시킨 것이다(HALOT, cf. 1:13; 3:6). '침향'(אֲהָלוֹת)도 인도에서 서식하는 귀한 향료 재료이다(HALOT, Longman). '모든 귀한 향품'(כָּל־רָאשֵׁי בְשָׂמִים)은 남자가 지금까지 나열한 9가지 향품을 종합적으로 평가하는 것이며, 또한 이 외에도 세상에 있는 모든 향품을 뜻한다. 남자는 향품 목록을 만수인 열 가지로 채우기 위해 이렇게 노래한다. 이 열 가지 향료들 중 고벨화(henna)와 번홍화(shaffron)만 당시 팔레스타인에서 재배되었던 것이 확실하며, 나머지는 수입품들이었다(Bloch & Bloch).

남자는 신부를 그가 상상할 수 있는 가장 귀한 향료들의 총집합체라 한다. 아가에서 향은 상대방의 성적인 욕구를 불러일으키는 도구로 언급되어 왔다. 본문은 향들 중에서도 최상급, 곧 성적인 욕구를 가장 잘 깨우고 북돋는 것들을 나열하고 있다(Carr). 당연히 남자가 온갖 좋은 향내가 나는 여자를 생각하니 그녀와 함께하고 싶은 욕망이 활활 불타오른다. 그녀와 함께하는 시간은 절대 지루한 순간이 없을 것이라 확신한다(Garrett).

열 가지 향료 목록에 과일에 관한 두 가지 언급을 더하면(cf. 13절) 총 열둘, 곧 또 하나의 만수가 된다. 여자는 참으로 풍성하고 완벽하다는 의미이다. 남자는 한 순간이라도 빨리 여자의 삶의 일부가 되고 싶다. 이처럼 좋고 완벽한 신부이니 어찌 그가 주저할 수 있겠는가!

또한 그녀의 삶은 생명력으로 왕성하다(15절). 남자는 여자의 생기발랄함을 세 가지 물에 비교한다: (1) 동산의 샘, (2) 생수의 우물, (3) 레바논에서부터 흐르는 시내. 학자들은 신랑이 신부를 12절에서는 '덮은 우물과 봉한 샘'이라 하다가 이곳에서는 흐르는 물이라 하는 것을 두 사람이 드디어 성관계를 가졌다는 말로 해석한다(Schwab). 또한 이 세 가지 물에 대한 비유를 모두 여자의 성기와 연결하여 해석하는 이들도 있다(Longman). 그러나 흐르는 물에 대한 이 세 가지 비유를 굳이 성관계나 여자의 성기와 연결하여 해석할 필요는 없다. 성관계와 상관없는 해석도 얼마든지 가능하다.

첫째, 그녀가 '동산들의 샘'(מַעְיַן גַּנִּים)이라는 것은 그녀의 삶을 가득 채우고 있는 온갖 좋은 것들(13-14절)이 다른 곳에서 비롯된 것이 아니라, 그녀에게서 비롯된 것이라는 뜻이다. 정원 한 가운데에 있는 샘에서 솟아나는 물이 동산 안에 있는 온갖 과일 나무와 향료 나무들에게 생명을 공급한다.

둘째, 그녀가 '생수의 우물'(בְּאֵר מַיִם)이라는 것은 누구든 지친 사람이 이 우물로 가면 그녀가 생기를 소생시키는 물을 나눠 줄 것이라는 뜻이다. 여자는 매사에 남들에게 긍정적인 영향력을 행사한다는 것을 의미한다. 모든 목마른 자들에게 물로 나와 값없이 사라던 선지자의 말씀이 생각난다(사 55:1)

셋째, 그녀가 '레바논에서 흐르는 시내'(נֹזְלִים מִן־לְבָנוֹן)라는 것은 그녀의 생명력은 절대 마르지 않는 물줄기와 같다는 의미이다. 레바논은 높은 산이며, 계곡에 흐르는 시내는 사시사철 마르지 않는다. 여자는 주변 사람들에게 꾸준히 생명과 생기를 줄 것이다. 또한 레바논은 8절에서 그녀의 친정을 상징했다. 그러므로 이 말씀은 그녀가 지닌 생명력의 근원이 남자의 처가에서 비롯되었다는 말로 해석될 수도 있다.

이때까지 신랑의 사랑 노래를 듣기만 하던 신부가 드디어 노래로 화답한다(16절). 일부 학자들은 남자가 계속 노래하는 것으로 간주하지만(Fishbane, cf. 공동), 여자가 노래하는 것으로 해석하는 것이 흐름에 더 잘 어울린다(Garrett, Longman, Provan, cf. 아가페, 현대어).

여자는 남자의 간절한 고백에 마음을 열었다. 그러므로 북풍과 남풍에게 동산(여자)의 온갖 좋은 향기(cf. 13–14절)를 남자에게 전해 주라고 한다. 여자는 남자가 바람에 실려온 그녀의 향기를 맞고 향기의 나래를 타고 동산으로 와서 동산에 있는 아름다운 열매를 마음껏 먹는 것을 허락한다. 인상적인 것은 여자가 자기 자신을 '그(남자)의 동산'(גַּנּוֹ)이라고 하며, 이 동산에서 그가 누릴 과일을 '그의 아름다운 과일'(מְגָדָיו פְּרִי)이라고 한다는 것이다. 여자는 자신은 남자의 것이므로 남자에게 자기 몸과 마음을 모두 허락하겠다고 한다.

신부의 허락이 떨어지자 남자는 곧바로 자기 동산(여자)으로 들어가 그녀와 사랑을 나눈다(5:1). 그는 여자를 '내 누이, 내 신부'라며 다정하게 부른다(5:1a절). 남자가 여자를 신부(כַּלָּה)라고 부르는 일은 여기가 마지막이다.

그는 '자기 동산'(גַּנִּי)에 들어간다(1b절). 여자가 4:16에서 자신을 '그의 동산'이라고 했던 것에 따라 남자는 그녀를 '나의 동산'이라고 한다. 남자는 동산에서 온갖 향재료를 모은다(1c절). 이 향재료들은 정원(여자)에 널려 있던 것들이다(cf. 4:13–14). 또한 정원(여자)에 있는 달콤한 꿀송이와 꿀을 먹고, 포도주와 우유도 마신다(1d–e절). 이 모든 비유는 남자가 여자와의 첫날밤을 오감이 만족하게 누리고 즐겼다는 뜻이다(cf. Schwab). 그 어떠한 아쉬움도 없는 만족스럽고 행복한 시간이었다.

신랑 신부가 행복한 첫날밤을 보낸 일은 주변 사람들이 그들을 위해 축배를 들며 축하할 일이다. 그러므로 그들은 서로를 향해 먹고 마시라고 외친다(1f-g절). 개역개정은 1인칭 단수 소유격 '나의'를 붙여 남자가 친구들에게 하는 말로 간주했다. 그러나 마소라 사본에는 1인칭 단수 접미사가 없다. 단순히 '친구들'(רֵעִים)이라고 할 뿐이다. 그러므로 개역개정처럼 1인칭 단수 소유격을 더하여 남자가 한 말로 간주하거나 소유격과 상관없이 남자가 한 말로 해석해도 된다(Keel, cf. 아가페, 현대어). 혹은 새번역이 한 것처럼 친구들의 말로 구분해도 무관하다(Carr, Garrett, Goulder). 두 사람의 결혼을 기뻐하시며 하나님이 직접 하신 말씀이라는 해석도 있다(Davidson, Fredericks & Estes). 우리는 새번역의 구분을 따르기 때문에 친구들의 말로 간주한다. 그들은 신랑 신부의 성공적인 합방을 축하하며 축배를 들고 있다.

VII. 님은 먼 곳에
(5:2-6:3)

바로 앞 노래(4:1-5:1)가 신랑이 신부에게 바치는 노래였다면, 이 노래는 여자가 신랑을 그리워하며 부르는 노래이다. 신부에게 바치는 노래가 여자의 육체적 아름다움에 초점을 맞춘 것처럼 이 노래는 남자의 완벽한 몸매에 초점을 맞춘다(cf. Provan). 남자가 결혼식에서 앞에 서 있는 여자를 보며 노래한 것에 반해, 여자는 3:1-4에서처럼 꿈속에서, 혹은 몽환적인 상황에서 남자에 대해 노래한다(Fishbane, Longman, Murphy, Provan). 물론 이러한 해석에 모두 동의하는 것은 아니다. 이 노래는 여자가 결혼 첫날밤에 실제로 경험한 일을 회고한 것이라고 주장하는 이들도 있다(Goulder, cf. Garrett, Pope). 노래는 다음과 같이 세 파트로 구분될 수 있다.

A. 님은 찾을 수 없고(5:2-8)
B. 그리운 님의 모습(5:9-16)
C. 님은 나리꽃 밭에(6:1-3)

VII. 님은 먼 곳에(5:2–6:3)

A. 님은 찾을 수 없고(5:2–8)

(여자)

2 내가 잘지라도 마음은 깨었는데
나의 사랑하는 자의 소리가 들리는구나
문을 두드려 이르기를
나의 누이, 나의 사랑, 나의 비둘기,
나의 완전한 자야 문을 열어 다오
내 머리에는 이슬이,
내 머리털에는 밤이슬이 가득하였다 하는구나
3 내가 옷을 벗었으니 어찌 다시 입겠으며
내가 발을 씻었으니 어찌 다시 더럽히랴마는
4 내 사랑하는 자가 문틈으로 손을 들이밀매
내 마음이 움직여서
5 일어나 내 사랑하는 자를 위하여 문을 열 때
몰약이 내 손에서,
몰약의 즙이 내 손가락에서
문빗장에 떨어지는구나
6 내가 내 사랑하는 자를 위하여 문을 열었으나
그는 벌써 물러갔네
그가 말할 때에 내 혼이 나갔구나
내가 그를 찾아도 못 만났고
불러도 응답이 없었노라
7 성 안을 순찰하는 자들이 나를 만나매
나를 쳐서 상하게 하였고
성벽을 파수하는 자들이

나의 겉옷을 벗겨 가졌도다
8 예루살렘 딸들아
너희에게 내가 부탁한다
너희가 내 사랑하는 자를 만나거든
내가 사랑하므로 병이 났다고 하려무나

여자는 이 노래가 묘사하는 상황과 비슷한 꿈을 꾼 적이 있다(cf. 3:1-4). 그러므로 해석가들은 여자의 이 노래(5:2-6:3)도 그녀가 꾼 꿈을 노래한 것이라고 생각한다(cf. Fredericks & Estes). 새번역은 5:2-6:14을 모두 꿈에서 일어난 일로 표기했다. 3장에 기록된 꿈과 가장 큰 차이점은 그 꿈에서는 남자를 만나지만, 이 꿈에서는 남자를 만나지 못한다는 것이다. 여자는 이미 남자와 결혼해서 첫날밤을 보냈는데(cf. 4장), 왜 남자를 찾지 못해 괴로워하는 꿈에 대한 노래가 이곳에 나오는 것일까? 여자가 남자를 너무나도 사모하다가 결혼했기 때문일 수도 있고, 부부는 결혼 후에도 서로에 대한 진한 그리움과 로맨스를 계속 유지해야 한다는 교훈을 주기 위한 것일 수도 있다.

잠자리에 누운 여자가 좀처럼 잠을 이루지 못하여 마음이 깨어 있다(2a절). 일부 학자들은 이 말을 근거로 그녀가 꿈을 꾼 것을 노래하는 것이 아니라, 몽롱하지만 깨어 있을 때 실제로 있었던 일을 노래한 것이라 한다. 그러나 만일 여자가 실제로 있었던 일을 노래한다면 설명할 수 없는 부분들이 있다. 예를 들자면 7절은 여자가 남자를 찾아 거리를 헤매다가 순찰자들에게 (성)추행을 당했다고 하는데, 잘 납득이 가지 않는다. 그러므로 여자는 꿈에서 있었던 일을 노래하고 있는 것이 확실하다.

여자의 '자면서도 마음은 깨어 있었다'는 말을 그녀가 성적으로 흥분된 상태(sexually stimulated state)였기 때문에 잠을 이루지 못한 것이라고 해석하는 이도 있다(Exum, Schwab, Walsh). 그러나 이 말은 여자가 남자에 대한 그리움 때문에 잠을 이루지 못했다는 의미이다(Fishbane). 여자는 '앉으나 서나 당신 생각'으로 나날을 보내고 있다.

그런데 이게 웬일인가! 여자가 사랑하는 연인의 목소리를 들었다!(2b절) 남자는 문을 두드리며 네 가지 호칭을 사용하여 여자를 불렀다(2c–e절): (1) '내 누이'(אֲחֹתִי), (2) '내 사랑'(רַעְיָתִי), (3) '나의 비둘기'(יוֹנָתִי), (4) '나의 완전한 자'(תַמָּתִי). 숫자 4는 총체성을 상징한다. 남자는 여자가 그가 상상할 수 있는 최고의 연인이고 그의 전부라며 이 호칭들을 사용하고 있다.

'내 누이'와 '내 사랑'은 친근감을 강조하는 표현들이다(cf. 1:9, 15; 2:2, 8, 10, 13; 4:1, 9, 10, 11, 12). '나의 비둘기'는 남자가 그녀를 부르는 애칭이다(cf. 1:15; 4:1). '나의 완전한 자'는 흠이 없이 완벽하다는 뜻이다(cf. 4:7). 남자는 여자의 꿈에 나타나 결혼식(cf. 4장)에서 그녀를 불렀던 호칭들을 사용하며 문을 열어 달라고 한다. 한 주석가는 문을 열어 달라는 남자의 부탁을 그와 성관계를 맺자는 것으로 해석한다(Schwab). 지나친 해석이다. 남자는 여자가 머물고 있는 집의 문이 열리기를 바랄 뿐이다.

남자는 어디서 오는 길일까? 혹시 양을 치기 위해 머물던 곳(cf. 1:7)에서 문득 여자가 생각나 달려온 것일까? 확실한 것은 남자가 여자를 보기 위해 밤새 먼 길을 왔는 사실이다(cf. 2f–g절). 그의 머리에는 이슬이 있고, 머리털은 밤이슬로 가득하기 때문이다. 팔레스타인 지역에 내리는 이슬은 양이 매우 많다(Fredericks & Estes, Weems), cf. 삿 6:38; 호 13:3). 일부 주석가들이 하는 것처럼 이슬을 성적인 은유로 해석할 필요는 없다. 밖에서 밤을 지새운 사람의 모습으로 해석할 수 있기 때문이다.

여자는 잠자리에 든 지 오래다(3절). 그녀는 이미 옷을 벗었다. 오늘날로 말하자면 겉옷(외출복)을 벗고 편안한 옷차림, 곧 잠옷으로 갈아입었다는 뜻이다. 또한 침대에 눕기 위하여 발도 깨끗이 씻었다. '발'(רֶגֶל)

이 종종 성기에 대한 은유로 사용된다 하여(cf. 신 28:57; 사 7:20; 겔 16:25), 여자가 발을 씻었다는 것을 그녀가 성기를 씻은 것으로 해석하는 이들이 있다(Bergant, Schwab). 그러나 이 말은 잠자리에 드는 여자가 더 이상 밖에 나갈 일이 없을 것 같아서 두 발을 씻었다는 것을 의미할 뿐이다(Garrett, Longman, Murphy). 이러한 상태에서 여자가 다시 겉옷을 입고 발을 더럽히는 것을 염려하는 것으로 보아 여자는 남자의 '문을 열어 달라'는 말을 '밖으로 나오라'는 말로 이해했다. 여자의 꿈은 처녀 시절 그녀가 친정에서 살 때 상황을 배경으로 하고 있는 것이다.

여자가 잠자리에서 빠져나오기를 주저하는 것을 여자의 '욕망의 실패'(failure of desire)라며 여자가 성욕을 채우는 일에 주저한 것이라는 해석이 있다(Davis). 그러나 이 말은 이미 잠자리에 들었던 사람이 자리를 박차고 나오기를 주저하는 것, 혹은 여자의 수줍음(Murphy), 혹은 남자를 맞이할 준비를 해야 하는 부담(Longman)을 반영하고 있다. 사랑의 반대말은 무관심이다. 여자는 연인의 이 밤에 만나자는 말에 그럴 만한 가치가 있는가에 대해 생각하며 무덤덤한 반응을 보이고 있다(cf. Fredericks & Estes, Glickman).

여자가 주저하자 남자가 문틈으로 그녀에게 손을 들이밀었다(4a절). 여자가 남자의 손을 보니 마음이 움직였다(4b절). '문틈'(구멍)과 '손'을 여자와 남자의 성기로 해석하는 이들도 있다(Bergant, Pope, Provan, Schwab, cf. Garrett). 이 해석에 의하면 여자의 마음이 움직였다는 것은 성적으로 흥분되었다는 뜻이다(Pope, Weems). 역시 지나친 해석이다(cf. Bloch & Bloch, Murphy).

이 말씀은 여자가 목소리만 들을 때는 환청을 들은 듯싶기도 하여 별 감흥이 없었는데, 남자의 신체의 한 부분인 손을 보니 마음이 흥분하기 시작했다는 뜻이다. 그가 정말로 그녀를 찾아온 것이다. 그녀의 흥분을 성적인 흥분으로 해석하는 이들도 있다(Schwab). 역시 지나친 해석이다. 사랑하는 연인이 온 것을 깨닫고 신이 난 모습이다.

남자의 손에 감동이 된 여자는 자리에서 일어나 몸가짐을 단정하게 정리하고 겉옷을 입은 후 그를 위하여 문을 열었다(5절). 문을 열 때 몰약이 그녀의 손에서, 몰약의 즙이 그녀의 손가락에서 떨어져 빗장을 적셨다. 일부 주석가들은 이 몰약이 남자가 떠나면서 자기가 다녀간 흔적으로 남겨 둔 것을 여자가 만진 것이라고 하지만(Glickman, Murphy), 여자가 남자를 만날 준비를 하면서 스스로 손에 묻인 것이다. 남자는 이슬에 젖어 있고, 여자는 향료에 젖어 있다. 아가에서 향료들은 욕망을 자극하는 것들로 언급되어 왔다. 그러므로 이 말씀은 여자가 남자를 맞이하여 사랑을 나눌 모든 준비를 하고 문을 열었다는 뜻이다(cf. Bloch & Bloch).

그런데 이게 웬일인가! 여자가 문을 열어 주기를 기다리다가 지친 것일까?(cf. 3절) 여자가 드디어 문을 열고 남자를 맞이하려고 했더니, 남자는 어디론가 사라져 버렸다!(6절) 이 노래를 여자가 자위하면서(self-pleasuring) 꾼 몽정(夢精, wet dream)으로 간주하는 이는 남자가 떠난 것은 여자의 자위가 끝나서 더 이상 남자를 상상할 필요가 없기 때문이라고 한다(Walsh). 이 또한 지나친 해석이다.

이 말씀은 단순히 자신이 여자에게 거부당했다고 생각하여 남자가 상처를 받고 떠났다는 의미이다(Fishbane, Fredericks & Estes, Garrett, Schwab, Weems). 겨울이 떠난 것처럼(2:11), 남자도 빨리 떠났다(Bloch & Bloch). 남자의 입장에서는 너무 성급해서 사랑을 잃었고, 여자의 입장에서는 주저하다가 연인을 잃었다.

그 다음 문장인 "그가 말할 때에 내 혼이 나갔구나"(6c절)는 해석하기가 참으로 어렵다(cf. Longman). 개역개정은 히브리어 문장(יָצְאָה בְדַבְּרוֹ נַפְשִׁי)을 직역해 놓은 것인데 도대체 무엇을 뜻하는지 알 수가 없다(cf. NAS, NRS, ESV, TNK). 여자가 문을 열었을 때 남자는 이미 떠나고 없었다고 했다(6a-b절). 이런 상황에서 남자가 떠난 다음에 어떻게 그가 그녀에게 말을 할 수 있었다는 말인가? 논리적 순서가 잘 맞지 않는다.

그러므로 한 주석가는 이 구절을 본문에서 아예 삭제한다(Falk).

번역본들은 이 문장을 다양하게 해석했다. 새번역은 여자가 문을 열었을 때 남자는 아직 거기에 있었으며, 여자를 본 후 떠나면서 무언가를 말한 것으로 번역했다: "그러나 나의 임은 몸을 돌려 가버리네. 임의 말에 넋을 잃고 그를 찾아 나섰으나…"(cf. 공동). 아가페성경은 여자가 문을 열었을 때 남자는 이미 떠나고 없었으며, 여자는 남자가 이미 떠난 것에 대해 충격을 받은 것으로 해석했다: "내 사랑하는 이는 떠나고 없네. 그가 가시다니, 내 마음이 무너지네…"(cf. NIV, NIRV). 현대어성경은 여자가 이미 떠난 님의 목소리를 그리워하는 것으로 해석했다: "나의 임은 자취도 없어. 나 얼마나 임의 목소리를 듣고 싶어 했던가…" 정황과 문맥에는 드디어 문을 연 여자가 이미 남자가 떠난 것을 깨닫고는 그가 떠난 것에 대해 충격을 받은 것으로 해석하는 것이 가장 잘 어울린다(cf. 아가페, NIV, NIRV). 생각하지 못한 일이 벌어진 것이다.

당황한 여자는 곧바로 그를 찾아 나섰지만 만날 수 없었다(6d-e절). 순찰을 돌던 자들이 남자를 찾아 헤매던 여자를 발견했다(7절, cf. 3:3). 3:3에서는 여자가 순찰자들에게 자기 연인을 보았냐고 물어보지만, 이곳에서는 묻지도 않는다. 순찰자들과 파수꾼들이 여자의 처녀성(virginity)을 의미한다며 여자가 자신의 처녀성에 의하여 괴롭힘을 당한 것이라는 해석도 있다(Garrett). 상당히 황당한 추론이다.

순찰자들과 파수꾼들은 여자를 때리고 겉옷을 빼앗았다(7b-d절). 아마도 순찰자들이 그녀를 창녀로 착각하여 이렇게 대했을 것이다(Fredericks & Estes, Keel, Weems). '겉옷'(רְדִיד)의 더 정확한 의미는 여자가 머리를 덮는데 사용하는 숄(shawl, headcloth)이다(HALOT, cf. NAS, NRS, ESV). 그러므로 여자가 순찰자들에게 성폭행을 당했다는 해석(Garrett, Schwab, Weems)은 지나치다. 폭행을 당하고 숄을 빼앗긴 것은 사실이지만 성폭행을 당한 것은 아니다. 이 모든 일이 꿈에서 일어난 것이 참으로 다행이다. 순찰자들과 파수꾼들의 폭력은 사랑은 기회가 주어졌을 때 하는 것이며, 주저하다가는 큰 대가를 치를 수 있다는 경고를 하는 듯하다.

남자를 아무리 찾아도 찾지 못하고 오히려 학대만 당한 여자가 예루살렘 딸들에게 부탁한다(8절). 3:3에서는 순찰자들에게 연인의 행방에 대해 물었지만, 이 꿈에서는 그들 마저도 여자를 학대하는 상황이다. 그러므로 여자는 예루살렘 딸들에게 혹시 자기 연인을 만나게 되거든 자기가 그를 너무나도 사랑하다가 병이 났다는 소식을 전해 달라고 부탁한다. 여자의 부탁은 다음 절에서 친구들의 '너의 연인은 어떻게 생겼느냐?'는 질문으로 이어진다.

VII. 님은 먼 곳에(5:2–6:3)

B. 그리운 님의 모습(5:9–16)

(친구들)

9 여자들 가운데에 어여쁜 자야
너의 사랑하는 자가 남의 사랑하는 자보다
나은 것이 무엇인가
너의 사랑하는 자가 남의 사랑하는 자보다
나은 것이 무엇이기에
이같이 우리에게 부탁하는가

(여자)

10 내 사랑하는 자는 희고도 붉어
많은 사람 가운데에 뛰어나구나
11 머리는 순금 같고
머리털은 고불고불하고
까마귀 같이 검구나
12 눈은 시냇가의 비둘기 같은데
우유로 씻은 듯하고
아름답게도 박혔구나
13 뺨은 향기로운 꽃밭 같고
향기로운 풀언덕과도 같고
입술은 백합화 같고
몰약의 즙이 뚝뚝 떨어지는구나
14 손은 황옥을 물린 황금 노리개 같고
몸은 아로새긴 상아에 청옥을 입힌 듯하구나
15 다리는 순금 받침에 세운 화반석 기둥 같고
생김새는 레바논 같으며

백향목처럼 보기 좋고
16 입은 심히 달콤하니
그 전체가 사랑스럽구나
예루살렘 딸들아
이는 내 사랑하는 자요
나의 친구로다

여자는 예루살렘 딸들에게 자기 연인을 찾아가 그에 대한 사랑 때문에 자기가 병들었다는 소식을 전해 달라고 했다(8절). 친구들은 그녀의 간곡한 부탁을 들어주고 싶다. 그러나 그가 어떻게 생겼는지 모른다. 알아야 소식을 전해 줄 텐데 말이다. 그러므로 이 섹션은 친구들이 여자에게 남자의 생김새에 대해 묻고, 여자가 그들의 질문에 대답하는 형식을 취한다. 여자에 의하면 그녀의 연인은 세상에서 가장 잘 생긴 남자다. '제 눈에 안경'이라고, 이 또한 사랑에 빠진 여자의 주관적 판단이다. 사랑은 배타적이다(Weems).

개역개정은 '여자들 가운데에 어여쁜 자'(9a절)로 번역함으로써 친구들이 그녀의 아름다움을 인정하며 여자의 요청(cf. 8절)에 처음 응답했던 것으로 표기한다(cf. 새번역, 아가페). 그러나 히브리어 텍스트는 '너의 사랑하는 자가 남의 사랑하는 자보다 나은 것이 무엇이냐?'라는 질문으로 문장을 시작한다(cf. 공동, NAS, NIV, NRS).

차이는 강조에 있다. 마소라 사본은 남자가 어떻게 생겼는가를 강조하는 반면, 개역개정은 여자의 아름다움을 강조한다. 이슈가 남자를 찾는 것이므로 남자의 외모에 대한 관심이 부각되어야 한다. '여자들 가운데에 어여쁜 자'(הַיָּפָה בַּנָּשִׁים)는 여자들(예루살렘 여자들)이 보기에도 여자의 미모가 참으로 빼어나다는 뜻이다.

친구들은 여자에게 두 차례나 묻는다: "너의 사랑하는 자가 남의 사랑하는 자보다 나은 것이 무엇인가?"(מַה־דּוֹדֵךְ מִדּוֹד)(9b–e절). 이 문장을 직역하면 '너의 연인이 연인(사랑에 빠진 다른 사람들)으로부터 무엇이냐?' 이다. 여자의 연인이 다른 연인들에 비해 무엇이 특별하냐는 질문이다(Murphy, Weems). 이 질문에 대한 여자의 답(10-16절)을 감안하면 친구들의 유일한 관심사는 그의 신체적인 모습이다. 그러므로 개역개정이 해석한 것처럼 '남들보다 나은 것이 무엇이냐?'(cf. 새번역, 아가페, NIV)는 질문의 의도를 잘 반영한 번역이 아니다. 그들은 여자의 연인을 다른 남자들에게서 구분할 수 있는 생김새를 알고 싶어 한다. 그를 알아볼 수 있어야 그녀의 부탁을 들어줄 수 있기 때문이다(cf. 9f절).

여자는 남자의 신체 조건에 대해 극찬을 한다(10-16b절). 이때다 싶었는지 친구들에게 자기 연인에 대해 '자랑질'을 하고 있는 것이다. 고대 근동 문헌에서 남자가 여자의 미모를 묘사하는 시는 많아도, 여자가 남자의 아름다움을 노래하는 시는 흔치 않다(Fredericks & Estes). 이런 면에서 이 노래는 특별하다.

또한 여자가 남자의 모습을 칭찬하는 노래 중 이 노래가 가장 길다. 앞에서 남자는 여자의 아름다움을 매우 화려하고 아름다운 자연 세계에 빗대어 묘사했는데(4:1-15), 이번에는 여자가 남자의 잘생김을 동상에 비교하여 묘사한다. 여자는 남자를 요즘 말로 조각처럼 잘 생겼다는 '조각남'(혹은 만찢남=만화를 찢고 나온 남자)으로 생각하는 것이다. 여자도 남자처럼 눈에 콩깍지가 씌워지기는 마찬가지인가 보다. 이 노래는 당시 여자들이 생각하는 이상형 남자의 모습이 어떠했는가를 노래하는 것으로 해석되기도 한다(Carr).

여자는 남자의 신체에 대한 전반적인 평가로 노래를 시작한다(10절). 그는 '희고 붉다'(10a절). '희다'(צַח)는 광채가 난다는 뜻이며 피부가 하얗다(투명하다)는 말이다(cf. 새번역). '붉다'(אָדֹם)는 표현을 남자가 화장품을 발랐다는 것을 의미하는 것으로 해석하는 이들도 있다(Murphy, Pope). 그러나 햇볕에 그을려 건강해 보인다는 의미다(Garrett, Weems, cf. 새번역, 공동, 아가페). 그는 피부가 하얗고 혈색이 좋은 건강한 사람이다. 여자의 생각에는 남자가 얼마나 건장한지 '많은 사람 가운데에 뛰어나다'(10b절). 이 말씀(דָּגוּל מֵרְבָבָה)을 직역하면 '만명 중에 [가장] 뛰어나다'이다. 세상에는 자기 연인의 신체적 조건에 비교할 만한 남자가 없다고 단언한다. 남자에 대한 여자의 자부심이 대단하다. 여자는 친구들에게 남자에 대한 설명을 마무리할 때에 자기 연인은 '전체가 사랑스럽다'(16b절)며 한 번 더 남자에 대해 총체적으로 자랑한다.

여자의 연인에 대한 자랑은 신체의 제일 윗부분인 머리에서 시작하여(11절) 다리까지 순차적으로 내려가다가(12–15절) 입으로 돌아와(16절) 마무리된다. 색깔(흰색, 붉은색, 검은색)과 귀중품(금, 상아, 황옥, 황금 노리개, 청옥, 순금 닫침)과 새(까마귀, 비둘기)와 식물(향기로운 꽃밭, 향기로운 풀 언덕, 백합화)과 향료(몰약) 등 온갖 좋은 것들을 동원하여 그를 묘사한다.

첫째, 남자의 머리는 순금 같다(11a절). 바빌론 왕 느부갓네살이 순금 머리로 묘사된 적이 있으며, 이러한 현상은 누구와 비교할 수 없는 존귀함과 위상을 상징한다(cf. 단 2장). 그러므로 남자의 머리가 순금 같다는 것은 사람을 매료시키는 광채가 난다는 뜻으로(cf. Schwab), 세상 말로 '귀티가 흐른다'는 의미로 해석할 수 있다(cf. Keel).

남자의 머리를 가득 채운 머리털은 고불고불하고 까마귀 같이 검다(11b–c절). 머리털이 '고불고불하다'(קְוּצּוֹתָיו תַּלְתַּלִּים)는 것이 그의 머리가 곱슬이라는 뜻으로 해석하는 것을 배재할 수는 없지만(cf. 아가페, 현대어, NIV), 여러 갈래의 머리채(locks)가 서로 엮여 있다는 뜻이다(cf. NAS, NRS, ESV, TNK). 부시시하고 산만한 머리가 아니라 잘 정돈되고 단정한 머리 모양이며 까마귀처럼 까맣다. 윤기가 나는 진한 검은색 머리는 젊음의 상징이며(Garrett, Provan) 보기에도 참 좋다. 남자는 아름다운 머리와 머리털을 지녔다.

둘째, 남자는 시냇가의 비둘기 같은 눈을 지녔다(12a절). 남자는 이미 두 차례나 여자의 눈이 비둘기 같다고 한 적이 있다(1:15; 4:1). 이번에는 여자가 남자의 눈이 비둘기 같다고 칭찬한다. 눈이 비둘기 같다는 것을 눈을 깜빡이는 것이 마치 비둘기가 날개 짓을 하는 것 같다는 의미로 해석하는 이들도 있다(Goulder, Longman). 그러나 눈이 비둘기 같다는 것은 시선이 부드럽고 평온하다는 뜻이다(cf. 1:15 주해). 그의 눈을 보고 있자면 세상 말로 '빠져든다.'

시냇가의 비둘기는 그의 눈이 시냇물에 반사된 햇빛처럼 반짝인다는 뜻이다. 한 주석가는 "우유로 씻은 듯하고 아름답게 박혔구나"(12b–c절)가 이에 대한 묘사라며 이 행에 '이'를 삽입해야 한다고 주장한다(Murphy). 그러나 마소라 사본을 그대로 유지하는 것이 좋다.

그의 눈이 우유로 씻은 듯하다는 것은 흰자위가 하얗고 깨끗하다는 것을 의미한다. '아름답게 박혔다'(יֹשְׁבוֹת עַל־מִלֵּאת)는 눈동자와 눈이 있어야 할 위치(제자리)에 잘 박혀 있다는 뜻이다. 마치 다이아몬드가 세팅(setting)에 잘 박혀 아름다운 반지를 만드는 것처럼 말이다(cf. Garrett, Provan, 14절). 빛이 나고 모든 부위가 균형을 잘 이루고 있는 남자의 눈은 참으로 매력적이고 완벽하다. 남자가 이런 눈으로 그녀를 바라봤을 때, 그녀의 마음이 얼마나 설렜을까!

셋째, 그의 뺨은 향기로운 꽃밭 같고 향기로운 풀언덕과도 같다(13a–b절). '뺨'(לְחִי)은 분명히 남자의 두 볼을 뜻하는데, 그의 두 볼을 향기와 연결시키는 것이 선뜻 이해가 되지 않는다. 그러므로 학자들 중에는 뺨을 턱수염으로 해석하는 이들도 있다(Longman, Provan). 여자가 남자의 수염을 꽃밭과 풀언덕에 비교한다는 것이다. 당시 남자들은 모두 수염을 길렀다. 심지어 율법은 면도질을 금하였으며(레 19:27; 21:5), 수염에 향을 칠하기도 했다(cf. 시 133:2). 그러므로 가능한 해석이다.

그러나 뺨이 수염을 의미하며 사용되는 경우는 없다. 또한 어떤 이들은 뺨을 면도질을 말끔하게 한(수염이 없는) 턱으로 해석하기도 한다(Keel). 서로 상반되게 해석하고 있는 것이다. 여자가 13절에서 노래하고자 하는 것은 남자의 입과 입 주변에서 풍기는 달콤한 향기이다. 그렇다면 굳이 뺨을 수염으로 해석할 필요는 없다. 13절은 남자의 입과 주변에서 좋은 향이 나기 때문에 여자는 그와 키스하고 싶은 충동을 느낀다는 뜻이다. 어떻게 남자의 볼에서 향기로운 꽃밭과 풀언덕 같은 싱그러운 냄새가 난다는 말인가? 남자는 여자를 만날 때마다 향료(향수)를 바르고 나타났기 때문이다.

넷째, 남자의 입술은 백합화 같고 몰약의 즙이 뚝뚝 떨어진다(13c-d절). '마돈나 나리'(Madonna Lily)로 알려진 이 백합화(שׁוֹשַׁן)는 진한 향기를 지녔으며, 꽃송이도 상당히 크다. 그러므로 여자는 입술이 백합화 같다는 말을 통해 남자가 볼록하고 달콤한 입술, 곧 키스하기에 딱 좋은 입술을 지녔다고 한다. 여자의 아름다운 입술은 꿀이 뚝뚝 떨어진다고 한 적이 있는데(4:11), 남자의 잘생긴 입술은 향기로운 몰약의 즙이 뚝뚝 떨어진다! 이러한 표현은 이미 5절에서 사용된 적이 있으며, 상대방의 욕망을 들끓게 한다는 의미를 지녔다. 남자의 입술은 여자들의 마음을 흔들어 놓기에 충분하다는 뜻이다(cf. Carr).

다섯째, 손은 황옥을 물린 황금 노리개 같다(14a절). '황옥'(תַּרְשִׁישׁ)은 토파즈(topaz)이다(TWOT, cf. NIV). 일부 번역본들은 '황금 노리개'(גְּלִילֵי זָהָב)를 금반지로 해석하지만(새번역, 현대어, KJV), 금으로 만든 막대/방망이(rod) 혹은 원통이라는 뜻이다(cf. 공동, 아가페, NAS, NIV, NRS, ESV, TNK). 남자의 손은 금막대에 토파즈를 수놓은 귀한 장식품처럼 아름답다. 아마도 막대는 팔을, 보석은 손가락을 뜻하는 듯하다.

여섯째, 그의 몸은 아로새긴 상아에 청옥을 입힌 듯하다(14b절). '청옥'(סַפִּיר)은 사파이어를 뜻하며(NAS, NRS, ESV, TNK), 이미지는 사파이어로 장식된 상아(조각품)이다. 상아의 기본적인 모습은 긴 뿔이다. 게다가 '몸'(מֵעֶה)은 원래 내장 등 몸의 내부에 있는 장기를 뜻한다(HALOT, cf. 창 15:4; 25:23; 민 5:22). 그러므로 이 비유가 남자의 성기가 발기된 모습을 묘사하고 있다는 해석도 있다(Schwab, Weems, cf. Longman). 이러한 해석은 상아가 세워져 있는 모습을 전제한다. 그러나 하얀 상아 조각품이 눕혀져 있을 때는 상황이 달라진다. 굳이 발기된 성기와 연결하여 해석할 필요가 없으며, 남자의 배가 상아처럼 하얗고, 그의 젖꼭지와 배꼽 등은 청옥 같다는 의미로 해석할 수 있다(cf. Fredericks & Estes).

일곱째, 남자의 다리는 순금 받침에 세운 화반석 기둥 같다(15a절). 이미지는 우뚝 솟은 기둥이다. 고대 근동에서는 신들이 우뚝 솟은 기둥처럼 묘사되기 일쑤였다. 그러므로 한 주석가는 이 노래에서 묘사되고 있는 남자는 사람이 아니라 우상이라고 한다(Pope). 설득력이 있는 해석은 아니다.

솔로몬 성전에는 야긴과 보아스로 불리는 두 기둥이 있었다(왕상 7:6). 이 기둥들은 높고 아름다워서 보는 사람들을 압도했다. 여자는 남자의 다리가 이 기둥들처럼 든든하고 휨이 없이 잘 뻗었다는 것을 강조한다. 순금 받침은 그의 다리가 특별하고 귀하다는 것을 의미한다(Longman). '순금'(פָּז)(cf. 11절)은 흔히 사용되는 단어가 아니며 11절에서는 머리를 묘사했다. 아가에서는 이 노래에서만 사용된다. 순금이 이 구절에서는 다리를 묘사함으로써 남자의 생김새를 머리(시작, 11절)에서 다리(끝, 15절)까지 순금으로 도배된 진귀한 조각(동상)에 빗대어 말한다.

여자는 남자의 생김새를 레바논과 백향목에 비유한다(15b-c절). 그의 생김새에 대한 총체적인 평가이다. 그러므로 이 말씀은 남자의 생김새를 묘사하기 시작한 10절과 쌍을 이룬다. 레바논은 빼어나고 장엄한 산의 대명사였다(cf. Bloch & Bloch). 여자는 남자가 참으로 잘생겼다고 하는 것이다. 더 나아가 그를 레바논의 상징인 백향목에 비유하는 것은 많은 사람 가운데 뛰어나다고 했던 10b절과 같은 말이다. 또한 그는 백향목처럼 아름다운 향기를 뿜어내는 사람이다. 참으로 매력적이라는 뜻이다.

여자는 남자의 입이 심히 달콤하다는 말을 더하며 남자의 생김새에 대한 평가를 마무리한다(16a절). 남자의 입에 대하여는 이미 13절에서 묘사했고, 강조점은 참으로 사랑스러워 그를 보는 사람마다 그를 사랑하고 싶은 충동이 생긴다는 것이었다. 그러므로 여자가 이곳에서 다시 한 번 남자의 입에 대해 말하는 것은 그의 생김새가 여자들의 마음을 흔들어 놓기에 충분하다는 것을 강조하기 위해서이다(cf. 2:3). 혹은 입이 남자의 '부드럽고 달콤한 속삭임'을 상징하는 것이라는 해석도 가능하다(Fredericks & Estes). 그의 생김새는 모든 면에서 빼어나고 사랑스럽다(16b절).

남자의 생김새에 대해 설명을 마친 여자가 예루살렘 딸들에게 자신이 사랑하는 자는 이렇게 생겼으니 제발 찾아 달라는 부탁으로 노래가 마무리된다(16c–d절). 인상적인 것은 여자가 연인을 '나의 친구'(רֵעִי)로도 부르는 것이다. 남녀 간의 사랑은 신체적 관계를 초월한 오래 지속되는 우정을 포함해야 한다는 뜻이다(Carr).

남자는 여자의 아름다움을 자연 세계이 빗대어 찬양했다(4:1–15). 여자는 남자의 아름다움을 동상(기둥)에 비교하여 칭찬하고 있다. 선남선녀의 만남이라 할 수 있다. 중요한 것은 남들은 이들에 대해 이렇게 생각하지 않을 수도 있다는 것이다. 사랑에서 가장 중요한 것은 두 사람의 서로에 대한 감정과 생각이다. 사랑은 참으로 주관적이다. 그래서 '제 눈에 안경'이라는 말이 나오지 않았겠는가! 남자와 여자의 서로에 대한 칭찬은 우리도 사랑하는 사람에게 사랑하는 감정과 마음을 언어로 표현해야 한다는 교훈을 준다.

VII. 님은 먼 곳에(5:2–6:3)

C. 님은 나리꽃 밭에(6:1–3)

(친구들)

1 여자들 가운데에서 어여쁜 자야

네 사랑하는 자가 어디로 갔는가
네 사랑하는 자가 어디로 돌아갔는가
우리가 너와 함께 찾으리라
(여자)
2 **내 사랑하는 자가**
자기 동산으로 내려가
향기로운 꽃밭에 이르러서
동산 가운데에서 양 떼를 먹이며
백합화를 꺾는구나
3 **나는 내 사랑하는 자에게 속하였고**
내 사랑하는 자는 내게 속하였으며
그가 백합화 가운데에서
그 양 떼를 먹이는도다

여자가 남자의 생김새에 대하여 노래를 마치자 친구들이 그녀의 말을 모두 이해했고, 그녀의 연인이 어떻게 생겼는지에 대해 확실히 알겠다는 반응을 보인다(1절). 친구들이 여자가 참으로 아름답다며 5:9에서 이미 사용한 '여자들 가운데에서 어여쁜 자'를 이곳에서 반복한다. 5:9에서처럼 본문에서도 개역개정은 문장의 순서를 바꿔 놓았다. 그러므로 히브리어 텍스트 순서에 따라 1a-c절의 순서를 정리하면 '네 사랑하는 자가 어디로 갔는가(b)—여자들 가운데서 어여쁜 자야(a)—네 사랑하는 자가 어디로 돌아갔는가(c)'가 된다. 강조점이 여자의 미모가 아니라, 남자의 행방에 맞춰져 있는 것이다.

이제 그가 어떻게 생겼는지 확실히 알았으니(cf. 5:10-16) 여자에게 자기들과 함께 그를 찾아 나서자고 한다(1d절). 친구들이 여자를 돕고자 해서 함께 그를 찾자고 하는 것일 수도 있다. 혹은 여자가 입이 닳도록 남자의 아름다움을 노래했기 때문에 시기와 호기심이 발동한 것일 수도 있다(cf. Garrett, Gledhill). 여자의 말이 사실인지, 실제로 그녀가 말한 '조각남'이 존재하는지 알고 싶어진 것이다(cf. Weems).

여자는 연인이 그의 동산으로 내려갔다고 한다(2a-b절). 고대 근동의 신화들을 바탕으로 아가를 신들의 이야기로 읽는 사람들은 '내려가다'(ירד)를 매우 주의 깊게 본다. 그들은 본문이 남자 신이 죽어서 여자 신이 있는 저 세상(죽음)으로 '내려가는 것'을 묘사한다고 한다(Pope). 지나친 해석이다. 고대 근동 신화들에 의하면 저 세상은 참으로 어둡고 절망적인 곳이다. 반면에 본문에서 남자가 내려간 정원은 꽃이 만발하고 양 떼도 있는 생동감으로 가득 찬 곳이다. 게다가 본문에서 꽃이 만발한 정원은 생기가 넘치는 여자이다.

여자가 남자가 동산으로 내려갔다며 친구들에게 그의 행방에 대해 알려 주는 것은 그가 어디 있는지 알지 못해서 그를 찾아 나섰던 것(5:6)과는 사뭇 대조적인 이미지이다. 그럴 수밖에 없는 것이 그가 드디어 자기 동산인 여자를 찾아왔기 때문이다(cf. 4:16-5:1). 남자가 여자에게 돌아온 것이 그가 실제로 여자를 떠났다가 돌아온 것이 아니라, 그들 사이에 존재했던 심리적 거리감이 극복된 것을 의미하는 상징적 표현이라고 해석하는 이들도 있다(Fredericks & Estes). 남자는 이미 자기 동산(여자)으로 돌아와서 온갖 향기로운 꽃들이 만발한 꽃밭을 누비며 양 떼를 먹이고 백합화를 꺾고 있다! 여자는 자신을 골짜기에 핀 백합화라고 한 적이 있다(2:1). 남자도 그녀를 가시덤불 속에 홀로 피어난 백합화라고 했었다(2:2). 백합화는 동산처럼 여자를 두고 하는 말이다.

한 학자는 그가 백합화를 꺾는 것을 남자가 여자들(예루살렘의 딸들)과 놀아나고 있다는 뜻으로 해석한다(Landy). 오늘날로 말하면 '어장 관리'를 하고 있다는 것이다. 그러나 남자는 일편단심 여자만을 사랑한다. 그러므로 이 또한 지나친 해석이다. 남자가 여자와 달콤한 시간을 보내며 마음껏 즐기고 있다는 뜻이다. 남자가 이미 여자에게 돌아왔기 때문에 친구들은 그를 찾아 나서지 않아도 된다.

이 노래가 여자가 실제로 경험한 일을 노래하고 있다고 생각하는 학자들은 남자가 성을 순찰하는 자들과 파수꾼들에게 성폭행을 당해 순결을 잃은 여자에게(cf. 5:7) 돌아온 것에 대해 잘 이해가 되지 않는다고 한다(Carr). 그러나 이 노래는 여자가 실제로 경험했던 일을 노래한 것이 아니라, 꾼 꿈을 노래하는 것으로 간주하면 아무런 문제가 되지 않는다. 꿈이나 환상에서는 모든 것이 가능하기 때문이다.

남자와 함께 꿈 같은 시간을 보내고 있는 여자는 두 사람의 관계를 확인한다: "나는 나의 사랑하는 자에게 속하였고, 나의 사랑하는 자는 내게 속하였다"(3a-b절). 둘은 언약(결혼)으로 맺어진 사이이다(Schwab). 이러한 고백은 그녀가 이미 2:16에서도 한 것이며, 단지 순서가 바뀌었다: "나의 사랑하는 자는 내게 속하였고, 나는 그에게 속하였구나." 문장 순서의 변화는 마치 '내가 그를 먼저 사랑했더니, 그도 나를 사랑하더라'라는 느낌을 준다. 두 사람의 관계에서 여자가 남자보다 더 적극적이었던 것이다. 남자는 자기 정원에 들어와 백합화를 즐기며 양 떼를 먹이고 있다. 두 사람의 관계가 참으로 평온하고 사랑스러운 시골 풍경으로 묘사되고 있다.

VIII. 사랑스럽고 빛나는 그대
(6:4-10)

(남자)

4 내 사랑아
너는 디르사 같이 어여쁘고,
예루살렘 같이 곱고,
깃발을 세운 군대 같이 당당하구나
5 네 눈이 나를 놀라게 하니
돌이켜 나를 보지 말라
네 머리털은 길르앗 산 기슭에 누운 염소 떼 같고
6 네 이는 목욕하고 나오는 암양 떼 같으니
쌍태를 가졌으며 새끼 없는 것은 하나도 없구나
7 너울 속의 네 뺨은 석류 한 쪽 같구나
8 왕비가 육십 명이요
후궁이 팔십 명이요 시녀가 무수하되
9 내 비둘기,
내 완전한 자는 하나뿐이로구나
그는 그의 어머니의 외딸이요

그 낳은 자가 귀중하게 여기는 자로구나
여자들이 그를 보고 복된 자라 하고
왕비와 후궁들도 그를 칭찬하는구나
10 아침 빛 같이 뚜렷하고
달 같이 아름답고
해 같이 맑고
깃발을 세운 군대 같이 당당한 여자가 누구인가

앞 노래에서 여자는 친구들에게 남자의 생김새가 조각(동상)처럼 아름답다며 그를 보는 순간 곧바로 알아볼 것이라고 했다(cf. 5:10–16). 그는 요즘 말로 '조각남'이라는 것이다. 마치 여자의 이 같은 말에 화답하듯 남자도 이 노래에서 그녀의 아름다움을 극찬한다. 그녀는 요즘 말로 '만찢녀'(만화를 찢고 나온 여자)라는 것이다. 둘이 서로에 대하여 이렇게 생각하는 것이 참으로 보기 좋다. 부부는 서로에게 세상에서 가장 아름다운 여자와 가장 잘생긴 남자가 되어야 한다.

이 노래는 세 파트로 구성되어 있다. 먼저 남자는 여자를 육감적인 아름다움을 지닌 미인으로 묘사한다(4–7절). 이어 여자가 귀족층 여성들과도 비교할 수 없는 특별한 사람이며(8–9절), 하늘의 성체들보다도 빛나는 '자체발광'이라고 한다(10절). 남자의 노래 중 4–7절은 그가 이미 4:1–3에서 여자의 미모에 대하여 노래한 것을 반복한 것이다. 또한 노래를 마무리하고 있는 '여자가 누구인가?'(10절)라는 질문은 여자가 남자에 대해 했던 '오는 자가 누구인가?'(3:6)를 연상케 한다.

남자는 여자를 '내 사랑아'(רַעְיָתִי)라고 부르며 그녀의 아름다움을 노래하기 시작한다(4a절, cf. 1:15; 4:1). 그는 여자의 아름다움을 세 가지에 비유한다.

첫째, 여자는 '디르사'(תִרְצָה)처럼 아름답다(4b절). 디르사는 솔로몬이 죽은 직후 여로보암이 열 지파를 이끌고 나가서 세운 북 왕국 이스라엘의 수도였다(왕상 14:17). 훗날 오므리가 수도를 사마리아로 옮길 때까지 북 왕국 정치의 중심지였다(왕상 16:23). 그러므로 디르사는 북왕국의 상징이다.

둘째, 여자는 '예루살렘'(יְרוּשָׁלַםִ)처럼 곱다(4c절). 예루살렘은 다윗이 여부스족에게서 빼앗아 수도로 삼았던 곳이다(cf. 삼하 5:6-12). 이후 예루살렘은 이스라엘의 영원한 수도가 되었다. 하나님의 성전이 이곳에 있었기 때문이다. 남자가 여자를 이스라엘 북쪽 온 지역을 상징하는 디르사와 남쪽 온 지역을 대표하는 예루살렘에 비교하는 것은 그녀의 미모가 온 나라의 아름다움에 비교할 정도로 참으로 대단하다는 뜻이다. 또한 디르사와 예루살렘이 지닌 문자적 의미도 그녀의 아름다움을 노래하는 것에 한몫하는 듯하다. '디르사'(תִּרְצָה)는 '기쁘다'(רצה)라는 의미를 지닌 동사에서 비롯된 단어이다. 그러므로 칠십인역(LXX)은 디르사를 고유 명사로 취급하지 않고 일반 명사인 '기쁨'(εὐδοκία)으로 번역했고, 일부 주석가들도 이렇게 해석한다(Pope). 또한 '예루살렘'(יְרוּשָׁלַםִ)은 '완벽한 아름다움'이라는 의미를 지녔다(Provan, Schwab, cf. 시 50:2; 렘 6:2; 애 2:15). 그러므로 남자는 이스라엘의 대표적인 도시들의 이름이기도 한 이 두 도성 이름을 사용하여 여자의 아름다움은 참으로 완벽하며 사람을 기쁘게 한다고 한다(cf. Bergant).

셋째, 여자는 깃발을 세운 군대 같이 당당하다(4d절). '깃발'(דֶּגֶל)은 기수들이 부대의 정체성을 알리기 위하여 들고 다니는 깃발(standard)이다(cf. 민 2:3; 10:18, 25). 그러므로 깃발은 온 군대의 정체성과 자존심과 위상을 상징한다. 여자는 남자의 사랑이 그녀 위에 깃발처럼 펄럭인다며 그가 자기를 매우 자랑스럽게 생각한다고 고백한 적이 있다(2:4). 이에 대해 남자는 여자가 자기 스스로 자랑할 만한 절대적인 미모를 지녔다고 한다. '당당함'(אֲיֻמָּה)은 두려움을 자아낼 정도의 위풍을 뜻한다(HALOT, cf. Provan). 요즘 말로 하자면 여자가 얼마나 아름다운지 보는 사람마다 '기가 죽는다'는 뜻이다.

그러므로 남자는 여자의 눈이 그를 놀라게 한다며 눈을 돌려 자기를 보지 말라고 부탁한다(5a-b절, cf. 4:9). 여자가 너무 아름다워 자신은 도저히 그녀의 아름다움을 감당할 수 없으니 자기를 보지 말고 딴 곳에 시선을 두라는 뜻이다. 남자는 진지하게 이런 고백을 하고 있지만, 제3자인 우리 입장에서는 왠지 지나치다는 생각이 든다!

우리는 온 나라의 수려함에 비교할 만한 아름다움과 온 나라가 자랑스럽게 생각하는 군대의 최정예 부대의 위풍당당함을 겸비한 여자를 보고 있다. 남자의 눈에 '콩깍지가 씌워진 것'이 확실하다. 그가 보기에 여자는 모든 면에서 절대적으로 완벽하며, 세상에 그녀와 비교할 만한 미모를 가진 사람은 하나도 없다! 여자의 실제 모습이 어떠한가는 중요하지 않다. 사랑은 눈이 보는 실체가 아니라, 마음이 만드는 느낌이다.

이어지는 여자의 아름다움에 대한 찬양(5c-7절)은 남자가 4:1-3에서 한 말과 같다. 4장에서는 여자의 머리에서 시작하여 가슴까지 내려갔는데, 이곳에서는 볼에서 멈춘다. 여자의 아름다움에 대한 묘사를 얼굴로 제한하는 것이다.

첫째, 신부의 머리털은 길르앗 산 기슭에 누운 염소 떼 같다(5c절). 털이 까만 염소를 연상시키는 말이다. 7절은 그녀가 베일을 쓰고 있다고 한다. 그러므로 이 말씀은 일부만 베일에 가려진 여자의 많고 까만 머리털이 베일 아래 어깨 위로 흘러내리는 것이 까만 염소들이 떼를 지어 비탈진 산기슭을 내려오는 듯하다는 뜻이다(Carr, cf. 새번역, 아가페). '눕다'(גלשׁ)의 더 정확한 번역은 '뛰다'이다(TWOT, cf. 현대어, ESV). 여자가 지닌 머리털의 풍성함을 강조하기 위해서는 가만히 누워 있는 염소 떼보다는 뛰노는 염소 떼가 더 낫다. 길르앗은 요단강 동편 갈릴리 호수 아래에 있는 산이며 빼어난 수려함과 신비로움을 상징하는 산이었다(Fredericks & Estes, Longman).

둘째, 여자의 이는 목욕하고 나오는 암양 떼 같다(6a절). 4장에서는 털을 깎은 후 목욕하고 나오는 암양 떼 같다고 했는데(4:2), 이번에는 털을 깎은 부분을 생략하고 있다. 같은 말을 반복하기 때문에 어느 정도의 변화를 주기 위해서이다. 고대 사회에서 양털은 가장 순결하고 깨끗한 흰색으로 여겨졌다(cf. 사 1:18). 그러나 평상시 양들의 털은 오물 등이 묻어 상당히 불결하고 더러웠다(cf. Fredericks & Estes). 그러므로 남자가 여자의 이를 방금 목욕하고 나오는 양에 비교하는 것은 그녀의 이가 하얗다는 뜻이다.

또한 그녀의 이는 각각 쌍태를 낳은 암양들과 같다(6b절). 그녀의 이는 빠진 것이 하나도 없이 고르다는 뜻이다(Fishbane). '쌍태'(מַתְאִימוֹת)는 쌍둥이를 임신 중이라는 뜻이다. 새끼가 없는 것은 하나도 없다(6b절). '새끼 없는 것이 없다'(שַׁכֻּלָה אֵין בָּהֶם)는 이 양들 중에 '새끼를 유산한 양'은 한 마리도 없다는 의미다(cf. NIDOTTE, NAS, NRS, ESV, TNK). 남자가 여자의 이에 대하여 하얀 암양들, 그것도 모두 쌍둥이를 임신한 암양들로 묘사하는 것은 그녀의 왕성한 가임 능력이 앞으로 많은 아이들을 기대하게 한다는 의미로 해석할 수도 있다(cf. Garrett). 그러나 이 비유의 근본적인 의미는 여자의 이가 매우 깨끗하고 고르다는 뜻이다. 쌍둥이를 임신한 양들의 모습(사이즈)이 똑같은 것처럼 신부의 이도 매우 고르다. 고르고 하얀 이를 드러내며 웃는 그녀의 모습은 더 아름답다(Fredericks & Estes).

셋째, 너울(베일)에 가려진 그녀의 뺨도 석류 한쪽처럼 아름답다(7절). '뺨'(רַקָּה)을 더 정확하게 번역하면 '관자놀이'(temple)이다(HALOT, cf. NAS, NIV). 그러나 관자놀이는 벌겋게 색이 변하는 곳이 아니다. 그러므로 번역본들은 뺨(cheek) 혹은 이마(brow)로 번역하기도 한다(cf. 새번역, 공동, ESV, NIRV, TNK, LXX). 관자놀이가 뺨과 이마 사이에 있으므로 적절한 번역이다. 여자의 볼을 석류의 불그스름하고 볼록한 껍질에 비유하는 것일 수 있다(Carr). 볼의 탐스러움을 부각시키는 비유이다.

혹은 석류를 반으로 가르면 붉은 보석처럼 반짝거리는 석류알들을 염두에 둔 비유일 수도 있다. 남자는 수줍음으로 벌겋게 달아오른 여자의 볼을 붉은 보석처럼 반짝이는 석류에 비교하고 있는 것이다(Provan). 여자의 볼이 얼마나 사랑스러운지 남자는 당장이라도 그 볼에 키스하고 싶은 충동을 느낀다(Garrett).

여자가 얼마나 아름다운가를 노래한 남자가 이번에는 그녀의 독보적인 존재감을 찬양한다(8-9절). 여자는 왕비 60명과 후궁 80명과 숫자를 가늠할 수 없는 수많은 시녀들보다 낫다(8절). 남자가 실제로 이 많은 여자들을 거느린 왕이라는 뜻은 아니다. 책이 신랑을 솔로몬에 비교한 것에서 비롯된 표현이다.

'왕비—후궁—시녀'는 왕궁에 사는 자들 중에서도 가장 귀한 신분에서 낮은 신분까지 순차적으로 나열한 것이다. 이들과 연결하여 사용되는 숫자도 '60—80—무수히 많음'도 귀한 신분일수록 숫자가 적음을 시사한다. 모두 다 왕궁에서 살며 나라에서 가장 아름다운 여자들이다. 또한 왕비 60명은 신랑과 신부를 밤새 지키는 용사들의 숫자이기도 하다(3:7).

남자는 자기 연인이 나라의 모든 귀족들과 상류층 여자들과 시녀들보다 아름답다고 노래한다. 그러므로 그는 왕(솔로몬)이 부럽지 않다. 마치 자신이 솔로몬이 된, 혹은 솔로몬의 수많은 아내들보다 더 아름다운 여인을 아내로 맞이한 기분이다. 눈에 콩깍지가 단단히 씌워진 남자의 고백이지만, 듣기가 좋다. 남자는 아내를 항상 이렇게 생각해야 한다.

그는 여자를 '내 비둘기'(יוֹנָתִי)라고 부른다(9a절, cf. 5:2). 비둘기는 남자가 여자를 부르는 애칭이다(1:1; 2:14; 4:1; 5:2, 12). 또한 여자는 '남자의 완전한 자'(תַּמָּתִי)이다(9b절). 이 '완전함'(תָּם)은 4:7이 언급한 신체적 '결함'(מוּם)이 없이 완벽하다는 의미이다(cf. NIDOTTE). 남자는 여자가 얼마나 아름다운지 그 어느 것 하나 나무랄 것이 없다고 생각한다. 여자의 특별함을 강조하기 위해 남자는 9절을 '그녀는 하나다[독특하다]'(אַחַת הִיא)로 시작한다. 개역개정은 9a-b절을 '내 비둘기—내 완전한 자—하나뿐이다'라는 순서로 표기했지만, 히브리어 텍스트는 '그녀는 하나뿐이다—내 비둘기—내 완전한 자' 순서로 되어 있다.

여자의 아름다움을 '그녀는 하나다[독특하다]'로 노래한 남자는 여자가 자기 집에서도 매우 특별하다는 것을 그녀의 어머니의 외딸이라는 말로 표현한다(9c절, cf. NIDOTTE). 그녀가 외딸이라는 말도 히브리어로는 '그녀는 하나다'(אַחַת הִיא)로 표현되었다. 같은 문장이 9절에서 두 차례 사용되면서 한 번은 그녀의 신체적 아름다움을, 한 번은 그녀의 관계적 특별함을 강조하고 있는 것이다. 그녀가 실제 외딸인지, 여러 딸이 있는데 특별히 귀하게 여김을 받는다는 뜻인지는 별로 중요하지 않다. 여자의 어머니는 그녀를 참으로 귀중하게 여긴다는 사실이 중요하다(9d절). '귀중하다'(בַּר)는 순결하다(pure)는 뜻을 지녔지만, 이곳에서는 '하나'(אֶחָד)와 함께 그녀의 특별함을 강조한다. 모든 부모는 자녀들을 특별하게 생각하지만, 그녀는 더욱더 특별하다는 뜻이다.

그러므로 세상 여자들이 그녀를 보고 복된자라 하고 왕비와 후궁들도 그녀를 칭찬한다(9e-f절). 여자는 세상 모든 여자들의 부러움을 사는 참으로 특별히 사랑스러운 사람이다. 물론 이것도 그녀와 사랑에 빠진 남자의 생각이다. 모든 남편들은 자기 아내들을 이렇게 생각해야 한다.

여자에게서 광채가 난다는 10절이 남자의 말인지, 혹은 친구들의 말인지 확실하지 않다(cf. Fishbane). 아마도 친구들이 남자의 말에 동의한다며 한 말일 것이다. 우리가 따르고 있는 새번역도 10절을 남자의 말로 취급하면서도 큰따옴표를 사용하여 남자가 다른 사람(들)의 말을 인용하고 있다는 것을 시사한다.

친구들은 '이 여자는 누구냐?'(מִי־זֹאת)라는 질문으로 노래를 시작한다. 어떤 이들은 여자가 너무나도 심하게 변신했기 때문에(의복과 화장품 등으로) 친구들이 알아보지 못하는 것이라고 한다(Garrett). 그러나 이 말은 단순히 여자가 얼마나 아름다운지 보고 있으면서도 믿기지가 않는다는 뜻이다(Bloch & Bloch, cf. 3:6). 이어 그들은 여자를 빛을 발하는 천체들에 비교하여 그녀의 아우라를 찬양한다.

첫째 이미지는 아침이 밝아 올 때 하늘의 빛이 땅을 내려다보는(비추는) 모습이다. 그녀는 이 땅 사람이 아니라는 것이다! 여자는 달같이 아름답다. 얼굴의 하얗고, 부드럽고, 따뜻한 이미지를 묘사한다. 또한 해같이 맑다. '맑다'(בָּרָה)는 9절에서 '복되다'(בָּרָה)로 번역된 단어이다. 그녀는 티없이 맑고 순수하다는 것을 강조한다. 여자는 하늘에서 내려온 천사처럼 자체발광이다!(cf. Murphy, Snaith) 친구들의 말은 당시 아름다운 여인들을 찬양할 때 사람들이 일상적으로 하던 말을 반영하는 것일 수도 있다(Weems).

세상을 밝히는 세 가지 빛의 이미지로 여자를 찬양한 친구들은 네 번째 비유로 그녀를 찬양하며 이 구절을 마무리한다. 그들은 여자가 '깃발을 세운 군대 같이 당당하다'고 한다(10d절). 남자가 여자에 대해 노래를 시작할 때 사용한 이미지이다(4절). '당당함'(אֲיֻמָּה)은 두려움을 자아낼 정도의 위풍을 뜻한다(HALOT). 요즘 말로 하자면 여자가 얼마나 아름다운지 보는 사람마다 '기가 죽는다'는 뜻이다. 친구들도 남자의 여자에 대한 평가에 전적으로 동의한다.

친구들이 지혜롭게 행동하고 있다. 이미 언급한 것처럼 여자의 아름다움에 대한 남자의 평가는 그녀와 사랑에 빠진 매우 주관적인 사람의 평가이다. 그러므로 친구들이 그의 평가에 동의할 필요는 없으며, 여자의 미모가 그가 말하는 것처럼 뛰어나지 않을 수도 있다. 그러나 그들은 자신들의 생각(그녀의 미모에 대한 개인적인 평가)은 접고 온전히 남자의 평가에 동의하는 노래를 한다. 두 사람이 더욱더 서로를 사랑하도록 격려하기 위해서이다.

IX. 한 몸 되게 하소서
(6:11–7:13)

이 노래는 신부에게 바치는 노래(4:1–5:1)처럼 마치 결혼식장에서 신랑과 신부와 친구들이 돌아가며 노래하는 듯하다. 차이점이라면 4장은 결혼식에서 부른 노래처럼 들리고, 이 노래는 식이 끝나고 난 후, 오늘날로 말하면 '피로연'에서 부른 듯한 느낌을 준다. 그래서 새번역도 7:1–13에 '결혼식 춤'이라는 타이틀을 붙였다. 또한 각 섹션을 노래하는 이들이 누구인지 정확하지 않다(cf. Fishbane, Schwab). 노래의 전반적인 흐름은 신랑과 친구들이 번갈아 가며 신부의 아름다움을 찬양하고 난 후, 신부가 신랑에게 그와 하나되겠다는 의지를 고백하는 것으로 생각된다. 이 노래는 다음과 같이 섹션화 될 수 있다.

A. 내 마음은 당신과 함께(6:11–12)
B. 신부여, 모습을 보이라(6:13–14)
C. 아름다운 신부여(7:1–5)
D. 그대와 함께하고파(7:6–9a)
E. 우리 함께해요(7:9b–13)

IX. 한 몸 되게 하소서(6:11–7:13)

A. 내 마음은 당신과 함께(6:11–12)

(남자)

11 골짜기의 푸른 초목을 보려고
포도나무가 순이 났는가
석류나무가 꽃이 피었는가 알려고
내가 호도 동산으로 내려갔을 때에
12 부지중에 내 마음이 나를
내 귀한 백성의 수레 가운데에 이르게 하였구나

이 섹션은 아가에서 가장 어려운 부분이다(Weems). 누가 노래하고 있는지도 확실하지 않다. 여자가 이 노래를 부른 것이라 하는 이들도 있지만(Fredericks & Estes, Garrett, Schwab, cf. LXX), 남자가 부른 것이다(Bloch & Bloch, Hubbard). 남자는 호도 동산에 내려갔던 경험을 노래한다(11절). '호도나무'(אֱגוֹז)는 히브리어가 페르시아어에서 빌려 온 단어이며 페르시아 호도(Juglans regia)를 뜻한다(Fishbane). 대부분 학자들은 근동의 신화들에서 동산은 여자를 상징하며 '동산으로 내려가다'는 남자가 여자와 성관계를 갖는 것을 의미한다며 11절을 남자가 여자와 잠자리를 같이한 것을 묘사하는 것으로 해석한다(Fishbane, Longman, Pope, Provan, Schwab). 충분히 가능한 해석이다.

그러나 이 구절이 시골 과수원(동산)의 서정적인 상황을 묘사하고 있는 것으로 해석하는 것도 가능하다. 남자는 봄을 맞이한 동산이 어떻게 변하고 있는가에 대하여 알고 싶어서, 곧 포도나무에 순이 나고, 석류나무가 꽃이 피었는지를 확인하고 싶어서 골짜기에 있는 호도 과수원으로 내려갔다는 것이다.

그 다음 상황을 묘사하는 12절은 아가에서 가장 어려운 텍스트이다

(Provan, cf. Pope). 이 구절의 번역과 해석은 거의 불가능하다(Longman, cf. Murphy). 사용되는 단어들과 이 단어들이 배경으로 하고 있는 이미지들을 파악하기가 매우 어렵기 때문이다. 이러한 상황은 번역본들이 이 구절을 매우 다양하게 번역한 것에서도 역력하게 드러난다.

버전	번역	비고
개정 새번역 NAS	부지중에 내 마음이 나를 내 귀한 백성의 수레 가운데에 이르게 하였구나	남자가 무의식적으로 수레에 오름
공동	나도 모르는 새에 마음이 움직여 왕자답게 내 백성의 병거에 올라탔다네	남자가 사랑에 빠져 어찌할 바 모르다가 정신을 차리고 몸가짐을 바르게 함
아가페	나도 몰래, 그가 어느새 내 백성의 귀한 병거에 나를 태우네	남자가 여자를 병거에 실음 여자가 스피커
현대어	나도 몰래 몸을 부르르 떨었네. 그대 나를 미치게 하누나. 사랑 그리워 미치게 하누나. 병거 끄는 기병이 미친 듯 전쟁을 그리워하듯 나 미치게 하누나	남자가 여자 생각으로 발광함
NIV	내가 깨닫기 전에 나의 욕망이 내 백성의 귀한 수레 가운데 세웠네	남자가 욕망을 절제하지 못함
NRS	내가 깨닫기 전에 나의 욕망이 내 왕자의 수레 옆에 나를 앉혔네	여자가 남자에 대한 욕망을 절제할 수 없음
ESV	내가 깨닫기 전에 나의 욕망이 내 친족, 곧 왕자 옆에 나를 앉혔네	'친족'(kinsman)을 더함
TNK	내가 알아차리기 전에 나의 욕망이 암미나답의 수레에 태웠네	'내 귀한 백성'으로 번역된 말을 고유 명사로 취급
LXX	그곳에서 내가 당신에게 내 젖가슴을 주리라. 내 영혼은 알지 못했네. 그것이 나를 암미나답의 수레로 만들었네	다른 번역본들과 현저히 차이나는 해석

이처럼 매우 다양하게 해석되는 정황을 고려할 때 솔직히 어떤 번역을 선호하든 간에 별 의미는 없다. 11절은 남자가 온갖 꽃으로 가득한 동산을 보고 연인을 생각하게 되었던 것을 말하고, 12절은 그녀가 너무나도 그리운 나머지 자기도 모르게 그녀를 향해 발길을 돌렸다는 뜻

으로 해석하는 것이 바람직해 보인다. 혹은 3:7–10이 수레(가마)를 신랑 신부가 사랑을 나누는 공간이라고 한 것을 바탕으로 12절을 신랑이 스스로 의식하기 전에 이미 여자와 함께 있는 자신을 발견했다는 의미로 해석할 수도 있다. 그녀에 대한 그리움이 의식(consciousness)을 앞선 것이다.

IX. 한 몸 되게 하소서(6:11–7:13)

B. 신부여, 모습을 보이라(6:13)

(친구들)

13 돌아오고 돌아오라

술람미 여자야 돌아오고 돌아오라

우리가 너를 보게 하라

(남자)

너희가 어찌하여

마하나임에서 춤추는 것을 보는 것처럼

술람미 여자를 보려느냐

이 말씀을 장과 절로 구분하는 일이 다소 혼란을 보인다. 개역개정과 대부분 영어 번역본들은 모두 6:13로 표기한다. 반면에 마소라 사본과 TNK는 7:1로 취급한다. 또한 새번역은 남자의 말(d–f)을 14절로 구분한다. 누가 본문을 노래하고 있는가에 대하여도 해석자들마다 차이를 보인다. 우리는 새번역의 구분에 따라 전반부는 친구들이, 후반부는 남자(신랑)가 노래하는 것으로 간주한다.

친구들은 신부에게 '돌아오라'(שׁוּבִי)는 명령문을 네 차례 사용하여 간곡한 부탁을 표현한다(a–b절). 만일 여자가 그들이 있는 장소를 떠나고 있는 상황에서 친구들이 이런 말을 했다면, 제발 그들이 있는 곳으로 돌아오라는 부탁이다(Provan). 그녀와 더 오랫동안 함께하고 싶은 바램이다. 혹은 여자가 신랑이 등을 보인 이유로 친구들에게 등을 돌리고 있는 상황이라면, 제발 등을 돌려 자신들을 바라보아 달라는 부탁이다(Longman). 만일 여자가 춤을 추는 상황에서 이런 말을 했다면, 더 열심히 황홀한 춤을 추어 달라는 부탁이다(Fishbane, cf. e절).

친구들은 신부를 '술람미 여자'(הַשּׁוּלַמִּית)라고 부른다. 이 단어는 성경에서 이 구절에서만 두 차례 사용되는 단어이며 의미가 불분명하다. 신부가 술람미로 불리는 마을(도시) 출신 여자라는 것을 의미할 수 있다. 일부 주석가들은 메소포타미아 지역 신화에 등장하는 여신 술마니투(Sulmanitu)를 뜻한다고 한다(Albright, Pope). 하나의 호칭이며 '공주'(princes)를 의미할 수도 있으며(Schwab), 비슷한 맥락에서 '솔로몬'(שְׁלֹמֹה)을 여성화해 놓은 명사로 간주할 수도 있다(Longman, Provan, Rowley). 혹은 6:4에서 디르사와 예루살렘이 실제 지명이 아니라 여자의 아름다움을 뜻하는 일반 명사들로 풀이한 것처럼, 이 단어를 '온전함'(שָׁלוֹם)과 연관이 있는 것으로 간주하여 그녀의 완벽한 미모를 찬양하는 말로 해석할 수도 있다(Fishbane, Fox). 아가를 '솔로몬—여자—여자의 연인인 목동' 세 사람의 갈등을 바탕으로 해석하는 사람들은 '술람미 여자'가 다윗의 마지막 아내였던 '수넴 여자'(הַשּׁוּנַמִּית)라고 하기도 한다(cf. Longman, 왕상 1:1–4:15).

친구들이 여자에게 돌아오라고 하는 이유는 그녀를 더 가까이, 자세하게 보고 싶어서이다(c절). 친구들의 요구에 누가 d–f절에 기록된 말로 반응하는 가가 확실하지 않다. 여자가 하는 말일 수도 있다(Fishbane, Longman, Murphy). TNK는 친구들이 하는 말로 간주하지만, 남자 혹은 여자가 하는 말을 그대로 옮긴 것이라는 점을 암시하기 위하여 큰따옴표를 사용하여 따로 구분했다. 우리는 새번역의 구분에 따라 남자가 말하는 것으로 간주한다(cf. 공동, Fredericks & Estes).

남자는 친구들이 여자를 가까운 곳에서 자세하게 보려고 하는 것에 대해 어느 정도 불쾌함을 느낀다(Fishbane). 그러므로 그는 나무라듯이 친구들이 그녀를 마하나임에서 춤추는 것을 보는 것처럼 술람미 여자를 보려 한다고 한다(Keel). 일부 번역본들은 '마하나임'(הַמַּחֲנָיִם)을 고유 명사로 취급하여 번역하지만(NIV, NIRV, TNK, cf. 창 32:7) 정관사가 붙는 것으로 보아 고유 명사가 아니라 일반 명사다. 일반 명사로서 마하나임은 쌍수(dual)이며, 둘 혹은 두 그룹을 뜻한다(NIDOTTE, cf. 창 32:2). 그러므로 번역본들은 이 단어를 '두 줄로 돌아가는 무희들'(공동), '두 군대 앞에서 추는 춤'(NRS, ESV), '두 그룹이 추는 춤'(NAS) 등 숫자 2를 사용하여 다양하게 번역한다. 남자는 친구들이 신부를 춤추는 여인들 중 하나로 취급한다며 싫어한다. 그러나 다음 절에서 드러나듯 친구들은 여자의 아름다움과 춤에 매료되었기 때문에 더 가까이서 보기를 원한다(Carr, Provan).

IX. 한 몸 되게 하소서(6:11–7:13)

C. 아름다운 신부여(7:1–5)

(친구들)

1 귀한 자의 딸아
신을 신은 네 발이 어찌 그리 아름다운가
네 넓적다리는 둥글어서
숙련공의 손이 만든 구슬 꿰미 같구나
2 배꼽은 섞은 포도주를 가득히 부은 둥근 잔 같고
허리는 백합화로 두른 밀단 같구나
3 두 유방은 암사슴의 쌍태 새끼 같고
4 목은 상아 망대 같구나

눈은 헤스본 바드랍빔 문 곁에 있는 연못 같고
코는 다메섹을 향한 레바논 망대 같구나
5 **머리는 갈멜 산 같고**
드리운 머리털은 자주 빛이 있으니
왕이 그 머리카락에 매이었구나

이미 언급한 것처럼 이 노래에서 누가 어느 부분을 말하는지 확실하지가 않다. 그러므로 이 파트를 남자가 부른 노래로 간주하는 이들이 많다(Fredericks & Estes, Garrett, Glickman, Longman, Weems). 이들은 신부가 신랑 앞에서 나체로, 혹은 속이 다 들여다보이는 아주 얇은 옷을 입고 춤을 추는 것을 신랑이 보고 성관계와 연관된 부위들을 중심으로 그녀의 몸을 노래한 것이라 한다. 그렇다보니 이 노래에 대한 해석이 매우 자극적이다(cf. Fredericks & Estes). 우리는 새번역의 구분에 따라 친구들이 부른 것으로 간주한다(cf. Carr, Hubbard). 친구들이 부른 노래로 간주하면 남자가 부른 노래처럼 지나치게 자극적으로 해석할 필요가 없다. 친구들이 여자의 나체를 보았을 리 없기 때문이다.

신랑의 불만과 견재에도 불구하고 친구들은 가까운 곳에서 춤추는 신부를 보았다. 그들은 한마디로 여자의 아름다움과 춤에 매혹되었다. 그러므로 친구들은 '얼마나 아름다운지!'(מַה־יָּפוּ)라는 말로 노래를 시작한다. 신랑은 신부의 아름다움을 머리에서 가슴까지 찬양한 적이 있고(4:1-5), 신부도 신랑의 아름다움을 머리에서 다리까지 노래한 적이 있다(5:10-15). 두 사람 모두 '위에서 아래'(top to bottom) 순서에 따라 서로의 아름다움을 노래한 것이다. 반면에 친구들은 발에서 머리까지 '아래에서 위'(bottom to top) 순서에 따라 여자의 미모를 찬양한다(cf. 겔 16:10-12). 그들은 '발—다리—배꼽—허리—유방—목—눈—코—머리—머리털' 열 가지로 여자의 미모를 찬양하는데, 숫자 10은 만수이다. 그녀의 아름다움이 참으로 완벽하다는 뜻이다.

친구들은 그녀를 '귀한자의 딸'(בַּת־נָדִיב)이라 부르며 노래를 시작하는데(1a절), 직역하면 '왕자의 딸'이다(cf. NAS, NIV, NIRV). 이 말이 우리말의 어순에 따라 제일 먼저 오지만, 히브리어 문장에서는 중간에 온다. 남자는 여자를 수많은 왕비들과 후궁들과 궁녀들보다 낫고, 집에서 참으로 귀하게 자랐다고 한 적이 있는데(6:8-9), 친구들이 남자의 이 같은 말에 동의한다는 뜻이다. 신부는 세상에서 가장 귀한 여자에 어울리는 아름다움과 귀티를 지녔다. 그녀의 아름다움과 고귀함에 대한 전체적인 평가이다.

친구들이 제일 먼저 노래하는 것은 신부의 아름다운 발이다(1b절). 신을 신고 있는 여자의 발이 참으로 아름답다. '신'(נַעַל)은 당시 사람들이 주로 신었던 샌들을 뜻한다. 샌들이 성적인 유혹을 상징한다는 해석도 있지만(Longman, Snaith, cf. Fredericks & Estes), 지나친 해석으로 생각된다. 그들이 제일 먼저 여자의 발에 주목하게 된 것은 아마도 그녀의 춤(cf. 6:13) 때문이었을 것이다(Fishbane, Gordis). 그러므로 샌들은 그녀가 춤추기 위하여 신은 신발(dancing shoe)로 간주될 수 있다(Schwab).

이어 그들은 여자의 다리를 잘 만들어진 보석에 비교한다(1c-d절). '다리'(יָרֵךְ)는 엉덩이로 해석되기도 하지만(NIV, cf. Longman), 허벅지를 뜻한다(Provan, cf. 공동, 현대어, NRS, ESV). 그녀의 둥그스름한 허벅지는 '장인의 손'(יְדֵי אָמָּן)이 만든 '작품'(보석, 장식)(מַעֲשֵׂה חֲלָאִים)이다. 참으로 우아하다는 뜻이다. 앞에서 여자는 남자의 모습을 동상에 비교했는데(5:10-15), 이곳에서도 비슷한 이미지가 사용되고 있다.

배꼽은 섞은 포도주를 가득히 부은 둥근 잔 같다(2a절). 학자들 사이에서 이 말은 보편적으로 물기로 촉촉한 여자의 성기를 묘사하는 것으로 해석한다(Keel, Longman, Pope, Provan, Schwab). 지나친 해석이다. 단순히 여자의 배꼽은 둥그스름하며 안으로 쏙 들어갔다는 뜻이다(Bloch & Bloch, Carr, Garrett, Murphy, cf. 겔 16:4; 잠 3:8). 바깥쪽으로 돌출된 배꼽은 좋아 보이지 않는다. 반면에 안으로 들어간 배꼽은 매력적인데, 여자가 이런 배꼽을 지녔다는 것이다. 마치 포도주를 가득히 부은 둥근 잔 같다.

그녀의 허리는 백합화로 두른 밀단 같다(2b절). 한 주석가는 이 말을 여자의 성기의 일부인 불두덩(mons veneris)이 음모(pubic hair)로 덮인 것을 묘사하는 것으로 해석한다(Longman, Schwab). 그러나 친구들이 그녀의 은밀한 부위를 보았을 리 없다. 지나친 해석인 것이다. '허리'(בֶּטֶן)는 배(belly)를 뜻한다(cf. NAS, NRS, ESV, TNK). 여자의 배는 밀단처럼 탐스럽고, 백합화처럼 아름답다. 또한 밀이 사람의 생명을 유지하는 것처럼 그녀는 사람의 생명을 유지하는 능력을 지녔다(Fox).

두 유방은 암사슴의 쌍태 새끼 같다(3절). 남자는 여자의 가슴이 나리꽃 밭에서 풀을 뜯는 한 쌍의 사슴 같다고 했다(4:5). 이에 대하여 친구들도 동의한다. 그녀의 두 유방은 가젤(작은 영양)이 낳은 쌍둥이 새끼들처럼 고르다. 또한 옷에 가려진 유방의 흔들림이 어린 쌍둥이 가젤의 움직임처럼 귀엽게 보인다는 뜻이다(Fishbane).

목은 상아 망대 같다(4a절). 그녀의 목은 상아처럼 하얗다. 또한 망대처럼 길게 솟았다. 남자는 여자의 목을 용사들이 수많은 방패를 걸어놓아도 끄떡없는 다윗의 망대에 비교했다(4:4). 이에 대해 친구들도 동의한다.

그녀의 눈은 헤스본 바드랍빔 문 곁에 있는 연못 같다(4b절). 눈이 연못 같다는 것은 촉촉하며 빛을 받아 어른거린다는 뜻이다(Fishbane). 여자가 남자의 눈을 흐르는 물 가에 앉은 비둘기로 묘사한 적이 있다(5:12). 신랑과 신부 모두 촉촉한 눈을 지녔다. '헤스본'(חֶשְׁבּוֹן)은 요단강 동편에 있는 도시였다(cf. 수 13:15-28). 성경에서 '바드랍빔'(בַּת־רַבִּים)은 이곳에 단 한차례 등장하며 헤스본의 성문들 중 하나였을 것이다. 바드랍빔이 지닌 문자적 의미는 '귀한 자의 딸'(daughter of nobles)이다(Fox). 그렇다면 이 말은 1절의 '귀한 자의 딸'(בַּת־נָדִיב)과 언어유희를 구성한다.

코는 다메섹을 향한 레바논 망대 같다(4c절). 레바논의 망대에 대하여는 알려진 바가 없다. 아가를 근동의 신화에서 온 노래들로 해석하는 주석가는 레바논의 망대가 헤르몬 산을 뜻하는 것이라며, 본문이 묘사하고 있는 여자는 헤르몬 산에 사는 여신이라고 한다(Pope). 그러나 본문은 실제적으로 존재하는 망대를 염두에 둔 노래이다(cf. Garrett). 위치를 감안할 때 이스라엘과 시리아 국경에서 북쪽을 경계하는 역할을 했을 것이다. 시리아가 자주 이스라엘을 침략했기 때문이다. 이를 위해 최대한 높은 망대를 세웠을 것이다. 그러므로 그녀의 코가 레바논 망대 같다는 것은 우뚝 솟았다는 뜻이다.

머리는 갈멜산 같고 머리털은 자주 빛이 있다(5a–b절). 머리가 갈멜산을 왕관으로 쓴 것 같다는 뜻이다(NAS, NIV, NRS, ESV, TNK). 갈멜산은 지중해 연안에 위치한 산이다. 바다에서 오는 구름이 이곳에 걸리기 때문에 물이 풍부했다. 그러므로 갈멜산은 푸른 초장으로 유명한 곳이었다. 여자의 머리가 자주 빛을 띤 것을 그녀가 머리를 비싼 물감으로 염색했다는 것으로 해석하기도 한다(Murphy, Provan). 그러나 이 표현은 멀리서 본 갈멜산이 붉게 보이는 것을 염두에 둔 것이다. 굳이 실제적인 염색과 연관하여 해석할 필요는 없다. 신랑의 머리가 까마귀처럼 검은 색으로 묘사된 적이 있다(5:11).

그녀의 머리털은 초장처럼 풍성하다. 건강하고 매력적인 머리와 머리털을 지녔다는 뜻이다. 얼마나 매력적인지 왕(신랑)이 그녀의 머리카락에 매였다(5c절). '매이다'(אסר)는 감옥에 가두다는 뜻이다(HALOT, cf. 창 39:20; 40:3, 5). 그녀의 매력에 흠뻑 빠진 것이다.

D. 그대와 함께하고파(7:6-9a)

(남자)

6 사랑아 네가 어찌 그리 아름다운지,
어찌 그리 화창한지 즐겁게 하는구나
7 네 키는 종려나무 같고
네 유방은 그 열매송이 같구나
8 내가 말하기를 종려나무에 올라가서
그 가지를 잡으리라 하였나니
네 유방은 포도송이 같고
네 콧김은 사과 냄새 같고
9a 네 입은 좋은 포도주 같을 것이니라

남자가 친구들에게 바통을 이어받아 여자의 아름다움을 찬양한다. 이 섹션을 9a서 끊은 것은 새번역이 9b-13절을 여자의 노래로 취급하기 때문이다(cf. 현대어). 9b절 이후를 살펴보면 여자가 하는 말이 맞다.

남자의 여자에 대한 칭찬은 두 감탄사로 시작한다(6절, cf. 1:16; 4:10): "어찌 그리 아름다운지!"(מַה־יָּפִית), "어찌 그리 화창한지!"(מַה־נָּעַמְתְּ). '아름다움'은 그녀의 신체적 빼어남을, 화창함은 그녀가 지닌 호감도를 뜻한다. 여자는 남자의 '사랑'(אַהֲבָה)이며 '즐거움'(תַּעֲנוּג)이다. 신랑은 신부가 참으로 사랑스러우며 기쁨을 주는 사람이기 때문에 그녀에게 쏙 빠져들 수밖에 없다고 한다(cf. TNK). 그녀와의 시간이 항상 즐겁고 행복하다.

남자는 여자의 출중한 키와 가슴에도 큰 매력을 느낀다(7절). 그러므로 그는 여자를 날씬한 종려나무로, 그녀의 유방을 종려나무의 열매송이에 비유한다. 종려나무는 나무들 중에서도 키가 크고 잔가지가 없어 날씬하다. 여자는 출중한 키에 가슴도 풍성하다는 것이다. 이 비유는 친구들의 신부 찬양(7:1–5)의 요약이기도 하다(Fishbane).

남자가 여자를 이렇게 묘사하고 나니 그녀와 함께하고 픈 욕망이 불타오른다(8절). 그러므로 그는 이 종려나무(신부)에 올라가서 그 가지를 잡겠다고 다짐한다(8a–b절). 그녀와 잠자리를 함께하며 그녀의 몸을 실컷 즐기고 싶다. 그녀의 유방은 포도송이처럼 달콤하고, 콧김은 사과 냄새처럼 향긋하기 때문이다(8c–d절). 사랑에 빠지면 상대방의 입냄새도 좋다! 또한 그녀의 입은 좋은 포도주 같다(9a절). 달콤하여 키스하고 싶은 충동을 느낀다는 뜻이다.

IX. 한 몸 되게 하소서(6:11–7:13)

E. 우리 함께해요(7:9b–13)

(여자)

9b 이 포도주는 내 사랑하는 자를 위하여
미끄럽게 흘러내려서
자는 자의 입을 움직이게 하느니라
10 나는 내 사랑하는 자에게 속하였도다
그가 나를 사모하는구나
11 내 사랑하는 자야
우리가 함께 들로 가서 동네에서 유숙하자
12 우리가 일찍이 일어나서
포도원으로 가서 포도 움이 돋았는지,
꽃술이 퍼졌는지,
석류 꽃이 피었는지 보자
거기에서 내가 내 사랑을 네게 주리라
13 합환채가 향기를 뿜어내고

우리의 문 앞에는 여러 가지 귀한 열매가
새 것, 묵은 것으로 마련되었구나
내가 내 사랑하는 자
너를 위하여 쌓아 둔 것이로다

이 섹션은 앞에서 신랑이 신부에게 함께 잠자리에 들자고 하자(6-9a절), 여자가 그렇게 하겠다며 부른 답가(答歌)이다. 남자는 그녀와 키스하고 싶다며 그녀의 입은 좋은 포도주 같다고 했다(9a절). 여자는 그가 바라는 대로 둘이 입맞출 때 그녀의 입이 그에게 미끄럽게 흘러내리는 포도주처럼 느껴지기를 소망한다(9b-c절). 본문이 여자의 이 같은 바램을 반영하고 있기 때문에 NIV와 NIRV는 '그렇게 되기를'(May…) 의미를 더하여 번역했다.

여자가 남자에게 몸을 허락하는 것은 둘의 관계 때문이다(10절). 둘은 결혼으로 맺어졌기 때문에 신부는 자신을 '내 사랑하는 자에게 속했다'고 한다(10a절, cf. 2:16; 6:3). 자신은 온전히 남자의 것이라는 뜻이다. 물론 남자도 그녀의 것임을 전제한다. 또한 남자가 그녀를 얼마나 원하는지 잘 안다(10b절). 마치 사람이 자신이 소유한 가장 귀한 보배를 사모하는 것처럼 그녀를 사모한다. '사모함'(תְּשׁוּקָה)은 강력한 욕망을 묘사하는 단어이다(NIDOTTE, cf. 창 3:16; 4:7).

신부는 남자에게 누구의 방해도 받지 않고 더 깊은 사랑을 나누자며 들로 가자고 한다(11절). 도시(마을)는 두 사람이 사랑을 나눌 만한 곳이 못된다(cf. 5:2-7). 남자는 꽃이 만발하고 새소리가 들리는 참으로 아름답고 사랑하기 좋은 봄이 왔다며 여자에게 사랑을 속삭인 적이 있다(2:10-15). 여자는 나리꽃 밭에서 양을 치는 남자를 그리워한 적이 있다(2:16-17). 이제 둘이 결혼했으니 온갖 꽃이 만발한 들로 나가자고 하는 것이다. 여자가 원하는 것은 남자와 함께하는 것이다(Fishbane). 둘이 함께 가서, 둘이 유숙하고, 아침에 둘이 일찍 일어나는 것이다.

여자는 남자에게 '동네에서 유숙하자'고 하는데(11b절), '동네'(כְּפָרִים)의 의미가 확실하지 않다. 이 단어는 '동네'(כָּפָר)의 복수형이지만, '고벨화'(כֹּפֶר)라고 하는 '헤나'(henna)의 복수형이기도 하기 때문이다(cf. HALOT, NIDOTTE). 그래서 대부분 번역본들은 '마을'(villages)로 번역하지만(아가페, NAS, NIV, NRS, ESV, NIRV), TNK는 두 사람이 향기로운 '헤나 밭'(henna shrubs)에서 밤을 보내는 것으로 해석했다(cf. Provan, Weems). 이때까지 두 사람이 꽃이 만발한 들판을 배경으로 노래했고, 12절이 들에 피는 꽃들을 언급하는 것으로 보아 헤나 밭이 본문과 더 잘 어울린다.

여자는 둘이 헤나 밭에서 밤을 새고, 아침에 일찍 일어나 포도원으로 가서 포도 움이 돋았는지, 꽃술이 퍼졌는지, 석류 꽃이 피었는지 함께 보자고 한다(12절). 이 말씀은 여러 가지 면에서 6:11을 연상케 한다(cf. 2:13; 4:13). 여자는 포도원에서도 자신의 사랑을 남자에게 주겠다고 한다(12e절). 꽃이 만발한 들판을 마음껏 누비며 사랑을 속삭이자는 뜻이다.

두 사람이 함께하는 '들판 집'(헤나 밭)에는 합환채가 향기를 뿜어낸다(13a절, cf. Fishbane). '합환채'(הדּוּדָאִים)는 고대 사회에서 정력제로 알려졌던 식물이다(cf. 창 30:14–15). 노란 꽃이 피며, 뿌리는 인삼처럼 사람 몸의 모습과 비슷했다(ABD). 여자는 합환채의 향기를 노래한다. 이 식물은 매우 로맨틱한 향을 지닌 꽃을 피운다는 것이다.

또한 그들의 '들판 집' 문 앞에는 여러 가지 귀한 열매가 마련되어 있다(13b절). 일부는 새것이고, 일부는 묵은 것이다(13c절). '새것들'(חֲדָשִׁים)과 '묵은 것들'(יְשָׁנִים)은 '모든 것'을 뜻하는 쌍(pair) 단어이다. 여자가 자신이 사랑하는 자(남자)를 위해 모아 둔 좋은 것들이다(13d–e절). 둘이 마음껏 사랑을 속삭이기 위한 만반의 준비가 다 되어 있으니 들로 나가자는 초청이다.

X. 영원히 함께해요
(8:1-14)

아가에 기록된 마지막 노래이다. 여자가 대부분을 노래하며, 남자는 마지막 순간(13절)까지 모습을 보이지 않는다. 그러므로 여자는 남자에 대한 애타는 그리움을 표현하고 있다. 이 노래는 두 사람이 결혼식을 올리기 전에 불렀던 노래이다(cf. Fox, Longman). 이미 서론에서 언급한 것처럼 아가에 기록된 노래를 시대적인 순서를 전제하고 읽을 필요는 없으며, 그렇게 읽으면 오히려 혼란스러울 수 있다. 그렇다면 왜 결혼 전에 불렀던 노래가 책을 마무리하는 것일까? 아마도 부부는 항상, 영원히 결혼 전 연인들이었을 때 가졌던 서로에 대한 그리움을 품고 살아야 한다는 교훈을 주기 위해서일 것이다.

여자는 남자가 남편이 아니라 오빠였으면 좋았을 것이라는 말로 노래를 시작한다(1-4절). 이어 여자는 사랑은 세상 그 무엇보다도 강하고 강렬한 것이라며 자신을 사랑하는 남자의 마음에 도장을 새기듯 영원히 새겨지기를 희망한다(5-7절). 여자는 그가 아직 어려서 몸이 완전히 발달되지 않았다는 말에 그렇지 않다고 반박한다(8-10절). 여자는 포도밭에는 각자의 몫이 있는 것처럼 사랑에도 각자의 몫이 있다며 남자도 속히 자기 몫인 그녀에게 올 것을 노래한다(11-14절). 이 노래는 다음과 같이 구분될 수 있다.

A. 우리가 남매라면(8:1-4)
B. 죽음처럼 강한 사랑(8:5-7)
C. 어린 신부(8:8-10)
D. 가장 귀한 그대(8:11-14)

X. 영원히 함께해요(8:1-14)

A. 우리가 남매라면(8:1-4)

(여자)

1 네가 내 어머니의 젖을 먹은 오라비 같았더라면
내가 밖에서 너를 만날 때에 입을 맞추어도
나를 업신여길 자가 없었을 것이라
2 내가 너를 이끌어 내 어머니 집에 들이고
네게서 교훈을 받았으리라
나는 향기로운 술
곧 석류즙으로 네게 마시게 하겠고
3 너는 왼팔로는 내 머리를 고이고
오른손으로는 나를 안았으리라
4 예루살렘 딸들아
내가 너희에게 부탁한다
내 사랑하는 자가 원하기 전에는
흔들지 말며 깨우지 말지니라

여자는 남자가 자기와 같은 어머니의 젖을 먹고 자란 오라비였으면 좋았을 것이라는 말로 노래를 시작한다(1a절). 남자도 여자에 대한 친밀함을 표현하고자 '내 누이'라고 부른 적이 있다(4:9, 10, 12; 5:1-2). 반면에 여자가 남자를 오라비였으면 좋겠다고 하는 이유는 마음껏 신체적인 애정 표현을 하고 싶어서이다. 마음을 표현하기 위한 것이 아니다.

만일 남자가 여자의 오라비였다면 사람들이 보는 앞에서 입을 맞추어도 그녀를 업신여길 자가 없었을 것이다(1b-c절). 여자는 공공장소에서 연인들의 애정표현은 금하지만, 가족들 간의 애정표현은 권장하는 사회에서 살고 있다(Carr, cf. Garrett). '입맞추다'(נשק)는 가족들끼리 하는, 혹은 반갑다는 제스처로 하는 가벼운 키스를 뜻한다(HALOT). 여자는 남자가 여자의 오라비였다면 밖에서 그를 만났을 때 키스로 인사하는 것은 당연한 일이며, 이 같은 광경을 따가운 시선으로 바라볼 사람은 없었을 것이라고 한다. 여자는 애정 표현으로 남자에게 키스를 하지만, 사람들은 남매간의 인사로 볼 것이기 때문이다. 언제, 어디서든 남의 눈치 보지 않고 하루 종일 남자에게 애정을 표현하고 싶은 여자의 마음을 표현하고 있다. 이 말을 하면서 여자는 오빠들이 그녀에게 화를 내며 벌로 그들의 포도원을 돌보게 한 일을 떠올리고 있을지도 모른다(cf. 1:6, Provan).

연인이 오라비였다면 여자는 그를 어머니의 집으로 데리고 갔을 것이다(2a절). '이끌다'(נהג)는 몰아가다는 의미를, '들이다'(בוא)는 본문에서 '들어가게 하다'라는 동사 형태를 취하고 있다. 여자는 연거푸 '나는 당신을 몰아갔을 것이고(אֶנְהָגֲךָ), 내가 당신을 들어가게 했을 것(אֲבִיאֲךָ)'이라며 두 사람의 관계에서 남자보다 더 주도적이고 적극적이다. 3:4에서 '어머니 집'은 남자와 여자가 마음껏 사랑을 속삭일 수 있는 세상에서 가장 안전하고 보호된 공간을 상징했다.

개역개정은 두 사람이 어머니의 집에 도착하면 여자가 남자의 교훈(가르침)을 받았을 것이라고 번역했는데(2b절), 정확한 번역이 아니다. 이 문구(תְּלַמְּדֵנִי)는 피엘(Piel) 3인칭 여성 단수 동사에 1인칭 접미사를 더한 것이다. 그러므로 '나는 그녀에게서 가르침을 받았다'가 더 정확한 번역이다(cf. NAS, NIV, NRS, ESV, TNK). 여자는 어머니의 집을 옛적에 그녀가 어머니의 가르침을 받던 곳이라 하는 것이지, 남자에게 가르침을 청하는 곳이라고 하는 것이 아니다.

여자는 어머니에게 무엇에 대해 가르침을 받았을까? 삶과 지혜에 대한 전반적인 교육일 수도 있다. 그러나 이 노래가 남녀 간의 사랑에 관한 것이라는 점을 감안하면, 여자는 어머니로부터 로맨스와 사랑에 대하여 가르침을 받았을 것이다(cf. Fredericks & Estes, Garrett).

두 사람이 어머니의 집에 도착하면 여자는 남자에게 향기로운 술을 마시도록 했을 것이다(2c-d절). '향기로운 술'(מִיַּיִן הָרֶקַח)은 포도주에 향료를 섞어 좋은 향이 나게 한 것이다. 아가는 포도주를 사랑과 입맞춤을 상징하는 것, 또한 성적인 흥분을 유도하는 것으로 사용한다(cf. 1:2; 5:1; 7:9). 여자는 남자에게 석류즙도 마시게 했을 것이다. 사랑을 달콤한 석류즙에 비유하고 있으며, 소유격을 사용하여 '내 석류즙'(רִמֹּנִי)이라 한다. 그러므로 어떤 이들은 향기로운 술과 석류즙이 여자의 성기와 유방을 뜻하는 것으로 해석한다(Garrett, Schwab, cf. Fredericks & Estes, Provan). 여자가 남자에게 자기 몸을 내주는 것을 이렇게 표현하고 있다는 것이다. 그러나 지나친 해석이다. 1-3절의 흐름을 보면 '바깥(1절)—집안(2절)—침실(3절)'이다. 그러므로 석류즙과 달콤한 술은 두 사람이 어머니의 집에서 사랑을 속삭이는 대화의 도구이다. 두 사람은 남의 눈치 보지 않고 마음껏 사랑의 대화를 나눴을 것이라는 뜻이다(Fishbane).

여자는 향기로운 술과 사랑의 대화로 화기애애한 분위기를 만든 다음 두 사람이 자연스럽게 사랑을 나누는 것을 상상한다(3절). 개역개정은 '너는 왼팔로는…'으로 해석하여 여자가 마치 남자에게 말하는 것처럼 번역했지만, 이 문구(שְׂמֹאלוֹ)는 3인칭 남성 접미사를 지니고 있기 때문에 '그의 왼팔로…'가 더 정확한 번역이다(cf. 새번역, 공동, 아가페, 현대어, NAS, NRV, NRS, ESV, TNK). 그러므로 여자는 남자가 자연스럽게 자기를 위해 팔베개를 내주며 사랑을 나눴을 것이라 한다. 남자가 왼팔로 여자의 머리를 고이고 오른팔로 안아 주는 것은 2:6에서도 사용된 이미지이다.

여자는 이렇게 남자와 함께 달콤한 사랑을 속삭이는 것을 떠올려 보지만, 상상에 불과하다(cf. Fishbane). 남자가 그녀와 함께 있지 않기 때문이다. 개역개정은 정확한 번역이 아니며, 이 구절은 여자가 예루살렘 딸들에게 쉽게 사랑을 시작하지 말 것을 당부한 것이다(4절, cf. 2:7; 3:5).

이미 2:7에서 말한 것처럼 '사랑'(אַהֲבָה)을 1인칭 접미사 없이 있는 그대로 번역하고 [원하기] '전에'(עַד שֶׁ–)를 '…까지'로 해석하면 '내가 사랑을 해 봐서 아는데, 사랑은 참으로 힘과 노력이 많이 드는 일이더라. 그러니 당신들도 사랑에 대한 각오가 확실한 때까지 (혹은 마음이 준비될 때까지) 당신의 사랑을 깨우지(불러일으키지) 말라'는 의미가 된다(de Villiers & Burden, cf. NIV, NRS, ESV, NIRV). 누구든 섣불리 자기 안에 있는 사랑을 깨우면, 자기처럼 낭패를 보기 십상이라는 뜻이다(Schwab, Weems, cf. Longman, Provan). 그녀는 남자를 너무나도 사랑하기에 그의 품을 그리워하지만, 그는 여자의 곁에 없기 때문에 지금은 이루어질 수 없는 사랑이 된 것이다.

X. 영원히 함께해요(8:1–14)

B. 죽음처럼 강한 사랑(8:5–7)

(친구들)

5 그의 사랑하는 자를 의지하고

거친 들에서 올라오는 여자가 누구인가

(여자)

너로 말미암아 네 어머니가 고생한 곳

너를 낳은 자가 애쓴 그 곳
사과나무 아래에서 내가 너를 깨웠노라
6 너는 나를 도장 같이 마음에 품고
도장 같이 팔에 두라
사랑은 죽음 같이 강하고
질투는 스올 같이 잔인하며
불길 같이 일어나니
그 기세가 여호와의 불과 같으니라
7 많은 물도 이 사랑을 끄지 못하겠고
홍수라도 삼키지 못하나니
사람이 그의 온 가산을 다 주고
사랑과 바꾸려 할지라도
오히려 멸시를 받으리라

이 섹션에 기록된 여자의 노래는 아가의 절정이다(Longman, Schwab). 친구들이 남녀 한 쌍이 다가오는 모습을 본다. 둘의 모습이 사랑스럽고 애틋하다. 그러므로 친구들은 사랑하는 연인(남자)에 기대어 오고 있는 여자가 누구냐고 묻는다(5a-b절). 이 질문은 여자가 3:6에서 남자에 대해 했던 질문과 비슷하다: "연기 기둥과도 같고 몰약과 유향과 장사의 여러 가지 향품으로 향기롭게도 하고 거친 들에서 오는 자가 누구인고." 홀로 왔던 남자의 모습이 두 연인이 함께 오는 모습으로 바뀌었다.

여자가 노래를 이어 간다. 여자는 자신이 사과나무 아래에서 남자를 깨웠다고 한다(5e절). 이 말씀은 사과나무 아래서 두 사람의 사랑이 무르익었다는 2:3을 배경으로 하고 있다. 여자가 남자의 사랑을 일깨웠다는 뜻이다. 여자는 사과나무 아래를 남자의 어머니가 그를 낳느라 고생한 곳이라고 한다(5c-d절). 여자가 남자와 나눈 사랑은 그의 어머니가 경험한 참사랑이며, 두 사람이 결혼하여 아이를 낳는 좋은 사랑이다. 두 사람의 사랑은 영원할 것이라는 뜻이다.

6절은 사랑에 대한 정의이므로 아가에서 독특한 위치에 있다(Longman, Sadgrove). 여자는 두 사람의 사랑이 영원할 것이라는 바램으로 자신이 남자에게 영원한 흔적(증거)이 되기를 원한다. 그러므로 여자는 남자에게 도장을 새기듯 그녀를 그의 마음과 팔에 새기라고 한다(6a-b절). 도장은 사람의 신분과 소유권을 상징한다(Hallo). '마음'(לֵב)은 생각하고 감정을 표현하는 사람의 몸 속에 있는 장기(internal organ)이다. '팔'(זְרוֹעַ)은 사람의 행동을 좌우하는 몸 밖에 있는 신체적 부위이다. 여자는 남자의 속과 겉에 영원히 새겨지기를 원한다. 여자는 남자의 삶의 모든 영역을 통해 영원히 사랑을 받는 그의 소유물로 남고 싶다.

여자도 영원히 남자를 사랑하고 싶다. 사랑은 죽음같이 강한 것이기 때문이다(6c절). "사랑은 죽음 같이 강하다"(עַזָּה כַמָּוֶת אַהֲבָה)는 많은 상상력을 유발하는 말씀이다. 아가가 고대 근동의 신화를 바탕으로 저작되었다고 하는 이들과 책이 장례식에서 불린 노래라고 하는 이들이 자신들의 해석을 정당화키는 일에 가장 중요한 증거로 삼는 말씀이다(cf. Erbt, Meek, Pope, Hallo, Kramer).

그러나 죽음이 고대 사람들에게 어떤 것이었는지에 대해 생각해 보면 이 말씀의 의미는 의외로 간단하다. 내세관이 뚜렷하지 않은 사람들에게 죽음은 가장 큰 공포를 안겨 주었다. 좋은 일이든, 나쁜 일이든 모든 것을 끝내는 것이 죽음이기 때문이다. 전도서는 죽음이 모든 것을 무의미하게 만든다고 한다. 지혜로운 사람이나 어리석은 자나 죽기는 마찬가지이며, 짐승이나 사람이나 죽기는 마찬가지이기 때문이다. 또한 사람이 죽으면 그가 삶에서 추구하던 모든 선한 것도 '죽음을 맞이한다.' 그러므로 창조주 하나님을 제외하면 죽음은 인간이 접할 수 있는 것들 중 가장 강한 것이다.

이러한 정서에서 여자는 죽음보다 더 강하지는 않지만, '죽음만큼 강한 것'(עַזָּה כַמָּוֶת)이 있다고 한다. 바로 사랑이다. 여자가 말하는 '사랑'(אַהֲבָה)은 신약이 말하는 '아가페 사랑'이 아니다. 단순히 남녀 사이의 이성적(eros) 사랑이다(cf. HALOT, NIDOTTE). 여자는 두 사람의 사랑이 죽음만큼이나 강하다며, 사랑으로 하나된 두 사람을 죽음 외에 세상 그 무엇도 갈라 놓을 수 없다고 선언한다. 죽음 외에는 절대 남자와 헤어지지 않겠다는 각오를 단호하게 표현하고 있는 것이다.

이어 여자는 질투는 스올 같이 잔인하다고 한다(6d절). 이 말은 '사랑은 죽음 같이 강하다'는 바로 앞 문장과 직접적으로 연결되어 있기 때문에 '질투'라는 말은 의미를 잘 전달하지 못한다. '질투'(קִנְאָה)는 시기를 의미하기도 하고 '열정'(passion)을 의미하기도 한다. '잔인하다(קָשָׁה)는 '어렵다, 엄격하다'는 뜻이다. 여자는 사랑이 지닌 열정은 죽음을 상징하는 '스올'(שְׁאוֹל)만큼이나 엄격하게(예외없이) 모든 사람을 붙잡는다고 하는 것이다(Fishbane). 그러므로 사랑의 열정이 죽음의 무기인 스올 만큼이나 강하기 때문에 사랑은 죽음 같이 강하다.

사랑의 열정은 불길 같이 일어난다(6e절). 한 번 타오르면 걷잡을 수가 없다. 그러므로 사랑의 열정은 그 기세가 여호와의 불과 같다(6f절). 사랑의 불길을 끌 수 있는 사람은 세상에 없다. 여자는 이 같은 열정으로 남자를 사랑한다.

그러므로 많은 물도 그녀의 사랑을 끄지 못한다(7a절). 홍수도 그녀의 사랑의 불길을 삼키지 못한다(7b절). '많은 물'(מַיִם רַבִּים)은 원시적[신화적] 바다를 연상케 한다. '홍수'(נְהָרוֹת)를 직역하면 '강물들'이다. 강도 신화에 자주 등장하는 주제이다. 세상에 있는 모든 바다 물과 강물을 동원해서 사랑의 불을 끌 수 없다. 이 불같은 사랑을 끌 수 있는 유일한 자들은 아마도 사랑하고 있는 당사자들뿐일 것이다. 혹은 그들도 자신들의 열정을 끄지 못할 수 있다. 사랑은 이처럼 강한 것이다.

사랑은 아무리 돈을 많이 주어도 살 수 없다(7c-d절). 가진 재산을 모두 줘도 바꿀 수 없다. 돈으로 사랑을 사려하면 오히려 멸시를 받을 것이다(7e절). 세상에는 절대 돈으로 살 수 없는 것이 있는데, 바로 사랑이다. 여자는 이런 사랑으로 남자를 사랑한다.

X. 영원히 함께해요(8:1-14)

C. 어린 신부(8:8-10)

(친구들)

8 우리에게 있는 작은 누이는
아직도 유방이 없구나
그가 청혼을 받는 날에는
우리가 그를 위하여 무엇을 할까
9 그가 성벽이라면
우리는 은 망대를 그 위에 세울 것이요
그가 문이라면
우리는 백향목 판자로 두르리라

(여자)

10 나는 성벽이요
내 유방은 망대 같으니
그러므로 나는 그가 보기에 화평을 얻은 자 같구나

누가 8-9절을 노래하는 지가 확실하지 않다. 내용을 보면 여자의 오빠들이 한 말로 생각된다(Fishbane, Longman, Provan). 혹은 오빠들이 한 말을 여자의 친구들이 다시 하는 것일 수도 있다(cf. Garrett). 우리는 이 책을 세 음성으로만 구분하기로 했기 때문에 '친구들'로 구분한다.

여자는 오빠들이 그녀에게 화를 냈다고 하는데(cf. 1:6), 본문을 보면 그들이 왜 여자에게 화를 냈는지 그 이유를 어느 정도 알 것 같다. 아직 유방도 생기지 않은 어린 것이, 세상 말로 '머리에 피도 안 마른 것이' 남자를 사랑하겠다고 하니 그들이 화를 내며, 일이나 하라고 자신들의 포도원을 돌보도록 한 것이다(cf. 1:6).

여자는 바로 앞에서 사랑은 죽음처럼 강하고 여호와의 불과 같이 강렬하여 세상 그 무엇으로도 끌 수 없다고 했다(6-7절). 또한 사랑은 돈으로 살 수 없는 것이라 했다. 여자의 말을 듣고 있던 오빠들이 그녀의 말에 어이가 없다는 반응을 보인다. 어려서 아직 가슴도 제대로 성장하지 않은 아이가 사랑에 대해 뭘 안다고 떠들어 대느냐는 것이다. 오빠들은 가슴도 제대로 자라지 않은 여동생에게 청혼이 들어올까 봐 걱정이다.

당시 결혼할 준비가 된 여자아이의 기준은 단단한 젖가슴과 음모였다(Fishbane, cf. 겔 16:7-8). 여자의 보호자를 자청한 오빠들이 놀리는 이 여동생의 나이는 어느 정도였기에 그들이 이런 말을 하는 것일까? 당시 여자 아이들은 보통 12-14살에, 늦어도 16살에는 결혼을 했다. 남자들은 14-18세 정도에 결혼하는 것이 일상적이었다. 18세가 넘어서까지 결혼을 하지 못하면 신들의 저주를 받았다고 생각할 정도였다. 그러므로 여자가 12살 정도라면 오빠들의 염려도 일리가 있다.

오빠들은 여자가 성벽이라면 은 망대를 그 위에 세웠을 것이고, 문이었다면 백향목 판자로 둘렀을 것이라 한다(9절). 성벽을 순결로, 문을 방탕으로 해석하는 이들도 있다(Longman, Provan, cf. Fishbane, Garrett). 여자가 처녀성을 잃지 않았다면 오빠들은 은 망대를 세워 그녀의 순결을 보호할 것이고, 만일 품행이 불량하여 여럿과 놀아났다면 더 이상 그렇게 하지 못하도록 판자로 막겠다는 뜻이다. 혹은 성벽은 구혼자들을 거부하는 것을, 문은 그들을 환영하는 것을 뜻한다고 하는 이들도 있다(Schwab).

그러나 이 말을 성관계와 연결된 구체적인 은유로 해석할 필요는 없다. 오빠들은 단순히 동생이 아직 어려서 몸이 결혼할 만큼 성숙하지 않았다며 자신들이 할 수 있는 것들로 그녀의 몸을 보완하여 성숙한 여자로 보이게 할 것이라고 한다(cf. Fredericks & Estes). 그녀의 성숙미를 돋보이게 하는 것으로는 보석과 화장품과 옷 등을 생각할 수 있다.

오빠들의 계획에 대해 여자는 그들의 도움이 전혀 필요 없다고 반박한다(10절). 자신은 이미 성벽처럼 되었고, 유방도 그 성벽 위에 세워진 망대 같다고 한다. 오빠들은 그녀를 빈약한 성벽이라 하지만, 여자는 자신의 몸은 이미 굳건한 성벽 같다고 한다. 또한 유방은 이 굳건한 성벽 위에 우뚝 솟은 망대와 같다고 한다(cf. 4:4). 여자는 세상 말로 자신은 '사랑하기 딱 좋은 나이'이니 오빠들은 '걱정을 접어 두라'고 하는 것이다.

"나는 그가 보기에 화평을 얻은 자 같구나"(10c절)는 해석하기가 어려운 말이다. 문맥을 고려하면 아내를 구하는 남자가 그녀를 보면 좋은 신부감으로 인정할 것이라는 뜻이다. 여자는 오빠들의 도움 없이도 얼마든지 결혼할 때가 되었다는 것이다.

X. 영원히 함께해요(8:1–14)

D. 가장 귀한 그대(8:11–14)

(여자)

11 솔로몬이 바알하몬에 포도원이 있어
지키는 자들에게 맡겨 두고
그들로 각기 그 열매로 말미암아
은 천을 바치게 하였구나
12 솔로몬 너는 천을 얻겠고
열매를 지키는 자도 이백을 얻으려니와
내게 속한 내 포도원은 내 앞에 있구나

(남자)

13 너 동산에 거주하는 자야
친구들이 네 소리에 귀를 기울이니
내가 듣게 하려무나

(여자)

14 내 사랑하는 자야
너는 빨리 달리라
향기로운 산 위에 있는 노루와도 같고
어린 사슴과도 같아라

책의 마지막 섹션인 본 텍스트는 해석하기가 참으로 어렵다. 각 파트를 누가 노래하는가도 확실하지 않다(cf. Fredericks & Estes, Longman, Schwab, Weems). 그러므로 전반적인 의미를 얻는 것으로 만족할 수밖에 없다.

여자는 솔로몬의 바알하몬에 있는 포도원에 대하여 노래한다(11절). 지금까지 '솔로몬'은 여자의 연인을 뜻했는데, 이곳에서는 실제 솔로몬을 의미한다. '바알하몬'(בַּעַל הָמוֹן)이 어디에 있었는지는 알려진 바가 없다. 그러므로 일부 주석가들은 '많은 것을 소유한 자'라는 의미로 이 이름을 풀어서 해석한다(Fredericks & Estes, Fishbane, Weems). 솔로몬은 그곳에 있는 포도원을 지키는 자들에게 맡겨 두고 은 천개를 바치게 했다. 소작농들에게 포도원을 가꾸게 한 것이다. 공교롭게도 솔로몬이 얻은 은의 숫자가 그의 아내들과 첩들의 숫자이다. 그러므로 은 천개를 솔로몬이 거느린 아내들과 첩들로 해석하는 이들도 있다(Keel, Murphy, Schwab, cf. 왕상 11:3). 그러나 만일 은 천개가 그의 아내들이라면, 포도원을 지키는 자들이 얻은 200은(12절) 무엇을 의미하는가? 또한 포도원을 지키는 자들이 합해서가 아니라 각자 1000개씩을 바치고 있다는 것은 무엇을 의미하는가? 잘 설명이 되지 않는다.

솔로몬의 포도원은 그의 아내들로 해석하고, 은 천은 그의 부유함으로 해석하는 것이 더 낫다(Fishbane). 솔로몬은 1000을 가지고 있지만, 포도원을 보호하고 지키는 자들에게 200을 준다. 많은 아내들을 유지하고 보호하기 위해 자기 재산의 일부를 주어야 한다는 뜻이다. 솔로몬은 많은 돈을 지불하면서 포도원(아내들)을 유지하고 있지만, 이것이 사랑일까? 사랑은 돈으로 살 수 있는 것이 아니다(7절). 그러므로 1000명의 아내를 두고 엄청난 부를 지녔던 솔로몬은 사랑을 몰랐다.

반면에 여자는 자기 앞에 있는 포도원을 홀로 누린다고 한다(12c절). 포도원은 여자의 몸이다(Fredericks & Estes). 그녀의 포도원은 솔로몬의 것처럼 큰 규모가 아니다. 매우 작다. 포도원을 지켜 달라고 누구에게 돈을 줄 필요도 없다. 그러므로 여자는 자기 몸 하나로 만족하며, 솔로몬이 부럽지 않다고 한다. 그녀가 사랑하는 한 사람만 있으면 된다.

이때까지 침묵을 지키던 남자가 드디어 한마디 한다(13절). 그는 여자를 '동산에 거주하는 자'라고 한다. 동산은 두 사람이 사랑을 속삭이던 곳이다. 그러므로 이 말은 '사랑을 속삭이는 자'라는 뜻이다. 친구들은 두 사람의 이야기에 관심이 많다. 그러므로 그들은 촉각을 세우고 여자가 하는 말을 한 마디도 놓치지 않고 모두 듣는다. 남자는 이런 상황이 싫다. 그러므로 남자는 여자에게 친구들이 듣지 못하도록 자기에게 홀로 말하라고 한다(13c절)(Fishbane).

오랜만에 남자의 음성을 들은 여자가 남자에게 자기가 있는 동산으로 속히 오라고 한다(14절). 온갖 향내로 진동하는 산 위에 있는 노루와 어린 사슴 같다고 한다(cf. 2:9, 17). 아가에서 향내는 성적인 뉘앙스를 지녔다. 그러므로 여자는 남자에게 자기에게 속히 와서 마음껏 즐기라고 하는 것이다. 여자의 말로 시작했던 책이 드디어 여자의 말로 막을 내린다.

두 사람의 사랑 노래인 아가는 두 연인의 연합으로 끝나지 않고, 오히려 둘이 서로 떨어져 있는 모습으로 막을 내린다(14절). 그러므로 두 사람의 사랑이 어떻게 끝나는지 알 수 없다. 책이 이렇게 끝나는 것은 참사랑은 끝나는 것이 아니라는 메시지를 주기 위해서이다(Snaith). 사랑은 항상 현재 진행형이다. 연인들이 결혼하여 부부가 되었다고 해서, 아이들이 태어났다고 해서 사랑이 끝나면 안 된다. 죽음이 둘을 나누어 놓을 때까지 둘은 사랑하고 또 사랑해야 한다.